國語學叢書 74

고대 한국어 음운 체계 연구
− 전승 한자음을 대상으로 −

魏國峰 著

태학사

머리말

고등학교 때 독감을 심하게 앓은 적이 있다. 그날 열이 몹시 나서 학교에 못 갔다. 침대에 누워서 텔레비전을 보다가 우연히 〈프로포즈〉라는 KBS 드라마를 보게 되었다. 한국에 대한 관심이 전혀 없던 필자는 이 드라마를 통해 한국이라는 나라를 알게 되었고 또 좋아하게 되었다. 대학에 진학하면서 자연스럽게 한국어학과를 선택하게 되었다. 그리고 대학교 3학년 때 '2+2' 교환 학생의 신분으로 목포대학교 국어국문학과에서 공부하게 되었다.

필자는 어렸을 때부터 현대시를 좋아했다. 게다가 한국어가 전공이다 보니 목포대학교에 처음 가게 되었을 때에는 학부 과정을 마치면 대학원에 진학하여 한국 현대시를 전공하겠다고 마음먹었다. 그러다가 우연히 목포대학교 국어국문학과 이기갑 선생님의 '국어의 방언'이라는 과목을 듣게 되었다. 그때까지만 해도 언어학에 대한 지식이 전혀 없었던 까닭에 방언은 그저 표준어를 잘못 말하는 것일 뿐이라고 여겼었다. 하지만 이 과목을 통해서, 방언 자체도 독자적인 체계를 가지고 있고 또 그 속에는 언어의 역사를 재구할 수 있는 단서나 근거가 담겨 있다는 사실을 알게 되었다. 이로부터 한국어학에 대한 관심이 생겨서 4학년 때 목포대학교 고광모 선생님의 음운론 강의를 수강하였다. 언어학, 특히 음운론이 재미있어서 더 깊이 공부하고 싶어졌다. 그래서 대학원에 진학할 때 한국어학을 전공으로 선택하였다.

서강대학교 대학원에서 곽충구 선생님의 지도하에 음운론 이론, 한국어사 연구 방법을 더욱 심도 있게 공부하게 되었다. 세부 전공 방향을 한국어 음운사로 정했는데 한국어 음운사, 특히 한글 창제 이전의 한국어 음운사를 연구하려면 반드시 한어 성운학에 대한 지식을 갖춰야만 했다. 성운학 공부를 하다가 성운학 연구에서 이미 폐기된 지 오래된 학설들이 아직도 한국어 음운사 연구에서 인용되고 있다는 사실을 알게 되었다. 그간 성운학 연구가 많이 진전되었음에도 불구하고 연구 결과가 한국어 음운사에 적극 응용되지 않고 있는 현실이 안타까웠다. 물론 최근의 성운학 연구라고 해서 모두 한국어 음운사 연구에 바로 적용할 수 있는 것도 아니다. 아직 가설에 불과한 관점들이 많기 때문이다. 그러한 가설은 한어 음운사 연구의 입장에서 보았을 때 의미가 있지만 그러한 가설을 곧바로 기정 사실로 간주하여 한국어 음운사 연구에 적용하면 많은 문제가 생길 수 있다. 그래서 어떤 성운학 연구 결과가 신빙성을 갖고 있는가, 어떤 성운학 연구 결과를 한국어 음운사 연구에서 참고할 수 있는가 하는 문제를 두고 고민하였다.

이 책은 한어 음운사 학계에서 비교적 널리 받아들여진 최근 30년간의 중고음 연구 결과들을 고대 한국어의 음운 체계를 재구하는 데에 적용하였다. 과거 한어 음운사 연구가 지금보다 덜 이루어졌을 때에는 전승 한자음의 기층은 복합적이라고 하였다. 하지만 기존의 연구에서 해결하지 못한 전승 한자음 기층의 문제점들은 대부분 최근의 한어 음운사 연구 결과를 참고하면 설명할 수 있다. 이에 따라 전승 한자음을 바탕으로 고대 한국어의 음운 체계를 재구하는 일도 가능해진다. 이 책은 이러한 출발점에서 쓰인 것이다.

이 책이 출판되기에 이르기까지 감사해야 할 분이 많다. 가장 감사해야 할 분은 아버지처럼 필자를 늘 이끌어 주신 대학원 과정의 지도 교수

곽충구 선생님이시다. 전공 공부부터 사소한 생활의 구석까지 신경을 써주신 덕분에 필자가 원만하게 대학원 과정을 마칠 수 있었다. 그리고 필자의 한국어학 기초 지식을 닦아 주신 목포대학교 이기갑 선생님과 고광모 선생님, 대학원에서 수학할 때 필자에게 언어학에 대한 지식과 사변의 능력을 키워 주신 서정목 선생님, 이정훈 선생님, 황화상 선생님께도 감사의 말씀을 올린다. 또 필자의 박사 학위 제출 논문을 심사해 주신 강신항 선생님, 박창원 선생님, 권인한 선생님 세 분께 심심한 감사의 말씀을 올린다. 특히 얼마 전에도 한국에서 국제우편으로 저서와 편지를 보내주시며 격려해 주신 강신항 선생님께 깊이 감사를 올린다. 박사 과정 때 선생님께서 보내 주신 저서와 편지는 필자에게 어려움을 견딜 수 있는 힘이 되었고 얼마 전에 선생님께서 보내 주신 저서와 편지는 필자로 하여금 앞으로 더욱 분발하여 연구에 정진하도록 다짐하는 계기가 되었다. 대학원에 다닐 때 필자에게 조언을 해주고 도움을 많이 준 서강대 대학원 선배, 동기, 후배들께도 감사드린다. 마지막으로 필자의 학위 논문을 국어학 총서로 선정해 주신 국어학회와 출판을 맡아 주신 태학사에도 감사드린다.

끝으로 7년 반 동안 필자의 한국 유학을 지지해 주신 필자의 가족들, 힘든 유학 생활에 많은 도움을 준 필자의 한국 친구들에게도 여기서 감사의 마음을 전한다.

2017년 8월
中國 北京에서 필자

차례

〈표 차례〉

10

1. 서론

1.1 연구 목적

본고는 고대 한국어의[1] 음운 체계를 재구하는 데 목적을 둔다. 고대 한국어 음운 체계 연구는 문헌 자료의 양이 무척 한정되어 있어 연구에 활용할 수 있는 자료가 부족한 동시에 표음성이 분명히 들어나지 않는 한자로 되어 있기 때문에 자료의 분석과 해석에도 어려움이 따른다. 하지만 연구의 난이도가 높은 만큼 새로 발굴해야 하는 부분은 다른 시기의 한국어 음운 연구보다 많다.

고대 한국어 음운에 대한 연구는 끊임없이 이어져 왔지만 합의된 바가 많지 않았다. 연구자마다 자료를 보는 관점과 해석이 조금씩 다르고 또 고대 한어의 재구음도 제각각 달리 취해 참고하고 있기 때문에 연구의 결과는 다양하다. 그리고 자료의 조잡성으로 인해 다양하게 해석할 수 있는 여지가 많기 때문에 주관적인 판단과 결론도 종종 보인다. 이러한 문제점들을 해결하고 비교적 신뢰할 만한 연구 결과를 얻으려면 체계성이 있는 대상 자료를 골라낸 다음에 더욱 세밀하게 자료를 분석할 필요가 있다.

기존의 한국어 학계에서 인용된 한어 음운 연구사 및 재구음 부분은 대부분 각 학자의 재구음을 직접 참고하였다. 주로 周法高(1974), 郭錫良(1982), 李珍華·周長楫 編(1993)에 수록된 Karlgren, 董同龢, 周法高, 王力 등 학자들의 재구음들이 많이 참고되어 왔다.[2] 우선, 재구의 과정

---

1) 본고의 고대 한국어, 중세 한국어(전기, 후기), 근대 한국어의 시기 구분은 李基文(1961/1998: 53)의 학설을 따른다. 후술하겠지만 본고에서는 전승 한자음을 대상 자료로 삼고 고대 한국어의 음운 체계를 재구한다. 전승 한자음의 차용 시기는 8세기 후반-9세기 초라고 본다. 따라서 본고에서 재구하는 고대 한국어 음운 체계는 이 시기의 통일 신라어의 음운 체계이다.

2) 郭錫良(1982)와 李珍華·周長楫 編(1993)의 재구음은 王力(1957/1980, 1963/2003)에서

에 대한 고찰이 결여되면 재구음의 합리성을 파악하지 못하는 한계가 있다. 이때 차자표기 자료나 전승 한자음 자료를 다룰 때 피동적일 수밖에 없다. 경우에 따라 한국 한자음 자료와 연구자의 설명에 유리한 각 성운학자의 재구음을 선택해서 이용하면 연구의 일관성도 잃게 된다. 그리고 재구음을 직접 참고하지 않고 논의의 내용을 참고하더라도 문제가 되는 부분이 있다. Karlgren, 董同龢, 周法高, 王力 등 성운학자들의 학설은 오래전에 나온 것인 만큼 그 동안 비판을 받았던 부분이 상당히 있다. 문제된 부분이 성찰없이 계속 거론된 경우가 두루 보인다. 예를 들어, 介音의 반영 양상에서 重紐 현상을[3] 보이는 것은 한국 한자음의 매우 중요한 특징이다. Karlgren(1915-1926)은 重紐 현상을 다루지 못하였고, 王力(1957/1980, 1963/2003, 1987)은 重紐를 인정하지 않기로 하였고, 董同龢(1968)과 周法高(1974, 1983)은 重紐 현상을 韻腹(핵모음)의 차이로 보았기 때문에 이들의 학설로 한국 한자음이나 차자표기 자료를 연구하게 되면 문제가 발생할 수밖에 없다. 한자음 연구 및 고대 한국어 음운 연구가 성운학계의 연구 결과에 많이 의존하는 것은 사실이다. 최근에 한어 음운사 연구의 성과에는 질적인 비약이 이루어졌지만 필자가 파악한 바로는, 아직까지 한국어 학계에서 성운학 최신 연구의 동향이 적용된 바가 별로 없다. 성운학계의 최근 연구 결과로 한국 한자음을 설명하게 되면 그 동안 계속 설명이 되지 않은 부분들이 쉽게 해석된다. 따라서 본고에서는 최근 한어 음운사(中古音) 연구의 내용을 한국 한자음 내지 고대 한국어 음운 체계의 연구에 적용하고자 한다.

수립된 음운 체계를 따랐다. 이 중에 郭錫良(1982)에서는 王力 先生이 晚年(80년대)에 수정한 일부 사항들을 반영하지 못하였고, 2010년에 增訂本이 새로 나왔는데 수록된 한자의 수가 대폭 증가했으며 재구음은 저자가 그간에 바뀐 관점을 반영하여 부분적으로 수정되었다. 增訂本에서도 책 저자의 판단으로 王力 先生 晚年의 견해들을 반영하지 않았다.
3) 성운학 술어 관련 부분은 2장에서 간단히 소개할 것이다.

1.2 연구 대상

음운 체계에 대한 연구 방법은 공시적 연구와 통시적 연구 두 가지가 있다. 우선, 자료의 양이 적기 때문에 통시적으로 고대 한국어 단계 안에서 일어난 음운 변화를 체계적으로 다루는 것은 거의 불가능하다고 할 수밖에 없다. 반면에 일정 동안의 고대 한국어의 모습을 반영한 자료를 선정하면 공시적으로 고대 한국어 단계의 음운 체계를 연구할 수 있다.

대부분 기존의 고대 한국어 음운 연구들은 차자표기 자료를 바탕으로 이루어졌다. 그러나 차자표기 자료를 고대 한국어 음운 연구의 주된 대상 자료로 삼을 때 여러 가지 큰 문제점을 초래한다.

첫째, 차자표기 자료는 수적으로 턱없이 적다. ≪三國史記≫·≪三國遺事≫에 수록된 지명·인명·관직명 표기, 목간, 금석문, 구결 자료 그리고 중국·일본의 기록에 있는 몇몇 어휘에 대한 표기 자료밖에 없다. 표음 문자가 아닌 한자로 표기되어 있기 때문에 자료는 심각한 조잡성을 가지고 있다. 표기의 양상도 매우 복잡하다. 어떤 지명의 동음이표기 항목의 한 한자를 과연 음독해야 하는지 훈독해야 하는지 결정하기 어려울 때도 있고 아직까지 해독이 되지 않은 항목들도 많이 남아 있다. 이러한 배경 하에서 자료를 주관적으로 해석하기 쉽다.

둘째, 역시 자료의 조잡성과 관련되는 문제이다. 바로 차자표기 자료를 근거로 고대 한국어의 자음을 연구할 수는 있지만 모음 체계를 연구하는 것은 거의 불가능하다는 것이다. 차자표기 자료를 통한 고대 한국어 음운 체계 선행 연구를 살펴보면 거의 모두 자음 체계에 대한 연구들이었다. 차자표기 자료에 의거한 모음 체계 연구는 찾기 어렵다. 그 이유는 아무래도 자음은 조음 위치가 비교적 고정되고 음운 대응만으로도 해결할 수 있지만, 모음은 정확히 어디서 조음되는지 밝히기 어렵기 때문이다. 자음은 그나마 음운 대응으로 그 양상을 파악할 수 있지만 표기의 조잡성 때문에 모음은 그러한 類似音 대응이 뚜렷하지 않을 수 있다. 게다가 해결하기가 더 어려운 문제는 상고음 및 중고음의[4] 聲母 재구는 학자에 따라 차이가 별로 없지만 韻母 재구는 꽤 다르기 때문에 쉽게 조화할 수 없다.

셋째, 위국봉(2013: 186)에서 지적하였듯이 고유 명사의 동음이표기 자료는 상고음의 성격을 상당히 띠고 있고, 표기는 한자로 되어 있기 때문에 일부 자료에 나타나는 음운 현상들은 고대 한국어 음운이 아닌 한어 상고음 음운이 반영되어 있다고 할 수 있다. 魏國峰(2011: 23-24)에서 아래와 같이 고대한국어에 /k/와 /h/의 대립이 이루어지지 않았다고 볼 수 있는 자료를 정리하여 제시한 바가 있다.

(1) 가. 父骨正 一作忽爭葛文王(三國史記 卷2 助賁尼師今)

漢城郡 一云漢忽(三國史記 卷37 地理4 高句麗)

內米忽 一云池城(三國史記 卷37 地理4 高句麗)

辟城縣 本辟骨(三國史記 卷37 地理4 百濟)

나. 聖德之兄照名理恭 一作洪(三國遺事 卷3 塔像4 臺山五萬眞身)

孝昭王立 諱理洪 一作恭(三國史記 卷8 孝昭王)

第三十二孝昭王 名理恭 一作洪(三國遺事 卷1 王曆)

다. 荊山縣 本鷲山縣(三國史記 卷34 地理1 新羅)

率伊山城 茄山縣(一云鷲山城) 烏刀山城等三城 今合屬淸道郡(三國史記 卷34 地理1 新羅)

---

4) 漢語의 시기 구분은 매우 복잡한 문제이고 학자에 따라 달리 나눈다. 본고에서 한어 음운사의 구분 기준은 董同龢(1968)의 관점을 대략적으로 따르고 中古音 단계는 전기와 후기로 나눈 黃笑山(1995) 등의 관점을 추가적으로 참고하였다. 先秦과 兩漢의 음을 상고음 단계, 魏晉南北朝 시대의 음은 상고음부터 중고음까지의 과도기, 《切韻》 시기부터 唐末-五代까지는 중고음 단계로 보고, 中唐을 중간점으로 하고 중고음 단계는 전기 중고음 단계와 후기 중고음 단계로 나뉜다고 본다. 兩宋은 중고음에서 근대음까지의 과도기이며, 元明淸의 음은 근대음이라고 본다.

清道郡...烏岳 荊山 蘇山三縣爲郡來屬(高麗史 卷57)

라. 日谿縣 本熱兮縣 或云泥兮(三國史記 卷34 地理1 新羅)

八谿縣 本草八兮縣(三國史記 卷34 地理1 新羅)

杞溪縣 本芼兮縣 一云化鷄(三國史記 卷34 地理1 新羅)

마. 咸悅縣 本百濟甘勿阿縣(三國史記 卷36 地理3 新羅)

咸悅縣... 別號咸羅(高麗史 卷57)

甘勿阿 咸羅(新增東國輿地勝覽 卷34)

바. 居瑟邯 或作居西干(三國遺事 卷1 朴赫居世)

伊伐湌 或云伊罰干...或云舒弗邯(三國史記 卷38 職官 上)

사. 第十六乞解尼叱今 昔氏 父于老角干(三國遺事 卷1 王曆)

訖解尼師今立 奈解王孫也 父于老角干(三國遺事 卷2 新羅本紀2 訖
解尼師今)

無訖 古作無乞(世宗實錄 卷150)

(1)의 자료는 모두 2회 이상 나타난 同音異表記이다. 이러한 예들은
차자표기 자료에 牙音과 喉音 사이의 혼란 양상을 보여 준다. 기존의
연구에서 (1)과 같은 자료의 양상을 달리 해석한 바가 있었다. 김동소
(1998: 43)에서는 한국어의 /h/는 13세기 이후에 출현하였다고 보고 그
이전에는 유기음이 없다고 주장하였다. 박동규(1995: 244)에서는 고대
한국어에 /h/가 없고 /x/가 있다고 결론을 지었다. 박창원(2002: 181)에
서 고대 한국어의 'ㅎ'은 후두의 마찰음 계열인 /h/가 아니라 연구개 마
찰음 /x/로 실현되었을 가능성과 /h/의 변이음 'x'가 음성적으로 존재했
을 가능성을 생각해 볼 수 있을 것이라고 하였다. 魏國峰(2011: 28)에서
고대 한국어 단계에서 /k/와 /h/는 중복 분포를 이룬다고 본 바가 있다.
하지만 牙音과 喉音 사이에 혼란이 있는 것은 중국 상고 문헌에서 일반
적인 현상이므로(李方桂 1971/1980: 16, 鄭張尙芳 2003: 90) (1)의 자료는
고대 한국어에 /k/와 /h/의 대립이 없었던 것을 암시한다기보다 그저

상고음 자료의 특성으로 보는 관점이 더 자료의 성격에 맞고 자연스러운 것 같다. 왜냐하면 (1)의 자료는 비록 고대 한국어를 표기한 것이지만 표기는 상고 한어로 되었기 때문에 상고 한어 문헌의 특징부터 고려해야 하기 때문이다. 즉, 차자표기 자료는 순수히 고대 한국어의 음운 현상만 반영한 것이 아니고 한어 상고음이나 중고음의 음운의 특징도 갖고 있다는 단점이 있다는 것이다.

넷째, 무엇보다도 가장 심각한 문제점은 차자표기 자료로 고대 한국어 음운 체계를 재구할 때, 공시적으로 한 언어의 체계를 재구할 때 지켜야 하는 一地와 一時의 원칙에 어긋나게 된다. 우선, 고대 한국어의 시기를 삼한 시대부터 통일 신라 멸망까지 넓게 잡을 수 있다. 공간적으로 통일 신라 이전에 各國의 언어는 모두 같지 않은데 하나의 묶음으로 막연하게 다룬 연구가 있었다. 비록 일부 연구에서 고구려어 연구, 백제어 연구와 같이 나라별로 나눴지만 역시 시기상의 문제를 해결하지 못한다. 가령 고구려어 연구라고 한다면, 고구려 자체도 700여 년의 역사가 있고 그 사이에 음운 변화가 일어났을 가능성이 충분히 있다. 더구나 고대 한국어 전체라고 한다면 기나긴 동안의 음운 체계를 하나로 재구한다면 타당하지 않을 것이다. 물론 이는 자료 자체가 결핍되어 있기 때문에 나라별, 시기별로 재구할 수 없는 까닭에서 나오게 된 결과이다. 아래의 예들을 살펴보자.

(2) 가. 朴弩禮尼叱今 一作儒禮王(三國遺事 卷1 紀異1 第三弩禮王)

　　나. 金春質 一作春日(三國遺事 卷2 紀異2 萬波息笛)

　　다. 烏丘山縣 本烏也山縣 一云仇道 一云烏禮山(三國史記 卷34 地理1 新羅)

　　라. 近 一作巾(三國史記 卷34 地理1 新羅)

　　마. 朔邑縣 本高句麗所邑豆縣(三國史記 卷35 地理2 新羅)

　　바. 吉士 或云稽知 或云吉次(三國史記 卷38 官職 上)

사. 蛇福 … 蛇童 下或作蛇上 又巴 又伏等 皆言童也(三國遺事 卷4 蛇福
不言)

(2)에서 고구려어와 백제어 등 死語의 요소, 신라어의 방언차 등 중
요한 공간적인 문제를 먼저 고려하지 않더라도 각 예시 사이의 심각한
시기 간격 문제가 남아 있다. 기존의 연구에서는 차자표기 자료를 상고
음 및 중고음과 대응시켰지만 구체적으로 표기가 이루어진 시기를 표
기의 양상으로 밝히지 않았다.5) 필자는 여기서 각 표기에 드러난 한자
음의 시기별 특징을 근거로 해당 표기가 이루어진 시기를 추정한다.

우선 (2가)에서 日母의 '儒'와 泥母의 '弩'는 동음이표기 관계를 이룬
다. 이는 日母가 아직 변화를 겪지 않고 비음으로 된 시기의 자료로 봐
야 할 것이다. 늦어도 8세기 이전의 표기로 보아야 할 것이다. 반면에
(2나)에서 日母의 '日'은 章母의 '質'과6) 대응되어 있다. 해당 예시는 아
무래도 후기 중고음 단계(8세기 후반 이후)에 日母가 변화를 겪은 뒤에
표기된 것으로 보아야 할 것이다.

(2다)에서 중고음 以母의 '也'와 來母의 '禮'도 동음이표기 관계를 이
룬다. 이 표기는 늦어도 東漢 시기에 표기된 것으로 보아야 한다. 以母
가 유음이었던 상고음 시기의 한어를 반영한 것이기 때문이다. 기존에
권인한(2002: 34)에서 王力(1987)의 上古 以母 [ʎ] 재구를 따라서 '也'와
'禮'의 대응을 설명하였다. 여기서는 상고음 新說인 鄭張尙芳(2003)을
참고한다. 鄭張尙芳(2003: 43-44)에 따르면 以母의 상고음은 [l]로 재구
된다. 또한 東漢의 범어 대역에서 以母가 범어의 'c, j'와 대응되어 이

---

5) 물론 일부 연구에서는 언어 외적인 역사 사실로 차자표기 자료의 시기를 검토한 바가
   있었다. 하지만 차자표기 자료는 역사적인 시점보다 늦은 시기에 표기되었을 가능성을
   배제할 수 없어서 표기에 보이는 언어 내적인 현상으로 해당 표기가 이루어진 시기를
   고찰하는 것이 더 바람직하다.
6) '質'은 ≪廣韻≫에 知母와 章母를 모두 갖고 있었다. 여기서 日母와 대응된 것은 章母로
   서의 '質'이다.

시기에 [ɪɪ])[ʎ])[j]의 변화가 일어났다고 하였다. 그렇기 때문에 (2다)의 자료는 3세기 이전에 표기된 것으로 보아야 할 것이다.

(2라)의 '近(欣韻)'과 '巾(眞B韻)'[7]의 경우, 원래 전승 한자음에는 '근'과 '건'으로 구별되지만 여기서는 동음이표기 관계를 이루었다. 이에 대해서는 두 가지 해석 방법이 있다. 하나는 표기의 조잡성 때문에 생긴 것으로 보는 것이다. 나머지 하나는 이 두 표기는 정확히 고대 한국어의 음을 표기하였고 8세기 慧琳의 ≪一切經音義≫에서 欣韻과 眞B韻이 합류한 양상을[8] 반영한 것으로 보는 것이다.[9]

(2마)에서 '朔'과 '所'의 전승 한자음은 각각 '삭'과 '소'이다. 모음의 음상 차이가 위의 (2라)보다 더 크다. (2마)의 '所'는 魚韻에 속한 한자인데[10] 魚韻의 상고음은 Karlgren(1915-1926)에서 재구한 [o]가 아닌 [a]였다는 것은 현재 합의되어 있다(鄭張尙芳 2003: 162). 삼국 시기까지만 해도 梵語 音譯에서 魚韻은 범어의 'a'와 대응되어 있지만(俞敏 1984/1999: 39) 十六國 시기의 梵語 音譯에서 魚韻은 범어의 'o'와 대응되기 시작했고 음가는 [ɔ]로 변화하였다(施向東 2009: 81). 그렇기 때문에 (2마)의 자료는 3세기 이전에 표기된 것으로 보아야 해석할 수 있다. 그리고 중고음 시기의 陰聲字(개음절을 가진 한자) '所'가 入聲字 '朔'과 대응된 것은 상고음 시기에 '所'가 음절 말 자음[11] '-g/ɣ'를 가졌기 때문

---

7) '眞B'라고 표기한 것은 眞韻이 重紐韻이고 '巾'은 重紐 3等字이기 때문이다. 관례에 따라 重紐 4等을 A로 표기하고 重紐 3等을 B로 표기한다. 重紐에 대해서 2장에서 자세히 다룰 것이다.

8) 趙翠陽(2009: 64)의 통계를 따르면 慧琳의 ≪一切經音義≫에서 欣韻 獨用은 68예가 있었으며 欣眞 互切은 60예가 있었다.

9) 전승 한자음에 두 한자의 음이 다른 것은 '近'은 차용 주 기층에 속해 있지만 '巾'은 그렇지 않기 때문이다. 2장에서 확인할 수 있듯이 牙喉音 뒤에 欣韻과 眞B韻은 전승 한자음에 '는/늘'로 반영되는 것이 일반적이다.

10) '所'는 上聲字이고 語韻字이다. 관습상 韻部 분류를 간결화시키기 위해서 上聲字과 去聲字 내지 入聲字를 같은 韻腹과 韻尾(入聲字 韻尾는 같은 조음 위치의 비음인 韻尾로 바꿈)를 가진 平聲韻에 귀속시킨다.

11) 청나라 성운학자들은 중고음의 개음절을 陰聲字, 비음 운미로 끝나는 음절을 陽聲字,

이다.

(2바)에서 '士'와 '次'는 동음이표기 관계를 이룬다. 마찰음과 파찰음의 혼란 양상은 이들이 전승 한자음에서 /ㅅ/와 /ㅊ/로 구별된 양상과 다르기 때문에 古層(8세기 후반 이전)을 반영한 표기로 보아야 할 것이다. 한편, '士'와 '次'는 齒音 止攝 開口字여서 차자표기 자료에서 이들의 음은 'ㅅ, ㅊ'가 아닌 '시, 치'로 읽어야 한다(이돈주 1981, 1990; 權仁瀚 2003). ≪三國遺事≫에 나온 신라 향가에서 주체 높임을 나타내는 '-시-'가 齒音 止攝 開口字 '賜'로 표기되어 있다. 이는 남북조 시기 이후에 止攝이 /i/에 합류하기 시작한 양상이 반영된 것이다.

(2사)에서 '-k' 入聲字 '福, 卜, 伏'은 '-g/ɣ' 陰聲字 '巴'와 대응되어 있다. 陰聲字의 음절 말 자음 '-g/ɣ'는 남북조 시기까지 자료상 확인할 수 있기 때문에(위국봉 2013: 176) (2사)의 자료 또한 남북조 시기 이전의 표기로 보아야 한다.

(2)의 각 예를 살펴본 결과로 고려 시대에 편찬된 ≪三國史記≫와 ≪三國遺事≫에 수록된 차자표기 자료들의 기층은 매우 복잡하다. 시기적으로 그 폭은 兩漢부터 8세기까지 무려 1000여 년 동안의 한어 음을 이용하여 표기한 것이 수록된 것이다. 여기서 다시 지리적인 요소를 고려하면 차자표기 자료로 고대 한국어의 음운 체계를 단일하게 재구하는 것은 거의 불가능하다고 해야 할 것이다. 차자표기 자료로 고대 한국어 음운 체계를 재구한다는 것은 마치 중세 한국어 시기의 중앙어 문헌과

입성 운미로 끝나는 음절을 入聲字로 불렀다. 이러한 전통적인 술어는 현재까지도 쓰이고 있다. Karlgren, 董同龢, 周法高, 李方桂 등의 재구에 의하면, 陰聲字는 상고음 단계에서 개음절이 아니고 유성 장애음 운미가 있었다. 陰聲字라는 전통적인 용어는 원래 개음절이라는 것인데 王力(1964, 1985)의 논의에 따르면 '陰聲字 음절 말 자음'이라는 개념 자체가 모순이 되겠지만 Ting(1975) 등 王力의 학설을 반대하는 쪽에서는 陰・陽・入 三分은 청나라 학자들이 만든 것이기 때문에 상고음을 연구하는 데에 있어서 굳이 이런 개념 때문에 구애를 받을 필요가 없다고 하였다(위국봉 2013: 173). 여기서 필자는 李方桂 등의 음절 말 자음 체계를 따르고 있기 때문에 술어 및 개념도 李方桂 등의 논의를 따랐다.

지방에서 간행된 근대 문헌 속의 일부 자료를 모아서 중세부터 근대까지 한국어의 음운 체계를 하나로 재구하는 것과 같다고 볼 수 있다.

이상 네 가지 이유로 필자는 차자표기 자료를 주된 자료로 고대 한국어 음운을 연구하게 되면 파편적인 양상만 포착할 수 있다고 보고 전반적인 음운 체계는 추출하기 어렵다고 본다. 특히 정밀하게 동일 시기, 동일 지역의 고대 한국어 음운 체계를 재구하려고 할 때 차자표기 자료에 의존하면 안 될 것이다. 요컨대, 체계성이 있는 자료를 바탕으로, 한 시기에 한 지역 안의 고대 한국어를 재구한다면 위에 나열된 문제점들을 해결할 수 있다.

전승 한자음 자료는 그 자체가 풍부한데다 체계성을 가지고 있기 때문에 고대 한국어의 음운 체계를 재구할 때 지금의 상황에서는 최적의 자료라고 본다.[12] 전승 한자음은 보수성이 강하고 전래 당시의 고대 한국어의 음운 체계를 반영한다. 물론 전승 한자음도 복합적인 기층을 가지고 있다고 반론할 수 있다. 하지만 전승 한자음은 주 기층을 가지고 있다. 河野六郎(1968)은 중세 및 근대 한국어 문헌의 전승 한자음을 검토하여 전승 한자음에 a, b, c, d 네 가지 층위가 있다고 주장하였다. 그리고 전승 한자음의 주 기층은 b 기층인 8세기 長安音이라고 보았다.[13] 이 주장은 반론도 있었지만 비교적 널리 받아들여졌다. 최근에 伊藤智ゆき(2007)에서는 河野六郎(1968)의 학설을 부분적으로 비판하고, 河野六郎(1968)에서 a, c, d 층위의 반영으로 본 일부 음들도 b 기층

---

12) '전승 한자음'이란 고대 한국어 단계에 차용되고 현대 한국어 단계까지 계속 사용되어 온 현실 한자음이다. 따라서 ≪東國正韻≫식 한자음이나 근대 문헌에서 한어 근대 속음에 대한 한글 표기는 모두 본고의 논의 대상에서 배제된다. 이들은 모두 현실적으로 사용되지 않았고 후세에 인위적으로 만들어진 것이나 근대 한어에 대한 寫音이었다. 고대 한국어의 음운 체계를 반영한 자료로 삼지 않는다.

13) 河野六郎(1968)에서 전승 한자음의 주 기층인 b 기층은 慧琳의 ≪一切經音義≫에 반영되어 있는 8세기 長安音이고, a 기층은 b 기층 이전의 한어, c 기층은 北宋 開封音, d 기층은 宋 이후의 근대 한어음이다.

의 반영으로 봐야 한다고 주장하였다. 비록 複層적인 것이라고 하는 점도 완전히 부정할 수는 없지만, 전승 한자음의 체계는 대체로 균일한 것이라고 하였다(伊藤智ゆき 2007, 이진호 역 2011: 419). 2장에서 자세히 논의할 것이지만 필자는 伊藤智ゆき(2007)의 논의 중 상당 부분 동의할 수 없지만 전승 한자음의 체계는 균일한 것이라는 것만큼은 찬성한다. 그리고 2장에서 필자는 최근 중고음 연구 성과를 참고해서 伊藤智ゆき(2007)에서 일부 b 기층의 반영으로 귀속시키지 못하였던 전승 한자음도 주 기층(河野六郎의 b 기층에 해당)에 대한 반영임을 증명할 것이다. 따라서 전승 한자음에 대한 연구를 통해서 통일 신라 한 시기의 고대 한국어 음운 체계를 재구할 수 있다. 재구의 결과는 당연히 전승 한자음 차용 당시의 고대 한국어 음운 체계이다.[14)

전승 한자음으로 고대 한국어 음운 체계를 연구할 때 직면하는 다른 문제점도 있다. 일찍이 朴炳采(1971)에서 이미 전승 한자음을 最古의 전승 자료로 보고 전승 한자음을 자료로 삼아 고대 한국어 음운 체계를 재구한 바가 있었다. 宋基中(1995: 453)에서 朴炳采(1971)의 방법론을 비판한 바가 있다. 즉, 朴炳采(1971)에서 전승 한자음 자료와 고대 한국어 한자음은 동일하였던 것으로 보고 그 논의는 朝鮮 時代 국어 한자음과 切韻系 한어의 비교 연구이지 고대 국어 한자음의 연구라고는 보기 어렵다고 지적한 것이었다. 하지만 이러한 비판은 전승 한자음의 양상을 전반적으로 고찰하지 않고 내린 것으로 보인다.

선행 연구 중에 비록 부분적인 고찰이지만 權仁瀚(1997b)에서는 고려 시대 一然의 讚詩 押韻 양상을 고찰한 결과로, 일부의 예들을 제외하고는 고려 시대의 한자음은 후세의 전승 한자음과 동일한 것으로 보

---

14) 2장에서 논의할 것이지만, 필자의 고찰로 절대 다수의 전승 한자음의 차용 기층은 대략 8세기 후반-9세기 초의 長安音으로 보아야 한다. 필자는 전승 한자음의 기층을 기존의 여러 연구에서 말한 '복합 기층설'에 동의하지 않는다. 본고에서 재구하는 고대 한국어 단계의 음운 체계도 8세기 후반-9세기 초의 통일 신라어의 체계가 될 것이다.

았다. 본고에서는 통일 신라 시대에 차용된 전승 한자음은 후기 중세 한국어 단계까지 별로 큰 변화를 겪지 않았다고 본다. 그 이유는 아래와 같다.

전승 한자음이 한글로 표기된 최초의 자료는 15세기 후반의 자료이다.[15] 차용된 시기부터 15세기 말까지 전승 한자음도 변화를 겪었을 가능성은 충분히 있다. 전승 한자음이 고유어와 비교했을 때 강한 보수성을 띤다는 점은 잘 알려진 사실이지만, 전승 한자음이라고 해서 전혀 변화를 겪지 않는 것은 아니다. 후기 중세 한국어 단계부터 현대 한국어 단계까지 전승 한자음의 변화 과정을 정리하면 아래와 같다.

(3) 가. /△/ 탈락(예: 兒 ᅀᆞ〉아, 日 ᅀᅵᆯ〉일)

　　나. 어두 /ㄴ, ㄹ/의 탈락(예: 良 랑〉양, 女 녀〉여)

　　다. /ㄷ, ㅌ/ 구개음화(예: 地 디〉지, 天 텬〉천)

　　라. /ㅅ, ㅈ, ㅊ/ 뒤 반모음 /j/의 탈락(예: 仙 션〉선, 洲 쥬〉주, 春 츈〉춘)

　　마. 'ᄋᆞ〉아' 변화(예: 史 ᄉᆞ〉사)

　　바. 이중모음의 단모음화(예: 槪 개[kajl]〉개[kɛl])

　　사. 순음 뒤 원순모음화(예: 北 븍〉북)

　　아. 삼중모음의 소실(예: 臭 츄l〉취, 快 쾌[kʰwajl]〉쾌[kʰwɛl])

　　자. 성조의 소실, L조와 H조는 단음으로, R조는[16] 장음으로 남아 있다(예: 丁 뎡L〉정, 鄭 뎡R〉정:)

(4) 가. 어두경음화(예: 氏 시〉씨, 喫 긱〉끽)

　　나. 전설고모음화(예: 叱 즐〉질)

　　다. '의〉이' 변화(예: 己 긔〉기)

---

15) 最古의 전승 한자음 자료는 ≪千手千眼觀自在菩薩大悲心多羅尼經≫(1476)이다(安秉禧 1971: 374).

16) 본고에서 고대 한국어와 고대 한어의 성조를 구별하기 위해 전자를 'L조, H조, R조', 후자를 '평성, 상성, 거성, 입성'으로 지칭한다.

(3)에 나열한 음운 변화 현상들은 규칙적으로 고유어와 한자음에서 모두 일어났고, (4가, 나)는 산발적으로 고유어와 한자음에서 일어났고, (4다)는 고유어와 대부분의 한자음에서 일어났지만 일부 한자음에서 일어나지 않은 음운 변화이다.[17] (3, 4) 이외에 '糖 당〉탕'처럼 어두 유기음화로 상정할 수 있는 현상도 있다. 근대 漢音의 영향을 받아서 새로 차용된 음으로 볼 여지가 있어서 (4)에 넣지 않았다.

(3, 4)를 통해서 알 수 있는 것은 전승 한자음의 보수성이라는 것은 결코 전승 한자음 자체에 음운 변화 규칙이 적용되지 않는다는 것이 아니다. 전승 한자음의 보수성이라는 것은, 물론 일반언어학에서 말하는 차용어의 보수성에 해당되는 부분도 있지만, 실제로 그것은 음운 변화를 저지한다기보다 차용된 뒤에 漢語에서 새로 일어난 음운 변화의 영향을 잘 받지 않는다고 이해하는 것이 더 타당할지도 모른다. 주목할 것은 전승 한자음에서 일어난 음운 변화는 대부분 (3, 4다)와 같은 거의 예외가 없는 규칙적인 것들이다. 이는 전승 한자음이 차용과 정착의 과정을 겪은 뒤에 이미 그것이 한국어의 일부가 되고, 한국어 내부에서 일어난 규칙적인 음운 변화에도 참여한다는 것을 보여 준다.

그렇다면 8세기부터 15세기까지 전승 한자음도 고유어와 같이 음운 변화를 겪었을 가능성이 존재한다. 과연 중세 한국 문헌에서 보이는 전승 한자음 자료는 고대 한국어를 반영한 자료라고 할 수 있을까?

얼핏 보면 고대 한국어 단계의 전승 한자음 자료가 없기 때문에 해결할 수 없는 문제인 것 같지만 그렇지 않다.

---

17) 한자음에서의 '의〉이' 변화는 어두 위치에서 일어났지 않았다(예: 意義 의의[ijil]). 그리고 비록 '希望 희망, 稀少 희소' 등 한자어에서 '희'는 실제로 [hil로 발음되지만 한글 맞춤법에서는 '히'로 적지 않고 '희'로 적는다고 규정하였다.

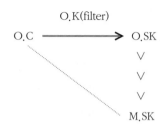

〈그림 1〉

(O.K: 고대 한국어; O.C: 고대 한어; O.SK: 고대 전승 한자음; M.SK: 중세 전승 한자음)

〈그림 1〉과 같이, 고대 한국어에서 고대 한어의 음을 차용할 때, 고대 한국어의 음운 체계의 제약을 받는다. 고대 한어에는 있고 고대 한국어에는 없었던 변별 자질들은 여과되고[18] 고대 전승 한자음(그림 속의 O.SK)이 생성된다. 이때 고대 전승 한자음이 확보된다면 고대 전승 한자음을 고대 한어와 대조시킬 수 있다. 그러면 고대 한국어의 음운 체계는 물론, 고대 한국어의 음운 제약 양상까지 확인할 수 있다. 그러나 고대 전승 한자음 자료는 전하는 바가 없다. 앞에서도 조금 확인해 보았지만 2장에서 논의할 것과 같이, 차자표기 자료에서 보여 주는 고대 한국 한자음은 전승된 한자음이 아니었다. 차자표기 자료는 후기 중세 전승 한자음의 前身인 고대 전승 한자음이 아니다. 현재 우리가 갖고 있는 자료는 고대 전승 한자음의 유물인 후기 중세 전승 한자음(그림 속의 M.SK)이다. 겉으로 보기에 고대 한어(그림 속의 O.C)와 후기 중세 전승 한자음을 대조시키는 것은 문제가 될 수 있지만, 실제로 후기 중세 전승 한자음의 양상을 자세히 살펴보면 이 문제는 해소된다. 먼저 〈그림 1〉 속의 O.C와 M.SK를 대응할 때 나올 수 있는 상황은 두 가지이다.

첫째, O.C와 M.SK의 음이 같거나 비슷한 경우이다. 이때 우리는

---

18) 반면에 고대 한어에 구별되지 않고 고대 한국어에 구별되는 음의 경우도 존재할 수 있다.

M.SK가 O.SK와 같다고 간주할 수 있다. 왜냐하면 원래 O.C와 대응이 되어야 하는 것은 O.SK인데, M.SK도 O.C와 대응되므로 O.SK에서 M.SK까지 변화가 일어나지 않았던 것으로 보아야 한다. 만약에 O.SK에서 M.SK까지 음운 변화가 있었다면 M.SK는 O.C와 대응되지 못할 것이다. 이 경우는 아래의 (가)와 같다.

둘째, O.C와 M.SK의 음이 다르고 대응되지 않는 경우이다. 이 경우도 세 가지로 나누어서 살펴볼 수 있다. 먼저 O.SK에서 M.SK까지 변화를 겪지 않았지만 처음부터 O.SK가 O.K의 음운 제약을 받고 O.C와 거리가 멀어진 경우이다(아래의 (나)에 해당). 또 다른 경우로, O.SK는 O.C와 대응되었지만 O.SK에서 M.SK까지 변화가 있는 경우이다(아래의 (다)에 해당). 나머지 하나는 처음부터 O.SK는 O.K의 음운 제약을 받고 O.C와 거리가 멀어지고 O.SK에서 M.SK까지도 변화가 일어난 경우이다(아래의 (라)에 해당).

위의 네 가지 경우를 공식화하면 아래와 같다. 편의상, 음이 같거나 비슷한 경우를 '='로 표시하고, 그렇지 않은 경우를 '≠'로 표시한다.

(가) O.C=M.SK ⇒ O.C=O.SK, O.SK=M.SK

(나) O.C≠M.SK ⇒ O.C≠O.SK, O.SK=M.SK

(다) O.C≠M.SK ⇒ O.C=O.SK, O.SK≠M.SK

(라) O.C≠M.SK ⇒ O.C≠O.SK, O.SK≠M.SK

위의 네 가지 경우 중에 (가)는 고대 전승 한자음부터 후기 중세 전승 한자음까지 변화가 없었던 것이므로 문제가 되지 않는다. (가)에 해당되면 음운 대응으로 고대 한국어의 음운을 추출할 수 있다. 문제가 되는 것은 (나, 다, 라)의 경우이다. 실제로 O.C≠M.SK일 때 대응이 이루어지지 않는 유형은 (나, 다, 라) 중의 어느 것에 해당되는지 가리기가 무척 어렵다. (나, 다, 라)에 대한 해결책은 아래와 같다.

첫째, 음운 대응이 이루어지지 않을 때 차용 과정에 여과 과정이 있었는지, 즉, 중고음이 고대 한국어의 음운 체계의 제한을 받고 변별 자질이 없어진 과정이 있었는지 검토하는 것이다. 예를 들어, O.C의 유기성이 M.SK에서 규칙적으로 반영되지 않을 때, O.K에 유기와 무기의 대립이 존재했는가 하는 것을 검토할 수 있다.

둘째, M.SK의 내부 양상을 정밀히 고찰하면 O.SK에서 M.SK까지 변화가 있었는지 고찰할 수 있다. 우선 이해의 편의를 위해서 현대 전승 한자음의 예를 들겠다. 근대 한국어 음운에 대한 지식이 없어도, 우리는 현대 한국 한자음의 양상을 통해 현대 한국어 직전 단계에 한국어 내부에서 구개음화를 겪은 것을 발견할 수 있다. 현대 한국 한자음의 舌上音과 舌頭音의 3, 4等字의 초성은 /ㅈ, ㅊ/으로 나타난다. 한어의 경우, 송나라시기에 舌上音이 正齒音으로 합류되었지만 舌頭音은 현대 한어까지 변화를 겪지 않았다. 가령 '天(透母 4等字)地(定母 3等字)'의 경우, 현대 북경 방언에서는 아직도 'tiān di[tʻiæn ti]'로 발음하고 구개음화가 일어나지 않았다. 현대 한국 한자음에서 舌頭音마저 /ㅈ, ㅊ/으로 반영되었다는 것은 한어와 관련 없이 한국어 내부에서 이전 단계에 3, 4等의 환경, 즉 /ㅣ/와 j계 상승 이중 모음 앞에서 /ㄷ, ㅌ/)/ㅈ, ㅊ/가 일어났다는 것을 의미한다. 그러므로 우리가 후기 중세 한국어 단계의 전승 한자음을 연구할 때도 후기 중세 한국어 이전 단계에 일어난 한국어 음운 변화를 추출할 수 있다. 예를 들어, 중세 전승 한자음의 양상을 검토해 보면 일부 'ㅣ'로 나타나야 하는 음들이 'ㅕ'로 나타난 경우가 있다. 이때 중세 직전 단계에 'ㅣ〉ㅕ'의 변화가 있었는지 검토할 수 있다.

셋째, 중고음과 중세 전승 한자음의 시간 간격 문제를 해결하기 위해, 고대 한국어 차자표기 자료를 보조 자료로 삼을 수 있다. 앞서 ≪三國史記≫ㆍ≪三國遺事≫에서의 지명ㆍ인명ㆍ관직명 등 차자표기 자료는 기층이 복합적이라서 고대 한국어 음운 체계를 재구할 때 주 대상 자료로 이용할 수는 없다고 보았다. 하지만 시간 간격 문제를 해결하기 위하여 차자 표기 자료를 보조 자료로 삼을 때는 큰 문제점을 일으키지 않는다. 또한, 한글 창제 이전에 간행된 자료인 ≪鷄林類事≫, ≪鄕藥救急方≫, ≪朝鮮館譯語≫의 자료도 시간 간격 문제를 해소해 줄 수 있다. 이 자료들도 고대 한국어의 음운 체계를 재구할 때 유용하게 활용할 것이다.

넷째, 내부 재구 선행 연구 결과를 참고한다. 예를 들어, 중고음의 전설 모음 /ɛ/는 전승 한자음에 규칙적으로 'ㅕ'로 반영되었다. 하지만 이에 따라 곧바로 'ㅕ'의 고대 한국어 음가가 [e]였다고 보면 문제가 생긴다. 차용 당시에 여과 과정이 개입되었을 가능성이 존재하기 때문이다. 이때 내부 재구를 한 선행 연구(15세기 전의 'ㅣ〉ㅕ', '도적~도죽'의 공존)를 참고하여, 'ㆍ'의 고대 한국어의 음가는 [ə]였던 것은 거의 확실하므로 'ㅕ'의 음가가 [ɛ]보다 혀의 높이가 약간 높은 [e]인 것으로 수정할 수 있다.

위의 네 가지 해결책으로 중고음 자료와 중세 전승 한자음 자료 사이의 시간 간격 문제를 어느 정도 해결할 수 있다. 게다가 실제 중세 전승 한자음 자료를 검토하게 되면 대부분의 경우는 중세 전승 한자음이 8세기 후반-9세기 초의 長安音과 대응되고 위의 (가) 경우에 해당되는 것을 발견할 수 있다. 바로 이러한 이유로 몇몇 선행 연구들이 전승 한자음을 고대 한국어의 음운 체계를 재구할 때 대상 자료로 삼은 것이었다. 2장에서 살펴볼 것과 같이 후기 중고음과 전승 한자음을 대조시켜 보면 일부 기층이 다른 전승 한자음을 제외하면 절대 다수의 전승 한자음은 비교적 후기 중고음의 모습을 잘 보유하고 있다.

여기서 '후기 중고음의 모습을 보유하고 있다'는 표현은 古音을 보유하고 있다는 의미는 물론, 후기 중고음의 음운 체계가 규칙적으로 15세기의 전승 한자음에 반영되었다는 것을 뜻하기도 한다. 후기 중고음의 음 대립, 음 합류 등 체계상의 양상이 그대로 15세기의 전승 한자음에 반사된다는 것을 2장에서 확인할 수 있다. 이는 매우 중요한 단서를 제공해 준다. 즉, 전승 한자음의 음가는 차용이 이루어진 시기부터 15세기까지 변화를 겪었을 가능성은 있지만, 대부분의 전승 한자음이 8세기 후반-9세기 초의 長安音과 규칙적으로 음운 대응이 된다는 것은 전승 한자음의 체계 자체가 차용 당시(8세기 후반-9세기 초)의 음운 대립 관계(음운 체계)를 유지하고 있었다는 증거가 된다.

전승 한자음이 8세기 후반-9세기 초의 長安音과 규칙적으로 대응이 된다는 사실을 음운 변화의 결과로 설명할 수는 없을 것이다. 만약에 이러한 규칙적인 대응을 변화의 결과로 가정한다면, 전승 한자음은 8세기 후반-9세기 초에 차용된 다음에 먼저 음운 변화를 한 번 겪고, 다시 음운 변화를 한 번 더 겪어서 원래의 모습으로 돌아간다고 설명해야 할 것이다. 하지만 'A〉B〉A'의 음운 변화 과정은 거의 찾아볼 수 없다. 결과적으로 전승 한자음이 차용된 시기의 음운 대립은 전승 한자음에 그대로 남아 있고, 세부적으로는 음가의 변화가 일어났을 수 있다고 보는 것이 가장 타당하다.

위와 같이, 고대 한국어의 음운 체계를 재구할 때 전승 한자음을 주 대상 자료로 삼을 수 있다고 본다.

마지막으로 본고에서 다룰 전승 한자음 자료는 주로 후기 중세 한글 문헌에서 표기된 현실 한자음 자료들이다. 기존에 이미 伊藤智ゆき(2007), 權仁瀚(2009)와 같은 자료집이 있어서 이 두 자료집을 본고에서 적극적으로 활용할 것이다.[19] 후기 중세 한국 한자음 자료는 문헌 자료에만 의지해야 한다는 한계 때문에 일부 음의 대응 양상을 확인할 때 例字의 수가 부족하거나 아예 없는 경우가 있다. 이때 현대 한국 한자음 자료

---

19) 한자음은 중세 한국어의 고유어나 현대 한국어 방언 자료와 달리 비교적 고정된 음을 가지고 있고 문헌상 차이가 별로 없기 때문에(다만 문헌에 따라 몇몇 한자의 음의 표기는 달라질 수 있고 특히 성조 표기가 일치하지 않는 부분이 있다) 기존의 자료집을 활용하는 것은 문제가 되지 않는다. 다만 이 자료집들을 사용할 때 필자는 관련 문헌을 재차 확인할 것이다.

를 보충적으로 이용할 것이다. 다만 현대 한국 한자음은 중세 한국어 이후에 변화를 겪었기 때문에 일차적인 자료로 삼지 않는다.

1.3 연구 방법

1.2를 통하여 필자는 본고의 논의 주 대상 자료를 전승 한자음으로 확정하였다. 이제 문제는 논의 대상에 대한 처리이다. 먼저 1.2에서도 조금 언급하였지만 전승 한자음으로 고대 한국어 음운 체계를 재구하려면 전승 한자음의 차용 시기를 알아내야 한다. 기존에 이미 河野六郎(1968) 이후에 여러 논의가 있었는데 이들에 대한 검토가 필요하다. 그러나 伊藤智ゆき(2007)과 권혁준(2009, 2010)을 제외한 나머지 대부분의 연구들은 中古音의 초기 연구 결과만을 참조하였다. 따라서 본고에서 먼저 이러한 전승 한자음의 기층을 최근 성운학의 연구 성과를 참고하여 다시 검토해야 할 필요성이 있다.

전승 한자음의 기층을 확인하는 방법은 중고 한어의 음절 구조인 'IMVE/T'[20]의 4가지 요소가[21] 각각 어떻게 반영되었는지 살펴본다. 먼저 기존의 논의에 대해서 검토할 것이지만 전승 한자음에서 보이는 언어 사실도 그렇고 언어 외적인 역사를 고려했을 때 전승 한자음의 차용 시기는 한어의 中古音 시기로 보아야 할 것이다. 그러나 한어의 中古音 시기는 흔히 《切韻》시기부터 五代까지를[22] 말하는 것인데 그 사이에 한어 중고음에 변화가 많이 일어났다. 일반적으로 中唐을 중간점으로 보고, 그 앞의 시기를 前期 中古音, 그 뒤의 시기를 後期 中古音으로 나눈다. 한어 중고음은 전기 단계에서 후기 단계까지 제법 많은 음운

---

20) 즉, 聲母(initial), 介音(medial), 韻腹(vowel), 韻尾(ending), 聲調(tone)이다.
21) V(韻腹)과 E(韻尾)는 하나의 묶음으로 처리한다.
22) 앞에서 언급했듯이 본고에서는 송나라 시기를 中古音에서 近代音까지의 과도기로 본다.

변화를 겪었는데 그 변화의 양상을 전승 한자음의 반영 양상에서 확인할 수 있는 부분이 많다. 따라서 전승 한자음의 차용 기층을 확인할 때 이러한 중고음의 변화를 반영하는 여부를 중심으로 다루어 볼 것이다.

그러나 전승 한자음의 차용 기층을 확인하기 전에 필히 해결해야 하는 문제들이 있다. 첫째, 전승 한자음의 전래 과정은 어떻게 되었는가? 어떤 유형의 차용인가? 기존의 일부 논의에서는 전승 한자음을 중고 한어 단계의 어느 중국 지방의 현실음을 차용한 것이 아니라 교정된 기계적인 음(즉 韻書에서 기록된 음)이라는 주장이 있었는데[23] 이러한 관점에 대한 검토가 필요하다. 둘째, 기존의 연구에서 흔히 전승 한자음의 기층은 복합적이라고 보았다.[24] 과연 이는 타당한 견해인가?

기존의 논의에서 위 문제들을 간과하여 진지하게 논의한 바가 없었다. 그러나 이 문제들은 모두 전승 한자음을 연구하기 전에 기본적으로 깔려 있는 전제 사항이기 때문에 그냥 지나칠 수 없다. 따라서 전승 한자음의 차용 기층을 확인하는 동시에 두 가지 문제에 대해서 필자의 견해를 제시할 것이다.

전승 한자음의 차용 기층을 확인한 다음에 음운 대응의 규칙성에 대한 고찰로 고대 한국어 음운 체계를 재구할 것이다. 재구할 때 중고음의 각 음을 구별하는 여부를 관찰하고 기본 음소 목록을 추출하고, 대립 관계를 구현할 것이다. 각 음소의 실제 음가는 中古音을 참고하는 동시에 15세기 한국어의 음가와 대조시킬 것이다. 예를 들어, 中古音의 次淸이 전승 한자음에서 불규칙적으로 유기음으로 반영되었는데 [±유기성]이 고대 한국어 단계에서 구별 자질로 존재하였는지 살펴볼 것이다. 그리고 2장과 3장에서 검토할 것이지만 中古音의 많은 韻에 開口와

---

23) 예를 들어, 황국정(2004a, 2004b)에서 전승 한자음은 韻書를 차용한 것이라고 보았다. 기존에 聲符에 의한 유추로 설명한 전승 한자음들도 韻書대로 차용한 것이라고 보고 유추가 아닌 음운 변화로 설명해야 한다고 주장하였다.
24) 물론 複合 基層 중에 주 기층이 있다.

合口[25]의 구별이 있었는데 이러한 開合口의 차이는 전승 한자음에서 그대로 /ㅡ/:/ㅜ/, /ㆍ/:/ㅗ/의 대립으로 반영되었다. 中古音과의 음운 대응에 대한 확인으로 단순하게 재구한 음소의 집합에서 이러한 대립 관계도 함께 고려하면 재구 결과의 체계성을 얻을 수 있다.

구체적으로 고대 한국어 각 음소의 음가를 어떻게 재구할 것인가? 단순히 기존의 성운학자들의 재구음을 참고하면 두 가지 문제가 발생할 수 있다.

먼저 중고음은 기본적으로 ≪切韻≫ 등 운서의 체계에 따라 고음을 반영한 여러 자료(한어 방언, 譯經, 외국어 한자음 등)를 참고하여 재구된 것이다. 재구의 결과는 운서음이고 실제 음이 아닐 가능성이 있다. 이러한 재구음만 참고하면 전승 한자음의 양상을 해석하지 못하는 경우가 생긴다. 예컨대 王力(1963/2003: 53)에 따르면 ≪切韻≫이 만들어진 시기에 이미 많은 한어 방언에서 止攝이 /i/에 합류되었고 止攝의 각 韻을 ≪切韻≫에서 구별한 것은 古代(상고)의 음을 기록한 것이다. 그리고 范淑玲(2009: 52)에 따르면 唐 玄應의 音義, 唐詩의 押韻에서 모두 止攝의 각 韻을 구별하지 않았다. 하지만 중고음의 재구음을 보면 止攝은 /i/(脂A韻), /iɛ/(支A韻), /iəi/(微韻), /ɿ/(之韻)로 나타난다.[26] 이러한 止攝의 재구음을 따르면 전승 한자음에서 위의 네 韻이 /ㆍ/(精組와 莊組 뒤)와 /ㅣ/(기타 자음 뒤)로 나타난 것을 설명하지 못한다. 현실음에서 止攝이 /i/로 합류하였다는 것을 참고해야 전승 한자음의 양상을 설명할 수 있다.

그 다음은 초기 중고음의 재구음은 음성적 재구이지만 연구가 진전됨에 따라 이루어진 일부 재구는 음소적인 재구이다. 음성과 음소 표기를 구별할 필요가 있다. 고대 한국 사람들은 실제 한어의 음성을 듣고

---

25) 開合口의 개념은 뒤에서 자세히 다룰 것이다.
26) 重紐 B류는 2장에서 다룰 것이므로 여기서 重紐 A류의 음가만 나열하였다.

고대 한국어의 음소로 한자음을 차용한 것이기 때문에 단순히 재구음의 음소 표시를 참고하면 역시 문제가 생길 수 있다. 예를 들어, 江韻의 경우 초기 연구에서는 [ɔŋ]로 재구되었다가[27] 나중에 이 韻을 冬韻([uoŋ])과 開合口 관계로 처리하면서 그 재구음을 /oŋ/로 바꿨다(周法高 1983). 江韻은 전승 한자음에서 'ㅑ'으로 반영된다. 기존의 논의에서는 [ɔ] 혹은 [ɔ]와 /ㅏ/의 대응을 설명하지 못했기 때문에 江韻이 /ㅏ/로 반영된 것을 唐 이후 江韻의 음가가 [aŋ]로 변화해서 唐 이후의 후기 중고음이나 근대음을 차용한 것으로 보았다(權仁瀚 1997: 316, 김무림 2007: 117).[28] 우선 江韻이 唐 이후에 /aŋ/로 변화한 것을 보여 준 자료가 많기 때문에(黃笑山 1995: 215) 필자도 그것이 'ㅑ'으로 반영된 것은 唐 이후의 음을 차용했다고 보는 것에 찬성하려고 한다. 그러나 문제가 되는 것은 唐音의 기층이 남아 있는 粵 방언에 江韻이 [oŋ] 혹은 [œŋ]로 나타나서(黃笑山 1995: 214) 전승 한자음에 江韻이 'ㅑ'으로 나타나는 것을 조금 더 신중히 생각해 보아야 할 것 같다. 이때 /oŋ/는 음운론적인 재구이기 때문에 그 음성적 실현 양상을 고려해야 된다. 周傲生(2008: 33)에 따르면 실제로 江韻과 冬韻은 순수한 開合口 관계가 아니고[29] 江韻을 /oŋ/로 처리한 이유 중의 하나는 음운론적인 경제성을 고려한 것이었다. 즉, 江韻만을 위해서 음소 하나를 별도로 설정하지 않은 것이다. 黃笑山(1995: 103)에서 江韻의 음성적 실현에 대해 해석한 바가 있다. /o/의 분포를 보았을 때 모든 /o/를 가진 韻 중에 江韻만 開口 洪音[30]

---

27) Karlgren, 王力, 董同龢의 재구음이다.

28) 伊藤智ゆき(2007)에서는 平山久雄(1967)의 중고음 재구를 기본으로 삼고 전승 한자음의 양상을 설명하였다. 平山久雄(1967)에서 江韻을 'auŋ'로 재구하였다. 하지만 'auŋ' 재구는 일반적이지 않은데다가 江韻을 'auŋ'로, 冬韻을 'oŋ'로, 鍾韻을 'ɪoŋ'로 재구해 버리면 江韻과 冬·鍾韻의 긴밀한 관계를 나타낼 수 없다. 대부분의 성운학자들은 江韻의 중고음을 開口 'ɔŋ'/'oŋ'로 재구한다.

29) 자세한 것은 周傲生(2008: 33)을 참고하기 바란다.

30) 성운학에서는 介音 [i]의 있고 없음에 따라 細音과 洪音이라고 한다. 黃笑山(1995)에서는 合口韻을 介音이나 韻腹이 [u]인 경우로 해석하였다. 여기서 開口 洪音이라는 것은 韻腹

환경을 갖춘다. 이러한 선행 환경에서 /o/의 변이음은 비교적 낮고 전설적인 [œ]라고 하였다. 현재 한국어 모음 체계 안에 저모음에서 원순과 비원순의 대립이 있다는 증거가 없으므로 원순 저모음 [œ]가 /ㅏ/로 차용되는 것은 원칙적이다. 따라서 江韻과 같은 경우, 재구된 중고음의 음소 표기만 참고하면 전승 한자음을 설명할 때 문제를 매끄럽게 설명하지 못하게 된다. 그러므로 전승 한자음을 고찰할 때 중고음 재구음의 실제 음성 실현에 대해서도 고려해 보아야 한다.

고대 한국어 음운 체계를 재구할 때 中古音의 재구 과정을 참고할 수 있다. 중고음의 재구 과정을 도식화하면 아래와 같다.

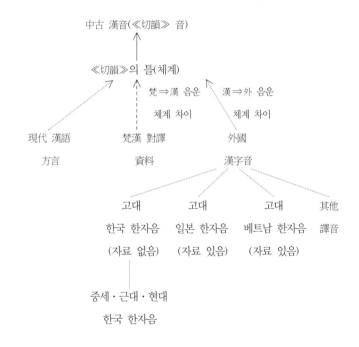

〈그림 2〉[31]

앞에 介音 [i]와 [u]가 모두 없다는 뜻이다. 開合口의 개념에 대해서 필자는 李榮(1956)에 따르고 있어 黃笑山(1995)와 다르다. 이에 대해서는 후술하겠다.

〈그림 2〉속 ≪切韻≫음을 재구할 때 사용된 각 자료에 대해서 간단히 살펴보자.

(가) 現代 漢語 方言: 한어 내부의 음운 변화 산물이다. 중고음을 재구할 때 한어 북방 방언이 중요한 단서를 제공해 줄 때가 있지만 주로 보수적인 閩・吳・粤 방언의 음을 참고한다.[32] 한어 방언의 기층은 복합적이다. 여기서 참고할 가치가 높은 것은 唐宋音의 기층을 가진 일부 閩・粤 방언이다.

(나) 梵漢 對譯 資料: 중국에서 東漢부터 宋까지 범어를 漢譯하는 전통이 있었다. 각 시기의 범어 漢譯 자료도 그 시기의 한어의 양상을 잘 보여 준다. 東漢魏晉十六國 시기의 범어 대역 자료는 상고음, 南北朝隋唐 시기의 범어 대역 자료는 중고음을 재구할 때 유용하게 이용된다. 특히 범어가 漢譯될 때 고대 한어의 음운 체계의 제약을 받기 때문에 고대 한어의 음운 체계를 연구할 때 중요한 자료가 된다.

(다) 外國 漢字音: 한국 전승 한자음 이외에 일본 한자음과 베트남 한자음 등이 있다. 일본 한자음은 吳音, 漢音 등 여러 기층이 있는데 특히 漢音은 한국 전승 한자음의 차용 시기와 비슷하다. 베트남 한자음은 원래 古漢越語와 漢越語 두 가지 기층이 있는데 전자는 상고음 연구 후자는 중고음 연구에 사용된다. 본고에서 특별한 언급이 없으면 필자가 베트남 한자음이라고 한 것은 중고음 시기에 차용된 것을 말한다. 일반적으로 베트남 한자음은 후기 중고음 단계의 長安音을 차용한 것

---

31) 〈그림 2〉에서 고대 한국 한자음 자료가 없다는 것은 고대 한국어 시기의 전승 한자음 초기 단계의 자료가 없다는 것을 말한다. 차자표기 자료는 기층이 전승 한자음과 차이가 크기 때문에 전승 한자음과 별개의 것으로 본다.

32) 閩 방언에서는 한자 하나가 白讀(구어음)과 文讀(문어음)을 갖고 있는 경우가 있다. 일반적으로 한어 방언의 文讀은 정치적 중심지의 방언의 영향을 받은 것으로 후세음(唐宋音 혹은 그 이후)의 흔적이며, 白讀은 文讀보다 古音의 기층을 반영한 것이므로 서로 다른 기층의 음이다(袁家驊 1960: 249).

이지만 그 중의 일부는 교정된 讀書音이라고 한다.[33] 이 밖에 漢藏 對音 자료가 있는데 이 자료는 8세기 말부터 10세기까지의 한어 서북 방언을 반영하고 있기 때문에 한국 전승 한자음을 연구할 때 참고할 가치가 있는 자료이다.

앞서 언급했지만 중고음 재구음이라는 것은 韻書와 韻圖를 검토해서 재구된 韻書音이고 그것이 곧 ≪切韻≫음이다. ≪切韻≫의 성격에 대한 관점은 통일되어 있지 않다. 綜合音系說(종합 음운 체계 학설)과 一時一地說(단일 음운 체계 학설)로 대립적인 입장이 있었다. 초기에는 王顯(1961)에서 ≪切韻≫은 洛陽音을 기초로 하고 古音과 方音도 부분적으로 수록했다고 주장하였다. 邵榮芬(1961)에서도 ≪切韻≫은 洛陽音을 기초로 하였고 金陵音의 특징도 흡수하였다고 비슷한 견해를 제시하였다. 이들의 논의에 의해서 一時一地說이 제기되었다. 하지만 이러한 학설은 곧바로 王力(1963/2003: 52-53)과 黃淬伯(1964)에서 주장한 綜合音系說에 의해 반박을 받았다. 이 두 논의에서는 ≪切韻≫은 중국 南北 방언의 음을 모두 고려하면서도 擬古的으로 음을 기록한 것이라고 하였다. 그 이외에 周祖謨(1966/1993: 286)에서는 6세기의 중국 南北 士人 사이에 통용된 雅音을 수록했고 6세기 중국 남방의 書音을 참고하였다고 주장한 바도 있었다. 鄭張尙芳(2003: 6)에서 ≪切韻≫은 金陵[34]과 洛下[35] 士族의 語音이라고 보았는데 金陵音이라는 것은 토박이의 吳 방언이 아닌 南下한 洛陽 移民의 南派 洛陽音이라고 하였다. 현재

---

33) 베트남 한자음의 차용 기층에 대해서는, Maspéro(1920, 聶鴻音 譯 2005: 13)에 따르면 吳 方言을 차용했을 가능성이 철저히 배제된다. 왜냐하면 비음과 日母에 대한 반영은 長安音의 양상과 다르지만 2等字와 4等字를 혼효하는 예가 전혀 없기 때문이다. 지극히 특수한 현상을 고려하지 않으면 베트남 한자음은 唐代 북방 방언, 즉 長安 방언을 차용한 것으로 보아야 한다고 하였다.

34) 金陵은 오늘날 江蘇省 南京市의 古名이다.

35) 洛下는 洛陽의 별칭이다.

한어 음운학에서 대부분 綜合音系說을 따르고 있는 듯하지만 꼭 그렇지는 않다. 연구자에 따라 一時一地說을 따르는 경우도 있다. 어쨌든 간에 一時一地說이라고 해도 부분적으로 ≪切韻≫에 방언의 요소가 섞여 있다는 것을 인정한다.[36] 綜合音系說과 一時一地說을 모두 고려해서 ≪切韻≫音은 구체적으로 단순히 어느 지역 어느 시기의 실제음을 기록한 것이 아니라고 보아야 한다. 그러므로 ≪切韻≫의 재구음을 고대 한국어 음운 체계 재구에 조심스럽게 적용해야 할 부분이 있다. 반대로 ≪切韻≫音을 전혀 고려하지 않는 것은 오히려 더 큰 문제점을 초래하게 된다. 그 이유는 8세기의 長安音은 물론, 현대 한어의 대부분의 방언도 ≪切韻≫의 체계를 그대로 이어받았기 때문이다.[37] 즉, ≪切韻≫은 추상성을 가지고 있지만 실제음과 관계가 없다고 할 수는 없다. 전승 한자음은 기계적인 韻書音보다 현실음을 차용한 것으로 보아야 하기 때문에[38] 중고음 현실음의 음가에 대한 확인이 필요하다. 따라서 고대 한국어 음운 체계 재구할 때 필요한 중고 한어 실제음의 재구 과정을 〈그림 3〉으로 수정할 수 있고, 전승 한자음을 대상으로 고대 한국어 음운 체계를 재구할 때 참고할 수 있는 자료는 〈그림 3〉을 변환한 〈그림 4〉에 나열하였다.

---

36) ≪切韻≫이 모 지역(洛陽)의 실제 방언을 기록한 것이라는 이른바 一時一地說의 주된 근거는 ≪切韻≫의 정밀성이다. 즉, ≪切韻≫은 음을 엄격히 구별하였을 뿐만 아니라 그 체계가 매우 정연한데 이 운서를 편찬할 때 한 지역의 방언을 바탕으로 하지 않으면 그렇게 정밀할 수 없다는 것이다. 그러나 一時一地說도 ≪切韻≫이 만들어지는 과정에서 그 이전의 韻書를 참고하였기 때문에 古音과 方言의 영향을 받았을 것이라는 점을 인정한다. ≪切韻≫이 편찬되었을 때 위상이 높아진 金陵音 그리고 편찬에 참여한 북방 출신 사람의 方音의 영향도 있었을 것이라는 점도 대체로 동의한다. 자세히는 黃典誠 (1994: 165-170)을 참고하기 바란다.
37) 일부 보수적인 방언(특히 閩 방언)은 ≪切韻≫보다 더 이른 시기의 음을 보유하고 있다.
38) 전승 한자음은 韻書音이 아닌 중고음 현실음을 중심으로 차용한 것이라는 점은 2.1에서 논의할 것이다.

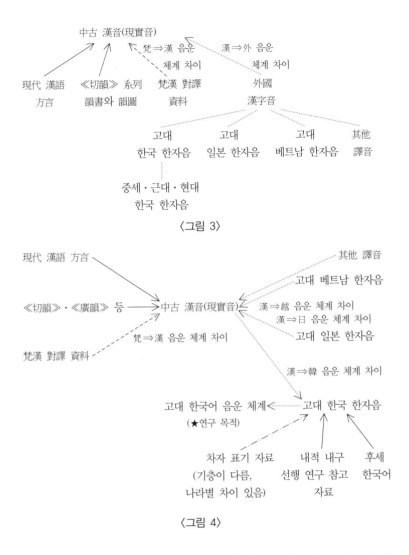

〈그림 3〉

〈그림 4〉

〈그림 4〉에 그려 놓았듯이 中古音의 실제음을 반영하는 여러 가지 자료를 모두 참고하면 고대 한국어 음운의 음가를 추정할 수 있다.

위와 같이, 中古音과의 대응에서 고대 한국어 단계의 음소들의 대립 관계, 실제 음가를 추출할 수 있다. 본고에서 전승 한자음을 연구하는 최종 목적은 고대 한국어의 음운 체계를 재구하는 데에 있다. 그러므로 본고는 기존의 전승 한자음 연구와 달리, 개별적으로 나타나는 예외적인 대응에 重心을 두지 않고, 규칙적으로 반영된 양상을 집중해서 논의한다.[39] 필자의 연구는 전승 한자음의 주 기층을 확인하여 그 대응의 양상에서 고대 한국어 음운 체계를 추출하고자 한다. 그러므로 주 기층을 벗어난 예외에 대한 해석에 힘을 쏟는 것보다 주 기층의 반영 양상을 중요시한다. 이는 본고와 기존의 전승 한자음 연구의 차이점이다.

마지막으로 본고에서 한국어 내적 재구 선행 연구들도 참고할 것이다. 본고는 전반적으로 전승 한자음과 중고음을 대조하여 고대 한국어 음운을 추출하는 방식으로 진행된다. 전승 한자음은 고대 한어 음을 차용하여 형성한 것이기 때문에 본고의 재구 방법은 외적 재구와 같다고 할 수 없지만 비슷한 면이 많다. 외적 재구에서 나타날 수 있는 여러 한계점을 내적 재구를 통해서 보완할 필요가 있다. 예를 들어, /ㅓ/와 /·/의 음가를 고찰할 때 단순히 중고음의 반영으로 하면 /ㅓ/의 음가는 [ɛ], /·/의 음가는 대략 [ə]로 추정이 된다. 하지만 내적 재구에서 /·/의 j계 이중 모음이 중세 문헌 및 방언에서 /ㅕ/로 반영된 것을 보아, /ㅓ/의 음가는 [ɛ]보다 [e]로 재구하는 것이 더 타당하다.

덧붙일 것은 中古音을 차용할 때 사용한 음소 이외에 또 다른 음소가 존재할 수 있다. 우연히도 이러한 음소가 15세기 한글 창제 이전에 이미 사라졌다면 이때 이러한 未知의 음소는 전승 한자음에 대한 고찰로 재구할 수 없다. 따라서 본고에서 재구하는 체계는 고대 한국어의 음운 체계와 똑같을 수 있고, 그보다 작을 수도 있다.[40]

---

39) 물론, 예외로 보이는 예에서도 재구에 있어서 귀중한 단서를 발견할 수 있다. 하지만 그러한 예외 중의 일부분은 규칙성으로 설명할 수 있고, 설명할 수 없는 부분은 주요 기층을 벗어난 예로 간주할 수 있다.

40) 그렇지만 이러한 未知의 음소들이 존재하였더라도 다른 방법으로 이러한 음소들을 재구하기 힘들 것이다. 예를 들어, 내적 재구 방법으로 고대 한국어 단계에 유성 파열음 계열을 재구한 선행 연구가 있었지만 그러한 재구 결과를 직접적으로 지지해 준 고대 한국어의 자료가 없다. 그러므로 그렇게 재구된 음소들도 역시 고대 한국어에 존재하였다고 단정을 지을 수는 없다.

1.4 선행 연구

　본고에서는 전승 한자음 자료를 주된 연구 대상으로 삼고 있기 때문에 ≪三國史記≫・≪三國遺事≫ 등의 차자표기 자료에 대한 선행 연구는 여기서 언급하지 않기로 한다.

　전승 한자음에 대해서는 그 동안 많은 연구 결과가 있었다. 비록 본고도 전승 한자음에 대한 고찰의 비중은 크지만 연구 목적은 고대 한국어 음운 체계를 재구하는 것이기 때문에 전승 한자음의 양상을 근거로 고대 한국어 음운 체계를 재구한 선행 연구를 중심으로 고찰하고자 한다. 고대 한국어 음운 체계와 관련시키지 않고 전승 한자음만 다룬 선행 연구들은 2장에서 전승 한자음의 양상을 살펴볼 때 두루 다룰 것이다.

　전승 한자음을 전반적으로 고찰하고 고대 한국어 음운 체계를 재구한 선행 연구는 河野六郎(1968), 朴炳采(1971), 李潤東(1997), 김무림(1998), 伊藤智ゆき(2007) 등이 있었다.

　河野六郎(1968)에서 최초로 전승 한자음 전반을 체계적으로 다루었다. 전승 한자음의 차용 기층을 a, b, c, d 네 가지 기층으로 나누고 그 중의 주 기층은 b 기층인 8세기 長安音이라고 밝혔다. 전승 한자음에서 次清字가 유기음 계열인 /ㅋ, ㅌ, ㅍ, ㅊ/으로 규칙적으로 반영되지 못하고, 유기음을 가진 고유어 어휘가 적기 때문에 고대 한국어 단계에 무기음과 유기음의 대립이 없었다고 주장하였다. 清濁의 차이가 반영되지 않은 것은 고대 한국어 단계에 全濁에 해당하는 음(유성 장애음 혹은 경음)이 없기 때문이라고 보았다. 한편, 舌內 入聲 韻尾 '-t'가 '-ㄹ'로 반영된 것은 고대 한국어 단계에 고유어의 모음 사이에 /ㄷ/ 약화가 일어난 현상과 관련시켰다. 고대 한국어의 모음 체계와 관련하여 고대 한국어 단계에 한어의 /ə/에 해당된 모음은 '♀'였고, '우'는 '으'의 合口音으로서 단순한 후설모음 'u'와는 다른 전설 혹은 중설의 'ü'였을 것이라고 보고 '오'와의 모음 조화를 고려하여 '오'와 '우'는 'o(또는 u)' : 'ö(또는 ü)'의 대립을 나타낸 것이라고 보았다. '어'는 한어의 'ä'에 해당되기 때문에 '아'와 '어'는 'a : ä'의 대립이었다고 하였다. 그리하여 고대 한국어의 모음 조화는 '전설 : 비전설'의 대립이 된 것으로 본 것이다. 그리고 모음 조화를 고려하여 중립적인 'ï'는 원래 음성 모음 ·ï'와 양성 모음 ·ï' 두 가지 있었다고 주장하여 고대 한국어의 모음 체계를 아래와 같이 재구하였다.

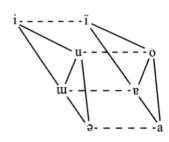

〈그림 5〉 河野六郎(1968/1979: 511)에서 재구한 고대 한국어 모음 체계

河野六郎(1968)은 최초로 전승 한자음의 전반을 체계적으로 다룬 연구라고 할 수 있다. 40여 년이 지났지만 아직까지 참고할 만한 부분이 상당히 많다. 이 논의에서 전승 한자음에서 보이는 重紐 현상을 집중적으로 다루었고 일찍이 4等韻 無介音說을 받아들였다. 그 이후에 重紐를 반영하지 못하고 舊 介音 학설에 의해 재구된 한어 재구음만 참고한 연구들은 河野六郎(1968)의 업적을 뛰어넘지 못하였다고 할 수 있을지도 모른다. 그리고 河野六郎(1968) 이후에 전승 한자음과 고유어를 별개의 것으로 보고 한자음과 고유어의 관계를 고려하지 않는 채 전승 한자음을 연구한 경우가 종종 있다. 그러한 논의를 앞서, 일찍이 河野六郎(1968)에서 고유어와 전승 한자음을 같은 한국어 음운 체계 안에서 고려하는 시도를 했고 그 의의는 크다고 해야 할 것이다.

다만 河野六郎(1968)에서 수립한 ≪切韻≫ 체계는 Karlgren의 체계를 수정한 것이었고 저자의 개인적인 성운학에 대한 견해도 들어가 있어 때로는 설명이 객관적이지 않은 부분이 보인다. 한편, 河野六郎(1968)에서 일찍이 전승 한자음의 주 기층은 8세기 長安音을 기록한 慧琳의 ≪一切經音義≫의 체계와 부합한다고 주장하였고 주 기층인 b 기층보다 고음을 반영한 기층을 a 기층, b 기층보다 근대성을 드러낸 기층을 c, d 기층으로 보았다. 하지만 慧琳의 ≪一切經音義≫에 대해서는 주로 초기 연구인 黃淬伯(1931)을 참고한 것이었다. 최근에 ≪一切經音義≫의 음운 체계에 대한 논의들이 새로 나왔는데 전승 한자음의 주 기층에 대한 고찰도 다시 검토할 필요가 있다고 본다.

朴炳采(1971)에서 전승 한자음의 차용 시기를 ≪切韻≫으로 보고, 전승 한자음을 ≪切韻≫음과 대비하여 그 음운 대치법을 규명하여 개개의 한어 음운에 대한 한국어 음운의 반사 조건을 토대로 체계화해서 고대 한국어 음운 체계를 재구하였다. 우선 河野六郎(1968)과 마찬가지로 全濁의 반영 흔적이 없고 次淸이 불규칙적으로 반영되어 고대 한국어의 자음 체계를 單線 체계로 재구하였다. 다만 특이한 것은 朴炳采(1971: 310-311)에서 중세 및 고대 한국어의 자음 체계에 후두 파열음 /ʔ/를 재구하였다는 점이다. 모음 체계에 대해서는 주요 모음을 Ⅰ류(a/â), Ⅱ류(ə/ɚ/ĕ), Ⅲ류(o/u)로 나눠 대응 양상을 고찰하여 전설 모음 $i_α$(이), ü(우), ə(으), ä(어) 및 후설 모음 $i_β$(이), u(오), ɐ(ㅇ), a(아)와 같이 8모음 체계를 재구했다. 고대 한국어의 모음 체계는 전설과 후설의 대립인 구개적 조화라고 보았다.

朴炳采(1971)은 河野六郎(1968)에서 제기한 唐 長安音 基層說에 대해서 반론을 제기하였다. 그 중의 일부 지적 사항은 아직도 唐 長安音 基層說로 규명할 수 없다. 蟹攝의 泰韻과 哈韻은 ≪慧琳音義≫에서 합류하였지만 전승 한자음에서는 /ㅐ/와 /·ㅣ/로 구별되어 있는 것이 하나의 예가 된다. 하지만 朴炳采(1971)에서는 Karlgren의 중고음 학설에 의존한 부분이 많아 보이는데 중고음 학설에 문제가 된 부분이 있기 때문에 전승 한자음의 기층에 대한 설명도 문제가 생기게 된다. 이 부분은 최근 ≪切韻≫음 연구에서 재구한 체계를 참고하여 전승 한자음을 다시 해석해서 해결해야 될 것이다. 그리고 朴炳采(1971)에서 재구된 單線 자음 체계에 대해서는 李基文(1961/1998)에서 반론을 한 바와 같이 비록 次淸에 대한 유기음으로의 반영은 불규칙적이지만 전승 한자음에 유기음이 존재한다는 것은 고대 한국어 단계에 유기음이 존재했다는 증거로 보아야 할 것이다. 그리고 중세 및 고대 한국어의 자음 체계에 /ʔ/를 재구하는 것도 역시 논란의 여지가 있다. 한편, 김무림(2012: 32-33)에서 지적한 바와 같이 /iₐ/와 /iᵦ/처럼 두 개의 '이'를 재구하는 것은 止攝의 重紐 현상에서 착안한 것인데 止攝 重紐 3等의 介音 'ï'가 /iᵦ/가 아닌 /으/로 반영된 실제 양상과 모순이 된다.

李潤東(1997)은 전승 한자음에서 全淸과 全濁의 구별이 없는 것과 次淸의 반영이 규칙적이지 않은 것은 聲과 氣가 고대 한국어에서 변별적 기능을 수행하지 않았기 때문이라고 해석하였다. 유기음 계열은 후세에 한자음의 영향으로 차츰 생긴 것으로 보았고, 次淸이 全淸보다 유기음 투영의 비율이 높은 것은 운서나 그에 준거하고자 하는 인위적인 노력 때문이라고 보았다. 日母는 처음에 j로 수용되었다가 한국어에서 'ㅿ'이 음소로 정립된 후 'ㅿ'으로 점차 통일되었다가 다시 'ㅿ'의 소실과 더불어 零聲母化했을 것이라고 추정하였다. 모음 체계에 대해서는 각 攝의 한어 중고음이 대응되는 한국어 모음을 정리하여 모음 사각도를 아래와 같이 그렸다.

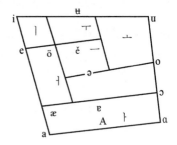

〈그림 6〉 李潤東(1997: 280)에서 재구한 고대 한국어 모음 사각도

伊藤智ゆき(2007, 이진호 역 2011: 29)에서 지적했듯이 李潤東(1997)에서 전승 한자음의 음운 체계를 파악하는 기본적인 방식은 河野六郎(1968)과 꽤 유사하다. 唐 長安音說과 음절 편향에 따른 설명 부분은 河野六郎(1968)의 영향을 받은 것으로 보인다. 여기서 지적할 만한 것은 李潤東(1997)에서 참고한 중고음 재구는 董同龢(1968)의 체계로 보인다. 중고음의 새로운 연구 결과들을 추가적으로 보완할 필요가 있어 보인다. 한편 李潤東(1997)에서 한어 음운사에 대한 설명이 문제된 부분도 두루 보인다. 가령, 止攝에 대한 설명 부분에서 重紐 3等이 /ㅢ/로 반영된 것은 重紐韻의 介音에 차이가 있다는 학설(有坂秀世 1957)로 설명하면서도 정작 韻母의 재구음은 重紐韻의 핵모음에 차이가 있다는 재구음(董同龢 1968)을 참고하였기 때문에(李潤東 1997: 214-215) 내부적인 모순이 보이고, 일부 치음 뒤에 운모가 /ᄋ/로 나타나는 것은 상고음의 [ə]가 介音의 탈락으로 [ɑ]로 변화했고 후설 저모음 /ᄋ/는 [ɑ]에 대한 반영이라고 하였다(李潤東 1997: 229). 문제가 되는 것은 止攝이 상고 시기부터 중고 시기까지 그 음가가 [ə]〉[ɑ]라는 변화를 겪었다는 증거는 보이지 않는다는 것이다. 따라서 止攝이 /ᄋ/로 반영된 것을 [ə]〉[ɑ]의 변화로 설명하는 것은 주관적인 설명으로 보아야 한다. 그리고 李潤東(1997)에서 모음 체계에 대한 연구도 한어 음과 전승 한자음의 일대일 방식으로 처리했을 뿐 음운론적으로 각 모음의 대립 관계를 다루지는 않았다.

김무림(1998)에서도 고유 명사 차자표기 자료, ≪鷄林類事≫, ≪鄕藥救急方≫ 및 전승 한자음 자료로 고대 한국어의 음운 체계를 재구한 바가 있었다. 특히 모음 체계는 전승 한자음의 모음과 중고음의 모음 사이의 음운 대응을 통해 고찰한 것이다. 이 논의에서 명확히 밝히지는 않았지만 참고한 중고 한어의 모음 체계는 董同龢(1968)의 것으로 보인다. 재구의 결과는 河野六郎(1968) 및 朴炳采(1971)와 마찬가지로 '우-으-어'는 '오-ᄋ-아'를 구개적 모음 조화를 이루었다고 하였다. 다만 선행 연구와의 차이는 '이'를 음성 모음과 양성 모음으로 나누지는 않았다. 李潤東(1997)의 연구와 마찬가지로 董同龢(1968)의 중고음 체계를 참고하여 전승 한자음으로 설명할 때 극복하기 어려운 부분이 존재한다.

가장 최근에 전승 한자음을 전반적으로 다루고 고대 한국어의 음운 체계를 재구한 연구는 伊藤智ゆき(2007)이다. 이 연구는 후기 중세 한국어 단계의 전승 한자음 자료를 모두 확보하고 자료에 대한 연구가 충실히 이루어졌다고 할 수 있다. 이 논의에서는 平山久雄(1967)의 중고음 체계를[41] 주로 참고하였고 전승 한자음의 양상을 모두 자세하게 검토하였고 기존의 河野六郎(1968)의 학설을 부분적으로 비판하였다. 즉, 河野六郎(1968)의 논의에서 전승 한자음의 차용 주 기층인 b 기층으로 설명할 수 없었던 a, c, d 기층의 일부도 b 기층의 반영으로 설명할 수 있다고 하였고, 전승 한자음의 기층은 대체적으로 균일하다고 지적하였다. 河野六郎(1968)의 唐 長安音 起源說과의 또 다른 차이점은 이 논의에서 전승 한자음의 주 기층이 河野六郎(1968)에서 설정한 b 기층보다는 더 근세음의 특징이 보이고 唐末의 長安音으로 추정한 것이었다. 기존의 전승 한자음 연구에서 소홀히 다루었던 성조 연구도 이 연구에서 강조되었고 논의 곳곳에서 성조에 대해 언급하였다. 이 연구의 결론 부분에서는 고대 한국어의 음운 체계를 아래와 같이 재구하였다.

ㅣ [i]	ㅡ [ɨ]	ㅜ [u]
ㅓ [ə]	· [ə]	ㅗ [o]
ㅏ [a]		

〈그림 7〉 伊藤智ゆき(2007, 이진호 역 2011: 420)에서 재구한 고대 한국어 모음 체계

---

41) 平山久雄(1967) 이후에 平山久雄 先生의 관점이 부분적으로 바뀌었다. 伊藤智ゆき(2007)에서도 이미 그러한 부분을 반영하였다. 저자의 수정 의견이 적용된 이 논문의 한국어 譯本은 최근에 李準煥 先生에 의해 번역되었고 ≪口訣研究≫ 제30·31집에 실려 있다.

위의 그림과 같이 고대 한국어의 모음 체계에는 '전설 : 후설'의 모음 조화를 지녔다고 보기가 어렵다고 하였다. 伊藤智ゆき(2007)은 전승 한자음을 연구한 논의였기 때문에, 비록 韻母를 다루는 동시에 중고 한어와 한국어의 모음 대응을 다루었지만 최종적으로 고대 한국어의 모음 체계를 재구할 때 구체적인 논의는 없었다.

伊藤智ゆき(2007)에서 참고한 平山久雄(1967)의 중고음 체계는 매우 세련된 것이면서도 다른 성운학자와 사뭇 다른 개인적인 견해가 섞여 있다. 그리고 平山久雄(1967)의 중고음 체계는 정교하지만 최신의 중고음 연구 동향이 전혀 보이지 않는다. 이 중고음 체계를 따르면 전승 한자음의 일부 특이한 반영 양상들은 주 기층을 벗어난 예외로 설명할 수밖에 없다. 한편, 伊藤智ゆき(2007)에서는 이미 필자가 1.3에서 언급한 참고 자료 중의 베트남 한자음, 8-10세기 漢藏 對音 자료를 전승 한자음 연구에 응용하였다. 이 두 자료에 반영한 한어의 기층은 워낙 河野六郎(1968)의 b 기층(慧琳의 ≪一切經音義≫)보다 약간 후세의 것이다. 이 두 자료를 집중적으로 전승 한자음과 엮는 탓에 전승 한자음의 기층은 河野六郎(1968)의 b 기층보다 더 근세음의 특징을 지닌다는 결론을 도출한 것이 아닌가 한다. 이 논의에서 현대 한어 방언 자료도 적극적으로 이용했지만 韻書音에서 벗어난 예외를 해석할 때만 참고한 것이었다. 필자는 중고음의 실제 음가가 불분명할 때 특히 중고음 기층을 보유하고 있는 현대 한어 방언 자료가 전승 한자음 전반의 차용 기층을 밝히는 데에 중요하다고 본다. 그러므로 현대 한어 방언 자료는 전승 한자음의 주 기층을 고찰할 때에도 유용하게 참고할 필요가 있다. 추가적으로, 伊藤智ゆき(2007)에서 언급하지 않았던 南北朝 시기와 唐 시기의 梵語 對譯 자료도 참고할 가치가 높은 자료라고 본다. 특히 전승 한자음은 佛經誦讀에 의해 전해져 왔다는 姜信沆(1997/2003, 2004, 2008b)의 선행 연구가 있다는 것을 고려하면 중고음이 표기하였던 梵語의 원음도 검토해야 될 대상으로 보인다. 또한 伊藤智ゆき(2007)에서 일부

長安音의 반영으로 설명되지 못했던 전승 한자음을 河野六郎(1968)의 b 기층으로 귀속시킬 때 무리한 설명을 한 부분도 상당히 보인다.[42] 마지막으로 伊藤智ゆき(2007)에서 河野六郎(1968)과 李潤東(1997)에서 언급한 음절 편향이라는 것을 중요한 기제로 삼아서 전승 한자음의 불규칙적인 반영 양상을 설명한 부분은 타당한지 의심스럽다.[43]

한편, 전승 한자음의 양상을 부분적으로 고찰하고 고대 한국어 음운 체계의 일부를 연구한 논저도 많았다. 여기서는 대표적인 선행 연구만 예로 들도록 하겠다. 자음 체계의 경우, 대표적으로는 李基文(1961/ 1998: 82-83)에서 전승 한자음에서 次淸이 불규칙적으로 유기음으로 반영되었지만 유기음 계열이 고대 한국어에 존재했다고 인정해야 한다고 하며 全濁이 원칙적으로 평음으로 반영된 것은 고대 한국어에 경음이 없었기 때문이라고 하였다. 모음의 경우, 대표적으로 한글 창제 이전에 /ㆍ/의 존재 여부 및 그 음가에 대한 연구가 특히 많았고 견해의 차이가 심하다. 리득춘(1989/1994), 최남희(2005b), 이준환(2011c)는 그러한 예가 된다. 리득춘(1989/1994: 49)에서 止攝 齒音字는 고대 한국어 단계에는 /ㅣ/로 반영되었기 때문에 /ㆍ/는 고대 한국어에 없었고 /ㆍ/로 표

---

42) 2장에서 기존 연구에서 일부 전승 한자음의 기층을 설명한 부분에 대한 반론을 제기할 것이다.

43) 예컨대 불교 용어 '婆'를 빼고는 음절 '바'를 가진 전승 한자음이 없다. 한어의 全淸과 全濁은 원래 음운 대응 규칙대로 '바'가 되어야 하지만 모두 '파'로 나타나는 것을 河野六郎(1968), 伊藤智ゆき(2007)에서는 음절 편향으로 설명하였다. 우선 '바'라는 음절은 고유어에 흔히 보이는데 외국어를 차용할 때 기피되어야 하는 언어 내부적 요인은 보이지 않는다. 게다가 조음 음성학의 관점에서 보았을 때 무표적인 평음은 유표적인 유기음보다 조음하기 쉽다. 河野六郎(1968/1979: 410)에서 一定의 음절을 선택해 기억에 편하다는 해석은 왜 선택된 음절이 더 발음하기 쉬운 '바'가 아닌 '파'인지를 설명할 수 없다. 伊藤智ゆき(2007)에서 설명한 음절 편향의 발생 방식은 ① 중국 원음에서 대립 부재 ② 諧聲符에 대한 유추 ③ 중국 원음의 어떤 음절에서 유기와 무기의 편중 ④ 사용 빈도의 영향 ⑤ 교체형에서 보이는 성모의 동일성 ⑥ 유기음으로 알아듣는 경우의 특수성 ⑦ 악센트 등이다(伊藤智ゆき2007, 이진호 역 2011: 94-96). 그러나 앞서 든 예 '바'의 경우는 이러한 ①-⑦의 원인으로 모두 설명할 수 없다. 이에 대해 伊藤智ゆき(2007, 이진호 역 2011: 100)에서도 스스로 설명하기 쉽지 않다고 인정하고 있다.

기된 것은 12-13세기에 한어에서의 새로운 변화를 차용한 것이라고 하였지만, 최남희(2005b)에서는 반대로 止攝 齒音字의 /·/는 상고음의 흔적으로 보고 /·/는 상고음을 차용한 시기부터 있었다고 하였다. 이준환(2011c)에서는 향가, 일본 한자음, 고대 일본 자료에서의 고대 한국어 표기와 ≪鷄林類事≫ 및 ≪朝鮮館譯語≫에서 /·/의 대응 양상을 고찰한 뒤에 /·/는 한글 창제 이전에 中舌 中低母音이었다고 결론을 지었다. 그리고 이준환(2011c: 338)에서 '賊 적'이 문헌에서 '도죽'으로 나타난 것을 /·/〉/ㅓ/의 변화가 있었다고 주장한 바도 있었다.

위 선행 연구에서 공통적으로 발견되는 문제점은 최근의 중고음 연구 동향이 반영되지 않음으로써 전승 한자음의 일부 특이한 양상이 계속 설명되지 않아 전승 한자음의 기층이 복합적이라고 한 것이다. 하지만 최근 중고음 연구의 성과를 비판적으로 받아들이고 전승 한자음의 전반을 다시 해석하면 기존에 설명할 수 없었던 부분도 거의 다 해결할 수 있다. 그러므로 전승 한자음의 복합 기층설을 검증하고 주 기층이 확인된 상태에서 다시 전승 한자음에서 각 한국어의 음들이 대응되어 있는 중고음을 재확인하는 작업이 필요하다. 이러한 작업을 통해서 고대 한국어의 음운 체계를 재구하게 된다.

2. 전승 한자음에 대한 고찰

2.1 전승 한자음의 전래

이 소절에서는 먼저 전승 한자음의 차용 유형에 대해서 검토하고자한다. 언어 접촉 유형은 언어 접촉이 이루어지는 공간의 단일 여부에따라 자연적 접촉과 비자연적 접촉으로 나눌 수 있다(陳保亞 1996: 8).전승 한자음은 韓民族과 漢民族이 같은 공간에서 거주하며 서로 왕래하여 전해진 것이 아니기 때문에 비자연적 접촉의 유형에 속한다.

비자연적 언어 접촉은 자연적 접촉과 비교했을 때 지닌 특징은 두가지를 상정할 수 있다. 첫째, 언어 접촉의 방향은 단일 방향이다. 즉,언어 요소의[44] 주 수입 언어와 주 수출 언어가 있다. 주 수출 언어는수입하는 쪽의 언어 요소를 잘 받아들이지 않는다.[45] 둘째, 두 언어 간에 기본적인 체계상의 간섭이[46] 일어나지 않는다. 자연적 언어 접촉의경우, A 언어의 언어 요소 a가 B 언어에 들어갈 수 있고, 반면에 B 언어의 언어 요소 b도 A 언어에 들어갈 수 있다. 이러한 과정이 많이 이루어지게 되면 A 언어를 구사할 수 있는 B 언어 화자 β, B 언어를 구사할수 있는 A 언어 화자 α가 많이 생기게 된다. 화자 α들이 완전히 B 언어사회에, 화자 β들이 완전히 A 언어 사회에 동화되지 않았을 때, 화자

---

44) 이러한 언어 요소는 발음의 습관, 어휘 내지 통사적인 구조까지 포함될 수 있다.
45) 물론, 같은 공간 안에서 이루어지는 자연적 접촉도 두 종족 사이의 정치·문화적 관계에 따라 단일적인 방향성을 보인다. 하지만 적게나마 정치·문화적으로 힘이 약한 종족의 언어 요소가 정치·문화적으로 힘이 강한 종족의 언어에 들어갈 수 있다.
46) 간섭(interference)이라는 술어는 원래 제2 언어 습득 과정에서 모국어의 체계에 의해 일어나는 부정적 전이(negative transfer)를 가리킨다. 陳保亞(1996)에서는 이 술어를 훨씬더 넓은 의미로 사용하였다. 모국어가 목표 언어를 지배하여 제2 언어를 형성하게 한것은 匹配(지배), 제2 언어에서 목표 언어로 닮아가는 과정은 回歸(회귀), 목표 언어가제2 언어로 가깝게 변화한 과정은 併合(병합)이라고 하였다. 지배에서 회귀를 거쳐 병합까지의 과정에서 제2 언어는 매개이며 모국어가 목표 언어를 바꾸게 하는 것은 干扰(갑섭)이라고 하였다(陳保亞 1996: 69).

α들은 B 언어의 화자들에게 A 언어의 언어 요소를 수출하고, 화자 β들은 A 언어의 화자들에게 B 언어의 언어 요소를 수출해서 A, B 두 언어의 음운 체계 내지 통사적 구조까지 바꿀 수 있다.[47] 하지만 비자연적 언어 접촉은 이러한 과정이 없다. 고대 한국어와 고대 한어는 비자연적 언어 접촉 유형에 해당되기 때문에 한국어의 음운 체계가 고대 한어 음운 체계의 간섭을 받았을 가능성은 낮다.

비자연적 접촉에 의해 생긴 전승 한자음은, 한국어에서 차용된 다음에 비록 그 당시의 고대 한어와 완전히 관계를 끊을 수는 없지만, 한반도라는 공간 안에, 한국어의 체계 안에 잘 보유되어 있다. 따라서 전승 한자음은 차용어로서 보수성을 강하게 띤다. 즉, 한 번의 차용 이후로 그 음이 잘 보유되고 쉽게 新層의 음으로 바뀌지 않는다는 것이다. 전승 한자음은 그 기층이 단일하다고 보는 것이 원칙에 맞는다.

하지만 기존에 河野六郎(1968)에서 전승 한자음을 a, b, c, d 네 가지 기층으로 나눈 뒤에 비록 종종의 반박이 있어 왔으나 전승 한자음의 기층은 복합적이라는 학설이 널리 받아들여졌다. 최근에 伊藤智ゆき(2007)에서 河野六郎(1968)의 학설을 부분적으로 비판하였다. 즉, 河野六郎(1968)에서 제시한 a, c, d층의 대부분 예들은 b층에 귀속시킬 수 있다고 논의하였고, 전승 한자음의 기층은 비교적 체계가 균일하다고 보았다. 비록 伊藤智ゆき(2007)의 일부 해석에 필자는 동의하지 않지만, 이 논의에서 언급한 전승 한자음의 단일 기층성에 대해서는 필자가 전반적으로 비슷한 생각을 가지고 있다. 聲母, 韻母, 聲調별로 복합 기층설을 비판하는 내용은 2.2에서 자세히 제시할 것이지만, 여기서 복합 기층설에 대한 회의를 다음과 같이 먼저 제기하고자 한다.

복합 기층설에서는, 일부 성모의 반영 양상은 x 기층의 한어의 특징

---

47) 이는 陳保亞(1996)에서 논의한 漢語와 傣語(Dai) 사이의 자연적 언어 접촉 과정을 모델화한 것이다.

을 보여 주고, 일부 운모의 반영 양상은 y 기층의 한어의 특징을 보여 준다고 하였다. 하지만 한 한자의 음은 마치 한 어휘인 것처럼 하나의 단위로 되어 있다. 이때 한 한자의 음을 쪼개서, 자음은 x 기층의 한어를 반영한다고 하고 모음은 y 기층을 반영한다고 하는 것은 이론적으로 있기 힘든 일이다. 특히 위에서 필자가 강조했듯이 전승 한자음은 비자연적 언어 접촉에 의해서 형성된 것이기 때문에 이러한 과정이 일어났을 가능성은 더욱 희박하다. 船母 /dz/ 蒸韻 /iŋ/[48]의 '乘(승)'을 하나의 반례로 제시하겠다. 河野六郎(1968/1979: 418)의 설명대로 한다면, 船母가 거의 모두 /ㅅ/으로 반영되어 있는 것은[49] b층인 8세기 長安音의 '船禪不分'의 특징을 반영한다고 보아야 한다. 그러나 河野六郎(1968/1979: 501)에서 蒸韻이 'ʤ'으로 나타난 것은 b층, 'ㅇ'으로 나타난 것은 d층의 반영이라고 하였다. '乘'의 음 '승'이 b층에 해당되는 것이라고 한다면 그 운모의 반영 양상은 b층이 아닌 d층에 해당되어 설명이 되지 않는다. 반면에, '乘'의 운모가 'ㅇ'으로 반영된 것에 중심을 두고 '승'이라는 음은 d층에 해당된 것이라고도 할 수 없다. d층에서 '乘'의 한어 聲母 음은 /tʂ/였고 '乘'의 음이 d층을 반영한 것이라면 그 성모는 /ㅊ/으로 반영되어야 한다. 즉, 河野六郎(1968)의 논의대로 한다면 '乘'의 성모는 8세기의 長安音, 운모는 근대 한음을 차용한 것이라고 보아야 한다. 그러나 이는 논리적으로 성립하기 어렵다. 伊藤智ゆき(2007)에서 蒸韻이 /ㅇ/으로 반영한 예의 기층을 d층이 아닌 c층으로 보았지만 역시 문제점이 해소되지 않았다.

전승 한자음이 복합 기층을 가졌다면, 마찬가지로 복합 기층의 특징을 분명하게 보여 주는 한어 방언과 대조해 볼 수 있다. 한어의 남부 방언은 기층이 매우 복잡한데 그 양상은 기층에 따라 音類의[50] 차이가

---

48) 본고에서의 中古音 재구는 기본적으로 黃笑山(1995)의 체계를 따르고 있다.
49) 河野六郎(1968)에서 船母가 모두 /ㅅ/으로 반영되었다고 하였지만 본고 뒷부분의 [표 29]에서 그 예외를 제시할 것이다.

있다. 하나의 한자의 한어 방언음에서 韻母가 상고음, 聲母가 중고음의 기층을 반영하였다고 하는 것은 별다른 문제가 없다. 그 이유는 한어 방언의 복합적 기층은 한어라는 하나의 언어권 안에서 일어난 음운 변화 규칙의 지리적 확산이다(王福堂 1999: 30). 聲母 변화의 규칙이 전파된다면 韻母는 당연히 원래의 모습대로 남아 있다.[51] 그러나 이러한 현상은 한 언어의 방언 사이, 그리고 같은 조어에서 분리된 지 얼마 안 된 친족 관계가 있는 언어 사이에서만 일어난다. 한국어와 한어는 계통적으로 다른 언어이기 때문에 그러한 장벽을 넘어서 음운 변화 규칙이 확산되는 일은 없을 것이다. 특히, 한·중의 언어 접촉은 비자연적이기 때문에 한어 音類의 改新波는 한국어에 미치지 못한다.

다시 말해, 전승 한자음은 한어의 방언이 아니기 때문에 한어 방언의 기층을 확인하는 방법을 전승 한자음의 기층을 확인하는 과정에 적용시키면 문제가 생긴다는 것이다. 전승 한자음은 차용에 의한 것이다. 차용의 과정은 어휘를 단위로 진행된다. 개별 어휘의 음(즉, 개별 한자의 음)은 차용 기층의 차이가 있을 수 있지만, 音類에 따라 그 차용 기층이 다르다는 것은 논리적으로 성립되기 어렵다. 흔히 근대 한어의 음을 반영한 것이라고 본 많은 예들은[52] 기층이 전승 한자음의 기층과 엄연히 다르다. 하지만 그러한 예들은 모두 어휘별로 차용한 것이지 音類의 기층 교체는 보이지 않는다. 때문에 근대 한어를 차용한 新層의 음들을 고려해도 차용 기층이 다르다는 것은 개별 어휘까지는 인정할 수 있지만 音類별로 차용 기층이 다르다는 것은 타당하지 않다.

그리고 기존의 일부 연구에서는 전승 한자음의 聲母와 韻母만 다루

---

50) '音類'는 한어 음운학의 술어인데 聲이나 韻의 계열을 뜻한다. 예를 들어, 輕脣音, 止攝 開口 등은 각각 하나의 音類로 볼 수 있다.
51) 이러한 음운 변화 규칙의 지리적 확산은 한국어에서도 마찬가지로 보인다. (예: 구개음화는 한반도 남부 지방에서 북쪽으로 확산된다.)
52) 최근에 蕭悅寧(2012)에서 그 자료를 정리한 바가 있다.

었지만 聲調는 다루지 않았다. 伊藤智ゆき(2007)에서도 지적했지만 전승 한자음의 성조 반영 양상은 정연하게 되어 있고 규칙성을 확보할 수 있다. 성조는 모든 전승 한자음이 가지고 있었다. 따라서 이러한 성조의 반영 양상을 감안할 때도 복합 기층설에는 문제가 있을 수 있다는 점을 지적할 수 있다.

마지막으로 河野六郎(1968)에서 제시한 전승 한자음의 복합 기층설의 배경은 사실상 일본에서의 일본 한자음 연구 전통과 관련이 있다고 본다. 일본 한자음은 吳音, 漢音, 新漢音 등 여러 가지 기층이 있는데 일본 한자음을 연구할 때 그 기층이 복합적이라고 생각하는 것은 원래 이 분야 연구의 관습이다. 河野六郎(1968)에서도 그러한 영향을 받지 않았을까 생각이 든다. 하지만 한국어의 전승 한자음은 吳音, 漢音, 新漢音을 구별하는 전통이 없었다. 그러므로 전승 한자음을 다룰 때 어떤 音의 양상이 주 기층과 다르다면 곧바로 기층의 차이로 돌리려고 하는 논리 방식은 재고해야 할 필요가 있다고 생각된다.

전승 한자음의 전래 방식에 대해서도 살펴볼 필요가 있다. 즉, 전승 한자음은 과연 韻書의 음을 차용한 것인가 고대 중국의 모 지역의 모 시대의 현실음을 차용한 것인가 하는 문제이다.

朴炳采(1971) 등 연구에서 전승 한자음은 ≪切韻≫音을 차용했다고 보는 것은 사실은 현실음보다 韻書音을 차용한 것이라고 본 것이었다.[53] 황국정(2004a, 2004b)에서 심지어 기존에 聲符에 의한 유추로 설명해 온 일부 전승 한자음 예외들도 전승 한자음은 韻書의 음을 차용한 것이었기 때문에 음 변화로 설명해야 된다고 주장했다. 南豊鉉(2003), 李丞宰(2008/2013)에서 新羅僧 順憬과 憬興의 반절을 고찰한 바가 있다. 이들 반절의 상당 부분은 ≪切韻≫과 玄應의 ≪一切經音義≫를 인용한

---

53) ≪切韻≫은 어느 지역 어느 시기의 실제음을 기록한 것이 아니라는 것은 1장에서 언급했다.

것이다.[54] 그리고 신라와 고려 시대의 문인들의 漢詩 造詣가 높은 것은 잘 알려진 일이다. 漢詩를 지을 때는 韻書를 확인해야 될 때가 많다. 하지만 이러한 사실들이 곧 최초에 전승 한자음이 韻書에 의해 전해 졌다는 가설을 입증할 만한 근거가 되기는 어렵다. 그 이유는 아래와 같다.

첫째, 전승 한자음에서 1, 2等의 일부 重韻이[55] 합류하였다. 전승 한 자음이 韻書音을 차용한 것이라면 1, 2等 重韻의 구별은 'ㅏ / : / ㆍ /'의 대립으로 나타나야 했을 것이다.[56] 둘째, 4等字의 전승 한자음에 반모음 [j]가 보인다. 4等의 介音 /i/는 원래 없었고 후기 중고음 단계에 생긴 것이라는 현재의 主流 학설을 받아들이면 4等字만 보더라도 분명하게 전승 한자음은 韻書와의 관계가 멀다고 할 수 있다.[57] 셋째, 전승 한자 음의 성조 양상도 韻書와 다르다. 上聲字와 去聲字가 대부분 전승 한자 음에서 R조로 반영된 것은 후기 중고음의 특징이라야 할 것이다.

여러 모로 봤을 때는 전승 한자음은 《切韻》과 같은 운서의 음을 차용한 것이 아니라 고대 한어의 현실음을 차용한 것이라고 보아야 한 다. 2.2에서 필자는 그 현실음은 河野六郎(1968)에서 지적한 b층인 것 을 재차 입증할 것이다.

덧붙일 것은 기존에 논의되지는 않았지만, 河野六郎(1968)에서 제기

---

54) 南豊鉉(2003)과 李丞宰(2008/2013)에서 順憬과 慢興의 반절이 중국의 기록과 다를 때 고 대 한국어 자료로 삼을 수 있다고 하였다.

55) 重韻에 대해서 뒷부분에서 자세히 다룰 것이다.

56) 예컨대 대부분의 談韻字와 覃韻字(1等 重韻), 山韻字와 刪韻字(2等 重韻)는 전승 한자음 에서 /ㅏ, ㅏ/으로 되어 있어 그 차이를 발견할 수 없다. 만약에 운서대로 엄격히 각 韻을 구별했다면 談・山韻은 /ㅁ, ㄷ/으로 나타났을 것이다. 참고가 되는 것은 哈韻과 泰韻(1等 重韻)은 각각 전승 한자음에서 /ㆍl/, /ㅐ/로 달리 반영된 양상이다.

57) 종전에 朴炳采(1971) 등 연구들은 초기 중고음 연구 결과를 참고하였다. Karlgren, 王力, 董同龢, 周法高의 《切韻》 재구에서 4等을 介音 [j]가 있는 것으로 재구하였기 때문에 그러한 연구만 참고한다면 전승 한자음의 차용 기층을 《切韻》 체계로 잘못 인식하게 되고, 그 차용 기층이 과연 《切韻》이 대표하는 전기 중고음인지 中唐-五代의 長安音인 후기 중고음인지 구별할 수 없었다.

한 長安音 기원설이 타당하다고 볼 때, 전승 한자음이 長安音을 차용하였다고 하는 것은 長安 상류층 사회에서 사용하는 雅言을 차용한 것으로 보아야 한다. 長安 평민층에서 사용하였던 말은 상류층 사회와 달랐고, 전승 한자음에서는 長安 평민층의 음의 특징을 찾을 수 없다. ≪大唐新語≫ 卷13에 이런 기록이 있다.

> 侯思止出自皂隷 言音不正 以告變授御使 時屬斷屠 思止謂同列曰 今斷屠宰
> (鷄云)圭(猪云)誅(魚云)虞(驢云平)縷 (俱云)居不得(喫云)詰 空(喫)結(米云)彌
> (面)泥(去) (如云)儒何得不飢 侍御崔獻可笑之 思止以聞 則天怒 謂獻可曰 我
> 知思止不識字 我已用之 卿何笑也 獻可具以鷄猪之事對 則天亦大笑 釋獻可

같은 이야기는 ≪佩觿≫ 卷上에서 아래와 같이 기록되었다.

> 天后朝侍 侯思止出自皂隷 言音不正 時屬斷屠 思止謂同列曰 今斷屠宰 鷄
> (古黎飜)猪(誅)魚(虞)驢(力朱飜) 俱(居)不得喫(古弋飜) 空喫米(彌)麵(民去) 如
> (儒)何得飽 爲崔獻可所笑 天后知之

위 기록 중의 侯思止(?-693)는 關中 地域(長安 附近) 토박이인데 출신은 하층 천민이었다. 그는 '鷄'를 '圭'로, '猪'를 '誅'로, '魚'를 '虞'로, '驢'를 平聲의 '縷'로, '俱'를 '居'로, '喫'을 '詰, 結'로, '米'를 '彌'로, '面'를 去聲의 '泥(民)'로, '如'를 '儒'로 발음하였는데, 이는 長安 하층 평민들의 실제 언어가 반영된 것으로 보인다. 그의 발화에서는 ≪切韻≫의 魚韻과 虞韻, 支韻과 齊韻, 眞韻과 先韻, -t 韻尾와 -k韻尾의 구별이 없었다. 雅言을 尊奉하는 다른 사람의 입장에서 보면 可笑로울 수밖에 없었다(儲泰松 2005: 27-28). 전승 한자음에서는 侯思止가 혼효한 韻을 모두 구별하고 있다. '鷄 계: 圭 규', '猪 뎌~뎨: 誅 듀', '魚 어: 虞 우', '驢 려: 縷 루', '俱 구: 居 거', '喫 긱: 詰 힐: 結 결', '如 셔: 儒 슈'와 같이 7세기 長安

평민의 俗音에서의 혼란은 없었다. 이는 전승 한자음은 長安의 평민층의 실제 발음을 차용한 것이 아니라 長安의 상류 지식층들의 雅言을 차용한 것임을 보여 준다.

주목할 것은 侯思止의 발화 기록은 7세기의 자료임에도 불구하고 근세음의 특징을 뚜렷하게 보여 준다. 侯思止가 살았던 7세기는 ≪切韻≫(601)이 갓 나온 지 얼마 안 된 시기였다. 하지만 그의 발화는 ≪切韻≫의 기록과 큰 차이를 보여 준다. 심지어 8세기 후반의 長安音을 기록한 慧琳의 ≪一切經音義≫(이하는 ≪慧琳音義≫라고 한다)보다 더 빨리 변화한 양상을 보여 준다. ≪慧琳音義≫에서는 魚·虞韻, 眞·先韻, -t 韻尾와 -k 韻尾의 혼란 흔적을 찾을 수 없다(趙翠陽 2009: 26-27, 32, 36-37, 121-123). 支·齊韻 사이의 혼란은 南北朝 시기부터 있었고(周傲生 2008: 147) ≪慧琳音義≫에서도 부분적으로 그 혼란 양상을 찾을 수 있다(趙翠陽 2009: 28-29). 趙翠陽(2009: 126-129)에 따르면 ≪慧琳音義≫는 그 당시 불교에 열중한 唐의 統治 계층을 대상으로 만든 책이었으니 그 음도 長安의 雅言을 사용했을 것이다. 따라서 ≪慧琳音義≫는 그 당시의 상류층의 음을 반영한 것으로 보인다. 반면에 侯思止의 발화 자료는 長安 평민층에서 사용했던 실제의 방언 음을 반영한 것이었다. 사회언어학에서 연구된 일반적인 사실을 참고하면 상류층의 언어는 하층평민의 언어보다 보수적인 경향을 갖고 있다.

唐의 雅言은 韻書의 영향을 많이 받았을 것이다. 게다가 西漢이 멸망하고 唐이 들어서기 전까지 중국 북방의 정치·문화·경제의 중심은 洛陽이었다. 남북조시기에 文人의 南下로 南派 雅言인 金陵音의 지위가 높아졌다. 唐이 건국되고 나서 洛陽은 副首都가 되었고 則天武后가 세운 武周가 한때 수도를 洛陽으로 이전하기도 하였다. 趙翠陽(2009: 128-129)에서는 唐의 長安音이 사실상 洛陽音의 지역적 變異體였다고 하였다. 唐末의 李涪가 ≪刊誤≫에서 "中華音切 莫過東都"라고 하였고 東都 洛陽의 음은 "居天地之中 稟氣特定"라고 하였다. 따라서 趙翠陽

(2009)은 唐末의 文人이 長安이 아닌 洛陽의 음을 正音으로 추존한 것을 알 수 있다고 하였고 ≪慧琳音義≫에서 기록한 長安音은 長安의 방언이 아닌 그 당시 중국 북방의 통용어라고 보았다.

이러한 관점은 참고할 가치가 있지만 그렇다고 해서 ≪慧琳音義≫ 혹은 長安의 雅言이라는 것이 전혀 長安 방언의 특징을 반영하지 않았다고 할 수 없다. 왜냐하면 盛唐 시기에 唐의 국력이 축적되어 수도 長安의 위상이 높아지면서 長安音도 우세를 얻어 中唐 이후에 표준어는 中原音이 아닌 長安音으로 바뀌었다고 보는 것은 일반적인 견해이다 (黃笑山 1995: 6). 언어 내부적인 사실을 고려할 때도 中唐의 慧琳과 不空(705-774)의 梵漢 對譯을 바로 직전의 譯經師들의 對譯 양상과 대조해 보면 차이점이 매우 많다.[58] 통시적인 음운 변화로 설명하면 짧은 시간 안에 그렇게 급격한 음운 변화가 일어나기 힘들고, 音譯의 차이가 나타난 것은 不空과 慧琳 이전의 승려들은 洛陽의 中原音을 표준어로 삼아 音譯하였고 不空부터 표준어는 長安音으로 바뀌었기 때문에 音譯도 長安音을 기초로 진행하였다(金德平 1988: 44-45).

이상과 같은 여러 가지 사항을 종합하자면 ≪慧琳音義≫를 비롯한 소위 長安音 자료라는 것들은 곧바로 실제 長安音의 전부를 완전히 나타낸 자료는 아니었고 그 당시 長安의 상류 지식층에서 통용된 雅言이었다. 다른 지역의 방언 특히 洛陽音의 영향을 많이 받으면서도 평민층의 長安音보다 보수적이다. 그리고 이 雅言의 기초가 된 방언은 中唐 이후에 洛陽音이 아닌 長安音이었다.

이 문제는 기존의 전승 한자음 연구의 여러 논의에서 정확히 규명하지 않았다. 하지만 전승 한자음 연구에 있어서 필수적으로 고찰해야 되는 전제 문제 중의 하나라고 본다. 그 원인은 전승 한자음은 대체적으

---

58) 대표적인 예로 不空 이전의 譯經師들은 모두 日母字로 梵語의 ña를 음역하였다가 不空 이후 ña는 娘母字로 음역되었다(李榮 1956: 126).

로 ≪慧琳音義≫의 체계와 대응되지만 그러한 대응을 벗어난 예외들도 찾을 수 있기 때문이다. 그러한 예외들은 곧바로 전승 한자음의 차용 기층의 문제나 고대 한국어의 음운 체계의 문제로 처리할 수 없다. ≪慧琳音義≫는 長安 雅言을 반영한 것이었기 때문에 지나치게 보수성을 지닌 점이 없는가, 長安 雅言을 반영했지만 근세의 특징도 부분적으로 보이는가 하는 문제도 우리가 고려해야 할 대상이다. 즉, 전승 한자음을 ≪慧琳音義≫의 체계와 대조시킬 때, 전승 한자음의 양상이 ≪慧琳音義≫보다 보수적일 때 그것은 ≪慧琳音義≫의 그 부분이 그 당시의 雅言보다 근세음의 특징을 지닌 평민층 언어의 영향을 받은 것인지를 살펴보아야 한다. 반대로 전승 한자음의 양상이 ≪慧琳音義≫보다 근세음의 특징을 보여줄 때 그것은 ≪慧琳音義≫의 그 부분이 다른 雅言을 보여 준 자료보다 보수성을 지녀서 그러한 것인지 살펴보아야 된다.59) 이 문제는 전승 한자음의 양상을 고찰할 때, ≪慧琳音義≫뿐만 아니라, 여러 다른 자료를60) 함께 검토하면 해결될 수 있다.

전승 한자음을 해석할 때 雅言 차용이라는 점을 고려해야 될 實例 하나를 여기서 들어 보겠다. 전승 한자음의 초성에는 長安音에서 보이는 輕脣音化와 脫鼻音化를 모두 반영하지 않았다. 輕脣音化가 반영되지 않은 것은 한국어에 순치음 'f, f, v' 따위가 음성적으로나 음운론적으로나 존재하지 않았기 때문이라고 해석할 수 있지만 脫鼻音化의61)

---

59) 일반적으로 '雅言'은 고대 중국의 지식층 사이에서 통용된 말(通用語)을 뜻한다. 본고에서도 '雅言'을 이러한 의미로 사용한다. 기존에 儲泰松(2005: 27-28)에서는 雅言과 通用語를 구별한 바가 있었다. 儲泰松(2005)에서 雅言은 音義 反切音과 韻書音이라고 보고, 通用語는 실제 교류할 때와 詩文을 작성할 때 그리고 梵語를 音譯할 때 사용된 음이라고 보았다. 雅言은 지나치게 보수성을 갖고 있고 실제 언어의 음과 다르면서도 실제 언어의 음의 제한을 받는다고 하였다. 필자는 儲泰松(2005)에서 雅言과 通用語를 구별해야 한다는 주장을 따르지는 않지만 儲泰松(2005)에서 ≪慧琳音義≫ 등 音義 자료가 보수성을 강하게 띤다고 한 점은 참고할 필요가 있다고 본다.

60) 1.3에서 제시한 자료들이다.

61) 脫鼻音化는 長安을 포함한 唐五代 서북 방언의 대표적인 특징 중의 하나이다. 먼저 Maspéro(1920, 聶鴻音 譯 2005: 29-34)에서 아래와 같이, 長安音으로 범어를 音譯한

상황은 그렇지 않다.

기존의 唐 長安音 기원설을 주장한 河野六郎(1968/1979: 507-508)에서는 이미 脫鼻音化는 唐 長安 방언만의 특징이고 표준어의 중심지가 中原으로 복귀한 다음에 규정음도 순수한 비음으로 전승된다고 하였다. 脫鼻音化는 長安 방언(patois)의 기층(substratum)에서 기인된 것이었고, 長安의 人士[62] 중에는 분명히 순수한 비음 변이음으로 발음했던 사람이 있었을 것이라고 하였다. 하지만 脫鼻音化가 전승 한자음에 반영되지 않은 것에 대해서는 河野六郎(1968)에서 전승 한자음은 雅言, 즉 長安音의 상류 지식층의 발음을 차용한 것으로 해석하지 않았다. 河野六郎(1968)에서 脫鼻音化가 전승 한자음에 반영되지 않았고 티베트의 對譯 자료와 일본의 漢音에 반영된 차이점에 대해서는 [nd, mb, ŋg]와 같은 변이음은 티베트인과 일본인 유학생들에게 강한 인상을 주고

8-10세기의 자료에서 일부 비음 聲母를 가진 한자로 범어의 유성 장애음을 표기한 예들을 발견하였다.

(가) 冒 bo, 努 du, 餌 ji, 虞 gu
(나) 滿 man, 曩 na, 娘 nya

Maspéro(1920, 聶鴻音 譯 2005: 40)에서 내린 결론은 陽聲字(비음 운미가 있는 한자들)를 제외하고 陰聲字(개음절을 가진 한자들)와 入聲字(파열음 운미가 있는 한자들)에서 비음 성모가 n〉nd, m〉mb, ŋ〉ŋg의 변화를 겪었다고 한 것이다. 똑같은 양상은 羅常培(1933)에서 고찰한 唐五代 西北方言의 자료에서도 그대로 발견되었다. 脫鼻音化 현상은 오늘날 중국의 陝西, 山西의 일부 지역의 방언에도 그대로 남아 있다(Maspéro 1920, 羅常培 1933). 이들 방언에서 明母가 mb, 泥母, 娘母가 nd 혹은 ńd, 疑母가 ŋg로 남아 있고, 日母는 開口韻 앞에서 z, 合口韻 앞에서 z로 남아 있다(蔣紹愚 2005: 38, 范淑玲 2009: 31). 한편, 비슷한 양상은 閩 방언에서도 나타난다. 廈門 방언에서 明母가 b, 疑母가 g, ŋ, 泥母가 d, l, 娘母가 dz, l로 남아 있지만, 비음 운미 앞에서는 모두 비음으로 남아 있다. 日母는 이 방언에서 dz, l, n로 남아 있다(羅常培 1999: 39, 76). 일본 한자음의 漢音에서도 脫鼻音化가 반영된 양상을 찾을 수 있다. 明, 微, 泥, 娘, 日母는 일본 한자음의 吳音에서 비음으로, 漢音에서 같은 조음 위치의 유성 장애음으로 남아 있다. 예외가 있지만 운미가 비음인 한자는 일본 한자음의 漢音에서도 그 어두의 비음이 그대로 비음으로 남아 있다(范淑玲 2009: 29).

62) 人士는 信望이 있는 사람에게만 쓰이는 표현이기 때문에 河野六郎(1968: 508)에서 말하는 人士라는 단어는 이 방언의 상류 지식층을 가리키는 것으로 이해된다.

對音 혹은 차용할 때 티베트어와 일본어의 유성 파열음으로 이들을 반영하였고, 신라인의 경우는 현대 한국어에서 어두의 m-, n-가 가끔 mb-, nd-로 실현되는 현상과 관련시켜 脫鼻音化가 전승 한자음에 반영되지 않은 것을 설명하였다. 伊藤智ゆき(2007, 이진호 역 2011: 116)에서는 河野六郎(1968)의 견해에 찬성하면서도 다른 가능성을 제기하였다. 즉, 차용 당시 脫鼻音化가 일어난 뒤에 유성음을 가지지 않은 한국어가 유성음을 반영하려면 동일한 조음 위치의 유성음인 'ㅁ'을 사용하는 것이 적당하다고 한 것이다.

河野六郎(1968)과 伊藤智ゆき(2007)의 설명은 어느 정도 합리성을 지니고 있지만 같은 [nd, mb, ŋg]을 티베트인과 일본인이 듣기에 [d, b, g]와 가깝고 신라인이 듣기에 [n, m, ŋ]와 가깝다고 설명한 부분은 문제가 있어 보인다. 만약에 고대 한국어에 유성음이 음소로 존재하지 않았다면 유성음 [d, b, g]를 /t, p, k/로 반영했을 가능성도 충분히 있다. 본고에서는 티베트인과 일본인은 長安音의 기층을 차용한 것이었고,[63] 신라인은 長安 사회 상류 지식층의 雅言을 차용했기 때문에 차이가 일어났다고 본다. 長安의 雅言은 長安音을 반영하면서도 그 당시 중국 북방의 通用語였다. 脫鼻音化는 長安 근처에서만 일어났고 중국 북방에서 보편적으로 일어나지 않았기 때문에 長安 방언의 특유한 현상이다. 전승 한자음이 차용될 때 이러한 長安 방언만의 脫鼻音化의 특징이 차용되지 않았다고 본다.

2.1에서 필자는 전승 한자음은 고대 한어와 고대 한국어의 비자연적 접촉에 의해 생겼다고 보았다. 차용의 단위는 音類가 아닌 어휘(개별 한자)이기 때문에 기존 연구에서 音類 단위별로 차용 기층이 달랐다고 한 것을 비판하였다. 그리고 전승 한자음은 韻書가 아닌 현실음을 차용한 것이었다고 지적하였다. 필자는 우선 그 현실음은 ≪慧琳音義≫ 시

---

63) 이는 河野六郎(1968/1979: 507-508)의 견해를 받아들인 것이다.

기인 8세기 후반-9세기 초의 長安音이라고 가정하였고, 전승 한자음은 長安 평민층들의 발음을 차용한 것이 아니었고 상류 지식층들의 雅言을 차용했을 것이라고 보았다. 2.2에서 필자는 전승 한자음의 전반과 중고 한어를 대조시켜서 그 차용의 주 기층은 8세기 후반-9세기 초의 長安音이라는 것을 입증할 것이다.

2.2 전승 한자음의 기층

전승 한자음의 차용 주 기층에 대한 학설은 여러 가지가 있다. 먼저, 전승 한자음의 차용 기층을 상고음 또는 魏晉南北朝 시기의 음으로 본 연구는 리득춘(1985/1994), 최희수(1986), 姜信沆(1987, 2001, 2011a) 등이 있다.

리득춘(1985/1994)에서는 전승 한자음에 端組(舌頭音)와 知組(舌上音)의 구별이 없고, 章組와 精組의 일부가 /ㄷ, ㅌ/으로 반영되고, 일부 喻母 4等字가 /ㄷ, ㅌ, ㅈ, ㅅ/으로 반영된 것은 상고음의 특징이라고 하였다. 최희수(1986)에서는 전승 한자음의 성모, 운모, 성조를 상고음 및 중고음과 대조시켜 전승 한자음은 상고음과 중고음의 특징을 모두 보이고 있다고 주장하였다. 전승 한자음은 상고로부터 중고에로 넘어가는 시기에 형성되었다고 하였다.[64]

姜信沆(1987, 2001, 2011a)에서 전승 한자음은 魏晉南北朝 시대의 음을 차용한 것이라고 하였다.[65] 그 근거는 전승 한자음에 舌上音과 舌頭音, 輕脣音과 重脣音의 차이가 없고, -a-, -o-, -u-는 魏晉南北朝 시기의

---

64) 다만 최희수(1986)에서 전승 한자음이 이 시기에 형성된 후에 점차 발전하다가 어느 시기에 ≪切韻≫ 음에 기초하여 규범화한 점이 인정된다고 하였다.

65) 姜信沆(2001)에서 전승 한자음은 兩漢 또는 魏晉南北朝 시대의 음을 차용한 것이라고 보았지만 姜信沆(2011a)에서는 전승 한자음을 魏晉南北朝 시대의 음과 대조시켰다.

음을[66] 보존하고 있다는 점이다. 이 시기의 止攝이 /ㅣ/와 대응되지 않은 부분에 대해서 姜信沆(2001: 17-18)에서는 止攝의 반영은 梵語의 영향을 받았거나 韻頭만 차용되었다고 보았다가 姜信沆(2011a: 72-73)에서 다시 董同龢(1968)을 참고하여 止攝이 /ㅣ/로 반영된 것은 중고음의 止攝이 /i/로 합류한 것을 차용한 것일 수도 있다고 하였다.

우선, 전승 한자음의 기층을 ≪切韻≫ 이전 시기로 본 선행 연구의 주장들의 근거 중에 하나는 舌上音과 舌頭音, 輕脣音과 重脣音의 차이가 전승 한자음에서 보이지 않는다는 것이다. 그러나 舌上音과 舌頭音, 輕脣音과 重脣音의 차이가 없는 것은 고대 한국어에 이들의 대립이 존재하지 않은 결과로 설명할 수 있다(權仁瀚 2006: 65). 그리고 선행 연구 중에 일부 한자들은 기층의 차이보다 유추로 보는 것이 더 자연스럽다. 가령 리득춘(1985/1994)에서 제시한 /ㄷ, ㅌ, ㅈ, ㅅ/으로 반영된 喻母 4等字들은 모두 유추로 설명할 수 있다(伊藤智ゆき 2007, 이진호 역 2011: 409).[67]

과거 성운학 연구는 자료가 비교적 부족하여 자료를 다룰 때 시기 구별을 엄격히 하지 않았다. 그 결과, 중고음 단계 안에서 일어난 음운 변화를 포착하지 못했을 뿐만 아니라, 중고음 이전 단계의 음운 체계도 중고음의 음운 체계와 비슷한 것으로 재구하였다. 그리하여 전승 한자음의 양상을 고찰할 때 전승 한자음의 기층을 중고음 기층이 아닌 중고음 이전의 기층과도 대응시킬 수 있다. 鄭張尙芳(2003) 등 비교적 최근에 이루어진 상고음 연구 결과는 과거의 상고음 연구 결과와 많이 달라졌고, 중고음의 양상과 대조해 보면 큰 차이가 있다. 複聲母는 물론, 음

---

66) 姜信沆(2001)에서는 그 시기를 兩漢 또는 魏晉南北朝로 보았지만, 姜信沆(2011a)에서는 전승 한자음을 魏晉南北朝의 음과만 대조시켰기 때문에 여기서는 저자의 견해 중에 바뀐 것을 적용한 것이다.

67) 예를 들어, 船母의 '舐(예)'는 端母의 '低‧羝‧底‧邸(예)'에, 心母의 '裼(텩)'과 喻母 4등의 '錫(텩)'은 透母의 '惕(텩)'에 유추된 것이다(伊藤智ゆき 2007, 이진호 역 2011: 409).

절말 자음 -s, ʔ 등의 흔적은 전승 한자음에서 전혀 찾을 수 없다. 그리고 전승 한자음의 모음 반영 양상도 최근의 상고음 모음 연구로 설명되지 않는다. 따라서 필자는 전승 한자음의 기층을 중고음 단계, 구체적으로 후기 중고음 단계로 두고자 한다. 그 이유는 최근 중고음 단계를 전기와 후기로 나눈 연구 결과를 참고해 보면 전승 한자음은 전반적으로 전기 중고음에서 후기 중고음으로 변화한 양상을 반영한 것을 발견할 수 있기 때문이다. 자세히는 이 절에서 전승 한자음의 양상을 聲母, 介音, 韻腹과 韻尾, 聲調로 나누어서 살펴볼 것이다.

하지만 필자가 전승 한자음의 기층을 후기 중고음으로 보겠다는 것은 결코 한자와 한자음이 처음으로 고대 한국에 들어온 시기가 이때였다는 것을 뜻하는 것은 아니다. 앞에서 언급한 전승 한자음의 차용 기층을 상고음 또는 魏晉南北朝 시기의 음으로 본 연구들은 한자가 고대 한국에 유입된 시기가 매우 이르다는 사실을 참고한 것이다. 필자도 고대 한국 한자음의 초기 형성 시기는 南北朝 이전으로 보는 것이 합리적이라고 생각한다. 다만 필자는 그 古層의 한자음들은 통일 신라 시기 때 새 기층으로 교체되고 대부분이 전승되지 않았다고 본다. 선행 연구 중에 俞昌均(1980: 90, 1988: 204)에서 이미 현대에 전승된 한자음은 통일 신라 시기에 형성된 것이고,[68] 이 新層의 한자음(본고의 '전승 한자음'에 해당)은 그 이전의 한자음과 구별해서 생각하는 것이 理論上 온당할 것이라고 하였다. 필자도 俞昌均(1980, 1988)과 같이, 통일 신라 시기 이전에 고대 한국 한자음이 이미 형성되었으나 통일 신라 시기에 新層인 唐 長安音이 차용되면서 舊層의 고대 한국 한자음은 그 新層으로 대체되었다고 보는 것이 타당하다고 생각한다. 후세에 전승된 한자음은 바로 新層의 唐 長安音을 차용한 것으로 보는 것이다.

---

68) 俞昌均(1980)에서는 구체적인 논의를 전개하지 않았고 河野六郎(1968)과 朴炳采(1971)을 종합적으로 고려하여 전승 한자음의 차용 시기를 7세기경으로 보았다. 俞昌均(1988)에서는 전승 한자음은 唐音에 의해 새로 교체된 것이라고 하였다.

舊層의 고대 한국 한자음들은 차자표기 자료에 나타난다. 차자표기 자료에 반영된 고대 한국 한자음의 기층이 전승 한자음과 다르다는 사실은 쉽게 발견할 수 있다. 구체적으로 몇 예를 들어보면, '朴弩禮尼叱今 一作儒禮王(三國遺事 卷1 紀異1 第三弩禮王)', '且谿縣 本熱兮縣 或云泥兮(三國史記 卷34 地理1 新羅)', '述爾忽縣 一云首泥忽(三國史記 卷37 地理4 高句麗)'등 차자표기 자료에서 日母는 비음이었던 전기 중고음 이전 기층의 양상을 보여 주고 있지만, 전승 한자음에서 日母는 후세의 한어 음을 반영한 /△/으로 나타난다. '烏丘山縣 本烏也山縣 一云仇道 一云烏禮山(三國史記 卷34 地理1 新羅)' 등 차자표기 자료에서 以母는 유음이었던 상고음 기층의 양상을 보여 주고 있지만 전승 한자음에서 以母의 상고음 기층 특징은 발견되지 않는다. 韻腹의 예를 보면, '朔邑縣 本高句麗所邑豆縣(三國史記 卷35 地理2 新羅)'에서 魚韻의 '所'가 '朔'과 대응될 수 있는 것은 상고음 단계에 魚韻이 [a]였기 때문이다. 하지만 전승 한자음에서 魚韻은 /ㅓ, ㅕ, ㅗ/로 나타나 상고음의 기층 특징을 찾을 수 없다. 그리고 이돈주(1981, 1990), 權仁瀚(2003)에서 논의한 바를 참고해 보면 차자표기 자료에서 치음 뒤에 止攝의 음은 /ㅣ/였다. 이는 止攝의 舌尖化가 일어나기 전의 기층이 반영된 것이다. 하지만 전승 한자음에서 치음 뒤의 止攝은 /ㆍ/로 나타나고 止攝의 舌尖化가 이미 일어난 기층이 반영되어 있다. 韻尾의 경우, 權仁瀚(1997: 301), 吳世畯(2004)에서 차자표기 자료에서 上古音의 '-d/r' 陰聲字 韻尾가 반영된 사실을 보고한 바가 있고, 위국봉(2013: 177-178)에서 차자표기 자료에서 上古音의 '-g/ɣ' 陰聲字들이 '-k' 入聲字와 대응된 양상을 다룬 바가 있다. 그러나 전승 한자음에서 陰聲字 韻尾가 '-ㄹ, ㄱ'으로 반영되는 예는 드물다.[69] 이는 차자표기 자료가 전승 한자음의 기층보다

---

69) 위국봉(2013: 179)에서 陰聲字 '丑', '蕃' 등의 전승 한자음이 '추, 축', '약' 등으로 나타난 것을 보고하였다.

훨씬 이른 기층을 갖고 있다는 것을 암시한다.

따라서 통일 신라 이전에 고대 한국에서는 이미 古層의 한어를 차용하여 고대 한국 한자음을 사용하였지만, 통일 신라 시기에 그러한 고대 한국 한자음들은 거의 모두 新層의 한어 음을 차용하여 새로 형성한 전승 한자음으로 교체되어 없어졌다고 보는 것이 합당하다. 그 新層은 뒤에서 자세히 검토할 것이지만 후기 중고음의 기층(8세기 후반-9세기 초의 長安音)인 것으로 보인다.

전반적으로 한자음이 새 기층으로 교체된 원인은 여러 가지를 들 수 있다. 신라와 唐이 同盟 관계를 맺고 삼국 시대 말 및 통일 신라 시기에 신라는 더 이상 고구려나 백제를 거치지 않고 중국과 직접 교류할 수 있게 되었다. 그리고 통일 신라 시기에는 그 이전의 어느 시기보다도 중국과의 교류가 활발히 이루어졌고 唐에 유학을 갔다온 貴族들이 많았고 唐에서 漢詩로 이름을 널리 알린 신라 詩人 그리고 唐에서 벼슬까지 한 신라 출신 사람들도 있었다. 이와 동시에, 이 시기에 유교의 經書들도 대량 수입되었고, 불교가 더욱 확산되어 佛經의 誦讀도 더욱 활발히 이루어졌을 것이다.[70] 이러한 과정에서 한자 그리고 한자음도 삼국

---

70) 기존에 姜信沆(2004, 2008)에서 유교는 統治者 등 上流 階層에만 이용되었고, 불교는 계급을 초월한 종교가 되었기 때문에 전승 한자음의 정착은 유교보다는 불교의 영향이 컸던 것이라고 하였다. 필자도 한자와 한자음이 고대 한국에 처음 전해졌을 때 불교와 불경의 영향이 자못 크다고 생각한다. 실제로 차자표기 자료에서 고대 한국 한자음이 불교의 영향을 받은 흔적을 발견할 수 있다. 일찍이 朴炳采(1966)에서 향기 표기에 나타난 '阿, 伊, 烏, 去, 多, 波'를 梵語 音譯字로 본 바가 있다. 그리고 崔範勳(1976: 6)에서는 廣開土王陵碑(414)에 보이는 지명, 昌寧拓境碑(561)에 보이는 관직명 및 인명의 表音字들은 불교적인 色彩가 농후한 한자들이었다고 지적하였고 차자표기의 초기 단계에서는 梵語를 음역한 불교 용어로 고유 명사를 표기했을 가능성을 제시하였다. 沈在箕(1976: 262-263)에서는 鄕札·吏讀表記法은 眞言表記法을 모형으로 삼아, 영향을 입었다고 주장하며 新羅上代의 王名을 표기한 한자들은 眞言音寫字들과 일치한다고 하였다. 魏國峰(2014: 72-73)에서는 ≪三國史記≫에서 지명, 인명의 同音異表記에 사용된 한자 중의 대부분은 陀羅尼經에서 범어를 음역할 때 사용된 한자들이었다고 하였고 고대 한국어 고유 명사를 표기할 때 사용된 이체자들도 陀羅尼經에서 사용된 音譯字와 같다고 지적하였다. 따라서 필자는 고대 한국에서 한자음이 처음 형성되었을 때 불경의 영향을 많이

시대의 상류 사회에만 국한되지 않고 일반 평민에까지 보급되었을 것이다. 또한 주목해야 되는 것은 중국 주변의 다른 국가들도 古層의 한자음을 차용했음에도 불구하고 唐의 대외 영향력이 커지면서 자국의 한자음을 唐의 長安音으로 교체하게 되었다는 사실이다. 일본의 경우, 漢音이 수입되기 전에 이미 한자를 사용했고 吳音을 차용하였다. 하지만 이 시기에 일본의 한자음에 長安音 기반의 漢音이 대거 수입되었다. 일본의 天皇이 "不可習吳音", "令讀漢音"이라는 명령을 내린 바도 있었다.[71] 베트남의 경우, 唐 이전에 중국과의 교류로 고대 베트남 한자음(古漢越語)이 생겼다가 이 시기의 長安音을 차용해서 新層인 중세 베트남 한자음(漢越語)이 새로 생겼다. 이러한 중국 주변국의 세계적인 흐름을 고려하면 이 시기의 唐의 대외적 문화 영향력의 작용으로 신라도 새로 한자음 기층을 차용하여 그 이전의 한자음의 대부분을 갈아치웠을 것이다.

이상으로 전승 한자음의 주 기층은 中古 이전 단계의 한어와 별로 큰 관계가 없다고 본다. 이제 전승 한자음을 그와 대응이 되는 중고음 단계의 한어 음과 대조시켜서 전승 한자음은 후기 중고음 단계의 長安音을 차용한 것임을 입증할 차례이다. 한어 음절 구조인 'IMVE/T'의 聲母, 介音, 韻腹과 韻尾 그리고 聲調로 나눠서 살펴본다. 이 장에서는 주로 한어 음이 전승 한자음에서 반영된 양상을 고찰하고 전승 한자음의 차용 주 기층을 확인하는 데에 집중한다. 전승 한자음의 차용 주 기층

받았을 것이라고 본다. 다만, 필자는 전승 한자음이 형성되기 전에 古層의 고대 한국 한자음들은 불경의 전래에 의해 생겼을 것이라고 보고 있지만, 새로 형성된 전승 한자음은 불경보다 唐과의 교류에 의해 생겼다고 본다. 그 원인은 姜信沆(2004)에서 -t 入聲字가 '-ㄹ'로 반영된 것을 제외하면, 전승 한자음에서 불경의 영향을 받았다는 흔적이 잘 보이지 않기 때문이다.

71) ≪日本後紀≫에 "延歷十一年十一月辛丑 勅明經之徒不可習吳音", "延歷十七年 格太政官宣日 諸讀書出身等令讀漢音 勿用吳音"의 기록이 있다. 이는 일본에서 漢音으로 그 이전에 차용한 吳音을 교체하려고 한 시도가 있었던 것을 알려 준다(洪篤仁 1963: 97).

을 먼저 알아내야 비로소 중고음과 전승 한자음의 음운 대응 방법으로 고대 한국어의 음운을 연구할 수 있기 때문이다. 따라서 고대 한국어의 음운 체계에 대한 구체적인 논의는 3장으로 미룬다.

2.2.1 聲母의 반영 양상

전승 한자음을 중고음과 대조시키기 전에 먼저 중고음의 성모에 대해 알아볼 필요가 있다. [표 1]을 보자.

[표 1] 중고음 최대 42聲母 체계

		全淸	次淸	全濁	次濁		全淸	全濁
脣音	重脣	幫 p	滂 pʻ	並 b	明 m			
	輕脣	非 f	敷 fʻ	奉 v	微 ɱ			
舌音	舌頭	端 t	透 tʻ	定 d	泥 n	來 l		
	舌上	知 ʈ	徹 ʈʻ	澄 ɖ	娘 ɳ			
齒音	齒頭	精 ts	淸 tsʻ	從 dz			心 s	邪 z
	正齒	莊 tʂ	初 tʂʻ	崇 dʐ			生 ʂ	俟 ʐ
		章 tɕ	昌 tɕʻ	船 dʑ	日 ɲ		書 ɕ	禪 ʑ
牙音		見 k	溪 kʻ	羣 g	疑 ŋ			
喉音		影 ʔ			云 ɣ	以 j	曉 x	匣 ɣ

[표 1]은 중고음의 최대 42聲母 체계이다. 재구음은 대체적으로 黃笑山(1995)를 따랐다.[72] 최대 42聲母 체계라는 것은 중고음의 전후 단계

---

72) 다만 云母와 微母는 黃笑山(1995)에서 [w]와 [ʋ]로 재구하였는데 [표 1]에 적용하지 않았다. 云母는 전기 중고음 전기에 匣母에서 분화(split)되지 않았기 때문에 [표 1]에서는 그 음가를 [ɣ]로 표기한다. 云母의 음가는 黃笑山(1995)의 고찰대로 후기 중고음 단계에 [w]로 변화하였다. 그리고 微母는 輕脣音化를 겪어 [mɮ]〉[ɱ]〉[ʋ]〉[w]로 자음성을 잃어 버렸다. 黃笑山(1995: 159)에서 中唐 이후의 梵語 對譯에 微母가 규칙적으로 梵語의 'v'와 대응되어 있는 현상을 고려하여 微母를 [ʋ]라 하였다. 王力(1987: 325)에서는 宋代까지만 해도 微母는 [ɱ]였고 ≪中原音韻≫ 시기가 돼야 그것의 음가가 [v]로 바뀌었다고 하였다. 다른 자료도 같이 고려해야 된다. 微母가 일본의 漢音에서 [mi]로 반영이 되고 베트남 한자음에서 [vi]로 반영이 되었다. ≪慧琳音義≫의 음운 체계를 고려해 보면 微母의 이 시기의 음가는 輕脣 鼻音 [ɱ]로 보아야 한다(黃卒伯 1998: 20). 그리고 만약에 ≪慧琳音義≫에서 微母의 음가가 黃笑山(1995)에서 재구한 [ʋ]였다면 微母가 奉母[v]와의 混切

에서 변화 전과 변화 후의 성모를 모두 포함시킨 것이다. 즉, 이 42聲母 체계는 구체적으로 어느 시기의 중고음의 성모 체계가 아니라는 것이다. 脣音 중의 輕脣音은 후기 중고음 단계에 음소의 지위를 확보한 것이었고, 齒音의 正齒音에 2等(莊組[73])과 3等(章組)의 구별은 전기 중고음 시기에 있었고, 후기 중고음 단계에 莊組와 章組의 구별이 없어지고 舌上音(知組)까지 포함되어 세 계열의 음들이 합류되었다. 云母('喻三'이라고 하기도 한다)는 韻圖 시기에 以母(喻四라고 하기도 한다)와 합류되어 喻母가 된다. 한편, 후기 중고음 단계에 全濁, 즉 유성 장애음들이 없어지고 全淸 혹은 次淸에 합류되었다.[74] 그리고 8세기 후반의 長安音에는 船母와 禪母의 구별이 없다.

덧붙일 것은 이 최대 42성모 체계와 제일 잘 알려진 ≪廣韻≫ 36字母와 대조해 보면 그 차이점은 위에서 말한 云母와 以母가 ≪廣韻≫에서 합류된 것 이외에, 莊組와 章組가 ≪廣韻≫에서 합류되어 照組, 즉 照母, 穿母, 牀母, 審母, 禪母가 되었다.[75] 이는 ≪廣韻≫은 보수적으로 ≪切韻≫을 대체로 따랐지만 ≪廣韻≫ 시기에 이미 일어난 음운 변화들도 반영되었기 때문이다. 그렇기 때문에 전기 중고음의 正齒音 10개가 ≪廣韻≫ 36字母에서 5개로 줄어들고, 喉音 次濁 2개가 ≪廣韻≫ 36字母에서

이 보여야 되는데 金雪萊(2005: 28-30)에서의 통계를 살펴보면 그러한 양상이 보이지 않는다. 그러므로 ≪慧琳音義≫에서 微母의 음가는 [m]였을 것이다. 그러나 唐末-五代의 티베트어 대음 자료에서 微母는 티베트어의 [m]와 대응된 예는 없고 오직 [w] 및 [b]와 대응되었다(王新華 2008: 23-24). 黃笑山(1995)에서 언급한 범어 대역 양상, 그리고 베트남 한자음에서 微母의 반영 양상을 고려하면, 微母의 음가는 이미 [m]에서 [v]로 변한 시기는 王力(1987)에서 주장한 元代의 ≪中原音韻≫ 시기가 아닌 唐末-五代(9-10세기)였을 것이다. [표 1]에서는 우선 微母의 음가를 [m]로 표기한다. 전승 한자음에서 微母가 /ㅁ/과 대응된 것을 脣音의 반영 부분에서 다룰 것이다.

73) 조음 위치가 같고 조음 방법만 다른 음의 계열을 편의상 全淸字를 취해서 '幫組, 非組, 端組…'라고 지칭하는 것은 관례이다. 따라서 知組라고 한다면 舌上音을 말하는 것이고, 莊組라고 한다면 正齒音 2等을 말하는 것이다.

74) 일부 남부 방언(吳, 湘 方言)은 제외된다.

75) 일부 논의에서 莊組와 章組의 聲母名을 사용하지 않고 각각 照2와 照3이라고 하기도 한다. 가령 穿3이라는 것은 최대 42聲母 체계 중의 昌母를 가리킨다.

하나로 합류되어 42聲母 최대 체계가 ≪廣韻≫의 36字母가 되었다.

재구음에 있어서 각론에서 더 상세히 다룰 것이지만 미리 언급해야 할 부분이 있다.

한어의 次淸 표기를 현재 일부 논의에서 'ʰ'로 대체시켰지만 王力 등 학자들은 한어의 유기음은 다른 언어의 유기음보다 유기성이 훨씬 약해서 'ʰ' 부호가 아닌 ' ' '로 표기하자고 하였다(王力 1986a: 29). 마찬가지로 일부 논의에서 曉母와 匣母를 'x'와 'ɣ'가 아닌 'h'와 'ɦ'로 표기했지만 그것은 한어에서 음운론적으로 'x : h'와 'ɣ : ɦ'의 구별이 없어서 편의상 취한 표기이다. 현대 한어 북방 방언에서 이들은 연구개 마찰음, 남부 방언에서 후두 마찰음으로 발음된다. 남부 방언의 [h, ɦ]는 범언어적으로 일어나는 [x]>[h]의 변화 결과이다. 대수롭지 않아 보이지만 曉母를 [h]로 표기해 버리면 유기음으로 오인될 수 있기 때문에 전승 한자음의 양상을 다룰 때 지장을 줄 수 있다. 그리고 Karlgren(1915-1926), 王力(1963, 1987), 董同龢(1968) 등 중고음 초기 단계 연구에서 知組와 莊組를 권설음 [ʈ, tʂ] 등으로 재구하지 않았고 각각 구개 파열음(舌面塞音) [ȶ] 계열과 후치조음(postalveolar) [tʃ] 계열로 재구하였다. 지금도 王力과 董同龢의 재구를 따르는 이가 있지만 대부분은 知組와 莊組의 음가를 권설음 [ʈ, tʂ] 등으로 보고 있다.[76] 全濁音이 유기성을 가졌는가 하는 문제도 논쟁이 많았지만 요즈음 거의 모두 全濁을 무기음으로 보고 있다.[77] 음운론적으로 유성 유기음은 유성 무기음의 존재를 전제로 하기 때문에 全濁을 유성 유기음으로 설정할 수 없다.[78] 마지막으로 日母도 중고음 단계에서 음가 변화가 일어났는데 비교적 복잡한 문제이

---

76) 知組와 莊組의 음가에 대한 논쟁을 崔玲愛(2000: 218-222)에서 상술한 바가 있어 여기서 다시 거론하지 않겠다.

77) 全濁音의 送氣 여부에 대한 논쟁도 崔玲愛(2000: 208-213)에서 상술한 바를 참고하기를 바란다.

78) 王力(1986b: 205)에서 全濁音에 있어서 유기성은 구별 자질이 아니기 때문에 굳이 그것이 유성 무기음인지 유성 유기음인지 따져볼 필요가 없다고 한 바도 있었다.

기 때문에 日母와 /△/의 대응 부분에서 상세히 다룰 것이다.

이렇게 중고음 최대 자음 체계를 나열하는 것은 전승 한자음에서 성모의 반영을 전면적으로 살펴보기기 위함에서이다. 즉, 전승 한자음에서 중고음의 자음들을 구별하고 있었는지 살펴보고 전승 한자음의 초성 양상이 과연 어느 시기의 한어와 대응되는지 파악하고자 하는 것이다. 이제는 조음 위치에 따라서 牙音과 喉音, 舌音과 齒音, 脣音으로 나눠서 전승 한자음의 반영 양상을 살펴볼 차례이다.

2.2.1.1 牙音과 喉音

이 소절에서 牙音과 喉音을 묶은 이유는 세 가지가 있다. 첫째, 한어의 牙音과 喉音은 影母과 以母를 제외하면 모두 연구개에서 조음된다. 둘째, 전승 한자음에서 다른 계열의 자음은 규칙적으로 중고음과 대응되지만 牙音과 喉音에서는 그 대응이 혼란스럽다. 牙音이 /ㄱ, ㅋ/으로, 喉音이 /ㅎ/으로 반영되는 것이 원칙적이지만 반대의 예가 두루 보인다. 셋째, 기존에 고유어 연구에서 중세 한국어 단계 이전에 k)h 또는 h)k 변화가 있었다는 논의가 있어 왔다(李基文 1972, 최명옥 1982). 그리고 한국어의 /ㅎ/은 /ㄱ/에서 발달했다는 논의도 있었다(김동소 1998). 그러므로 牙音과 喉音의 반영은 한 소절 안에서 다루는 것이 더 효율적이다.

먼저 중고음의 연구개 장애음 見母 /k/, 溪母 /kʼ/, 羣母 /g/, 曉母 /x/, 匣母 /ɣ/의 반영 양상을 보자.

[표 2] 見母 /k/의 반영 양상[79]

---

79) 1장에서 언급했듯이 통계는 權仁瀚(2009), 伊藤智ゆき(2007)의 자료집을 종합적으로 이용하였다. 한자 하나가 反切 하나 이상을 갖고 있는 경우 별개의 한자로 처리하였고, 하나의 한자가 전승 한자음 여러 개를 가지는 경우 그 중에 현대 한국 한자음으로 전승

반영 양상	例字	총수
/ㄱ/	加各間葛感甲姜丐居巾劍劫隔堅決兼京戒古谷昆骨公戈郭冠刮光掛 鹹交久國君宮眷厥詭歸圭均橘棘斤今急兢己緊吉…	490
/ㅎ/	割緘蛤閤鴿港偕廨該革子荊…	35
기타	訐涓駶踊鵠	5

[표 3] 溪母 /kʻ/의 반영 양상

반영 양상	例字	총수
/ㅋ/	夬噲	2
/ㄱ/	可刻刊渴坎康凱客坑去虔乞怯憩絀遣謙掐傾啓叩哭困恐科籮寬匡 傀巧丘麴屈穹券闕跬菌衾肯企喫…	192
/ㅎ/	槅伉愜酷擴豁恢虧欠詰…	16
기타	喟泣	2

[표 4] 羣母 /g/의 반영 양상

반영 양상	例字	총수
/ㄱ/	伽碣强渠件桀儉偈擎悸笫誆拐橋仇局窘掘窮拳概匱葵困劇勤琴及 奇…	144
/ㅎ/	-	0
기타	-	0

[표 5] 曉母 /x/의 반영 양상

반영 양상	例字	총수
/ㅎ/	嚇壑漢肛海向虛獻歇險赫絢血兄醯呼昏忽洪化喚豁況晦曉吼熏薨喧 卉輝休凶黑欣欠吸興喜肹…	155
/ㄱ/	訶霍訖	3
기타	楬闃吁栩旭勖	6

[표 6] 匣母 /γ/의 반영 양상

반영 양상	例字	총수
/ㅎ/	下學恨轄函合巷亥核幸峴玄穴嫌協螢兮乎惑混弘和鑊丸活凰回劃橫 效侯狟携痕薹洽纈…	266

되지 않은 한자음, 문헌에 따라 나타난 특수한 음 그리고 근대 한어에 대한 寫音인 경우
는 그 음을 전승 한자음으로 간주하지 않았다.

/ㄱ/	暇苟癇褐蝎匣械斛穀觳踝宏紘潰畦鹼脛	18
기타	狎萑緩浣	4

　중고음의 연구개 자음이 전승 한자음에 반영된 양상을 확인해 보면 전반적으로 중고음의 /k, kʻ, g/는 /ㄱ/, /x, ɣ/는 /ㅎ/으로 반영되는 것이 원칙임을 알 수 있다. 하지만 반대로 중고음의 연구개 파열음이 /ㅎ/, 연구개 마찰음이 /ㄱ/으로 반영된 예들도 존재한다. 이러한 예외의 수는 일반적인 반영의 수의 10%도 못 미쳐서 예외로 간주할 수 있지만 재확인을 요하는 예가 존재한다. 선행 연구 중에 이돈주(2006)에서는 牙音이 /ㅎ/으로, 喉音이 /ㄱ/으로 반영된 예 중에 聲符에 의한 유추로 설명될 수가 없는 것이 많다고 지적한 바가 있다. 그러한 예는 '肝(見母 한), 趕(見母 한), 斛(匣母 곡), 躩(見母 확), 霍(曉母 곽), 潰(匣母 궤), 割(見母 할), 孑(見母 혈), 鰥(見母 환), 訖(見母 흘)…'이 존재한다. 이러한 예들은 /ㅎ/의 음가가 고대 한국어에 과연 [h]였는가 하는 의심을 품게 한다. 고대 한국어의 음운 체계 재구는 3장에서 종합적으로 검토하고 이 장에서는 전승 한자음의 차용 기층을 확인하기로 했기 때문에 여기서 [표 2-6]의 양상에서 전승 한자음의 주 기층만 확인하겠다.

　見母, 溪母의 음가는 한어 상고음부터 전기 근대음까지 변화를 겪지 않았기 때문에 전승 한자음의 주 기층을 확인하는 것에 도움을 주지 못한다. 羣母는 중고음 후기에 濁音淸化를 겪었지만 변화 전후 모두 /ㄱ/으로 반영되는 것이 원칙이다. 曉母와 匣母의 상고음에 대해서는 견해 차이가 있다. 王力(1957)에서 상고음의 曉母와 匣母를 중고음과 같이 재구하였고, 李方桂(1980)은 상고음 단계에 匣母와 羣母는 구별이 없었다고 보고 /g/로 재구하였고, 鄭張尙芳(2003)에서 匣母를 두 분류로 나누고 나중에 云母로 변화한 匣母를 /ɢ/로 재구하고 羣母와 관계가 깊은 匣母를 /g/로 재구하였다. 曉母는 明組와 諧聲을 이룬 경우가 있어 그 상고음을 Karlgren(1915-1926) 이후에 계속 複聲母로 재구해 왔는데 구체적인 음가는 견해 차이가 심하다. 문제가 되는 것은 위에서 언급한 曉母와 匣母가 /ㄱ/으로 반영된 예들이다. 최희수(1986: 51, 53)에서는 이들을 상고음의 차용이라고 보았고 전승 한자음의 후음은 중고음 이전 단계의 한어를 차용했다고 주장하였다. 최미현(2006: 245-246)에서 匣母가 /ㄱ/으로 반영된 것을 전기 고대 한국어 단계에 차용되었다고 보고 /ㅎ/으로 반영된 예들보다 더 일찍 차용된 것으로 보았다.

하지만 曉母와 匣母의 예외 예들은 상고음에 대한 반영으로 볼 수 없다고 본다. 그 이유는 일부 예들은 聲符에 의한 유추로 설명할 수 있다. 게다가 曉母와 匣母가 /ㄱ/으로 반영된 예는 見母와 溪母가 /ㅎ/으로 반영된 예와 동일한 혼란 현상으로 보인다. 見母와 溪母가 상고음 단계로부터 근대 한어 단계에 이르기까지 음가 변화를 겪지 않았기 때문에, 이들이 /ㅎ/으로 반영된 것을 유추로 설명할 수 없는 예들은 상고음의 차용으로 설명할 수 없다. 오히려 주목해야 될 것은 대부분 匣母字들이 /ㅎ/으로 반영된 점이다. 아무튼 대부분 匣母字들은 중고음을 차용한 것으로 보인다.

나머지 聲母인 疑母 /ŋ/, 影母 /ʔ/, 云母 /ɣ/, 以母 /i/((j))의[80] 반영 양상을 하나씩 살펴보자.

[표 7] 疑母 /ŋ/의 반영 양상

반영 양상	例字	총수
∅	我嶽岸巖仰崖額御彦孽嚴業逆妍迎乂五獄兀瓦玩外堯偶元月魏銀凝儀鷁…	163
기타	贖炭沂齧虐瘧眅屹	8

[표 7]과 같이, 몇 개의 예외를 제외하면 疑母 /ŋ/는 전승 한자음에

---

80) 반모음 [j], [w]를 中古音의 음소로 보지 않고 모두 /i/, /u/의 介音 위치의 변이음으로 처리한다. 중고음에 [i]와 [j], [u]와 [w]의 구별이 없고 분포가 상보적이기 때문이다. 以母는 零聲母인데 연구자에 따라 그 介音 [j]를 聲母로 보기도 한다.

반영되지 않았다. 기존에 河野六郞(1968/1979: 358)에서 전승 한자음에서 疑母의 흔적을 찾을 수 없다고 하였다. 하지만 이는 어두를 말하는 것이지 疑母가 전승 한자음에서 전혀 반영되지 않은 것은 아니다. 물고기의 이름에 '잉어(鯉魚), 숭어(秀魚), 붕어(鮒魚)'의 첫 음절 종성 /ŋ/는 모두 뒤의 疑母 '魚'의 초성 /ŋ/의 흔적이다. 한국어 음절 구조 제약 때문에 '魚' 성모의 /ŋ/가 두 번째 음절의 음절 초에 나타나지 못하고 첫 번째 음절의 음절 말에 나타나게 된 것으로 풀이된다.

伊藤智ゆき(2007, 이진호 역 2011: 178)에서 疑母의 전승 한자음의 'ㅇ' 표기를 [ɦ] 표기로 보았고 疑母가 'ㅇ([ɦ])'으로 반영된 것을 長安音에서 일어난 脫鼻音化로 해석하였다. 'ㅇ([ɦ])'은 원래 고유어의 유음과 모음 혹은 모음 사이에만 나타난 것에 대해서는 'ㅿ'도 고유어의 유성음 사이 환경에서만 나타났지만 전승 한자음에서는 어두에 나타날 수 있다고 해명하였다. 하지만 伊藤智ゆき(2007)의 주장은 타당성이 없어 보인다. '잉어, 숭어, 붕어'는 분명히 "리어, "슈어, "부어'에서 왔고 '魚'의 성모 /ŋ/의 흔적이 남아 있는 것은 전승 한자음 차용 당시에 脫鼻音化된 [ŋg] 혹은 [g]를 차용한 것이 아님을 분명히 보여 주고 있다. 한편, 疑母가 脫鼻音化가 일어난 [g]형을 차용한 것이라면 [g]는 'ㅇ([ɦ])'이 아닌 /ㄱ/으로 반영되는 것이 원칙이다.

차자표기 자료에 대한 선행 연구를 참고하면 《三國史記》와 《三國遺事》의 자료에서 어두에 /ŋ/가 나타나지 못하고(박동규 1995: 104) 중국 측의 고대 한국어 표기에서 疑母字가 어두에 쓰이지 않은 것을(權仁瀚 2011: 235) 참고하면 /ŋ/ 어두 제약은 일찍부터 고대 한국어에 존재한 것으로 보인다.

한편, [ㅍ 7]에 疑母가 /ㄱ/ 혹은 /ㅎ/으로 반영된 예외가 존재한다. 최희수(1986: 60-61)에서는 이들을 상고음의 잔재로 설명하였다. 이들 한자는 疑母와 見·曉母가 諧聲을 이룬 것을 보여 주기 때문에 상고음에 疑母와 見·曉母의 소리가 가까웠다고 추정했다. 그러므로 이들은 상고음의 잔재로 보인다고 하였다. 이러한 설명에 잘못된 부분이 두 가지가 있다. 첫째, 전승 한자음으로 상고음을 추정하고 나서 다시 그러한 상고음이 전승 한자음에 흔적을 남겼다는 주장은 순환 이론이다. 둘째, 상고음에 疑母와 見·曉母의 諧聲을 보여 주는 다른 자료가 없어 몇 개의 전승 한자음으로 상고음 음가를 추정할 수 없다. [표 7]에서 제시한 모든 예외는 모두 聲符에 의해 설명할 수 있다.[81]

[표 8] 影母 /ʔ/의 반영 양상

반영 양상	例字	총수
Ø	亞握安謁庵壓央愛阿櫻約於億偃奄恚宴厭影濊奧屋溫瓮蛙婉汪矮畏腰優郁蔚苑威黝恩乙音邑應依伊益因一····	260
기타	拗窈謳鷗漚嘔嫗歐甌謄杳噫	12

影母 /ʔ/도 전승 한자음에 반영되지 못하였다. 이는 고대 한국어 단계에 'ㅎ'이 존재하지 않았던 것을 암시한다. 경음 계열의 부재와도 관련되는 문제이다. 3장에서 검토할 것이다.

[표 9] 云母 /γ/의 반영 양상

반영 양상	例字	총수
Ø	域炎嶸日王又暈熊員越位宥矣···	87
기타	筠燁餵鴞彙	5

云母는 전승 한자음의 주 기층을 밝히는 데에 啓示를 줄 수 있는 소수의 聲母 중의 하나이다. 전기 중고음부터 후기 중고음까지 변화를 겪었기 때문이다. 朴炳采(1971), 최희수(1986)에서 云母를 喩母에서 分離시키지 않았기 때문에 云母에 대해 다루지 않았다. 河野六郎(1968: 361-362)와 伊藤智ゆき(2007, 이진호 역 2011: 182)에서는 모두 云母가 'ㅇ(Ø)'으로 반영되었다는 것에 그치고 예외에 대해서만 설명하였다.

---

81) 河野六郎(1968/1979: 358)에서 설명한 바가 있다.

《切韻》의 반절에 云母와 匣母의 구별이 없었기 때문에 전기 중고음 단계까지만 해도 云母는 匣母에 속한 것이 분명하다. 云母가 /ㅎ/이나 /ㄱ/으로 반영되지 않는 것은 이들이 《切韻》의 韻書音 및 전기 중고음을 차용한 것이 아님을 보여 준다. 문제는 云母는 언제 喻母에 합류했는가 하는 점이다. 7세기 洛陽音의 자료인 玄奘의 譯經에서 云母가 사용되지 않았지만 梵語의 반모음 'y[j]'를 音譯할 때 모두 예외 없이 喻母 4等인 以母字만 사용하였다. 이는 云母와 以母의 混用이 아직 일어나지 않았다는 증거이다(施向東 2009: 15-16, 49). 8세기 후반 長安音 자료인 《慧琳音義》에서 云母字는 독립적으로 사용되고 以母와의 混用은 총 1155항 중에서 5개만 찾을 수 있어서 《慧琳音義》에서도 云母는 喻母에 합류하지 않았다(金雪萊 2005: 24, 32).[82] 唐末-五代의 티베트어 對音 자료에서 비록 云母字의 반 이상은 티베트어의 [w], [j]와 대응되지만 [ɦ]와 대응되는 예들도 적지 않다. 이렇게 해서 云母는 8세기 《慧琳音義》 이전에 그 음가는 [ɣ]로 보이고 五代 시기가 되어도 일부 云母字의 어두 자음이 여전히 탈락되지 않았다는 결론에 이르게 된다. 이렇게 하면 云母가 전승 한자음에 반영되지 않은 것을 10세기 이후의 漢語를 차용한 때문이라고 보아야 한다. 하지만 상황은 그렇게 간단하지는 않다.

黃笑山(1995: 31)에서 《切韻》의 云母와 匣母는 완벽한 상보적 대립을 이룬 것이 아니라고 지적하였다.[83] 대부분 현대 한어 방언에서 匣母와 云母의 음가는 같지 않고 等韻學에서 云母를 匣母와 달리 次濁(공명음에 해당)으로 분류한 것은 云母 자체도 하나의 음소였을 것이라고 주장하였다. 절대 다수의 云母字는 合口字이기 때문에 云母의 음가는 [w]

---

82) 黃淬伯(1998)에서는 黃淬伯(1931)에서 《慧琳音義》의 云母를 喻3으로 잘못 분류한 것을 수정하여 《慧琳音義》의 云母는 아직도 匣母 /ɣ/에 속한다고 한 바가 있다.

83) 종전에는 匣母가 1, 2, 4等 앞에 나타나고 云母가 3等에 나타난다고 하여 匣母와 云母를 하나의 음소로 묶었지만 黃笑山(1995: 31)에서는 匣母와 云母는 모두 羣母에서 온 것이고 3等 앞에는 云母 말고 羣母도 나타나기 때문에 匣母와 云母는 완벽한 상보적인 분포를 이루지 못한다고 하였다.

였다고 하였다.[84] 베트남 한자음과 일본 한자음의 云母 반영 양상이 그 방증이 된다. 베트남 한자음에서는 云母가 [v]로, 일본 한자음에서는 云母가 [w] 혹은 [u]로 나타난다.[85]

종합하자면 여러 자료에서 云母의 음가가 서로 달리 나타나 均一하지 않고 또 학자마다 후기 중고음의 云母의 음가를 달리 추정하였다. 그러나 ≪切韻≫의 반절 양상에 충실히 하자면 ≪切韻≫의 음가는 분명히 [ɣ]였고 黃笑山(1995)에서 추정한 [w]는 아니었을 것이다. 韻圖에서는 ≪切韻≫ 이후의 변화를 반영하기도 했기 때문에 云母를 次濁으로 분류한 것은 ≪切韻≫ 이후의 변화를 나타낸 것으로 보아야 한다. ≪慧琳音義≫에서 云母는 독립적으로 사용되었는데 慧琳의 반절에서 云母를 以母뿐만 아니라 匣母와도 互切하지 않았기 때문에 8세기 후반의 長安音에서 云母는 이미 匣母와 구별되었을 것이다. 문제는 漢藏 對音 자료에서 일부 云母는 여전히 티베트어의 [ɦ]와 대응되는 것이다. 하지만 대부분의 云母字는 [w], [j]와 대응된다는 점도 결코 간과해서는 안 될 것이다. 따라서 필자는 ≪慧琳音義≫에서 음운론적으로 云母는 이미 匣母와 구별되었고 다만 음성적으로 그 음가는 아직 匣母와 가까웠다고 본다. 전승 한자음에 云母가 /ㅎ/이나 /ㄱ/으로 반영되지 않은 것은 ≪慧琳音義≫ 및 그 이후의 한어가 반영된 것이기 때문이라고 보는 것이 가장 무난하다.

---

84) 전승 한자음에서 대부분 云母字는 /우, 운, 원/으로 나타난 것도 대부분 云母字는 合口字였기 때문이다.

85) 물론 고대 일본어에 /h/가 없었기 때문에 云母가 반영되지 않았다고 할 수 있다. 그렇지만 일본 한자음이 차용될 적에 云母가 아직 변화하지 않고 匣母에 속해 있었다면 그것이 일본 한자음에서 /g/(漢音에서는 /k/)로 반영되는 것이 원칙이다.

[표 10] 以母 [j]의 반영 양상

반영 양상	例字	총수
[j]/[i]	也藥楊餘亦延悅鹽葉營裔曜欲俑愈育尹肜以弋引逸孕…	195
Ø	液掖腋袯淫婬	6
기타	椊郢鞾聿融蠅蜴簪奕弈鷁	11

以母 [j]는 대부분 전승 한자음에서 반모음 [j]나 모음 [i]로 반영되었다. 중고음의 以母 [j]도 반모음이었던 것으로 추정되었다. 앞서 언급했지만 최근의 상고음 연구에서는 以母의 상고음 음가를 [l]로 재구하는 것이 일반적이다(鄭張尙芳 2003: 43-44). 以母와 來母의 混淆의 예가 보이지 않기 때문에 전승 한자음은 상고음과 관련이 없다고 보아야 한다.

주목할 것은, 以母字 중에 전승 한자음이 'i' 혹은 'jV'가 아닌 예도 존재한다. '液掖腋袯(익)', '淫婬(음)'이 그것이다. '液掖腋袯'는 梗攝 3等 淸A韻 入聲字이며, '淫婬'는 深攝 3等 侵A韻 平聲字이다. '液掖腋袯'은 모두 聲符 '夜'를 갖고 있고 '淫婬'은 聲符 '𡈼'를 갖고 있어 각각 하나의 한자일 뿐이라고 할 수 있다. 이들은 梗攝 3等 A류나 深攝 3等 A류와 같은 音類가 以母 뒤에 나타난 특이한 반영으로 볼 수 없다. 어휘별로 나타난 일반적 반영 양상을 벗어난 예들로 보아야 된다. '液掖腋袯'에 대해서 河野六郎(1968/1979: 460)에서 夜聲字가 '역'으로 나타난 것이 기대된다고 하였고 별다른 추가적인 해석을 하지 않았다. 伊藤智ゆき(2007)에서도 별다른 언급이 없었다. 梗攝 3等의 핵모음은 /ɛ/로 추정되어 있다. 후술할 터이지만 중고음의 /ɛ/는 'ㅓ'로 반영된 것이 일반적이다. 河野六郎(1968)의 지적대로 이들이 '역'으로 반영되는 것이 원칙이다. 'ㆍ'로 반영된 것은 아무래도 中唐 이후 梗攝의 음가가 曾攝(핵모음 [ə])에 가깝게 변화한 것을 반영한 것이라고 설명해야 될 것이다. 夜聲字의 以母가 반영되지 않은 것은 전승 한자음에서 'ㆍ'의 j계 상승 이중모음 'ㆎ'가 나타나지 않는 까닭이라고 해석된다. '淫婬'의 반영에 대해서 河野六郎(1968/1979: 475)에서는 이들의 전승 한자음이 '임'으로 기대

되지만 '음'으로 반영된 것은 음절 편향의 적용 예인가 하는 의문만 남겼다. 伊藤智ゆき(2007, 이진호 2011: 286-287)에서 이러한 예들은 음절 제약에 의해 생긴 것일 가능성을 인정하면서도 脣音 운미 '-m'를 조음할 때 입술이 돌출함에 따라 介音과 핵모음이 후퇴했을 가능성도 제시하였다. 필자는 이들의 설명에 찬성하지 않는다. 음절 '임'은 그다지 발음하기 어려운 음절로 보이지 않는다. 그리고 서론에서 필자가 음절 편향이라는 기제를 지나치게 전승 한자음 반영 양상 설명에 적용하는 것을 반대한다고 하였다. 侵A韻이 /ㅁ/으로 반영된 것은 후기 중고음 단계에서 일어난 韻母의 일련의 변화 중의 하나에 대한 반영일 뿐이라고 본다. 2.2.3.1에서 상술할 것이다.

2.2.1.1에서는 중고음의 牙音과 喉音이 전승 한자음에 어떻게 반영되었는지를 살펴보았다. 요약하면 아래와 같다.

(가) 중고음의 연구개 파열음은 /ㄱ/, 연구개 마찰음은 /ㅎ/으로 반영되는 것이 일반적이지만 반대의 경우도 존재한다. 이들에 대한 주목이 필요하다.

(나) 중고음의 연구개 비음 /ŋ/는 한자어의 어두에 나타나지 못한다. 그렇지만 현대 한국어의 한자어 '잉어, 숭어, 붕어'에서 첫 음절의 종성 /ŋ/는 '魚'의 성모 疑母에 대한 반영이다. 이는 한국어 내부의 음소 배열 제약 혹은 음절 구조 제약으로 설명된다.

(다) 云母는 전기 중고음으로부터 후기 중고음 단계에 이르기까지 변화를 겪었기 때문에 전승 한자음의 차용 주 기층을 밝히는 데에 중요한 참고 대상이다. 전승 한자음에는 云母가 반영되지 않았다. 여러 자료에서 云母의 양상을 달리 보여 주기 때문에 云母의 음가 변화 시기가 불분명하다. 본고에서는 음운론적으로 云母가 匣母와 구별되는 시기를 ≪慧琳音義≫ 이후로 보고 전승 한자음은 이 시기의 중고음을 차용한 것으로 보았다.

(라) 전승 한자음에는 影母가 반영되지 않았고, 以母가 원칙적으로

[j] 혹은 [i]로 반영되었다.

2.2.1.2 舌音과 齒音

이 소절에서 舌音과 齒音을 같이 다루는 이유는 두 가지가 있다. 첫째, 한어의 중고음에서, 舌音의 舌頭音과 齒音의 齒頭音의 조음 위치가 같다. 舌音의 舌上音과 齒音의 正齒音 2等은 모두 권설음으로 추정되며 조음 위치가 같다. 正齒音 3等의 조음 위치도 이들과 매우 가깝다. 한편, 후기 중세 한국어의 /ㄷ, ㅌ/과 /ㅅ, ㅈ, ㅊ/의 조음 위치는 모두 치조였다(許雄 1965). 중고음의 舌音(次濁 제외)과 후기 중세 한국어의 /ㄷ, ㅌ/은 파열음이었고 중고음의 齒音(次濁 제외)과 후기 중세 한국어의 /ㅅ, ㅈ, ㅊ/은 모두 마찰음 구간을 갖고 있었다. 다만 조음 방법에 차이가 있는 것이다. 둘째, 한어의 상고음 단계부터 후기 중고음 단계까지 舌音과 齒音은 얽히고설킨 관계에 있었다. 正齒音 3等은 상고음의 舌音에서 왔고 후기 중고음 단계 이후에 正齒音 2等의 일부, 正齒音 3等, 舌上音이 합류되었다. 舌音과 齒音이 전승 한자음에 어떻게 반영되었는지 그 전반적인 반영 양상을 확인해야만 어느 시기 한어의 舌音과 齒音의 음운론적 대립 양상을 반영했는지 알 수 있다.

舌音과 齒音의 聲母는 총 25개에 달하기 때문에 이들의 전승 한자음을 나눠서 고찰해야 한다. 次濁의 泥母, 娘母, 日母와 來母는 공명음으로서 다른 聲母와 성질이 다르기 때문에 이 절의 마지막에 다루기로 하고 나머지 성모들은 치조 파열음(舌頭音/端組), 권설 파열음(舌上音/知組), 권설 마찰음과 권설 파찰음(正齒音 2等/莊組), 경구개 마찰음과 경구개 파찰음(正齒音 3等/章組) 순으로 다루겠다.

우선 端組가 전승 한자음에 어떻게 반영되었는지 그 양상을 살펴보자.

[표 11] 端母 /t/의 반영 양상

반영 양상	例字	총수
/ㄷ/	多旦怛膽答當對德刀督墩柮冬肚得登…	124
/ㅌ/	躑嚔諦蝃蔕貂打朶耽堆妬鬪	12
기타	-	0

[표 12] 透母 /tʻ/의 반영 양상

반영 양상	例字	총수
/ㅌ/	他托嘆脫探塔湯太兔桶腿透忒…	84
/ㄷ/	湍錆獺裼齇踏儻貸挑禿暾個逃腆汀梯眺鐋…	33
기타	-	0

[표 13] 定母 /d/의 반영 양상

반영 양상	例字	총수
/ㄷ/	團達潭沓堂代圖讀豚突洞杜屯藤…	183
/ㅌ/	惰鐸憚奪蕩苔慟頹投特滌踮疊棣…	43
기타	恬	1

端組, 즉 舌頭音의 반영 양상을 살펴보면 알 수 있는 것은 端母 /t/와 定母 /d/가 /ㄷ/으로, 透母 /tʻ/가 /ㅌ/으로 반영되는 것이 일반적인 방향이긴 하나 반대로 중고음의 /t, d/가 /ㅌ/으로, /tʻ/가 /ㄷ/으로 반영되는 예도 두루 존재한다는 것이다. 기대된 양상과 반대로 나온 이러한 예들은 유추로도 설명하기 어렵다.

종래에 河野六郎(1968), 權仁瀚(1997), 伊藤智ゆき(2007)에서 모두 전승 한자음의 유기음화를 근대 한음에서 일어난 濁音清化 현상과 관련시켰다. 하지만 이준환(2008)에서 이미 지적했듯이 전승 한자음에 보이는 유기음화 현상은 近代漢音의 濁音清化의 현상과는 무관해 보인다. 그 원인을 이준환(2008)에서 이미 설명했지만 여기서 다시 간략히 요약하고자 한다. 한어의 북방 방언에서 平聲의 全濁이 次清으로, 仄聲(上·去·入聲의 총칭)의 全濁이 全清으로 규칙적으로 변화하였으나 전승 한자음에서 그러한 성조에 따른 유기음화의 차이가 보이지 않는다. 게다가 全濁뿐만 아니라 全淸과 次淸도 전승 한자음에서 유기음으로 반영되었다. 반대로 次淸이 평음으로 반영된 예들도 보인다. 이들을 全濁音의 淸化로는 설명하기 어렵다.

여기서 필자가 보충할 것은 周長楫(1994)에 따르면 한어의 濁音淸化 현상은 사실은 상고음 단계에 이미 보이고, ≪經典釋文≫에는 이미 6세기의 일부 한어 방언에서 全濁을 淸音으로 발음한 것이 기록되어 있고, ≪廣韻≫에서 淸濁音 간의 互切 예가 발견되므로 ≪廣韻≫ 시기에는 淸濁을 구별하기가 어려웠을 것이다. 그리고 閩南 방언에 대한 고찰을 통해 이 방언의 濁音淸化는 ≪切韻≫ 이전에 이미 끝났을 가능성이 높다고 하였다. 黃笑山(1995: 122-123)과 范淑玲(2009: 43-44)에서 全濁이 일본의 吳音에서 유성음으로 반영되었고 漢音에서 유성음으로 반영되지 않은 것은 中唐의 長安音에서 全濁音의 淸化는 이미 보편화된 현상이라고 하였다. 따라서 全濁의 淸化는 중고음 시기에 이미 이루어졌다고 볼 수 있다. 그러므로 전승 한자음에서의 유기음화 현상을 군이 근대 한어와 관련지을 필요가 없을 것이다.

전승 한자음에서 全淸과 全濁이 유기음으로 반영된 원인에 대해서 이준환(2008)에서 몇 가지 유형을 도출해 보았지만[86] 아직까지는 설명하기 어려운 문제라고 하였다. 이 문제는 이준환(2008)에서도 지적했지만 한국어 내부에 유기음의 발달 과정과 관련이 있어 보인다. 이 장에서는 전승 한자음의 모태를 중심으로 고찰하려고 하기 때문에 여기서 일부 端母와 定母가 /ㅌ/으로 반영된 현상은 근대 한어와 관련이 없다는 것을 지적해 두고, 고대 한국어의 유기음 내지 유성음의 존재 여부 문제는 3장에서 다루겠다.

---

86) 이준환(2008)에서 전승 한자음의 유기음화 유형을 "1) 다른 한자음에 의한 유추, 2) 한 어휘 내 비어두 위치에서의 사용, 3) (의존)명사화, 4) 의미론적 변화, 5) 기타"와 같이 제시하였다.

그 다음에 知組의 반영 양상을 살펴보자.

[표 14] 知母 /t/의 반영 양상

반영 양상	例字	총수
/ㄷ/	爹戇張猪摘展楨朝畫竹迍中智徵…	42
/ㅌ/	咤卓漲挩哲沾輒𧲛瘃冢追竺忠懥躓…	31
/ㅈ/	笛櫩椿鱣註秪質	6
/ㅊ/	站	1
기타	-	0

[표 15] 徹母 /tʻ/의 반영 양상

반영 양상	例字	총수
/ㅌ/	詫坼暢笞撑攄徹詫超寵抽畜黜恥…	29
/ㄷ/	搗覘檉趁…	11
/ㅈ/	祉	1
/ㅊ/	誓椿稱	3
기타	逞騁	2

[표 16] 澄母 /d/의 반영 양상

반영 양상	例字	총수
/ㄷ/	茶撞橙賺丈儲傳呈除兆住仲持…	71
/ㅌ/	濁着綻隊攔轍滯躅錘逐蟲值蟄…	45
/ㅈ/	酎	1
/ㅊ/	搽	1
기타	沈椽	2

[표 14-16]에서 知組가 /ㅈ, ㅊ/으로 반영된 예가 소수임에도 불구하고 '기타'에 넣지 않고 따로 나열한 이유는 知組가 송나라 시기에 正齒音에 합류되었는바, 전승 한자음이 과연 이 시기의 한어와 관련되는지 보여 주기 위해서이다.

知組가 전승 한자음에서 유기음으로 반영된 비율이 端組보다 눈에 띄게 높다. 중고음의 /t, d/가 /ㄷ/으로 반영된 것으로 기대되지만 1/3

이상이 /ㅌ/으로 나타났다. 반대로 /t'/가 /ㅌ/으로 나타나야 하지만 역시 1/3 정도가 /ㄷ/으로 나타났다. 유기음 반영 비율에 있어서 知組 한자들이 端組보다 훨씬 높은 원인에 대해서 李潤東(1997: 44)에서는 舌上音의 특질이 한국어의 유기음 특질과 유사한 점이 많기 때문이라고 해석하였다. 知組와 端組의 대립은 권설음과 치조음의 차이에 의한 것이다. 이 대립 관계는 精組와 莊組 사이에도 보이기 때문에 知組의 음성적 특질에 의해 유기음 반영 비율이 높다는 해석에 대한 검증은 精組와 莊組를 모두 살펴보고 나서 해야 된다.

姜信沆(1987, 2011)에서는 知組가 /ㄷ, ㅌ/으로 나타나는 것을 중고음 이전 단계의 한어에 대한 반영이라고 보았다. 2.2의 첫머리 부분에서 이미 전승 한자음의 기층을 중고음 이전 단계의 한어로 정하기 어렵다고 논의한 바가 있다. 여기서 知組와 端組가 전승 한자음에서 구별이 없는 현상도 중고음 이전 단계의 한어로 보기 힘든 점을 구체적으로 더 지적해 보겠다.

첫째, 姜信沆(2011)이 따르는 王力(1987)에서 知組의 변화를 기술한 부분에 문제가 있다. 王力(1987: 135, 203)에서 知組가 魏晉南北朝와 隋-中唐 단계에 모두 端組에서 분화되지 않았다고 하였고 知組가 端組에서 분화된 시기를 唐 天寶年間(742-756)으로 보았다. 姜信沆(2011)은 전승 한자음에서 端組와 知組의 구별이 없는 것을 知組가 분화되기 전의 한어에 대한 반영으로 보고자 하였다. 하지만 ≪切韻≫에서 이미 知組가 端組에서 분화되었다고 보는 견해가 더 일반적이다. 邵榮芬(1982)에서 ≪切韻≫ 王三本 반절에 대한 통계에 따르면 知組와 端組 전체 446개의 반절에서 混切의 예는 18개뿐이었다. 여기서 ≪切韻≫ 이전의 자료인 梵語 音譯 양상을 확인해 보면 東漢 말의 범어 대역에서 아직 知組가 端組에서 분화되지 않았지만(俞敏 1984/1999: 12-13) 十六國(304-439년) 및 北朝의 梵語 音譯 양상에서 知組는 端組와 혼란된 예가 없는 것은 아니지만 대부분의 知組字는 이미 독립적으로 梵語의 't, th, ḍ, ḍh'와 대응을 이루었다(施向東 2009: 77, 87). 그렇다면 전승 한자음에서

知組와 端組의 구별이 없는 것을 知組가 端組에서 분화되기 전의 한어로 보는 논리에 따르면 이들 전승 한자음들은 4세기 이전의 한어에 대한 반영으로 봐야 할지도 모른다. 하지만 전승 한자음의 다른 여러 가지 양상을 고려해 보면 전승 한자음의 기층을 그렇게 이른 단계의 한어로 귀속시키기 어려울 것이다.

둘째, 權仁瀚(2006: 65)의 지적과 같이 전승 한자음에서 知組와 端組의 구별이 없는 것은 한국어에 그러한 대립이 존재하지 않기 때문에 捨象된 것으로 보인다. 중고음의 /t, t', d/가 같은 파열음인 /ㄷ, ㅌ/으로 들렸거나, /t, t', d/와 음성적인 차이가 있지만 고대 한국어에 /t, t', d/ 혹은 /ㄷ, ㅌ/보다 /t, t', d/와 더 가까운 음소가 존재하지 않았기 때문에 /ㄷ, ㅌ/으로 받아들일 수밖에 없기 때문에 知組가 /ㄷ, ㅌ/으로 반영되었다고 해석할 수 있다.

셋째, 전승 한자음에서 知組의 반영 양상을 살펴보면 대부분 知組字의 전승 한자음에 반모음 [j]가 보인다. 이는 전승 한자음이 차용된 시기에 한어 原音에 知組 뒤에 구개적 介音 /i/가 존재한 것을 암시한다. 구개적 介音 /i/는 3等韻의 A류 介音에 해당된다. 그러나 전기 중고음(≪切韻≫)의 重紐 양상에서 知組는 3等 A류와 3等 B류 사이에 유동적이다. 知組字의 전승 한자음이 3等 A류에 쏠리는 현상은 후기 중고음 단계에서 介音의 변화에 의해 3等 B류가 3等 A류에 합류되기 시작한 현상에 대한 반영이라고 보아야 한다.[87] 黃笑山(1995: 148)에서 知組는 후기 중고음 단계에 변이음 [t]를[88] 갖게 되었다고 하였다. 重紐 그리고 介音의

---

87) 전승 한자음에서 重紐 3等 A류와 3等 B류의 구별은 되지만 知組의 경우 3等B가 3等A로 합류한 현상을 반영하는 것은 모순이 되지 않을까 하는 의문을 받을 수 있다. 하지만 知組字는 원래 ≪切韻≫에서도 3等 A류와 3等 B류 사이에 유동적이었고 鄭仁甲(1994)에 따르면 知組字와 來母字는 ≪切韻≫ 시기부터 이미 3等 B류에서 3等 A류로 합류하기 시작하였다.

88) 黃笑山(1995)에서 사용한 음성 부호는 흔글 프로그램에서 구현할 수 없어서 't'로 표기하였다. '''는 구개음화가 되었다는 표시이다.

변화와 관련된 문제라서 介音의 반영 부분에서 자세히 논의해 볼 것이다. 아무튼 知組字가 /ㄷ, ㅌ/으로 반영되었다고 해서 그것은 중고음 이전 단계의 한어를 반영하였기 때문이라고 할 수 없을 것이다. 적어도 知組字의 전승 한자음에 [j]가 많다는 것은 후기 중고음에 대한 반영이라고 본다.

한편, 知組의 절대 다수는 /ㄷ, ㅌ/으로 반영되었고, /ㅈ, ㅊ/으로 반영되지 않은 것은 전승 한자음은 宋 이후의 한어를 차용한 것이 아님을 보여 준다. 송나라 시기에 莊組와 章組의 구별이 없어지고 知組도 거기에 합류되어 齒音이 되어 버렸기 때문이다. 만약에 전승 한자음이 宋 혹은 그 이후의 음을 차용한 것이라면 知組는 /ㅈ, ㅊ/으로 반영되어야 한다.

이상 살펴본 결과 知組의 차용 기층을 후기 중고음 단계로 보지 않으면 안 된다고 결론을 짓는다.

계속해서 齒音의 반영 양상을 검토해 보자. 齒頭音인 精組의 반영 양상은 아래와 같다.

[표 17] 精母 /ʦ/의 반영 양상

반영 양상	例字	총수
/ㅈ/	恣作鵲撍匝將再姐踖剪節接井精濟早足尊卒宗左做酒俊則椊增稷晉…	139
/ㅊ/	且纂僭膌薦晴尖睫醮焦總僦踧取浸…	36
/ㅅ/	殲	1
기타	-	0

[표 18] 淸母 /ʦʰ/의 반영 양상

반영 양상	例字	총수
/ㅊ/	搓璨慘倉彩妻戚千籤妾淸砌草促寸聰撮崔秋取親七寢…	92
/ㅈ/	雌碏鏘疽磧痊竊操簇猝到湊竣組…	34
/ㅅ/	焠沁	2
기타	-	0

[표 19] 從母 /dz/의 반영 양상

반영 양상	例字	총수
/ㅈ/	字嚼暫雜藏才咀寂全前截情劑曹族存從坐罪曾秦疾集…	95
/ㅊ/	銼憋瘠泉捷晴憔叢摧蹲悴就層…	21
/ㅅ/	餕儘	2
기타	-	0

[표 20] 心母 /s/의 반영 양상

반영 양상	例字	총수
/ㅅ/	四削散薩三靸桑賽壻昔仙雪纖燹姓細小粟孫窣末碎修肅詢戌嵩膝僧厮息辛悉心…	220
/ㅈ/	臊燥譟峻浚隼	6
/ㅊ/	穆肖綃	3
기타	襄驤聳卹恤	5

[표 21] 邪母 /z/의 반영 양상

반영 양상	例字	총수
/ㅅ/	謝像序夕旋俗續松囚巡習兕燼尋…	67
/ㅈ/	-	0
/ㅊ/	-	0
기타	涎	1

기존에 차자표기 자료에서 보이는 'ㅅ'계 한자와 'ㄷ, ㅈ'계 한자 사이의 同音異表記를 근거로 박동규(1995: 202-208)에서는 고대 한국어 단계에 'ㅈ'계가 아직 나타나지 않았고 후세의 /ㅈ/은 'ㄷ'의 구개음화에 의해 생긴 것이라고 하였고, 김동소(1998: 44-48)에서는 고대 한국어에 마찰음 's'만 있고 파찰음 'ts'가 없다고 논의하였다. 하지만 [표 17-21]에서 보인 것처럼 중고음의 파찰음 /ts, tsʰ, dz/가 /ㅈ, ㅊ/으로, /s, z/가 /ㅅ/으로 규칙적으로 반영되었다. 그 반대 방향인 파찰음이 /ㅅ/으로, 마찰음이 /ㅈ, ㅊ/으로 되는 예들의 수가 적을 뿐만 아니라 '焠沁臊燥譟峻浚隼穆' 등은 모두 聲符에 의한 유추로 설명할 수 있다. 그러므로 최소한 전

승 한자음이 차용될 적에 치음의 마찰음과 치음의 파찰음의 구별이 있었을 것이다.

차용 기층에 대해서 최희수(1986)에서는 일부 중고음의 치조 파찰음이 /ㅅ/으로 반영된 예를 상고음 단계의 'sC' 자음군과 관련시켜서 전승 한자음은 처음에 상고음을 차용한 것이라고 보았다. 이미 앞에서 필자가 말했듯이 그러한 /ㅅ/으로의 반영의 예는 극소수에 불과하고 유추로도 설명할 수 있다. 우리가 더 주목해야 하는 것은 절대 다수의 중고음의 치조 파찰음이 /ㅈ, ㅊ/과, 치조 마찰음이 /ㅅ/과 대응되는 것이다.

精母와 從母의 1/5 정도가 /ㅊ/으로 반영된 사실에도 주목할 필요가 있다. 齒音이지만 舌音인 知組보다 유기음으로 반영된 비율이 낮다. 그럼 이제 知組와 같은 권설음이었던 莊組의 전승 한자음의 양상을 살펴볼 차례이다.

[표 22] 莊母 /tʂ/의 반영 양상

반영 양상	例字	총수
/ㅈ/	榨炸盞簪壯滓爭詛跧爪苴櫛戩臻哉…	37
/ㅊ/	鰌捉札斬債責皺仄緇…	25
/ㅅ/	渣詐錚	3
기타	-	0

[표 23] 初母 /tʂ'/의 반영 양상

반영 양상	例字	총수
/ㅊ/	叉纘屬讖創冊初囇篘揣測齔親…	42
/ㅈ/	剗	1
/ㅅ/	鎈挿鍤衰	4
기타	鐺	1

[표 24] 崇母 /dʑ/의 반영 양상

반영 양상	例字	총수
/ㅈ/	孱岑牒崢儕助…	11
/ㅊ/	鋥饌讒寨雛驟…	9
/ㅅ/	事槎乍仕士查床狀鋤儳撰巢愁崇柴柿豺	17
기타	-	-

[표 25] 生母 /ʂ/의 반영 양상

반영 양상	例字	총수
/ㅅ/	史朔山殺森歃媤色生所蜂刷衰搜瑟釃莘雙…	84
/ㅈ/	-	0
/ㅊ/	梢艄稍鞘糗縮蹜	7
기타	-	0

[표 26] 俟母 /ʐ/의 반영 양상

반영 양상	例字	총수
/ㅅ/	俟	1
/ㅈ/	-	0
/ㅊ/	-	0
기타	-	0

[표 22-23]에 드러난 것은 莊母와 初母가 유기음 /ㅊ/으로 반영된 비율이 精組보다 훨씬 높다. 유기음 반영 비율에 있어서 '莊組 : 精組'의 차이는 앞서 살펴본 '知組 : 端組'의 차이와 평행된다. 즉 중고음의 권설음은 치조음보다 전승 한자음에 유기음 반영의 비율이 높다는 것이다. 李潤東(1997)에서 知組가 유기음으로 반영된 비율이 높은 것을 知組의 특질이 한국어의 유기음 특질과 유사한 점이 많기 때문이라고 하였다. 하지만 '知組 : 端組', '莊組 : 精組'는 같은 '권설음 : 치조음'의 대립 관계이고, 유기음의 반영에 있어서도 똑같은 현상을 보여 주고 있어 知組와 莊組, 端組와 精組를 묶어서 해석해야 된다. 그러므로 知組의 특질이 한국어 유기음의 특질과 유사하다는 해석도 수정해야 된다. 즉, 중고음

의 권설음이 치조음보다 고대 한국 사람들의 귀에 유기음으로 더 잘 들린다는 것으로 보아야 한다는 것이다. 근대 한국어 단계에 /ㅈ, ㅊ/이 구개음화를 겪었기 때문에 현대 한국어의 /ㅈ, ㅊ/의 음성적인 특질로 고대 한국어의 /ㅈ, ㅊ/의 음성적인 특질을 거슬러 올라가 추정하기 어렵다. 고대 한국어 단계의 /ㄷ, ㅌ/의 실제 음성 실현도 마찬가지로 추정하기 힘들다. 이 문제는 지금으로서는 중고음의 권설음과 치조음의 음성적인 차이로 해석하는 것이 가장 바람직해 보인다. 한어의 권설음은 설면-후치조음이고, 치조음은 설첨-치조음인데 권설음을 조음할 때 조음체와 조음점이 닿고 폐쇄되는 부위는 치조음보다 더 넓다. 그렇기 때문에 권설음을 조음할 때 더 힘을 써서 더 많은 기류를 내고 폐쇄되는 부위를 통과시키는 경향은 있다. 이러한 미세한 차이 때문에 知組와 莊組의 한자들은 端組와 精組보다 더 많이 유기음으로 차용되는 듯하다. 하지만 처음에 절대 다수의 전승 한자음을 무기음으로 차용했다가 고대 한국어 내부적으로 유기음의 발달 과정이 발생하여 중고음의 음 분류와 관계없이 어두 유기음화가 일부 전승 한자음에서 일어났을 수 있다. 이러한 어두 유기음화가 우연하게도 유독 知組字와 莊組字에서 더 많이 일어났을 가능성도 배제되지 않는다.

[표 24]에서 보이는 바와 같이 崇母의 반영 양상은 매우 특이하다. 중고음의 /dʐ/는 대부분이 /ㅈ/으로 소수가 /ㅊ/으로 반영될 것이 기대되지만 절반 정도가 /ㅅ/으로 나타났다. 보통 이럴 경우 유추로 설명할 수 있지만 崇母字는 그렇지 못하다. 위의 예 17개 중에 '槎仕柿'만 聲符에 의한 유추로 보이고 나머지 한자들은 모두 유추로 설명할 수 없다. 從母 /dz/의 반영 양상([표 19])과 대조된다. 이는 고대 한국어에 치음 체계를 재구할 때 고려해야 되는 부분이다. 한편, 崇母와 船母는 같은 正齒音 全濁 성모이기 때문에 전승 한자음에서 이들이 /ㅅ/으로 많이 반영되는 것은 전승 한자음의 주 기층을 밝히는 데에 도움을 줄 수 있다. 이에 대해 船母의 양상까지 살펴본 다음에 논의를 진행하도록

하겠다.

[표 25]에서 보이는 바와 같이, 生母는 대체로 /ㅅ/으로 반영되었다. /ㅊ/으로 반영된 예외 중에 '梢艄稍鞘'는 '肖'에 의해 유추되었고, '懞縮 蹜'은 유추로 설명할 수 없는 예외로 보인다.[89]

[표 26]의 俟母는 초기 성운학 연구 단계에는 따로 존재하지 않았다고 보았지만 李榮(1956) 이후에 그것의 존재가 확립되었다. 俟母에 속한 한자는 총 8개밖에 없고 모두 僻字이다. 중세 전승 한자음뿐만 아니라 현대 한국 한자음에서도 '俟'의 음만 확인할 수 있다. 그 성모 /ʐ/는 전승 한자음에서 /ㅅ/으로 반영되었다.

莊組와 함께 正齒音에 속해 있는 章組의 반영 양상을 살펴보자.

[표 27] 章母 /tɕ/의 반영 양상

반영 양상	例字	총수
/ㅈ/	者勺箴掌渚戰折占征製照種主粥粢汁蒸志…	119
/ㅊ/	遮蹠瞻燭趠…	21
/ㅅ/	昭沼蠋諄	4
기타	畛眕衫縝桎招捶	7

[표 28] 昌母 /tɕʻ/의 반영 양상

반영 양상	例字	총수
/ㅊ/	車廠莣處尺川襜杪歠銃樞春出吹侈…	48
/ㅈ/	綽杵赤蠢嗔叱	6
/ㅅ/	踔俶瀋	3
기타	掣歠沼痤鷦	5

---

89) 伊藤智ゆき(2007, 이진호 역 2011: 167)에서 '縮蹜'는 같은 의미를 가진 精母 '蹙'의 음으로 읽은 것이라고 했지만 납득하기 어려운 해석인 것 같다. '蹙'은 '縮'보다 사용 빈도가 낮은 한자이고 의미상 '縮'과 겹치는 부분은 있지만 완전히 동일한 것은 아니다.

[표 29] 船母 /dʑ/의 반영 양상

반영 양상	例字	총수
/ㅈ/	-	0
/ㅊ/	-	0
/ㅅ/	麝抒船舌贖盾乘示蝕神實椹…	26
기타	吮舐尤秫	4

[표 30] 書母 /ɕ/의 반영 양상

반영 양상	例字	총수
/ㅅ/	奢鑠傷暑釋扇設閃攝聲世少束守叔瞬濕升尸式身失深	97
/ㅈ/	鵢恂膻痁苫	5
/ㅊ/	-	0
기타	舂蛻弛觞	4

[표 31] 禪母 /z/의 반영 양상

반영 양상	例字	총수
/ㅅ/	社常署石善贍涉城召屬受孰醇拾丞侍甚愼什…	104
/ㅈ/	杓芍諸	3
/ㅊ/	擅箈膞蜀	4
기타	奢嗜蜍諶忱扌闍	6

[표 27-28]에서 보이는 바와 같이 章母와 昌母는 대부분 /ㅈ/으로 반영되었고 /ㅊ/으로 반영된 비율도 같은 正齒音 계열에 속한 莊組의 莊母와 初母보다 훨씬 낮다. 이는 고대 한국어 내부에서 正齒音 2等과 3等에 각각 대응되는 두 계열의 치음이 있었다고 해석하는 것보다 전승 한자음이 차용될 적에 그 모태가 된 한어에 아직도 莊組와 章組의 차이가 사라지지 않았다고 보는 것이 더 타당하다. 莊組와 章組의 구별은 重紐 A류와 B류의 介音이 합류됨에 따라 없어졌다. 莊組와 章組에서 유기음 반영 비율에 차이가 있는 것은 전승 한자음에서 莊組 뒤에 반모음 [j]가 없고 章組 뒤에 반모음 [j]가 있는 것과 부합된다. ≪慧琳音義≫에서 莊組와 章組는 서로 독립된 존재였지만 唐末 守溫의 三十字母에

서 이미 莊組와 章組가 '審穿禪照是正齒音'으로 照組 하나로 합류되었다. 문제가 되는 것은 南唐 朱翶의 반절 그리고 五代本 ≪切韻≫에서 莊組와 章組는 혼용되지 않았다(黃笑山 1995: 146). 비슷한 시기의 자료에서 莊組와 章組의 대립 양상이 달리 기록되어 그 구체적인 합류 시기를 정확히 알 수 없다. 그러나 守溫의 三十字母에서 이들이 합류하였기 때문에 적어도 守溫이 기록한 唐末 長安 방언에서는 이미 莊組와 章組의 대립이 사라졌다고 봐야 되고 전승 한자음의 차용 시기는 唐末-五代 이전으로 봐야 한다.

그 다음은 [표 29]에서 船母의 반영 양상에 대해서 해석할 차례이다. 전기 중고음의 /dʑ/는 /ㅈ/으로 나타나는 것이 기대되지만 실제적으로는 /ㅅ/으로 나타났다. 선행 연구 중에 河野六郎(1968/1979: 418)에서 船母의 반영 양상을 ≪慧琳音義≫에서 船母와 禪母가 합류되어 있는 점과 일치한다고 하였다. ≪慧琳音義≫에서 船母와 禪母가 구별되지 않은 것은 사실이지만 막연하게 船母가 /ㅅ/으로 반영된 것을 ≪慧琳音義≫와 관련지으면 문제가 생긴다. 그 이유는 아래와 같다.

첫째, 한어에서 齒音의 유성 파찰음과 유성 마찰음의 혼란은 ≪慧琳音義≫에서만 보이는 것은 아니다. 시노-티베트어족(漢藏語族)에서 치음의 파찰음은 보편적으로 늦게 출현했고, 일부 시노-티베트어족에 속하는 언어의 방언에는 아직도 마찰음만 있고 파찰음이 없다는 것을 鄭張尙芳(2003: 92-103)에서 자세히 논의한 바가 있다. 范淑玲(2009: 23-24)에 따르면 三國時代의 梵漢 불경 대역에서도 禪母는 파찰음과 대응되어 있었다. 그리고 ≪顔氏家訓≫의 "南人以錢爲涎 以石爲射 以賤爲羨 以是爲舐"에서도 6세기 중국 남부 방언에서 禪母[ʑ]와 船母[dʑ]의 구별이 없었다는 것을 확인할 수 있다. 唐初 陸德明의 ≪經典釋文≫과 南唐 朱翶의 반절 및 南宋 朱熹의 반절에서 볼 수 있는 "船禪互切"도 역시 그와 같다. 한편, 위에서 언급한 唐末 長安 方言을 반영한 守溫의 三十字母에도 禪母만 있고 牀母는 없었다. 그러므로 우리는 전기 및 후기 중고음 시기에 중국의 남부와 북부의 방언에 모두 이러한 치음의 파찰음과 마찰음의 混淆가 있었다는 것을 확인할 수 있다. 이러한 양상은 일본의 吳音은 물론 漢音에서도 확인할 수 있다.[90] 한편, 이러한 양상은 지금의 閩方言에서도 확인할 수 있고 嚴修鴻(1997: 86)에서는 이러한 현상을 마찰음과 파찰음의 交替라고 통칭하기도 하였다(魏國峰 2014: 52-53). 따라서 船母가 /ㅅ/으로 반영되는 것은 꼭 ≪慧琳音義≫에 대한 반영은 아니라고 할 수 있다.

둘째, ≪慧琳音義≫에서는 船母와 禪母는 구별되지 않았을 뿐이었지 船母가 禪母에 합류된 것은 아니다. 즉, 전승 한자음에 船母가 /ㅈ/이 아닌 /ㅅ/으로 나타나는 것을 ≪慧琳音義≫에 船母와 禪母의 구별이 없다고 해석할 때, 그 전제는 ≪慧琳音義≫에서 船母가 禪母에 합류되었다는 것이다. 하지만 ≪慧琳音義≫에서 船母는 禪母에 합류된 것이 아니라 船母와 禪母가 혼용되었던 것이었다. 오히려 위의 ≪顔氏家訓≫의 기록은 거의 마찰음을 파찰음으로 발음했다고 한 것이었다. 다시 ≪慧琳音義≫의 음운 체계에 대한 재구를 한 선행 연구를 참고하면 오히려 黃淬伯(1998: 16), 儲泰松(2005: 171)에서 후기 중고음(長安音)의 船禪母를 /dʑ/로 재구하였다. 한편, 劉廣和(2004: 225, 228)에서는 梵語 音譯에서 禪母는 규칙적으로 범어의 'j[dʑ]'와 대응되므로 船母와 禪母의 구별이 없었던 방언에 禪母(船母 포함)의 음가는 분명히 'dʑ'였다고 하였다. 따라서 전승 한자음은 船母와 禪母의 구별이 없는 한어 방언을 차용한 것이라고 한다면 船母는 /ㅅ/과 /ㅈ/으로 불규칙적으로 반영되거나 아예 船母와 禪母가 모두 /ㅈ/으로 반영되는 것이 정상이라고 본다. 하지만 현실은 船母가 /ㅅ/으로 반영되었다.

그렇다면 왜 船母는 거의 예외 없이 /ㅅ/으로 반영된 것인가? 이 현상은 아무래도 치음에서 濁音淸化가 일어난 후기 중고음을 차용한 때

---

90) 물론 이는 중고음의 문제뿐만 아니라, 고대 일본어의 음운 체계와도 관련이 있다.

문으로 해석해야 될 것이다. 특히 日母가 /△/으로 반영된 것은 전승 한자음이 차용될 적에 고대 한국어에 이미 /△/이 있었음을 암시한 다.[91] 중고음의 유성 마찰음 邪母 /z/, 禪母 /ʑ/가 /△/이 아닌 /ㅅ/으로 반영된 것은 전승 한자음이 차용될 무렵에 이미 이들이 무성음으로 바뀌었기 때문이라고 해석된다. 실제로 8-10세기 漢藏 對音 자료에서 船母, 禪母가 모두 티베트어의 'ɕ'와 대응되고, 中唐 이후의 梵語 音譯에서도 더 이상 禪母字로 범어의 'j[dʑ]'를 音譯하지 않고 日母字로 音譯하게 되었다(黃笑山 1995: 129). 그러므로 전승 한자음에서 邪母, 船母, 禪母가 /ㅅ/으로 나타나는 것은 中唐 이후에 후기 중고음에서 일어난 濁音清化의 양상을 반영한 때문이라고 해석할 수 있다.

앞에서 설명을 마저 하지 못한 莊組의 崇母 /dʐ/의 일부가 /ㅅ/으로, 일부가 /ㅈ, ㅊ/으로 반영된 문제가 남아 있다. 이에 대해서는 崇母가 마찰음과 혼란을 보이는 현상은 비교적 늦게 보이고 대부분의 崇母字들은 파찰음으로 발음되고 일부만 마찰음으로 발음되었기(黃笑山 1995: 129, 131) 때문이라고 해석할 수 있다. 중고음의 양상으로 설명할 수 없는 예들의 경우는 유성 파찰음과 유성 마찰음의 음성적 유사성에 의해 해석이 된다.

반면에 精組의 從母가 /ㅅ/으로 반영된 예가 거의 없는 것은 從母가 마찰음과 혼란된 현상이 없었기 때문이다.

[표 30]에서 書母 /ɕ/가 /ㅅ/으로 반영되는 것은 원칙에 맞는다. [표 31]에서 禪母 /ʑ/가 /ㅅ/으로 반영된 것도 앞에서 이미 설명했다.

[표 27-31]에서 몇몇 章組字가 /ㄷ, ㅌ/으로 반영되기도 한다. 상고음 단계에서 章組는 舌音에 속해 있다. 하지만 전승 한자음에서 章組가 /ㄷ, ㅌ/으로 반영되는 것은 유추로 설명이 가능한 예가 대부분이다. 유추로 설명할 수 없는 예들은 상고음의 잔재로 볼 수밖에 없는 듯하다.

---

91) 3.1.2.3에서 상술할 것이다.

고대 한국어 음운 체계에 대한 재구와 거리가 있으므로 이러한 예들에 대한 설명은 생략한다.

지금까지 舌音과 齒音의 장애음들이 전승 한자음에서 어떻게 반영되었는지 살펴보았다. 공명음 來母 /l/, 泥母 /n/, 娘母 /ɳ/, 日母 /ɲ/가 전승 한자음에서 어떻게 나타났는지 이어서 살펴보기로 한다.

[표 32] 來母 /l/의 반영 양상

반영 양상	例字	총수
/ㄹ～ㄴ/	羅樂卯辣藍蠟朗來冷掠亮侶力憐列廉獵令例勞綠論弄雷了龍樓流六倫律隆勒凜楞利吝林立…	354
기타	巒隸薮	3

[표 33] 泥母 /n/의 반영 양상

반영 양상	例字	총수
/ㄴ～ㄹ/	儺諾暖捏南納囊乃女年涅念寧奴膿腦尿殼嫩訥能泥溺…	70
기타	襧釀	2

[표 34] 娘母 /ɳ/의 반영 양상

반영 양상	例字	총수
/ㄴ～ㄹ/	拏娘嬾碾濃釀扭杻狃鈕忸怩尼怩匿昵賃	17
기타	鐃	1

[표 35] 日母 /ɲ/의 반영 양상

반영 양상	例字	총수
/ㅿ/～Ø	兒弱壤如然熱染藥撓辱冗柔肉潤戎二忍日任入…	92
/ㄴ/	恁稔孃	3
기타	爇	1

[표 32]에서 중고음의 來母 /l/가 규칙적으로 /ㄹ/로 반영되었지만 일부 예에서 'ㄹ' 두음 법칙에 의해 /ㄴ/으로 나타났다.[92] 이는 고유어 중에 /ㄹ/로 시작하는 단어가 없는 것과 같은 맥락이다. 이러한 'ㄹ' 두음

법칙의 영향으로 [표 33, 34]에서 /ㄴ/으로 나타나는 것이 원칙인 泥母 /n/와 娘母 /ɲ/도 과도 교정에 의해 일부 예가 /ㄹ/로 나타났다. 어쨌거나 중고음의 /l/, /n, ɲ/는 각각 /ㄹ/, /ㄴ/으로 반영되는 것이 원칙이다.

[표 35]에서 日母 /ɲ/가 /ㅿ/으로 반영되었다. /ㅿ/은 15세기 70년대부터 16세기 중엽까지 소실되었다(李基文 1972: 37). 그러므로 ≪東國正韻≫식 한자음이 아닌 실제음인 전승 한자음의 표기가 등장하기 시작했을 무렵에 이미 /ㅿ/이 탈락되기 시작하였기 때문에 일부 日母字의 聲母는 반영되지 않았고 'ㅇ'으로 표기되었다. 그럼에도 불구하고 상당히 많은 日母字의 성모는 /ㅿ/으로 반영되었다. 그 동안 전승 한자음에서의 'ㅿ' 표기는 표기일 뿐 실제로 고유어와 같이 [z]를 가진 것은 아니라는 논의가 두루 있었다.[93] 하지만 李基文(1972: 35-36)에서 지적한 바와 같이, ≪鄕藥救急方≫에서 日母字들은 15세기 문헌의 'ㅿ'의 표기에만 사용되었고, ≪朝鮮館譯語≫에서 'ㅓ실/ㄴ실', '녀신'을 '餒直', '呆忍'으로 표기하였는데 이는 '실'과 '신'의 'ㅿ'은 [z]를 가진 증거였고, ≪訓蒙字會≫에서 '日 나실'에 '날실'의 'ㄹ'이 탈락된 것도 'ㅿ'은 실제 음가 [z]를 가진 것을 암시한다. 여기서 몇몇 한자어에서 'ㅿ〉ㅈ'의 변화가 일어난 현상('남신〉남진, '삼실〉삼질)까지 고려하면 전승 한자음에서 'ㅿ'은 [z]를 가지지 않았다면 'ㅈ'의 유래를 설명할 수 없다는 점을 보충하고자 한다. 한편, '明日'의 함북 방언이 '명실'로 나타나는 것도(郭忠求 1994: 334) 전승 한자음의 'ㅿ'은 한때 음가를 갖고 있었다는 방증이 된다.

그렇다면 과연 어떤 원인으로 日母 /ɲ/가 전승 한자음에서 /ㅿ/으로

---

92) ≪飜譯小學≫에서 '必方列(녈)ᄒ고(≪飜譯小學 9:95b≫)'와 같은 예들이 있다. 비어두 환경임에도 불구하고 /ㄹ/이 /ㄴ/으로 나타난 예외들이다. 이는 /ㄹ/이 어두에 나타날 수 없는 두음 규칙의 확대 현상으로 보인다. 전승 한자음의 예외를 다루는 것은 본고의 연구 목적이 아니기 때문에 더 이상 언급하지 않겠다.

93) 朴炳采(1971: 86), 조운성(1998)에서 전승 한자음의 'ㅿ' 표기는 한국어의 음소를 표기한 것이 아니라 인위적인 표기라고 하였다. 李潤東(1997: 43)에서 日母는 전승 한자음에서 [z]가 아닌 [j]로 반영되었을 가능성이 가장 높다고 하였다.

반영되었는가? 日母가 /△/으로 반영된 것은 /△/의 존재 시기와 연관되는 문제인 만큼 상세한 논의가 필요하다.

우선, 李基文(1972) 등에서는 초기 성운학 연구인 Karlgren(1915-1926)에서 재구한 日母 [n̩z̩]로 /△/으로의 반영을 설명하였다. 하지만 현재의 성운학 연구에서 《切韻》 시기에 日母는 순수한 비음이었다고 보는 관점이 더 일반적이다. 체계적으로 日母는 舌面音(구개음)인 章組 次濁에 속해 있다. '精組 : 莊組 : 章組'의 대립, 즉 '치조음 : 권설음 : 구개음'의 대립이 그대로 '泥母 : 娘母 : 日母'에 적용되어 체계적으로 日母는 구개비음 [ɲ]로 재구해야 된다. 게다가 《切韻》의 균일한 체계에서 [n̩z̩]라는 존재는 너무나 유표적이다. 《切韻》 시기의 日母 음가는 [ɲ]였다고 봐야 할 것이다.

문제가 되는 것은 근대 한어부터 현대 한어 북방 방언까지 日母는 [ʑ], [z]로 나타났는데 [ɲ]부터 [z]까지의 음 변화 과정은 설명하기 쉽지 않다. 董同龢(1968/2004: 154-155)에서 변화의 과정을 [n̩z̩]>[ʑ̩]>[ʑ]>[z]로 설명했지만 첫 단계인 [n̩z̩]>[ʑ̩]의 변화가 일어난 가능성에 대해서 의문을 제기할 수 있다. 근래에 와서 馮蒸(1994), 林燾(1996), 項夢冰(2006) 등 연구에서 日母의 변화 과정을 설명하려고 했지만 아직까지 합의되지 않았다.[94] 본고에서 필자는 전기 중고음(《切韻》 시기)의 日母 [n̩z̩]가 후기 중고음(中唐-五代) 단계에 [n̩z̩]로 변화했다는 金德平(1988), 黃笑山(1995)의 견해를 받아들이고자 한다. 전승 한자음에서 日母가 /△/으로

---

94) 馮蒸(1994: 62)에서 한어 吳 방언에 보이는 비강 파찰음 및 비강 마찰음과 관련을 지어서 중고음에 日母가 비강 마찰음이었을 가능성을 제시하기도 하였다. 하지만 비강 마찰음은 매우 유표적인 존재로 보이고 이러한 비강 마찰음의 설정은 결국은 日母의 비음성과 마찰음성에 대한 調合의 결과로 보일 뿐이다. 林燾(1996)에서는 자료를 분류하여 중고음 시기의 한어 북부 방언에 日母는 마찰음, 남부 방언에 日母는 비음으로 나타난다고 결론을 지었지만 북부 방언의 日母는 어떻게 비음에서 마찰음으로 변화했는가 하는 근본적인 문제를 해결하지 않았다. 한편, 項夢冰(2006: 85)에서 日母의 방언 분화에 대한 분석으로 日母의 변화를 [n̩z̩]>[j]>[ʑ]/[ʒ]/[z]/[ʐ]>[dz]/[d̩z̩]로 설명하기도 하였지만 간극도가 높은 반모음 [j]에서 다시 간극도가 낮은 마찰음으로 변화한다는 것은 문제점이다.

나타난 이러한 후기 중고음의 [nʑ]를[95] 반영한 것이라고 본다.

그 원인은 金德平(1988), 黄笑山(1995: 136-137)에서 지적했듯이 中唐의 不空(705-774) 이전의 譯經師 善无畏(637-735) 등은 모두 禪母 [(d)ʑ]로 범어의 'j', 日母로 범어의 'ñ'를 音譯했지만 不空 이후에는 日母로 범어의 'j', 娘母로 범어의 'ñ'를 音譯하였다. 이는 中唐 이후에 日母에 마찰음 성분이 생겼다는 것을 암시한다고 하였다. 金德平(1988)에서는 善无畏와 不空이 살았던 시기가 몇 십 년밖에 차이가 안 나는데 梵語 音譯의 양상이 이렇게 사뭇 다른 것은 中唐 시기에 雅音의 기초 방언은 洛陽에서 長安으로 바뀌었기 때문이라고 해석했다. 즉, 中唐 이전의 譯經師들은 洛陽音, 中唐 이후의 譯經師들은 長安音으로 불경을 音譯한 것으로 본 것이었다. 이러한 [nʑ]의 재구는 Karlgren(1915-1926)에서 재구한 [ńʑ]와 본질적으로 다르다. Karlgren(1915-1926)에서 재구한 [ńʑ]는 전기 중고음, 즉 ≪切韻≫ 시기의 日母 음가인데 재구의 초점은 한어 방언의 分化를 설명하려고 한 것이었다. 하지만 [ńʑ]는 ≪切韻≫ 시기의 한어 음운 체계에 맞지 않을 뿐만 아니라, 한어의 방언 분화는 ≪切韻≫ 이전에 이미 일어났기 때문에 ≪切韻≫을 한어 각 방언의 祖語로 보려고 한 출발점 자체가 합리적이지 않았다(金德平 1988: 43). 여기서 말하는 [nʑ]는 후기 중고음, 즉 中唐 이후의 長安音의 日母 음가이다. 체계적으로 中唐 이후의 長安音에서 앞서 말한 脫鼻音化가 일어났기 때문에 '비음＋유성 장애음'의 자음군은 허용되고 있다. 따라서 이 시기의 日母 음가는 [nʑ]로 재구해도 체계적인 문제가 없다.

한편, 羅常培(1933)에서 8-10세기의 한어 서북 방언을 반영한 漢藏 對音에서 日母가 티베트어의 'ʑ'와 대응된 것을 보고하였다.[96] 李海雨

---

95) 후기 중고음의 日母를 金德平(1988)에서는 [ńʑ]로, 黄笑山(1995)에서는 [nʑ]로 재구하였다. 여기서는 黄笑山(1995)의 표기를 따른 것이다.
96) 자료는 羅常培(1933: 21)에 있다. 王新華(2008)에서 정리한 자료는 羅常培(1933)보다 더 풍부하기 때문에 여기서는 王新華(2008: 59)의 자료를 제시한다. 아래와 같다.

(1996: 243)에서 羅常培(1933)의 자료를 인용하여 전승 한자음에서 日母가 /ㅿ/으로 반영된 것은 7-8세기쯤에 日母가 /ɲ/〉/z/(또는 /ʑ/)의 변화를 겪었다고 해석한 바가 있고 전승 한자음은 이 시기의 日母의 음을 차용했다고 보았다. 권인한(1999: 101-102)에서 李海雨(1996)의 주장을 참고하여 차자표기 자료 '金春質 一作春日'에서 '質'과 '日'의 대응을 해석하였다. 8-10세기의 漢藏 對音 자료에서 日母가 티베트어의 'z'와 대응되어 있는 것은 사실이나 이 시기에 日母가 이미 순수한 마찰음으로 변화되지는 않았을 것이다. 그 원인은 이미 董同龢(1968/2004: 154-155)에서 지적했듯이 만약에 이 시기에 日母가 유성 마찰음이었다면 성조의 변화 양상에서는 全濁字와 같이 '濁上變去'를 겪었어야 한다. 하지만 日母字에는 그러한 성조의 변화가 일어나지 않았다. 무엇보다도 漢藏 對音 자료를 더욱 정밀히 검토해 보면 漢藏 對音 자료에서 日母와 티베트어의 'z'의 대응은 그리 단순한 것이 아님을 알 수 있다. 王新華(2008: 72-73)에 따르면 漢藏 對音 자료에서 日母의 비음 성분은 아직 남아 있다. 그 원인은 '十二'의 對音에서 日母字 '二'는 티베트어 'zi'와 대응되지만 '二' 앞에 오는 '十'의 對音은 'ɕib'로 나타나야 하는데 자료에서는 'ɕim'로 나온다. 이러한 비음 동화 현상은 다른 비음 성모 앞에서도 보인다. 예를 들어, '十五'의 對音에서 '十'이 疑母(/ŋ/)의 '五' 앞에 나올 때도 'ɕib'가 아닌 'ɕim'로 나타났다. 그러므로 '十二'가 'ɕib zi'가 아닌 'ɕim zi'로 나타난 것은 '二'의 聲母에 아직 비음 성분이 남아 있다는 것을 암시한다. 비음 성분을 가지면서도 마찰음 'z'와 대응될 수 있는 음는 [nʑ]일 수밖에 없다. 그러므로 8-10세기 한어 서북 방언의 日母 음가는 [nʑ]

(가) 규칙적: 而: ʑi, ʑir, ʑe, ɦgjar; 兒: ʑi, rdʑe; 耳: ʑi; 爾: ʑi, ʑe; 二: ʑi, hʑi; 燃: ʑen; 然: ʑan, ɦʑan; 染: ʑam; 繞: ʑeɦiu; 熱: bʑer; 人: ʑin, ʑir; 忍: ʑin; 日: ʑir, 戎: ʑuŋ; 鞣: ʑiɦiu; 肉: ʑug, ɦʑug; 儒: ʑu; 孺: ʑu; 如: ʑi, ʑu, ʑe, ɦʑi; 汝: ʑi, ʑu, ʑe; 辱: ʑig, ʑwag; 入: ʑib; 潤: ʑun; 若: ʑa, ʑag, ɦʑag; 弱: ʑag

(나) 예외: 爾: ɕi; 如: ɕe

였다고 본다.

따라서 전승 한자음에서 日母가 /△/으로 나타난 것은 中唐 이후의 한어를 차용한 것으로 보아야 한다. 그것은 長安音을 차용한 것이라고 봤을 때 [nʑ]의 'ʑ'가 /△/으로 차용되었다고 해야 할 것이다.

마지막으로 몇몇 日母字('恁稔孃'과 '爇')의 성모가 /ㄴ/과 /ㅅ/으로 나타난 예외를 살펴보자. 모두 유추에 의해 설명할 수 없는 예들이다. 韻母의 반영 양상을 살펴보면 '恁稔'은 侵韻에 속하는데 운모가 'ㅁ'으로 반영된 것은 주 기층을 벗어나지 아니한다(2.2.3.1 참조). 이들 /ㄴ/은 상고음의 흔적으로 볼 수 없고 주 기층보다 조금 이른 시기인 ≪切韻≫ 시기부터 中唐 시기까지 日母가 아직 순수한 비음인 [n]로 된 시기의 음에 대한 반영이라고 본다. '孃'은 日母의 汝陽切 이외에 娘母의 女良切의 음도 가지고 있어서 '냥'으로 나타난 것은 전승 한자음에서 汝陽切과 女良切의 '孃'을 모두 娘母의 女良切로 읽었기 때문일 것이다. '爇'의 전승 한자음은 '셜'로 나타났다. 河野六郎(1968/1979: 382-383)에서는 日母字인 '爇, 焫, 犉, 臑, 吶'의 근대 한국 한자음이 각각 '션, 셜, 슌, 슌, 셜'로 나타난 것을 보고한 바가 있다. 河野六郎(1968/1979: 383)에서는 유추에 의한 '犉'을 빼고 나머지는 모두 '△'이 'ㅅ'으로 나타난 남부 방언의 한자음을 선택한 것이라고 보았다. 그러나 '爇'은 후기 중세 한국어 문헌인 ≪訓蒙字會≫에도 '셜'로 나온다. 河野六郎(1968/1979)의 해석대로 방언의 영향을 받았을 가능성은 있지만, 치음의 유무성 마찰음 사이의 음성적인 유사성 때문에 이러한 반영이 일어났을 가능성도 배제되지 않는다. 티베트어 對音 자료에서 몇몇 日母字가 티베트어의 'ś'와 대응되기도 하였다(예: 爾: śi, 如: śe). 유무성 마찰음의 음성적인 유사성 때문에 日母字 중의 극소수가 규칙적인 반영 방향인 '△'이 아닌 'ㅅ'으로 반영되었을 가능성도 존재한다. 그리고 '뫔소〉뫔소, 손소〉손소〉손수'에서 '뫔소'와 '손수'는 만약에 중앙어 이외의 다른 방언의 어형이 아니었다면[97] 중앙어에서도 몇몇 단어에서 /△/〉/ㅅ/의 변화가 일어났다고 볼 수 있다. 그렇다면 '熱'의 전승 한자음도 '셜〉설'의 변화를 겪은 것으로 해석될 수도 있다.[98]

2.2.1.2에서 중고음의 舌音과 齒音이 전승 한자음에 반영된 양상을 살펴보았다. 그 요점을 아래와 같이 제시하고자 한다.

(가) 전반적으로 전승 한자음에서 舌音과 齒音 사이의 혼란은 보이지 않는다. 즉, 章組가 舌音에 속했던 상고음의 특징을 찾을 수 없고, 舌上音 知組가 正齒音에 합류한 宋音의 양상도 보이지 않는다는 것이다. 대체로 端組와 知組는 /ㄷ, ㅌ/, 精組와 莊組 그리고 章組는 /ㅈ, ㅊ, ㅅ/으로 반영되었지만 崇母의 일부와 船母가 /ㅅ/으로 나타났다. 이는 후기 중고음 단계에서 일어난 濁音淸化에 대한 반영으로 보인다. 그리고 知組가 /ㄷ, ㅌ/으로 반영된 것은 굳이 상고음과 관련지을 필요가 없다고 보았다. 오히려 知組字들의 전승 한자음에 반모음 [j]가 보이는데 이는 후기 중고음의 介音 변화에 대한 반영으로 보이고 知組字들은 모두 후기 중고음 단계에 차용되었다고 보아야 한다.

(나) 중고음의 공명음 來母는 /ㄹ/, 泥母와 娘母는 /ㄴ/으로 반영되는 것은 원칙이나 어두 'ㄹ' 법칙의 적용과 그 과도 교정의 양상을 보이는 예도 있다. 日母가 /ㅿ/으로 반영된 것은 후기 중고음 단계에 日母의 음가가 [nʑ]로 변화해서 그 마찰음 성분이 /ㅿ/으로 차용된 것으로 보았다.

---

97) '몸소'는 '몸소'와 '몸조'로 변화하였다. 김성규(2006)에서 중부 방언에서 '몸소〉몸소'의 변화는 주류이고 일반적인데 이 과정에서 '몸조'가 만들어지기 어렵고, '몸조'는 방언형을 차용한 것이라고 하였다. 반면에 '손소'는 '손소'와 '손조'로 변화하였는데 김성규(2006)에서 중부 방언에서 '손소〉손조'의 변화가 더 일반적이기 때문에 '손소'는 방언형을 차용한 것이라고 보았다.

98) 한편, 伊藤智ゆき(2007, 이진호 역 2011: 172)에서는 '熱'의 음이 '셜'로 나타난 것은 이 한자가 '燒, 然'을 뜻하기 때문에 '燒(쇼)'와 의미상 연관성을 지님으로써 감염(contamination)이 일어난 것이라고 보았다. 하지만 이 설명에 억지스러운 면이 있다. 의미 때문에 한자음이 바뀌었다면, '熱'의 전승 한자음은 아예 '燒(쇼)'로 읽혀야 할 것이다. 자음만 '燒(쇼)'의 'ㅅ'으로 바뀌었다는 주장은 타당해 보이지 않는다.

(다) 전승 한자음에서의 유기음 반영은 한어의 濁音淸化 현상과 직접적으로 관련되지 않는다.

(라) 端組와 知組는 舌音에 속해 있고, 精組와 莊組는 齒音에 속해 있다. 치조음과 권설음의 대립은 유기음 반영 비율의 차이로 간접적으로 반영되고 있다. 권설음인 知組와 莊組는 치조음인 端組와 精組보다 유기음 반영 비율이 훨씬 높다. 이는 전승 한자음은 아직 知組와 莊組가 독립적으로 존재했던 후기 중고음 시기에 차용된 것임을 암시한다.

2.2.1.3 脣音

마지막으로 重脣音(幇組)와 輕脣音(非組)를 살펴보기로 한다. 전승 한자음에서 幇組와 非組는 구별없이 /ㅂ, ㅍ, ㅁ/으로 반영되지만 重脣音과 輕脣音의 차이가 유기음 반영 비율에 그대로 나타나는지 확인하기 위해 이들을 나누어 살펴보겠다.

[표 36-39]는 幇組의 반영 양상이다.

[표 36] 幇母 /p/의 반영 양상

반영 양상	例字	총수
/ㅂ/	博半鉢邦拜伯壁邊繁兵保卜本北畚崩匕彬氷…	96
/ㅍ/	疕板貝鞭眨蔽包標稟彼必逼…	58
기타	-	0

[표 37] 滂母 /pʰ/의 반영 양상

반영 양상	例字	총수
/ㅍ/	坡判沛烹偏泡飄披匹…	40
/ㅂ/	朴攀配魄僻普扑剖噴丕…	38
기타	-	0

[표 38] 並母 /b/의 반영 양상

반영 양상	例字	총수
/ㅂ/	泊伴拔傍培帛闚卜別並僕蓬部盆朋備頻憑…	113
/ㅍ/	罷瓣牌彭愎褊平幣抱暴鰾皮…	73
기타	-	0

[표 39] 明母 /m/의 반영 양상

반영 양상	例字	총수
/ㅁ/	馬幕慢抹茫埋麥盲覓免滅袂帽木沒卯貿墨門媚悶蜜…	212
기타	謬厖杪	3

[표 40-43]은 非組의 반영 양상이다.

[표 40] 非母 /f/의 반영 양상

반영 양상	例字	총수
/ㅂ/	返發坊藩法甫腹封付粉弗匪…	56
/ㅍ/	販廢脯幅風…	9
기타	-	0

[표 41] 敷母 /fʰ/의 반영 양상

반영 양상	例字	총수
/ㅍ/	肺豐	2
/ㅂ/	潘紡飜氾蝮峯副忿拂妃…	41
기타	拊撫	2

[표 42] 奉母 /v/의 반영 양상

반영 양상	例字	총수
/ㅂ/	縛飯房煩伐凡輔伏奉符憤佛肥…	82
/ㅍ/	吠馮乏	3
기타	-	0

[표 43] 微母 /ɱ/의 반영 양상

반영 양상	例字	총수
/ㅁ/	萬襪望侮務問勿味…	48
기타	-	0

[표 36-38]과 [표 40-42]를 비교해 보면 유기음 반영 비율은 幫組가 非組보다 훨씬 높다. 幫組의 유기음 비율은 앞에서 본 齒音과 舌音보다 높지는 않지만 幫母 /p/와 並母 /b/의 1/3, 滂母의 1/2은 /ㅍ/으로 나타났다. 반면에 非組의 非母 /f/와 奉母 /v/는 거의 규칙적으로 /ㅂ/으로 나타났고, 敷母 /fʰ/는 /ㅍ/으로 나타나야 하지만 마찬가지로 거의 /ㅂ/으로 반영되었다.[99]

非組의 반영 양상은 예상 밖이다. 왜냐하면 현대 한국어에서는 영어의 /f/를 /ㅍ/ 혹은 /ㅎ/으로 차용하기 때문이다. 예를 들어, 영어의 'fighting'을 현대 한국어에서 '파이팅' 혹은 '화이팅'으로 발음한다. 하지만 전승 한자음에서는 중고음의 /f, fʰ/를 /ㅂ/으로 차용했다. 이 현상을 어떻게 설명할까? 전승 한자음이 차용되었을 때 중고음에 아직 輕脣音이 존재하지 않았기 때문이라고 해석할 수 있을까? 하지만 그렇게 설명할 수 없을 것이다. 輕脣音字의 자음이 /ㅍ/으로 반영되지 않고 /ㅂ/으로 반영이 된 것을 輕脣音이 아직 重脣音에서 분화되지 않았다고 해석할 때 전제 조건이 있다. 그 전제 조건은 바로 重脣音도 모두 /ㅂ/으로 반영된다는 것이다. 하지만 幫組의 반영 양상을 보면 규칙성을 전혀 확보할 수 없다.

---

99) 물론, 이는 非母와 敷母의 대립이 일찍부터 사라졌기 때문일 가능성은 충분히 있다. 종전에 [f]의 조음 가능성에 대한 질의가 있었지만(王力 1957/1980: 115) 베트남어에 [f]가 존재하기 때문에 문제가 어느 정도 해소되었다(王力 1987: 284). 그러나 黃笑山(1995: 152)에서 지적했듯이 현대 한어 방언이나 베트남어에 모두 f: fʰ의 대립이 없다. 그리고 ≪慧琳音義≫에서 非母와 敷母 사이의 混切이 많기 때문에 ≪慧琳音義≫ 시기에 非母와 敷母의 구별은 이미 사라졌을 가능성이 있다.

전승 한자음에서 非組와 非組의 유기음 반영이 불규칙적인 것을 기존에 河野六郎(1968) 및 河野六郎(1968)의 영향을 받은 李潤東(1997), 伊藤智ゆき(2007)에서 모두 음절 편향으로 설명하려고 했다. 하지만 필자가 앞에서도 지적했지만 이러한 음절 편향의 기제의 정체가 불분명하다. 첫째, 왜 전승 한자음에 몇 개의 불교 용어를 빼고 '바'라는 음절 대신 음절 '파'가 많이 나타나는지 설명할 수 없다. 둘째, 李潤東(1997: 44)에서도 인정했듯이 음절 편향으로 유기음 반영의 불규칙성을 설명했지만 그러한 음절 편향이 일어난 원인은 밝히지 못한다. 즉, 이러한 '음절 편향'이라는 설명은 언어 현상의 원리를 밝히는 것이 아니라 언어 현상을 하나의 원리인 양 기술한 것이라는 비판을 면하기 어렵다. 셋째, 伊藤智ゆき(2007) 등에서는 이러한 음절 편향이라는 기제를 주로 脣音, 舌音, 齒音 성모의 반영을 설명할 때만 사용했고 牙音과 喉音 그리고 韻母의 설명 부분에서는 이러한 음절 편향으로의 설명 기제가 효용을 크게 발휘하지 못한다. 그러므로 이러한 음절 편향은 본질적으로 잉여적인 장치에 불과하다고 할 수 있다.

　그렇다면 脣音의 유기음이 불규칙적으로 반영된 것을 어떻게 설명할 수 있을까? 특히 전승 한자음이 차용된 시기에 이미 輕脣音이 생겼다면, 輕脣音을 'ㅍ'으로 차용하지 않고 'ㅂ'으로 차용한 것은 고대 한국어의 'ㅍ'이 현대 한국어의 'ㅍ'과 성격이 다른 것일 것임을 암시한다. 그 당시에 /ㅍ/이 존재하지 않고 전승 한자음의 'ㅍ'은 나중에 /ㅍ/이 생긴 다음에 어두 유기음화를 겪은 것이거나, /ㅍ/은 존재하지만 아직 미발달했던 것으로 해석된다. 3장에서 유기음 계열의 존재 여부 문제를 논의할 때 다시 검토해 보겠다.

　여기서는 전승 한자음 차용의 주 기층을 확인하려고 한다. 그러나 微母를 제외하면 非組와 非組의 반영 양상으로 전승 한자음의 차용 주 기층을 확인하는 데에 단서를 찾을 수 없다. 그리고 'ㅸ'에 대한 확인도 불가능하다. 'ㅸ'은 고대 한국어에 존재한다고 하더라도 /β/는 양순 마찰음이고, 중고음의 /f, f, v/는 순치음이기 때문에 서로 음운 대응이 이루어지지 못한다.

한편, [표 39, 43]에서 明母와 微母가 모두 /ㅁ/으로 반영되었다. 앞에서 이미 언급했지만 ≪慧琳音義≫에서 微母의 음가는 [m]였다. 唐末-五代의 漢藏 對音 자료에서 微母는 티베트어의 [m]와 대응된 예는 없고 오직 [w] 및 [b]와 대응되었고, 베트남 한자음에서 微母는 [v]로, 中唐 이후의 梵語 對譯에서 微母는 [v]와 대응되어 있어 微母는 唐末에 이미 [v]로 변화했음을 알 수 있다. 微母가 전승 한자음에서 /ㅂ/이나 [w]가 아닌 /ㅁ/으로 반영되어 있다는 것은 전승 한자음은 唐末 이전의 음을 차용한 것이라는 근거가 된다.

기존의 연구에서 有坂秀世(1957: 303-304)에서는 明·微母가 /ㅁ/으로 반영된 것을 脫鼻音化가 없는 宋代 開封音으로 설명하였다. 앞서 언급했지만 河野六郎(1968/1979: 507-508)에서는 8세기 長安音에서 脫鼻音化가 일어났지만 [mb, nd] 등은 변이음에 불과하고 일부 長安 人士는 순수한 비음을 발음했으리라고 추정하고 明·微母의 반영 양상을 설명했다. 伊藤智ゆき(2007, 이진호 역 2011: 116)에서는 河野六郎(1968)의 견해를 찬성하면서도, 차용 당시 脫鼻音化가 일어난 뒤에 유성음을 가지지 않은 한국어가 유성음을 반영하려면 동일한 조음 위치의 유성음인 'ㅁ'으로 반사되었을 가능성을 제시했다. 필자는 앞에서 脫鼻音化는 보편화되지 않은 長安音만의 특징이고 전승 한자음은 雅言을 차용한 것이기 때문에 脫鼻音化가 반영되지 않았다고 보았다. 그러나 여타의 비음 聲母와 달리 微母의 [m]〉[m])[v]〉[w]의 변화는 輕脣音化에 의해 생긴 것이었고 脫鼻音化는 아니었다. 微母가 廈門 방언에서 [b]로(北京大學中國語言文學系語言學敎硏室 編 1989: 170) 나타난 것을 보면 唐 長安의 현실음에서도 微母는 脫鼻音化를 겪었을 것이다. 하지만 微母가 脫鼻音化를 겪은 일부 閩 방언과 微母를 [m]로 보존하고 있는 粵과 일부 閩 방언을 제외하면, 대부분의 한어 방언에서 微母는 輕脣音化를 겪었다. 梵語 對譯은 상층 사회를 독자로 한 것이었기 때문에 당연히 雅言을 사용했을 것이고, 베트남 한자음도 역시 長安 讀書音을 차용했기 때문에 微母가 輕脣音化를 겪은 것은 雅言에서 받아들였다. 그러므로 微母가 /ㅁ/으로 반영되는 것을 脫鼻音化와 관련시켜서 설명하는 것은 잘못된 것이라고 본다.

雅言을 보여 주는 唐末 자료에서 微母가 이미 [v]로 나타나기 때문에 전승 한자음에서 微母가 /ㅁ/으로 나타난 것은 전승 한자음은 微母의 輕脣音化가 일어나기 전의 [m]나 微母의 輕脣音化 첫 단계인 [ɱ]를 차용한 것임을 암시한다. 黃淬伯(1998: 20)에 따르면 ≪慧琳音義≫에 微母의 음가는 [ɱ]이다. 체계적으로 ≪慧琳音義≫의 微母는 [m]나 [v]로 존재할 수 없었다고 하였다. 그러므로 微母의 차용 양상을 볼 때 전승 한자음은 ≪慧琳音義≫ 시기 혹은 그 이전에 차용되었다고 해야 한다.

2.2.1.3에서 필자는 전승 한자음에서 순음의 반영 양상을 살펴보았다. 요약하면 아래와 같다.

(가) 幫組와 非組는 모두 /ㅂ, ㅍ, ㅁ/으로 반영되었다. 幫組의 유기음 반영 비율은 높은 편이지만 규칙성을 찾을 수 없다. 반면에 非組의 유기음 반영 비율은 매우 낮다. 이러한 양상이 생긴 원인은 아직 설명하기 어렵지만 전승 한자음 차용 당시에 /ㅍ/은 아직 존재하지 않았거나 존재하였으나 미발달한 상태에 있었기 때문에 생긴 현상인 듯하다.

(나) 微母가 /ㅁ/으로 나타난 것은 전승 한자음이 唐末 이전에 차용된 것임을 시사한다.

2.2.1에서 필자는 전승 한자음에서 중고음의 聲母 반양 양상을 고찰하였다. 각 聲母의 반영 양상으로 전승 한자음의 차용 주 기층을 확인한 것을 다음의 표와 같이 정리해 둔다.

[표 44] 전승 한자음의 차용 주 기층(聲母 반영 양상을 근거로)

聲母	차용 시기	中古以前(上古)	≪切韻≫체계	≪慧琳音義≫	唐末-五代	宋音	近代音
牙喉音	見溪羣曉匣⇒/ㄱ, ㅎ/	O	O	O	O	O	O
	影疑⇒∅	O	O	O	O	O	O
	以⇒[il/[j]	X	O	O	O	O	O
	云⇒∅	X	X	??	?	O	O
舌音	端透定⇒/ㄷ, ㅌ/	O	O	O	O	O	O
	知徹澄⇒/ㄷ, ㅌ/+[il/[j]	X	X	X	O	X	X
齒音	精淸從心邪莊初生俟章昌書⇒/ㅈ, ㅊ, ㅅ/	X	O	O	O	O	O
	崇船禪⇒/ㅅ/	X	X	O	O	X	X
	泥娘⇒/ㄴ/	O	O	O	O	O	O
	來⇒/ㄹ/	O	O	O	O	O	O
	日⇒/△/	X	X	O	O	O	O
脣音	幫滂幷非敷奉⇒/ㅂ, ㅍ/	O	O	O	O	O	O
	明⇒/ㅁ/	O	O	O	O	O	O
	微⇒/ㅁ/	O	O	O	X	X	X

[표 44]에서 해당 聲母의 반영 양상이 그 시기의 漢語 音과 대응이 될 경우 'O'로 표시하였고, 대응이 되지 않을 경우 'X'로 표시하였다. 云母의 경우, ≪慧琳音義≫에도 아직은 [ɣ]가 탈락되지 않았을 가능성이 높아 '??'로 표시했고, 唐末-五代의 한어 서북 방언을 나타낸 漢藏 對音 자료에서 云母의 대부분이 티베트어의 'w'나 'j'와 대응되지만 일부 云母字는 티베트어의 'ɦ'와도 대응을 이루기 때문에 판단하기 어려워 '?'로 표시했다. 聲母의 반영 양상을 종합적으로 고려했을 때 전승 한자음은 ≪慧琳音義≫ 그리고 唐末-五代의 한어 음과 가장 가깝다. [표 44]에서 이를 음영 처리하였다.

그리고 [표 44]에 이미 명시하였지만 여기서 다시 정리하자면 以母가 /ㄹ/로, 章組가 /ㄷ, ㅌ/으로 반영되지 않는 것은 전승 한자음은 상고음과 관련이 없다는 것을 보여 준다. 云母가 반영되지 않고, 知組 뒤에

[j]가 보이고 日母가 /△/으로 반영된 것은 전승 한자음이 ≪切韻≫ 및 ≪切韻≫ 이전 시기의 한어와 관련되지 않음을 보여 준다. 崇·船·禪 母가 /ㅅ/으로 많이 반영된 것은 中唐 이후의 한어 서북 방언을 반영한 것으로 보인다. 그리고 知組가 /ㅈ, ㅊ/으로 반영되지 않은 것은 전승 한자음은 宋 이전의 음을, 微母가 /ㅁ/으로 반영된 것은 전승 한자음이 ≪慧琳音義≫ 및 그 이전 시기의 음을 차용한 것임을 보여 준다. 전반 적으로 전승 한자음에서 聲母의 반영 양상을 균일하게 설명할 수 있는 모태는 ≪慧琳音義≫의 체계나 唐末-五代의 한어 서북 방언이다. 즉, 聲母의 반영 양상만 봤을 때 전승 한자음은 8-10세기의 한어 서북 방언 (長安音)을 차용한 것으로 보인다.

2.2.2 介音의 반영 양상

중고 한어의 介音은 현대 언어학에서 말하는 반모음(혹은 활음)에 해 당된다. 중고음 이후의 한어 변화는 대부분 이 介音의 변화에 의해 생겼 기 때문에 介音의 반영에 대해서는 따로 한 절로 논의할 필요가 있다.

초기 연구인 Karlgren(1915-1926)에서는 介音 체계를 아래와 같이 재 구하였다.

[표 45] Karlgren(1915-1926)의 介音 체계[100]

	1·2等	3等α	3等β	4等γ
[-合口]	-∅-	-j/i-	-j/i-	-i-
[+合口]	-w/u-	-jw/iw/ju-	-jw/iw-	-iw-

[표 45]에서 '等'이라는 성운학 술어는 앞에서도 계속 사용했다. 전통 적으로 1等에서 4等까지 개구도가 점점 작아지고, 조음 위치는 후설 저

---

100) [표 45]에서 α, β, γ는 Karlgren(1915-1926)에서 3·4等韻을 분류한 것이었다. Karlgren (1915-1926)의 분류는 폐기된 지 오래되어 여기서 다시 들추지 않겠다.

모음에서 전설 고모음까지 올라간다고 한다. 실제로 현대 성운학 연구에 의하면 等은 그렇게 해석되지 않는다. 아직까지 정론이 없지만 等을 핵모음에 따른 차이로 본 전통 관념과 介音의 차이로 본 최근 논의가 있다. 두 갈래의 견해 차이를 종합해서 대략적으로 설명하자면 1等韻의 핵모음은 후설 모음 [ɒ, o, ɯ] 혹은 중설 중모음 [ə]이고, 2等韻의 핵모음은 전설 혹은 중설의 저모음 [a, ɐ]로 추정된다. 3等韻과 4等韻에 대한 재구는 초기 연구로부터 지금까지 많이 변했는데 Karlgren(1915-1926)과 Karlgren의 介音 체계를 따른 董同龢(1968), 王力(1957/1980) 등에서는 3等의 介音을 반모음 [j]로 재구하였고 4等의 介音을 [i]로 재구하였다. [표 45]에서 Karlgren(1915-1926)에서 재구한 4等 介音 [i]는 나중에 폐기되고 [i]의 자음성 介音 [j]도 그에 따라 지위를 잃게 되었다. [i]와 [j]의 대립도 없어지니 사실상 -j/i̯/i-는 'i' 하나뿐이다.

[표 45]에 또 다른 성운학 술어는 '合口'인데 역시 앞에서 계속 사용된 것이다. '合口'와 대응되는 것은 '開口'이다. 일부 전승 한자음 및 차자표기 자료 선행 연구에서 '合口'와 '開口'의 개념이 잘못 사용된 경우가 종종 보인다. 그러한 논의에서 合口와 開口의 字面의 뜻으로 그것을 현대 음운학에서 말하는 원순성과 비원순성([±rounded]) 자질로 잘못 인식했다. 본고에서 이 '開口/合口' 술어를 계속 사용해야 되기 때문에 여기서 그 개념을 확실하게 짚고 넘어갈 필요가 있다. 간단히 말하자면 /u/ 介音이 있으면 그 韻은 合口韻이다. 하지만 /u/ 介音이 없으면 開口韻이라고 할 수 없다. 중고음의 韻部 체계의 대립의 상위층 대립은 獨韻과 開合口韻의 대립이다. 獨韻은 ≪切韻指掌圖≫ 등 韻圖에 나오는 술어인데 開口와 合口의 대립이 없는 韻母를 가리킨다. 즉, 엄격하게 말할 때 開口韻은 獨韻을 제외하여 /u/ 介音이 없는 韻만 지칭하는 것이다. 脣音 뒤에 合口 介音이 나올 수 있는가 하는 문제는 초기 성운학 연구에서 다룬 과제였는데 Karlgren(1915-1926)에서 이 문제를 해결하기 위해서 원순성이 강한 介音 [u]와 원순성이 약한 介音 [w]의 구별을 설정

하였다. 하지만 [u]와 [w]의 대립은 李榮(1956)의 논의로 폐기된 지 오래 되었고 선호에 따라서 合口 介音을 'u'나 'w' 중에 하나로 표기한다. 脣 音은 원순성이 강하기 때문에 그 뒤에 開口와 合口의 대립이 없다. 따 라서 脣音 뒤의 韻母도 獨韻으로 처리된다.[101]

쉽게 말해서, 엄격한 정의로, 合口韻인지 아닌지 결정하는 것은 /u/ 介音의 유무이다. 그러나 Karlgren(1915-1926)에서 獨韻과 開合口韻의 1 차적인 대립을 무시한 채 막연하게 開口韻은 介音이나 韻腹에 'u/w'가 없는 韻, 合口韻은 介音이나 韻腹에 'u/w'가 있는 韻이라고 해석하였다. 문제가 되는 것은 獨韻 중에 通遇攝은 오직 合口만 있고 合口와 開口의 대립이 없다. Karlgren(1915-1926)의 정의에 따르면 通遇攝의 재구는 문 제가 된다(李榮 1956: 132). 하지만 Karlgren(1915-1926)의 開合口의 정의 는 광범위하게 사용되고 있다. 본고에서는 李榮(1956)에서 내린 開合口 개념을 따르겠다.

다시 [표 45]로 돌아가서, 위에서 이미 언급했듯이 Karlgren(1915-1926) 의 介音 체계에서 [u]와 [w]의 대립도 무의미하기 때문에 본고에서는 음 운론적으로 合口 介音을 /u/로 통일해서 표기한다. 그러므로 [표 45]에 서 Karlgren(1915-1926)의 介音 체계는 [표 46]처럼 간소화시킬 수 있다.

[표 46] Karlgren(1915-1926)의 介音 체계(수정)[102]

	1·2等	3·4等
[-合口]	-∅-	-i-
[+合口]	-u-	-iu-

---

101) 獨韻은 伊藤智ゆき(2007) 등 일본 학계의 논저에서 '中'으로 표기되었다. 일부 한국어 학계 논저에서 이 '中'을 원순성 중립으로 잘못 이해했다. 먼저, 開合口를 [±rounded] 자질과 같은 것으로 간주하는 것 자체가 잘못되었다. 게다가 [±rounded]이라는 자질은 양방향향성을 가지고 있다. 즉, [+rounded]가 아니면 [-rounded]이지, 중립적인 것은 없다.
102) [표 46]에서 4等에도 介音 [i]가 있는 것은 Karlgren(1915-1926)의 주장대로 수정하지 않 았다.

그러나 [표 46]과 같은 초기 연구의 介音 체계로는 《切韻》의 4等韻
의 반절 양상은 물론, 3等韻에서 보이는 重紐 현상도 설명할 수 없다.

4等韻에 /i/ 介音이 없다고 보는 것은 어느덧 정설이 된 듯하다. 간단
히 말하자면 李榮(1956: 112-114)에서 지적했듯이 Karlgren(1915-1926)의
介音 체계가 맞는다면 《切韻》에서 3等字와 4等字 사이에 混切이 보
여야 하지만 4等字의 반절 상자는 1·2等字와 혼용이 되고 구개음인 章
組의 한자들과 互切한 예도 보이지 않아 4等字에 介音 /i/가 있을 수 없
다. 4等의 핵모음은 /e/였고[103], 이 점을 지지해 주는 梵語 對譯 자료도
발견된다.[104]

[표 45, 46]의 介音 체계로 중고음을 재구하게 되면 重紐 현상은 董同
龢(1968), 周法高(1974)처럼 핵모음의 차이로 설명할 수밖에 없다. 하지
만 그렇게 된다면 중고음의 모음 체계는 지나치게 커진다. 우선, 重紐
현상을 설명하고자 한다.

《切韻》系 韻書에서 일부 韻의 脣, 牙, 喉音字의 反切 下字가 두 갈
래로 나뉘고 두 갈래의 反切 下字 사이에서는 혼란이 보이지 않는다.
이러한 현상을 重紐라고 한다. 즉, 한 韻에 重紐 현상이 보이면 이 韻
내부에 음운론적 대립이 있었다는 것이다. 重紐 현상은 일부 3等韻에
만 보이고, 전통적으로 重紐 현상이 보이는 韻은 支, 脂, 祭, 眞, 仙, 宵,
侵, 鹽韻으로 총 8개이다. 韻圖를 보면 3等韻은 원칙적으로 3等에 배열
되어야 했지만 重紐韻은 3等과 4等으로 배열되었다.

---

103) 근래에 와서 4等의 핵모음을 /ɛ/로 보는 것이 일반적이다.

104) Karlgren(1915-1926)에서는 한어 방언 자료와 한국 한자음의 양상을 고려해서 재구하
였는데 이들 자료에 4等字에 반모음 [j]가 나타난다. 하지만 모두 《切韻》 이후의 음을
반영한 자료였는데, 이러한 자료들로 《切韻》 音을 재구했기 때문에 문제가 발생할
수밖에 없다.

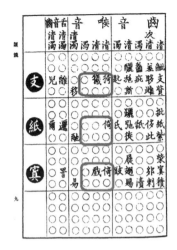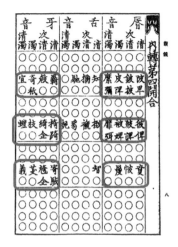

〈그림 8〉 ≪韻鏡≫ 內轉第四開合(支韻)

支韻은 원래 3等韻이지만 〈그림 8〉에서 본 바와 같이 支韻은 韻圖에서 3, 4等으로 배열되었다.105) 韻圖에서 3等韻으로 배열한 重紐韻을 重紐 3等韻이라고 하고 4等韻으로 배열한 重紐韻을 重紐 4等韻이라고 한다. 3等韻은 重紐韻과 重紐韻이 아닌 韻이 포함되는데 重紐 4等韻을 3等 A류, 重紐 3等韻을 3等 B류로 지칭하고 重紐韻이 아닌 순수한 3等韻은 3等 C류라고 한다. 각 重紐韻을 지칭할 때 〈그림 8〉의 支韻을 예로 들어, 韻圖에서 3等으로 배열된 支韻은 支韻 B류 혹은 支B韻이라고 하고 4等으로 배열된 支韻은 支韻 A류 혹은 支A韻이라고 한다.

초기 Karlgren(1915-1926) 및 王力(1957/1980) 등 연구에서는 重紐 현상을 무시했고 董同龢(1968) 그리고 周法高(1974)에서는 重紐韻의 차이를 핵모음의 대립으로 설명했다. 하지만 그렇게 설명하게 되면 中古音

---

105) 紙韻은 支韻의 上聲, 寘韻은 支韻의 去聲이다. 韻腹과 韻尾(入聲 韻尾는 같은 위치에 조음되는 비음 韻尾로 간주)가 같고 성조만 다를 때 平聲韻의 이름을 취하여 平·上·去·入聲의 韻 전체를 통칭하는 것은 전통이다. 따라서 支韻이라고 한다면 平聲의 支韻만 지칭할 수도 있고 支韻, 紙韻, 寘韻 전체를 지칭할 수도 있다.

의 모음 체계가 지나치게 커지고 여러 자료를 모두 설명하기 힘들기 때문에 그 설득력을 잃게 되었다. 有坂秀世와 河野六郎 등 일본 학자들이 한어 음운학 연구 초기부터 이미 重紐韻의 구별을 介音의 차이로 설명하였다(平山久雄 1967, 李準煥 譯 2013b: 220). 즉, 重紐 4等韻은 구개성이 강한 介音 [i], 重紐 3等韻은 구개성이 약한 介音 [i]를[106] 갖고 있다고 해석했다. 현재 대부분 성운학자들은 重紐韻의 구별을 介音의 차이로 설명하고 있다.

重紐의 구별은 원칙적으로 脣, 牙, 喉音의 뒤에 모두 나타나지만 전승 한자음에서는 牙, 喉音 뒤에만 보이고 脣音 뒤에는 그 구별을 찾을 수 없다. 〈그림 8〉을 보면 支韻의 牙, 喉音에서 重紐 3等에 속한 '羈奇犧綺' 등은 전승 한자음에서 /ㅢ/로 반영되었고, 重紐 4等에 속한 '企'는 /ㅣ/로 반영되었다.[107] 반면에 脣音의 '陂皮'(重紐 3等)와 '卑彌'(重紐 4等) 등은 일괄적으로 /ㅣ/로 반영되었다.[108] 전승 한자음의 牙, 喉音에서 重紐 3等과 重紐 4等의 구별을 보유하는 것은 한어 음운사의 重紐 연구에 중요한 단서를 제공해 주었다. 특히 〈그림 8〉에서 止攝의 重紐 3等이 전승 한자음에서 'ㅢ'로 반영된 것은 성운학에서 重紐 3等 介音 음가를 [i] 따위로 재구할 때 참고한 자료 중에 가장 중요한 자료였다. 止攝 重紐 3等은 전승 한자음에서 'ㅢ', 止攝 重紐 4等은 전승 한자음에서 'ㅣ'로 반영되었지만 다른 攝의 重紐 3等은 전승 한자음에서 'V'로,

---

106) 重紐 3等韻의 介音은 [i], [ɪ], [ɨ] 중에 어느 것이었는가 쟁점이 되었다. 본고에 있어서는 중요하지 않은 문제이기 때문에 편의상 [i]로 표기한다.

107) 그러나 重紐4等의 '踦'는 /ㅢ/, 重紐 3等의 '技'는 /ㅣ/로 반영되었다. 전자는 유추로 인해 생긴 예외로 보이고 후자는 아직까지 설명할 수 없는 예외이다.

108) 平山久雄(1991: 34)에서 3等 介音의 음성적 실현에 대해 해석한 바가 있었다. 唐代 長安 方言에서 見A組 뒤에 介音은 [i], 見B組 뒤에 介音은 [ɪ], 幇A組 뒤에 介音은 [i], 幇B組 뒤에 介音은 [ɪ]로 나타났다는 것이다. 伊藤智ゆき(2007, 이진호 역 2011: 189)에서 平山久雄(1991)의 견해로 전승 한자음의 脣音 뒤에 重紐 현상이 나타나지 않은 것을 해석하려고 하였다. 필자는 伊藤智ゆき(2007)과 달리 전승 한자음은 순음 뒤에 3等B가 3等A로 합류한 시기의 후기 중고음을 차용했기 때문에 전승 한자음에서 脣音 뒤에 重紐 현상이 보이지 않았다고 설명하려고 한다. 이에 대해 후술하겠다.

重紐 4等은 전승 한자음에서 'jV'로 반영되기도 하였다. 예를 들어 仙A韻의 '遣, 譴, 孑'의 전승 한자음은 각각 '견, 견, 혈'이지만 仙B韻의 '愆, 件, 桀'의 전승 한자음은 각각 '건, 건, 걸'이다.

重紐의 구별은 오직 그 聲母가 脣, 牙, 喉音일 때만 존재한다. 기타 계열의 자음 뒤의 3等韻은 일반적으로 A류로 귀속시키되 莊組는 뒤에 [i]와 결합할 수 없어 B류로 봐야 한다. 그리고 喉音의 次濁의 귀속도 문제이다. 云母字의 反切 下字는 대부분 B류 한자이기 때문에 B류로 분류되는 반면에 以母字의 反切 下字는 항상 A류 한자이기 때문에 A류로 분류된다. 한편, 知組와 來母는 A류와 B류 사이에 유동적이다(黃笑山 1996: 81).[109] 鄭仁甲(1994)에 따르면 知組와 來母는 중고음 시기에 B류에서 A류로 점점 이동했기 때문에 反切에서 知組와 來母의 분류가 불분명하다.

重紐韻이 아닌 3等 C류의 介音이 무엇이었는가 하는 문제도 있다. 李榮(1956)과 董同龢(1968)에서는 C류 韻 중에 舌齒音과 결합되지 않은 韻은 B류에 해당되고, 脣牙喉音 그리고 舌齒音과 모두 결합되는 韻은 A류에 해당된다고 하였다. 하지만 麥耘(1995)에 따르면 李榮(1956)과 董同龢(1968)의 견해는 재구된 3等韻의 체계를 표면적으로 맞춘 것이었고 重紐의 실제를 고찰한 것은 아니다. 麥耘(1995: 26-37)에 따르면 3等 C류의 脣牙喉音과 莊組는 B류에 해당되고 나머지 자음 뒤에는 A류에 해당된다고 보았다. 그 이유는 重紐 현상은 상고음의 잔류인데 단순히 분포로 3等 C류를 분류할 수 없고, 상고음의 기원을 고려할 때 3等 C류의 脣牙喉音은 B류와 같고, 실제로 ≪切韻≫ 반절의 양상을 고려할 때도 3等 C류의 韻에서 脣牙喉音과 莊組는 한 부류, 나머지 선행 자음은 다른 한 부류를 이루었다.[110] 본고에서는 麥耘(1995)의 견해를 따른다.

---

109) 학자에 따라 견해 차이가 보이는 부분이다. 黃笑山(1996)의 견해는 널리 받아들여지고 있기 때문에 그 견해를 제시하였다.

110) ≪慧琳音義≫에 3等 C류의 분류 양상도 이와 비슷하다(金雪萊 2005: 115-118).

[표 47] ≪切韻≫의 介音 체계(河野六郎 1968, 伊藤智ゆき 2007)

	1・2・4等	3等A	3等B
[-合口]	-∅-	-i-	-ï-
[+合口]	-u-	-iu-	-ïu-

[표 47]은 重紐의 구별을 반영한 중고음 介音 체계이다. 뒤의 [표 48]의 介音 新說이 나오기 전에 가장 광범위하게 인증되고 있었던 介音 체계이다. 기존에 전승 한자음을 연구한 河野六郎(1968)과 伊藤智ゆき (2007)에서는 바로 [표 47]과 같은 介音 체계를 이용하여 전승 한자음의 양상을 설명하려고 했다. 후기 중고음 단계 자료인 ≪慧琳音義≫에서 韻部가 대규모로 합류했음에도 불구하고 3等 A류와 3等 B류의 대립은 사라지지 않았다. 다시 止攝을 예로 들자. ≪切韻≫계 韻書에서 止攝 각 韻은 구별되었지만 ≪慧琳音義≫에서 止攝의 각 韻은 합류되었다. 그렇지만 止攝 A류와 B류의 대립은 그대로 ≪慧琳音義≫에서 지켜졌다. 전승 한자음에서 마찬가지로 止攝의 각 韻이 합류되었지만 牙, 喉音 뒤의 A류는 / l /, B류는 /ㅢ/로 나타났다.

그러나 [표 47]과 같은 介音 체계가 매우 정밀하면서도 전기 중고음 단계부터 후기 중고음으로 변화하는 과정을 설명할 수 없는 부분이 많다. 예를 들어서, 후기 중고음 단계에 3等 B류가 3等 A류에 합류하였고, 4等韻도 3等 A류에 합류되었는데 'ï〉i'의 변화가 갑자기 일어난 원인이 명확하지 않다. 그리고 近代 漢音 단계에 일부 2等韻의 牙喉音에 介音 /i/가 생기고 구개음화를 일으켰다. [표 47]의 介音 체계로는 2等韻에 介音 /i/가 삽입된 현상을 해석하지 못한다. 이 밖에 여러 중고음 이후의 음운 변화를 [표 47]의 介音 체계로 일관성이 있게 해석하기 어려운 문제도 있고 ≪切韻≫ 시기의 介音 체계가 [표 47]과 같다면 ï를 별도의 음소로 설정해야 하는가 하는 문제도 생긴다.

기존에 [표 45-47]의 介音 체계로 전승 한자음의 양상을 설명하려고 한 河野六郎(1968), 朴炳采(1971), 伊藤智ゆき(2007), 김무림(2006, 2007)

등 연구에서 모두 일부 전승 한자음의 반영 양상을 단일 기층으로 설명하지 못하였다. 결국에 音類에 따라서 전승 한자음의 차용 기층은 복합적이었다는 결론에 이르게 되었다. 전승 한자음의 복합 기층설은 이미 伊藤智ゆき(2007)의 논의로 부분적으로 해소되기는 했지만 그 설명 중에 무리가 있는 부분이 없지 않고, 아무리 설명하려고 해도 주 기층에 대한 반영으로 설명할 수 없는 부분도 있었다. 여기서 介音과 관련하여, 伊藤智ゆき(2007)에서 해결하지 못한 부분을 정리하면 아래와 같다.

(가) 전승 한자음의 脣音 뒤에 重紐 현상이 보이지 않고 모두 A류로 나타난 것을 平山久雄(1991)의 가설을[111] 따랐지만 설명이 부족하다. 그리고 平山久雄(1991)을 인용하여 전승 한자음의 脣音 重紐를 설명할 때 순환 이론이라는 결점이 있다. 平山久雄(1991: 31-34)에서 《切韻》에서 唐 方言까지 介音 체계의 변화는 幇A組의 강한 구개성이 생겼기 때문에 설정하게 된 것이었다. 幇B組 및 다른 자음 뒤의 介音의 변화는 추론에 의해 설정되었고 실증이 없기 때문에 전승 한자음의 자료를 보충하게 된 것이다. 즉, 平山久雄(1991)의 介音 체계에서 幇B組의 介音이 [i]〉[I]의 변화를 겪었다는 결론을 지지해 주는 유일한 실증은 전승 한자음 자료인데 伊藤智ゆき(2007)에서 平山久雄(1991)의 결론을 다시 인용해서 전승 한자음에서 幇B組가 幇A組처럼 나타난 것을 설명하는 것은 순환론적 기술이다.

(나) 莊組字의 魚韻이 /ㅓ/가 아닌 /ㅗ/로 반영된 것은 河野六郎(1968)에서 설정한 c층이 아닌 b층으로 보이지만 그 원인을 설명하지 못하였다.

(다) 일부 2等 牙喉音字의 전승 한자음에 반모음 [j]가 보이는 현상을 이전의 논의와 같이 설명하지 못하였다.

上述한 (가-다)는 伊藤智ゆき(2007)에서 [표 47]의 介音 체계를 따르

---

111) 平山久雄(1991)의 가설은 앞에서 소개한 바가 있다. 참고하기를 바란다.

고 있어서 해결하지 못한 부분들이었고 韻腹과 韻尾에 대한 설명에 문제가 있는 부분은 후술하겠다. (가-다)는 비단 伊藤智ゆき(2007)에서 해결하지 못한 문제가 아니라 다른 논의에서도 그 차용 기층을 주 기층을 벗어난 것으로 해석해 왔다.

하지만 최근의 한어 음운학 동향을 따라 요즈음의 연구에서 논의되고 있는 介音 체계로 중고음 이후의 음운 변화에 대한 설명은 원활하고 일관성이 있게 설명이 되고, 전승 한자음의 반영 양상을 해석할 때 기존에 계속 주 기층에 대한 반영으로 설명할 수 없었던 (가-다)의 사항들도 결국에 中唐-五代의 長安音 주 기층을 반영한 것이라고 할 수 있게 된다. 최근 한어 음운학에서 사용하고 있는 黃笑山(2006) 등의 介音 체계는 아래의 [표 48]과 같다.

[표 48] 黃笑山(2006)의 介音 체계

	1·4等	2等	3等B	3等A
[-合口]	-Ø-	-r-	-ri-	-i-
[+合口]	-u-	-ur-	-uri-	-ui-

최근에 사용되고 있는 [표 48]의 介音 체계를 [표 47]과 같이 비교할 때 가장 뚜렷한 차이는 2等韻에 介音 'r-'를 설정하였고[112] 3等 B류의 介音을 'ri-'로 처리한 것이다. 여기서 2等 介音과 3等 B류 介音을 'r, ri'로 적은 것은 음운론적인 처리이다. 'r'은 중고음 시기에 자음성을 갖고 있는 유음이 아니다. 黃笑山(2006)에 따르면 상고음의 [r]는 중고음 단계에 [ɻ]>[ɹ]로 변화하였고 [표 48]에서 'r'로 표기한 것이 음성적으로는 [ɻ] 혹은 [ɹ] 따위의 접근음(approximant)이다.

介音 'r-'의 재구 배경에 대해 조금 언급할 필요가 있다. 초기 단계의

---

112) 王力(1957/1980, 1987)에서 이미 上古音부터 隋唐 시기의 中古音까지 2等韻에 介音 'e-'를 재구한 바가 있었다.

상고음 연구는 중고음 연구를 기본으로 하고 그로부터 거슬러 올라가 연구를 진행했지만, 80-90년대 이후에 새로운 상고음 연구 자료가 대거 발견됨으로써 상고음 연구가 활발히 이루어졌다. 그와 동시에 상고음 연구 성과가 오히려 중고음 연구에 새로운 단서를 제공하게 되었다. 介音 '-r-'가 바로 그 중의 하나이다. 비록 현재 상고음의 複聲母 문제는 아직 해결하지 못한 부분이 많지만 Cr-, Cl- 자음군의 존재는 어느덧 한 어 음운학계에서 公認되었다. 하지만 이 複聲母의 C2인 'r'는 과거의 중 고음 학설로 설명하면 갑자기 아무런 흔적을 남기지 않고 중고음 바로 직전 단계에 한꺼번에 사라졌다고 해야 된다. 하지만 '-r-'가 중고음 단 계에도 존재하였다는 점이 黃笑山(2002) 등 연구에서 논의되었다. 간단 히 요약하자면 韻書에서 2等字는 거의 다른 等의 反切 上字로 사용되 지 않았고, 일부 한어 방언에 그 흔적이 보이고, 梵語 音譯에서 2等字는 항상 범어의 'r'와 대응되고, 후기 중고음 및 근대음 자료에서 二等字에 갑자기 介音 /i/가 생겨났는데 /i/는 아무런 이유없이 삽입되었다고 할 수 없다는 여러 증거가 발견되었다. 3等 B류가 '-ri-'로 처리된 것도 역시 그 상고음의 기원은 2等韻과 같이 Cr- 複聲母에 있고(鄭張尙芳 2003: 50-51) 梵語 音譯 자료에서도 그 양상을 확인할 수 있기(施向東 2009: 32-35)[113] 때문이다.[114]

이렇게 해서 과거에 하나의 방법으로 설명할 수 없었던 후기 중고음

---

113) 施向東(2009)에서는 梵語 音譯 양상을 근거로 黃笑山(2006)과 달리 3等 B류 介音의 음 가를 [ɯ]로 재구하였다.

114) 2等 介音을 'r'로 재구하는 것은 비교적 근래의 일이다. 이는 1980-90년대 이후에 상고 음 연구에서 얻은 성과이다. 그러나 3等 B류의 介音을 'ri'로 재구한 것은 藤堂明保 (1957), 兪敏(1984) 등에서 이미 시도되었다. 藤堂明保(1957), 兪敏(1984) 등의 'ri' 재구 는 처음에 介音의 捲舌의 특징을 드러내기 위한 것이었고 후기 중고음 단계의 음 변화 설명에 대해서는 논의되지 않았다. 이와 달리 黃笑山(2006) 등 최근 연구는 'ri' 재구를 후기 중고음의 일련의 변화에 대한 설명 과정에 적용하였다. 한편, 潘悟雲(2000: 27-28), 鄭張尙芳(2003: 171) 등 연구에서는 상고음 'Cr' 複聲母의 'r'는 'j'까지 변화하는 과 정에서는 'ɣ' 단계를 걸쳤다고 보았는데 黃笑山(2006)에서 설정한 'ɹ, ɻ' 단계와 비교해 보면 재구상의 세부적인 음가 설정에 차이가 있지만 음운론적으로는 같은 것이다.

의 변화들은 모두 이 '-r-'의 탈락에 의해 설명할 수 있게 된다. 臻韻의 분화(split), 莊組가 3等에서 2等으로의 확산, 脣・牙・喉音의 구개성 발생, 輕脣音化, 知莊組의 합류, 喩母의 합병 등은 모두 '-r-'의 탈락으로 생긴 일련의 변화로 볼 수 있게 되었다(黃笑山 2006).115)

본고에서는 黃笑山(2006) 등에서 제시한 [표 48]의 介音 체계로 전승 한자음의 반영 양상을 설명하려고 한다.116) 그 첫째 원인은 위에서도 밝혔지만 [표 48]의 介音 체계는 중고음의 음운 변화를 설명할 때 그 이전의 介音 체계보다 유력하다. 둘째, [표 47]과 같은 介音 체계가 수립되었을 때 3等 B류 介音의 음가를 [i] 따위로 재구하였을 때 전승 한자음의 양상은 결정적인 증거 중의 하나였다. 따라서 [표 47]의 介音 체계를 전승 한자음 연구에 적용하게 되면 순환 이론의 논란 여지는 면하기 어렵다. 셋째, 무엇보다도 중요한 것은 기존에 일부 전승 한자음의 양상을 주 기층을 벗어났다고 한 音類들은 모두 주 기층인 후기 중고음으로 설명할 수 있게 된다. 위에서 나열한 伊藤智ゆき(2007) 및 그 이외 다수 논의에서 설명할 수 없는 (가-다)는 [표 48]의 介音 체계로 모두 설명할 수 있게 된다.

먼저 (가)에 대해 설명하겠다. 전승 한자음에서 脣音의 重紐 B류의 음이 모두 重紐 A류의 음과 같이 나타났다. 아래의 [표 49]는 重紐 8韻의 반영 양상이다.117)

---

115) 다만, 3等 C류 뒤의 介音 양상에 대해 黃笑山(2006)에서는 莊組, 知組와 來母만 B류에 해당되고 脣牙喉音은 A류에 해당된다고 본 점이 문제가 있다. 앞에서 이미 밝혔듯이 본고에서는 3等 C류의 介音 귀속 문제에 대해서는 麥耘(1995)를 따른다.

116) 이때 止攝 B류의 'ri'가 어떻게 전승 한자음에서 /-ㅣ/로 반영되었는지, 다른 攝의 B류의 'ri'가 어떻게 전승 한자음에서 전혀 반영되지 않았는지 설명해야 된다. 黃笑山(2006)에 의하면 'rɟ'의 특징은 [-anterior]이고 'rɟ' 연쇄는 音色上 [i]와 가깝다. 이러한 [-anterior] 자질은 후행하는 'i'의 구개성을 약하게 한다.

117) [표 49]에서 開口韻의 반영 양상만 제시하겠다. 重紐韻이 아닌 3等 C류의 脣, 牙, 喉音도 3等 B류에 해당된다. 모든 자료를 여기다 다 제시하기 어렵기 때문에 重紐 8韻만 [표 49]에 나열하겠다.

[표 49] 전승 한자음에서 重紐 8韻의 반영 양상

	牙喉音		脣音	
	重紐 B류	重紐 A류	重紐 B류	重紐 A류
支	긔 羈奇琦 희 戱	기 岐枳	비 碑羆 피 陂皮疲	비 卑脾 피 避髀
脂	긔 飢肌祁	기 耆棄	비 悲	비 匕琵
祭	게 揭偈	예 藝	-	폐 蔽弊
眞	근 饉僅覲 흔 釁	긴 緊 길 吉	빈 彬貧 필 筆弼	빈 賓頻 필 匹必
仙	건 愆騫乾 걸 桀傑	견 遣譴 혈 孑	변 辯辨變卞 별 別	편 偏篇 별 鼈
宵	교 橋轎嬌	교 蹺	표 表鑣臕	표 漂飄
侵	금 今金琴錦	읍 揖	품 品稟	-
鹽	검 黔撿檢	염 厭魘	폄 貶	-

[표 49]에서 본 바와 같이 '侵B'를 제외하면 B류든 A류든 脣音字의 전승 한자음은 항상 '-i'가 아니면 '-jV'이다. 반면에 宵B韻을 제외하면 B류의 牙喉音字에 반모음 [j]가 없다. 즉, 重紐 현상은 전승 한자음의 牙喉音 뒤에서만 보이고 脣音 뒤에서는 보이지 않는다.

후기 중고음 단계에 3等 B류가 3等 A류에 합류하게 되었는데 [표 48]의 介音 체계로 해석하면 3等B 介音 '-ri-'의 'r'가 탈락되었다고 해야 된다(黃笑山 2006). 이러한 합류의 과정은 선행 자음에 따라 진행 속도가 다르다. 앞서 말한 A류와 B류 사이에 유동적이었던 知組, 來母 뒤의 A류와 B류의 합류가 ≪切韻≫ 시기에 이미 시작되었다. 이에 따라 대부분 知組字와 來母字의 전승 한자음에 반모음 [j]가 존재한다. 필자는 牙喉音보다 脣音 뒤의 A류와 B류 운의 합류가 더 일찍 일어나서 전승 한자음은 脣音 뒤의 합류가 일어났고 牙喉音 뒤의 합류가 일어나지 않았을 때 차용되었다고 본다. 그 근거는 아래와 같다.

베트남 한자음과 현대 한어의 晉 聞喜 방언에 脣音의 舌齒音化 양상이 보인다. 重紐 4等, 즉 A류 앞의 양순 파열음은 베트남 한자음에 't, t", 양순 비음은 'd[z]'로 나타났다(黃笑山 1995: 165).[118] 黃笑山(2006)에 따르면 베트남 한자음의 양상은 후기 중고음 단계에서 脣音의 구개성이 강해진 것을 반영한 것이다. 즉, A류에 pi〉pji의 변화가 일어난 것이다. 그러나 A류의 변화의 전제는 먼저 B류의 'r'가 탈락되는 것이다. 즉, B류에 pri〉pi가 일어난 뒤에 동음이의어가 급격히 많아짐에 따라 새로 나타난 pi의 압력으로 과거 A류의 pi가 pji로 변화한 것이다. 같은 현상은 牙喉音 뒤에도 kri〉ki, ʔri〉ʔi로 일어났고 원래의 ki와 ʔi는 ki〉kji, ʔi〉ʔji의 변화를 겪었다. 베트남 한자음에서는 'pji, pʲji, mʲji' 따위를 't-, tʲ-, zʲ-'로 차용하였다. 伊藤智ゆき(2007) 등에서도 이미 반복해서 논의했듯이 전승 한자음과 베트남 한자음의 차용 시기는 비슷하다. 베트남 한자음에서 오직 脣音의 구개성 변화가 반영되었고 牙喉音의 구개성 변화는 반영되지 않았다. 이는 베트남 한자음 차용 당시에 pri〉pi와 pi〉pji의 변화가 이미 끝났지만 牙喉音에 아직 A류와 B류의 합류가 일어나지 않았음을 암시한다. 전승 한자음은 베트남 한자음과 비슷한 시기에 차용했기 때문에 전승 한자음 차용 당시에도 pri〉pi 내지 pi〉pji의 변화가 일어났을 것이다. 그러므로 전승 한자음은 이러한 脣音 뒤의 重紐 구별이 사라지고 牙喉音 뒤의 重紐 구별은 아직 존재하였던 단계의 한어 음을 차용한 것으로 볼 수 있다. 따라서 전승 한자음의 脣音 뒤에 重紐 B류는 A류에 합류된 모습이 나타났다고 본다.

다음에는 (나)항에 대한 설명이다. 전승 한자음에서 魚韻은 거의 /ㅓ/(舌齒音 뒤에는 /ㅕ/)로 반영되었다. '거 車居渠, 어 魚於, 허 虛噓, 뎌 儲瀦, 려 驢侶, 져 疽沮雎, 셔 書舒, 셔 如, 여 餘與' 등은 그 예이다. 그러나 특이하게 莊組 뒤에 '소 蔬疏所, 조 阻組, 초 楚'와 같이 魚韻은 /ㅗ/로 나타났다.[119]

이 현상은 과거 有坂秀世(1957)부터 최근 김무림(2007)까지 계속 논의된 전승 한자음의 특징 중의 하나이다. 莊組 魚韻의 전승 한자음의

---

118) 같은 현상은 黃笑山(2006)에 따르면 晉 聞喜 방언에도 보인다.
119) 자세히는 뒤의 [표 64]를 참고하기를 바란다.

차용 기층에 대해서 기존에 세 가지 견해가 있어 왔다. 有坂秀世(1957), 河野六郎(1968), 김무림(2007)에서 이를 근대음을 차용한 것으로 해석했고, 朴炳采(1971), 李潤東(1997)에서는 상고음의 흔적으로 해석했고, 伊藤智ゆき(2007)은 주 기층의 반영으로 보았다. 앞서 이미 살펴보았듯이 상고음의 魚韻은 [a]였기 때문에 예전의 상고음 재구음을 따른 朴炳采(1971), 李潤東(1997)의 견해는 지금의 입장으로 보면 타당하지 않다. 有坂秀世(1957), 河野六郎(1968)은 근대음 자료에서 魚韻이 模韻에 합류했기 때문에 莊組의 魚韻이 /ㅗ/로 나타난 것을 근대음의 반영으로 설명하였다. 김무림(2007)에서는 魚韻이 [a]에서 [o]로 원순음화되는 과정이 있었다고 보고, 전승 한자음에서 대부분 魚韻이 /ㅓ/로 반영된 것은 후기 중고음 시기에도 魚韻이 원순음화되지 않았다고 해석했다. 우선 河野六郎(1968)에서 魚韻이 Karlgren(1915-1926)에서 재구한 [o]였다면 /ㅓ/와 대응되지 않는다고 하였고 일본 上代 표기에서 'ォ'의 乙類字 중의 魚韻字가 많은 사실을 고려해서 魚韻을 'o'에서 'ö'로 수정했다. 이 'ö'가 /ㅓ/로 반영되었고 /ㅗ/로의 반영은 근대음의 변화로 보았다. 하지만 河野六郎(1968)은 중고음 시기에도 魚韻의 변화가 일어났음을 고려하지 않았고 중고음의 전후 단계 내내 魚韻의 음가를 [ö]로 보고 문제를 해결하지 못하였다. 지금의 입장에서 볼 때 일본 上代 자료에서 魚韻이 [ö]로 나타난 것은 전기 중고음의 魚韻 /o/가 후기 중고음 단계로 넘어가면서 3等 介音의 전설성 영향을 받아서 조음 위치가 앞으로 당겨진 것을 반영한 것으로 보인다. 김무림(2007)에서 후기 중고음 시기에도 魚韻이 원순음화되지 않았다고 하는 것은 중고음 시기의 여러 자료를 종합적으로 검토하지 않고 내린 때문으로 보인다. 역시 魚韻의 변화에 대한 고찰이 부족했던 것이었다. 伊藤智ゆき(2007, 이진호 역 2011: 212-213)에서 같은 현상은 베트남 한자음과 일본 漢音에도 보이고, '鋤'를 빼면 나머지 莊組 魚韻字가 모두 /ㅗ/로 나타나 전승 한자음의 주요 모태층에 소속시키는 것이 타당하다고 보았다. 하지만 伊藤智ゆき(2007)

에서는 莊組의 魚韻字가 /ㅗ/로 나타나는 것이 왜 주 기층에 대한 반영으로 볼 수밖에 없는지 그 원인을 찾아내지 못하였다.

앞서 언급한 바가 있지만, 魚韻의 상고음은 Karlgren(1915-1926)에서 재구한 'o'가 아닌 'a'였다는 것은 현재 합의되어 있다(鄭張尙芳 2003: 162). 삼국 시기(중국)까지만 해도 범어 대역에서 魚韻은 범어의 'a'와 대응되어 있지만(俞敏 1984/1999: 39) 十六國 시기의 범어 대역에서 魚韻은 범어의 'o'와 대응되기 시작했고 음가는 [ɔ]로 변화하였다(施向東 2009: 81). 대부분 학자들은 ≪切韻≫ 시기의 魚韻을 'o'로 재구하였다. 이는 韻圖, 시의 押韻, 方言을 종합적으로 고려하여 내린 결론이다(黃笑山 1995: 86-88). 문제가 되는 것은 후기 중고음 시기에 魚韻의 음가가 바뀌었다는 점이다. 일본 漢音에 魚韻은 [ö], 베트남 한자음에 魚韻은 [ɯ]로 나타나고, 전승 한자음에 魚韻은 /ㅓ/로 나타난다. 그리고 편성 시기가 唐末로 추정된 ≪韻鏡≫에서 魚韻은 開口로 처리되었고, 中唐 이후의 梵語 音譯에서 범어의 'o'는 더 이상 魚韻字로 음역하지 않았기 때문에 중고음 후기에 魚韻은 /-ə/로 바뀌었다고 보아야 한다(黃笑山 1995: 195-196). 이러한 변화는 3等 介音의 영향으로 魚韻은 중설 쪽으로 당겨져서 일어난 것이다. 전승 한자음, 일본 漢音 그리고 베트남 한자음에서 莊組字가 여타 聲母의 한자들과 달리 반영된 것은, 후기 중고음 단계에 介音 '-ri-'가 [ɻ̩] 단계에 莊組 聲母에 흡수되고 莊組가 권설음으로 변화해서(黃笑山 2006) 핵모음 앞에 있었던 동화주인 '-ri-'가 사라졌기 때문이다. 그러므로 후기 중고음 단계에 莊組의 魚韻字의 핵모음은 그대로 /o/로 남아 있어서 이 /o/가 전승 한자음에서 'ㅗ'로 반영된 것이다.

이렇게 해서 (나)항 莊組字의 魚韻이 'ㅗ'로 반영된 현상도 결국 전승 한자음의 차용 주 기층으로 귀결시킬 수 있게 되었다.

다음은 (다)항 2等字의 구개적 介音 문제를 논의하기로 한다. 과거에는 [표 47]의 介音 체계로 일부 牙喉音의 2等字의 전승 한자음에 보이는

[j]를 설명할 수 없었다. 아래의 [표 50]을 보자.

[표 50] 蟹·效·梗·咸攝 2等의 반영 양상

	牙喉音(1)	牙喉音(2)	脣舌齒音		
蟹攝 2等	계 戒界犗階 혜 鞵薤	기 皆稭 개 街 히 蟹解骸	비 排 패 牌 미 埋	-	지 齋 채 釵債
效攝 2等	교 交膠郊磽 효 效孝崤哮	-	포 包泡 모 茅蝥	도 棹	조 爪 소 巢
梗攝 2等	경 庚粳哽耕 격 格隔 형 衡 혁 赫革	깅 羹坑 긱 客 힝 行	빅 百白 핑 彭 밍 盲孟	팅 撑 틱 宅擇澤 링 冷	칙 柵 싱 生牲
咸攝 2等	겸 鹹 겹 掐跲 협 狹挾	감 監嵌 갑 匣 함 咸緘餡	-	담 湛	잡 煠 참 斬站懺 삽 插鍤箑

전승 한자음에서 2等字들은 원칙적으로 반모음 [j]가 나타나지 않는다. [표 50]에서 본 바와 같이 蟹·效·梗·咸攝 2等의 脣舌齒音字의 전승 한자음에는 [j]가 나타나지 않지만 일부 牙喉音字에는 [j]가 나타난다. 咸攝 중의 몇몇 한자가 'jʌ'로 나타난 전승 한자음은 유추로 설명할 수 있지만 나머지는 그렇게 처리할 수 없다.

기존의 전승 한자음 연구에서는 [표 45-47]의 介音 체계를 따랐기 때문에 일부 2等字의 牙喉音字에 [j]가 나타나는 것을 말끔히 설명하지 못하였다. 河野六郎(1968)에서는 전승 한자음의 咸攝 2等 [j]를 유추로 처리했고 蟹·效·梗攝의 2等 [j]를 근대음 단계의 2等韻 구개음화에 대한 반영으로 보았고 이들의 차용 기층을 d층으로 설정하였다. 朴炳采(1971)에서 蟹攝 2等이 'ㅖ'로 반영된 예를 구개음화가 된 異形으로 보았고, 效攝과 梗攝의 2等 [j]는 전설 모음 [a]의 전설성에 의해 생겼다고 보았다. 權仁瀚(1997, 2006)에서는 效攝 1等韻과 2等韻은 후설과 중설의 대립인데 전승 한자음에서 각각 'ㅗ'와 'ㅛ'로 나타났다고 보았고, 梗攝과 咸攝 2等의 [j]는 근대음 ≪中原音韻≫에 대한 반영이라고 보았다. 李潤東(1997: 183, 199, 209)의 견해는 權仁瀚(1997, 2006)과 비슷하지만 效攝

2等 肴韻에 대해서는 중고음 단계에 肴韻에 이미 핵모음 [a]의 전설성 때문에 介音 [i]가 생겨났거나, 전설의 [a]와 후설의 [ɑ]의 대립이 없는 고대 한국 사람들은 [a]를 'jʌ'로 인식했다고 주장하였다. 김무림(2006, 2007)에서도 蟹·效·梗攝의 2等 [j]를 근대음 차용으로 보았지만 效攝에 대해서는 ≪中原音韻≫에도 [i] 介音이 발생하지 않았다고 보고[120) 근대음에 대한 반영인지 확실하지 않다고 하였고, 梗攝 2等의 [j]에 대해서는 핵모음 [a]의 전설성 때문일 가능성도 있다고 하였다.

기존의 다른 논의들과 차이가 보이는 것은 伊藤智ゆき(2007, 이진호역 2011: 230, 263, 279-280, 343-344)이다. 이 논의에서 한국어 고유어에 '-iai'나 '-iʌi'와 같은 음절이 없어서 蟹攝의 'ㅖ'는 한국어 내부에서 이루어진 변화 결과일 가능성이 있다고 하였다. 그리고 蟹攝의 운미 '-i' 때문에 다른 攝보다 구개음화가 먼저 일어났을 가능성을 제시하기도 하였다. 效攝 2等의 'ㅛ'에 대해서는 'au' 전체를 'ㅛ'로 인식하였다고 보았다. 梗攝 2等의 경우, 그 악센트는 별로 특이한 양상을 보이지 않고 入聲 韻尾도 그대로 반영되었고 ≪飜譯老乞大朴通事≫에서 이들은 'ㆁ'이 아닌 'ㆁ'으로 반영되었기 때문에 梗攝 2等의 [j]는 근대음을 차용한 것이 아니라고 보았다. 梗攝의 구개성 비음 운미 '-ɲ' 때문에 구개음화가 일찍 일어났을 것이라고 주장하고, 梗攝 2等이 'ㆁ'으로 반영된 것은 구개음화한 'ㆁ'형에서 왔을 가능성을 제시하였다. 일본의 新漢音에서도 비슷한 양상이 보이므로 梗攝 2等이 'ㆁ'과 'ㆁ'으로 반영된 것은 차용 기층 상의 차이가 아니라 일부 구개음화된 牙喉音字가 梗攝 3·4等에 합류한 상태가 반영된 것일 가능성도 있다고 하였다. 그리고 咸攝 2等에 [j]가 반영된 현상은 베트남 한자음에서도 찾을 수 있기 때문에 유추로 설명하지 않았고 일부 2等字는 3等으로 발음했을 가능성이 있다고

---

120) 사실상 ≪中原音韻≫에서는 일부 2等字와 3等字의 혼란이 이미 나타났다(王力 1987: 472, 黃笑山 1995: 162).

하였다.

종합적으로 정리하자면 伊藤智ゆき(2007)을 제외한 선행 연구들은 모두 2等韻 牙喉音字의 전승 한자음에 [j]가 보이는 현상을 근대 한어 단계에 일어난 2等 牙喉音의 구개음화가 반영된 것이거나 전설 저모음 [a]의 전설성으로 [j]가 덧난 것으로 해석하였다. 하지만 伊藤智ゆき (2007)에서도 지적했듯이 이러한 2等韻의 牙喉音字의 성조의 반영에서 특이한 점을 찾을 수 없으므로 주 기층의 반영으로 봐야 할 것이다. 게다가 같은 현상이 베트남 한자음과 일본 한자음에도 보이기 때문에 차용 기층에 문제가 있다고 보기는 힘들 것이다. 더구나 전승 한자음에 '-jV-'로 나타난 梗攝 牙喉音 入聲字뿐만 아니라 咸攝 牙喉音 入聲字의 韻尾도 그대로 반영되었다. 근대 한어 단계에 入聲 韻尾는 이미 소실되었기 때문에 이들은 근대 한어를 차용한 것이라고 볼 수 없다. 그리고 [a]는 전설 모음이기 때문에 앞에 [j]가 생겼다고 한 점도 애매모호하다. 한어에서 전설의 [a] 앞에 [j]가 생겨서 그것을 차용한 것이라고 한다면 근대음에 대한 반영이라고 해야 되는데 앞에서 이미 지적했듯이 이러한 2等字들의 차용 기층이 주 기층과 다르다고 보기 어렵다. 중고음의 [ɑ]와 [a]의 대립이 없는 고대 한국 사람들은 전설의 [a]를 jV로 인식했다는 주장도 문제가 있다. [ɑ]와 [a]의 대립이 없을 때 같은 음소로 인식하는 것은 일반적이다. 그리고 [a]를 jV로 청취한다는 것도 역시 두 음의 음상의 차이가 심하므로 받아들이기 어렵고, 또한 나머지의 [a]가 그대로 'ㅏ'로 반영된 사실과도 충돌되므로 역시 받아들이기 어려운 견해이다.

伊藤智ゆき(2007)의 관점에도 문제점이 있다. 첫째, 蟹·效·梗·咸攝 2等 牙喉音字의 전승 한자음에 반모음 [j]가 보이는 것은 결국 본질적으로 동일한 반영 양상이다. 같은 현상을 사뭇 다른 방법으로 해석하려는 시도는 합당하지 않다. 둘째, 구개성 韻尾 '-ɲ, -c' 등의 동화 작용으로 인해 구개성 介音이 핵모음을 넘어서 핵모음 앞에 놓이게 된다는 해석은 억지스러운 면이 있다. 셋째, 2等字를 3等으로 발음하였을 것이라고 한 것이나 2等字가 3·4等에 합류했을 것이라고 한 것은 모두 전승 한자음, 일본 한자음, 베트남 한자음의 반영 영상을 근거로 추측한 것이다. 한어의 내부적인 양상이 어떻게 되어 있었는가 하는 것을 설명하지 못해 설득력이 약하다.

필자는 여기서 黃笑山(2006) 등에서 세운 최근 연구의 介音 체계([표 48])로 일부 2等 牙喉音字의 전승 한자음에 반모음 [j]가 나타난 것을 설명하고자 한다. 黃笑山(2006)에 따르면 'r' 介音이 치조음 뒤에 붙을 때 'r'의 [-anterior] 자질의 영향으로 치조음을 권설음으로 동화할 수 있지만, [-coronal] 자질의 脣音과 牙喉音 뒤에 붙을 때 'r'은 [-anterior] 자질 이외에 [+distributed] 자질도 갖고 있어, 2等 脣牙喉音의 開口字는 구개음화될 수 있다고 하였다.[121] 脣音의 구개음화 현상은 한어 방언에서 찾을 수 있지만 雅言에는 나타나지 않았고, 牙喉音의 구개음화는 전승 한자음, 베트남 한자음과 일본 한자음에 반영되었다(黃笑山 1995: 164). 한어의 내부 증거로는 ≪集韻≫의 反切과 朱熹의 叶音 자료가 있다. ≪集韻≫의 反切에서 2等 開口韻의 反切 上字는 3等字를 사용하게 되었다. 이는 송나라 시기에 2等韻의 介音이 이미 [j]로 변화했다는 증거가 된다 (黃笑山 2002: 32). 朱熹의 叶音 자료에서 效攝 2等인 肴韻의 牙喉音은

---

121) 黃笑山(1995, 2002, 2006)에서는, 전기 중고음의 2等 介音 /-r-/가 후기 중고음 단계에서는 음운론적으로 /-i̯-/로 해석해야 한다고 주장하였다. 후기 중고음 단계의 2等 介音 /-i̯-/는 [-coronal] 자질을 가진 자음 뒤에는 [ɹ])[j]로 나타나고 [+coronal] 자질을 가진 자음 뒤에는 [ɹ]로 나타난다고 하였다. 문제는 후기 중고음 단계의 /-i̯-/의 음운론적인 지위이다. 黃笑山(2002, 2006)에서 2等 介音 新說을 도입시킨 뒤에 모음 체계에서 黃笑山(1995)에서 재구한 /i/가 없어졌기 때문이다. 후기 중고음 단계의 2等 介音을 /-i̯-/로 표기한 까닭은 韻圖에서 脣音이 開·合口의 대립이 보이는 것을 나타내기 위한 것인데 (黃笑山 2002: 36) 후기 중고음 단계의 2等 介音을 /-r-/로 그대로 표기해도 큰 문제가 되지는 않는다. 黃笑山(2002, 2006)에 앞서, 麥耘(1995: 63-75)에서 2等 介音을 '-rɯ-'로 설정하였고, 潘悟雲(2000: 27-28)에서 2等 介音의 변화 과정은 '-r-)-ɣ-)-ɯ-)-ɯ-)-i̯-)-i̯-' 였다고 하였다. '-r-' 介音 新說의 각 논의는 세부적인 차이가 있지만 본질적으로 다르지는 않다. 본고에서는 편의상 黃笑山(2006)의 관점을 따르되 후기 중고음의 2等 介音을 그대로 /-r-/로 표기하겠다.

3・4等의 宵・蕭韻과 通用이 되는 반면에 肴韻의 脣舌齒音은 1等의 豪韻과 통용된다(王力 1991: 284-287). 이는 朱熹 시기 이전에 肴韻의 牙喉音 뒤에 2等 介音이 3・4等 介音과 같았다는 것을 의미한다. 전승 한자음에서 肴韻의 牙喉音이 /ㅛ/로 반영된 양상은 이에 부합되기 때문에 전승 한자음에서 이러한 한자들의 음을 차용한 시기는 선행 연구에서 말한 ≪中原音韻≫ 시기가 아니고 그보다 훨씬 이전 시기라는 것을 시사한다. 또한 8-10세기 한어 서북 방언을 반영한 漢藏 對音 자료에서 蟹攝과 梗攝의 2・3等字들이 혼용된 현상도(周傲生 2008: 171) 주목된다. 따라서 전승 한자음에서 일부 2等 牙喉音字의 음에 [j]가 나타난 것은 후기 중고음 단계에서 2等 牙喉音 뒤에 2等 介音 [ɯ]가 [j]로 변화하는 중간 과정의 상태를 차용한 것이라고 해석할 수 있다. 이러한 2等 牙喉音字들의 성조 반영 양상 및 入聲 韻尾 반영 양상에서는 특이한 점이 발견되지 않기 때문에 이들의 음은 개별 한자를 단위로 근대 한어 음을 차용한 것이라고 볼 수 없다. 따라서 일부 2等 牙喉音字의 전승 한자음에 보이는 반모음 [j]는 주 기층인 후기 중고음 단계를 차용했기 때문에 나타났다고 보아야 문제를 원활하게 해결할 수 있다. 2等 牙喉音 뒤의 'r'가 [j]로 변화한 시기는 다른 후기 중고음의 변화 시기보다 비교적 늦기 때문에 전승 한자음 차용 당시에 그 변화가 일부 2等 牙喉音字에서만 일어난 것으로 보인다. 따라서 전승 한자음에도 일부 2等 牙喉音字만 반모음 [j]를 보유하고 있다고 본다.

이상과 같이, 기존 연구는 [표 45-47]의 介音 체계를 따랐기 때문에 전승 한자음의 (가-다)의 특수한 반영 양상을 어쩔 수 없이 차용 주 기층을 벗어난 근대음 기층으로 보게 되었다. 그러나 최근의 중고음 연구 결과인 [표 48]의 介音 체계를 따르면 (가-다)도 결국 전승 한자음의 차용 주 기층인 후기 중고음의 반영임을 알 수 있다. 최근에 수립된 [표 48] 介音 체계는 다른 韻들의 반영을 설명할 때도 매우 유용하다. 전승 한자음의 韻母 반영 양상 중에도 주 기층으로 설명할 수 없었던 부분이 존재한다. [표 48]의 介音 체계로 다시 그러한 양상들을 해석해 보면 대부분은 주 기층의 반영으로 귀속시킬 수 있다. 이는 介音뿐만 아니라 韻腹과도 관련된 문제들이기 때문에 韻母의 반영을 고찰하는 부분에서 다시 논의할 것이다.

여기까지는 선행 연구에 대한 검토를 하면서 전승 한자음의 2等 介音과 3等 介音 반영 양상을 다루었다. 다시 한 번 정리해 보면 일부 2等 牙喉音字의 전승 한자음에는 반모음 [j]가 나타나는데 이는 후기 중고음 단계의 한어를 차용한 것이라고 본다. 전승 한자음에서 3等 A류와 3等 B류의 구별은 牙喉音에서 잘 지켜진 편이지만 脣音, 知組 그리고 來母가 모두 3等 A류로 반영되었다. 《慧琳音義》의 체계보다 약간 후세음의 특징을 갖고 있다고 할 수 있지만 《慧琳音義》는 문어로서 보수성을 갖고 있다는 점도 유의해야 된다. 한편, 1等韻은 후세에도 介音이 발생하지 않았고 전승 한자음의 반영 양상도 그와 같다. 河野六郎 (1968)에서 이미 많이 지적했듯이 4等韻은 《切韻》 시기에 3等韻과 구별되었고 介音이 없었다. 후기 중고음 단계에 들어와서 4等韻은 3等 A류에 합류하였다. 黃淬伯(1931)에서 일찍이 《慧琳音義》에 보이는 이 합류 양상을 보고한 바가 있다. 4等韻字의 전승 한자음에 [j]가 보인다. 자료는 [표 51]과 같다.

[표 51] 4等字의 전승 한자음 양상

攝	韻	例字
蟹攝 4等	齊韻	계 稽鷄繫溪, 혜 蹊兮慧惠, 예 睨翳, 뎨 題梯蹄啼, 례 醴禮, 제 齊臍 蠐, 세/셔 洗西, 폐/피/비 槿批箆
咸攝 4等	添韻	겸 兼謙鎌, 혐 嫌, 협 頰筴協俠, 념 恬念, 뎜 點店, 텸 甜添, 텹 帖 牒, 렴 濂
山攝 4等	先韻	견 肩堅犬狷, 결 潔結, 현 賢弦顯, 혈 穴絜, 연 燕研宴, 뎐 顚田典 텬 天, 텰 鐵餮, 련 蓮, 절 節切截, 변 邊, 편 䬳蝙, 면 麵, 멸 蔑蠛
梗攝 4等	靑韻	경 經磬, 격 擊激, 형 形邢馨, 뎡 丁亭庭, 뎍 的適笛, 령 零靈 청 靑鯖, 성 星腥腥, 병 甁屛, 벽 壁霹, 명 冥銘, 몍 覓

4等字는 蟹·咸·山·梗攝에 분포된다. [표 51]을 보면 4等字의 전승 한자음에는 반모음 [j]가 보인다. Karlgren(1915-1926) 등의 ≪切韻≫ 시기 介音 체계([표 45-46])에는 4等字에 介音 /i/가 재구되어 있다. 그렇기 때문에 전승 한자음의 4等字에 반모음 [j]가 존재하는 것이 전기 중고음의 반영 결과인지, 후기 중고음의 반영 결과인지 판단할 수 없었다. 하지만 ≪切韻≫의 반절 양상을 살펴보면 4等字는 1·2等字와 같은 부류에 속한다. 李榮(1956) 이후에 4等字에 介音이 없다고 보는 것은 일반적인 견해이다.

合口韻 介音 /u/는 開合口의 대립과 관련이 되고 韻母의 반영 양상을 고찰할 때 다루어야 하는 부분이기 때문에 본 절에서는 [-合口] 韻(開口韻과 獨韻)의 介音 반영만 살펴보고자 한다. 이상의 논의를 종합하면, [표 52]와 같이 전승 한자음의 開口 介音의 반영 양상은 대략 후기 중고음의 체계를 충실하게 나타낸 것으로 파악된다.

[표 52] 전승 한자음의 차용 주 기층(介母 반영 양상을 근거로)

	≪切韻≫ 체계	≪慧琳音義≫	中唐–五代	宋 이후 근대음
1等 介音	O	O	O	O
2等 介音	X	X	O	O
3等 A류 介音	O	O	O	O
3等 B류 介音	?	?	O	X
4等 介音	X	O	O	O

[표 52]를 설명하자면 ≪切韻≫ 시기에는 4等 介音이 아직 생겨나지 않았고 2等 介音에 구개성이 있었다고 보기 어렵다. 하지만 전승 한자음에서 4等字와 일부 2等字에 반모음 [j]가 보인다. 脣音, 知組와 來母의 3等 B류 介音은 전승 한자음에서 3等 A류로 나타나기 때문에 ≪切韻≫의 체계와 거리가 있다. 따라서 介音 양상을 봤을 때 전승 한자음은 ≪切韻≫ 시기의 한어 음을 차용한 것이 아니다. ≪慧琳音義≫에서 2等 介音의 구개성이 확인되지 않고, 3等 B류의 介音은 ≪切韻≫과 크게

달라지지 않았기 때문에 전승 한자음의 차용 기층을 ≪慧琳音義≫에 둘 때 애매한 부분이 생기지만 ≪慧琳音義≫의 보수성도 고려해야 될 것이다. ≪慧琳音義≫보다 조금 늦은 시기인 中唐-五代의 長安音을 전승 한자음의 모태로 본다면 그러한 부분은 해소된다. 2等 介音은 牙喉音 뒤에 구개성을 갖게 되었고 3等 B류 介音도 선행 자음에 따라서 부분적으로 3等 A류 介音에 합류하였기 때문이다. 전승 한자음의 介音 반영 양상은 전반적으로 이 시기의 介音 체계와 부합된다. 그러나 유의할 점은 전승 한자음에서 章組와 日母 뒤의 3等 介音은 A류에 해당되는데 唐末 韻圖 ≪韻鏡≫에서 章組字와 日母字는 3等(≪切韻≫의 3等 B류에 해당)에 나열되었다.122) 전승 한자음의 介音 반영 양상은 ≪慧琳音義≫보다 근대성을 갖고 있지만 唐末의 韻圖보다 보수적인 것으로 나타난 것이다. 그러나 문제는 ≪慧琳音義≫와 韻圖의 시간 간격은 그리 크지 않다는 것이다. 전승 한자음은 ≪慧琳音義≫가 만들어진 시기와 韻圖가 만들어진 시기 사이에 차용되었다고 할 수도 있지만 ≪慧琳音義≫가 문어로서 보수성을 가지므로 전승 한자음의 차용 시기는 ≪慧琳音義≫의 창작 시기보다 조금 늦지만 거의 차이가 없다고 보는 것이 더 타당하다. 章組와 日母字 뒤에 3等 介音이 A류에 해당되는 것을 고려하면 전승 한자음은 분명히 唐末의 韻圖가 만들어진 시기 이전에 차용되었다고 봐야 한다. 介音의 여러 가지 반영 양상을 고찰한 결과로 전승 한자음은 8세기 후반-9세기 전반에 차용되었다고 할 수 있다.

---

122) ≪切韻≫의 等과 韻圖의 等을 엄격히 구별해야 한다. 본고뿐만 아니라 일반적으로 특별한 언급이 없으면 等이라고 하는 것은 ≪切韻≫의 等이다. 韻圖의 3等은 ≪切韻≫ 3等 B류에 해당된다. 章組와 日母 뒤의 介音은 원래 ≪切韻≫ 3等 A류(韻圖 4等)에 해당되는데 唐末 이후에 3等 B류(韻圖 3等)로 변화하였다.

2.2.3 韻腹과 韻尾의 반영 양상

이 절에서는 韻腹과 韻尾가 전승 한자음에 어떻게 반영되었는지 검토하고자 한다. 최근 중고음 연구에서 검증을 받았고 또 가장 많이 인정하고 있는 모음 체계로는 아래의 두 체계가 있다.[123]

9모음 체계(黃笑山 1995)　　　7모음 체계(麥耘 1995)

i	ɨ	u		i		u
ɛ	ə	o		e	ə	o
a	ɐ	ɑ		a		ɒ

〈그림 9〉 黃笑山(1995)와 麥耘(1995)의 중고음 모음 체계

〈그림 9〉에서 黃笑山(1995)와 麥耘(1995)의 모음 체계는 본질적으로 차이가 없다. 黃笑山(1995)에서는 아직 [표 4]의 介音 체계를 따르고 있지만 麥耘(1995)에서는 이미 'ɣ' 介音 新說을 적용하였다. 'ɣ' 介音 新說을 적용하면 음운 변동 규칙으로 모음 'ɨ'와 'ɐ'를 다른 음소의 변이음으로 처리할 수 있다. 黃笑山(2002, 2006)에서는 역시 'ɣ' 介音 新說을 따라서 麥耘(1995)와 거의 같은 중고음 모음 체계를 재구하였다. 다만 차이가 나는 것은 전설 중모음의 음가(즉 4等韻의 핵모음)가 [e]였느냐 [ɛ]였느냐의 차이인데 梵語 音譯과 현대 한어 방언에서 이 모음은 저모음으로 나타나므로 [e]보다 [ɛ]로 재구해야 될 것이다(邵榮芬 1982: 126, 黃笑山 1995: 75-76).

---

123) 과거에 Karlgren(1915-1926)에서는 중고음 16모음 체계를 재구하였고 음성과 음운의 구별은 뚜렷하지 않았다. 周法高(1983)의 중고음 9모음 체계도 많은 논의에서 거론되었는데 重紐 현상을 핵모음의 차이로 설명하였고, 전설 모음에 5단계의 고저 대립을 설정해서 언어 보편성에 부합하지 않은 면도 보인다. 따라서 본고에서는 周法高(1983)의 모음 체계를 이용하지 않겠다.

본고에서는 'i̯' 介音 新說을 받아들였기 때문에 9모음 체계보다 7모음 체계를 참고해야 되지만 아래와 같은 몇 가지 이유로 9모음 체계로 전승 한자음의 韻腹 반영 양상을 검토한다. 첫째, 9모음 체계와 7모음 체계는 본질적인 차이가 없다. 7모음 체계는 9모음 체계를 기초로 몇 개의 음운 변동 규칙 설정으로 압축된 것이다. 그러한 음운 변동 규칙을 적용해서 7모음 체계를 9모음 체계로 도출시킬 수 있다. 둘째, 전승 한자음은 한어의 실제 발음을 듣고 차용된 것이었기 때문에 압축된 7모음 체계보다 9모음 체계를 전승 한자음 연구에 적용하는 것이 오히려 더 나은 면이 있다고 본다. 셋째, 麥耘(1995), 黃笑山(2002, 2006) 등은 9모음 체계를 7모음 체계로 압축하는 데 필요한 음운 변동 규칙에 대한 상세한 설명과 논의를 하지 않았다. 그러므로 7모음 체계를 따를 때 문제가 발생할 수 있다. 따라서 본고는 전승 한자음의 韻腹 내지 韻尾의 반영 양상을 확인할 때 黃笑山(1995)의 9모음 체계를 참고하겠다.

이 절에서 韻腹과 韻尾의 반영 양상을 확인할 때 기존의 논의들처럼 전통적인 한어의 攝이나 韻을 기본 순서로 하지 않고, 핵모음(음소)별로의 대응 양상을 확인할 것이다. 이는 네 가지 사항을 고려한 것이다. 첫째, 攝의 순서로 고찰한다면 중고음의 한 음소가 서로 다른 攝에 포함되는 경우가 있고, 하나의 攝 안에는 서로 다른 핵모음을 가지는 경우도 있다. 이때 攝을 고찰의 기본 순서로 한다면 음운 대응을 확인할 때 매우 불편하고 논의의 핵심인 음운 대응을 파악하기 어렵다. 韻을 기술의 기본 단위로 한다면 지나치게 세분화해야 되고 논의의 체계성을 잃게 된다. 또 핵모음이 같음에 따라서 여러 개의 韻을 묶을 수 있는데 따로 설명하게 되면 효율성이 떨어진다. 그러므로 중고음의 모음 음소를 단위로 전승 한자음의 韻腹과 韻尾를 고찰하면 체계성과 효율성을 모두 얻을 수 있다. 둘째, 궁극적인 연구의 목적은 중고음에서 전승 한자음으로의 음운 대응 양상을 확인하는 것이다. 이때 각 攝을 재구음으로 고찰하는 기존 방식은 결국에는 음소별로 대응 양상을 확인하는 방식과 본질적인 차이가 없다. 오히려 이때 攝이나 韻을 단위로 고찰하는 것이 방해가 된다. 셋째, 2.2.2에서 필자가 이미 介音의 반영 양상을 검토하였다. 이미 2.2.2에서 확인했듯이 介音에 대한 반영 양상을 따로 확인하게 되면 전승 한자음의 차용 주 기층의 고찰에 상당히 중요한 단서를 찾을 수 있는 동시에, 기존 논의에서 설명할 수 없는 몇 가지 전승 한자음의 반영 양상을 새로 해석할 수 있다. 따라서 介音을 따로 설명해야 될 필요성은 더 강조할 필요가 없다. 2.2.2에서 이미 等별로 介音의 반영 양상을 확인했기 때문에 다시 攝을 단위로 고찰한다면 각 攝 내부의 각 等의 韻을 설명할 때 중복 논의가 발생된다. 넷째, 攝이나 韻을 단위로 설명하게 되면 성운학의 여러 술어를 반복해서 사용해야 되는데 성운학의 기반이 탄탄하지 않은 독자에게는 어려움을 줄 수 있다. 따라서 음소 대 음소의 대응에 익숙한 독자에게 중고음 음소 단위로 고찰하는 것은 일종의 배려이다. 그러므로 중고음 각 韻의 핵모음(음소)을 단위로 전승 한자음의 韻腹과 韻尾를 확인하는 것이 가장 적절한 논의 방식일 것이다. 聲母 부분에서는 비록 성운학 술어인 牙喉舌齒脣音으로 논의를 진행했으나 실제로는 조음 위치 순서로 설명한 것이었다. 그러므로 韻腹과 韻尾를 고찰할 때 핵모음별로 설명하는 것은 앞부분의 기술 방식과 충돌하는 문제점은 없다.

지금부터 중고음의 9모음이 전승 한자음에서의 반영 양상을 확인해 보겠다.[124]

---

124) 黃笑山(1995)의 9모음 체계에 따른 韻母 체계를 黃笑山(2002, 2006)에서 세운 介音 新說을 적용하면 그 韻母 체계는 아래의 표와 같다. 표에서 보이듯이 -m/p, u 등 脣音 韻尾를 가진 韻에는 合口 介音 [u]가 나타나지 못한다. 그리고 3等 C류 韻의 介音이 무엇인가 하는 문제에 대해서는 앞에서 말했듯이 麥耘(1995)를 따르겠다. 즉, 핵모음이 /ə, ɐ/일 때 舌齒音(莊組 제외)의 성모와 결합되지 않고 牙喉脣音(莊組 포함)의 성모와만 결합되기 때문에 3等 B류에 해당되고, 핵모음이 /u, o, ɒ/일 때 聲母 제한은 없지만 성모가 舌齒音(莊組 제외)이면 介音은 /i/이고 성모가 牙喉脣音(莊組 포함)이면 介音은 /ri/이다. 한편, 3等 C류의 麻韻 3等은 舌齒音과만 결합되기 때문에 3等 A류로 간주할 수 있다.

2.2.3.1 /i/ 韻의 반영 양상

중고음의 /i/는 蒸韻 /riŋ/(입성: /(u)(r)ik/), 眞韻 /(u)(r)in/(입성: /(u)(r)it/), 侵韻 /(r)im/(입성: /(r)ip/), 幽韻 /(r)iu/, 脂韻 /(r)i/에 분포된다.125) 이중에 蒸韻은 3等 B류에 해당되고 나머지는 모두 3等 A류와 3等 B류를 모두 갖고 있는 重紐韻이다. 이들 韻의 핵모음은 /i/이기 때문에 3等 介音 /(r)i/의 /i/는 동음 생략으로 탈락되거나 韻腹 /i/에 흡수된다. 侵韻을 제

	/i/		/ɨ/	/u/		/ə/		/o/	
	3等A	3等B	3等C	3等C	1等	3等C	1等	3等C	1·2等
-ŋ, k	蒸 - uik	蒸 riŋ urik		東 (r)iuŋ (r)iuk	東 uŋ uk		登 (u)əŋ (u)ək	鍾 u(r)ioŋ u(r)iok	冬江 (u/r)oŋ (u/r)ok
-n, t	眞 (u)in (u)it	眞 (u)rin (u)rit	臻 ɨn(=rɨn) ɨt(=rɨt)			欣文 (u)riən (u)riət	痕魂 (u)ən (u)ət		
-m, p	侵 im ip	侵 rim rip					覃 əm əp		
-u	幽 iu	幽 riu							
-i						微 (u)riəi	哈灰 (u)əi		
-∅	脂 (u)i	脂 (u)ri	之 ɨ(=rɨ)	尤 (r)iu	侯 u			魚虞 (u)(r)io	模 uo

	/ɛ/			/a/			/ɐ/		/ɒ/	
	3等A	3等B	4等	3等B	3等A	2等	3等C	2等	3等C	1等
-ŋ, k	清 (u)ieŋ (u)iek	清 (u)rieŋ (u)riek	青 (u)eŋ (u)ek	庚 (u)riaŋ (u)riak		庚 (u)raŋ (u)rak		耕 (u)rɐŋ (u)rɐk	陽 (u)(r)iɒŋ (u)(r)iɒk	唐 (u)ɒŋ (u)ɒk
-n, t	仙 (u)iɛn (u)iɛt	仙 (u)riɛn (u)riɛt	先 (u)ɛn (u)ɛt			刪 (u)ran (u)rat	元 (u)riɐn (u)riɐt	山 (u)rɐn (u)rɐt		寒 (u)ɒn (u)ɒt
-m, p	鹽 iɛm iɛp	鹽 riɛm riɛp	添 ɛm ɛp			銜 ram rap	嚴凡 (u)riɐm (u)riɐp	咸 (u)rɐm (u)rɐp		談 ɒm ɒp
-u	宵 iɛu	宵 riɛu	蕭 ɛu			肴 rau				豪 ɒu
-i	祭 (u)iei	祭 (u)riei	齊 (u)ei			夬 (u)rai	廢 (u)riɐi	皆 (u)rɐi		泰 (u)ɒi
-∅	支 (u)ie	支 (u)rie			麻 ia	麻 (u)ra		佳 (u)rɐ	歌 (u)(r)iɒ	歌 (u)ɒ

125) 종래에 3等韻 재구음을 적을 때 먼저 3等韻 介音을 合口 介音의 앞에다 배치하는 것이 관례였다. 본고에서는 黃笑山(2006)의 介音 체계를 따랐기 때문에 介音 배치 순서도 이 논의에서의 방식대로 적는다.

외하면 나머지 韻들은 모두 開合口韻을 갖고 있다. /i/를 핵모음으로 하
는 각 韻의 전승 한자음 반영 양상은 아래의 [표 53]과 같다.

[표 53] 중고음 /i/ 韻의 전승 한자음 반영 양상[126]

韻	반영 양상	반영 비율	例字
蒸(開) /riŋ/, /rik/	ㅣ/ㅓ	절반	잉 孕媵, 딩 澄徵, 칭 稱秤, 빙 氷憑/익 翼翊, 딕 直, 틱 敕飭, 닉 匿, 직 職織, 식 食式
	ㅡ/ㅡ	절반	긍 矜兢, 응 凝鷹, 릉 凌菱稜, 승 乘蠅, 증 證甋/극 極亟, 즉 卽, 측 側仄
	-/ㅓ	소수	억 抑億憶
眞A(開) /in/, /it/	ㅣ/ㅣ	전부	긴 緊, 딘 陳陣, 린 磷吝, 진 進晉, 신 信腎, 신 仁人, 빈 賓頻, 민 民/길 吉, 힐 詰, 일 一逸, 딜 窒秩, 질 質疾, 실 悉, 일 日, 필 必匹, 밀 蜜
眞B(開) /rin/, /rit/	ㅡ/ㅡ	절반	근 僅覲, 흔 釁, 은 銀齗/을 乙釳
	ㅣ/ㅣ	절반	빈 彬貧, 민 敏閔/필 筆弼, 밀 密
侵A /im/, /ip/	ㅁ/ㅂ	다수	팀 沈砧, 림 臨霖, 님 賃恁, 심 甚尋, 심 衽/팁 蟄, 립 立, 집 集, 십 入
	ㅡ/ㅡ	소수	음 淫/읍 揖挹, 즙 汁楫, 습 襲習
侵B /rim/, /rip/	ㅡ/ㅡ	다수	금 今襟錦, 흠 歆, 음 飮音/급 給急, 흡 吸翕, 읍 泣邑
	ㅡ/-	소수	즘 簪岑, 슴 蔘參
幽A /iu/	ㅠ	전부	규 糾, 유 幽幼
幽B /riu/	-	-	-
脂A(開) /i/	ㅣ	다수	기 耆棄, 이 夷彝, 디 遲, 티 雉致, 지 脂, 치 鴟, 시 尸示, 비 匕鼻
	·	소수	즈 咨瓷自, 츠 次, 스 私死,
脂B(開) /ri/	ㅢ	절반	긔 飢祁器, 의 懿劓, 븨 圮
	ㅣ	절반	비 悲郫, 미 眉麋
	·	소수	스 師獅

126) 표에 규칙적인 반영을 벗어난 한자가 한두 개만 있고 예외로 간주되는 경우는 기입하
지 않겠다. 1장에서 언급했듯이 본고의 연구 목적은 음운 대응 양상을 확인해서 고대
한국어의 음운 체계를 재구하는 것이다. 개별적인 한자의 특수한 반영에 대한 설명은
연구 목적이 아니기 때문에 특별한 경우가 아니면 생략하겠다. 표의 '반영 비율'에는
'전부(예외 없이)〉거의(한두 개의 예외 제외)〉다수(대부분)〉절반(다소를 가리기 어려
움)〉소수(예외로 처리할 수 없는 소수 예)'와 같은 5단계가 있다. 그리고 重紐韻의 例字
제시에 대해서, 그 舌齒音(莊組 제외)은 A류의 牙喉音과 같으므로 例字는 A류에 제시
하고, 莊組字는 B류에 제시한다. 知組와 來母의 重紐는 전승 한자음 차용 당시에 이미
A류로 합류하였기 때문에(2.2.2 참고) 그 例字는 A류에 제시한다.

蒸 입성(合) /u(r)ik/	ㅕㄱ	전부	혁 洫, 역 域閾
眞A(合) /uin/, /uit/	-/ᅲᆯ	소수	솔 率蟀帥
	ㄷ/ᅲ	다수	균 均鈞, 륜 倫淪, 쥰 逡皴, 츈 春, 슌 旬純, 슌 潤閏/恂卹, 튤 黜, 뤀 律聿, 츌 出, 슐 述術
眞B(合) /urin/, /urit/	ㄷ/-	절반	균 麇困菌菌
	ㄷ/-	절반	군 窘, 운 殞隕
脂A(合) /ui/	ㅠ	거의	유 唯遺, 튜 追, 류 縲蘽類, 츄 推, 슈 誰穗
脂B(合) /uri/	ㅔ	다수	궤 軌櫃匱
	ㅟ	소수	위 位喟匯

중고음의 /i/에 속한 각 韻의 반영 양상을 하나씩 살펴보자. 먼저 合口 介音이 없는 韻들의 반영을 고찰하자.

伊藤智ゆき(2007, 이진호 역 2011: 188)의 韻 분류에서는 蒸韻을 3等 C류로 분류했지만, 黃笑山(2002)에 따르면 蒸韻은 전통적인 重紐 8韻에 속해 있지는 않지만 ≪切韻≫의 반절, 한어 吳・閩 방언, 일본 吳音에서는 '憶：抑'의 重紐 대립을 찾을 수 있다. 그리고 체계적으로 다른 /i/를 가지는 韻들은 모두 重紐韻인데 /iŋ/, /ik/인 蒸韻만 重紐 현상이 안 보이는 것은 균형이 맞지 않는다. 黃笑山(2002)에서 논의했듯이 적어도 ≪切韻≫ 시기에 蒸韻의 入聲은 影母 뒤에는 重紐의 대립이 있다. 그러나 [표 53]에서 '憶'과 '抑'의 전승 한자음은 다 '억'으로 나타났다. 이는 두 한자의 음은 모두 ≪慧琳音義≫ 시기 및 그 이후에 차용된 것으로 설명된다. ≪慧琳音義≫에서 '抑'과 '臆('憶'과 동음)'은 모두 '於力反'으로 나와 있어서 두 한자의 음은 ≪切韻≫ 시기가 아닌 후기 중고음 단계에 차용된 것으로 봐야 된다. 기존 연구 중에 河野六郎(1968/1979: 501-502)에서 蒸韻이 '억'으로 반영된 것을 a층에 대한 반영이라고 보는 것은 ≪切韻≫ 시기에는 '抑'과 '憶'의 음이 달랐던 점을 파악하지 못한 결과이다.[127] '抑, 憶'의 전승 한자음이 '윽'이 아닌 '억'으로 되어 있는

---

127) 伊藤智ゆき(2007, 이진호 역 2011: 337)에서는 蒸韻의 중고음(≪切韻≫ 시기) 음가를 'ǐəŋ, ǐəŋ'로 재구한 平山久雄(1967)을 따르고, '억'으로 나타난 것을 介音이 반영되지

것은 전승 한자음에서 '윽'이라는 음절이 없어서 생긴 현상일 가능성도 있지만[128] 후술할 바와 같이 唐末에 蒸韻의 음가 변화 때문일 수도 있다.

다시 蒸韻의 다른 반영 양상을 보자. ≪切韻≫ 시기의 /iŋ/, /ik/로 전승 한자음을 해석하게 되면 '抑, 憶' 따위를 제외하면 蒸韻은 C류 韻이기 때문에 舌齒音 뒤는 A류에 해당하니 전승 한자음에 /ㅣ/로 나타나고, 牙喉音과 莊組 뒤는 B류에 해당하니 /ㅡ/로 나타날 것이 기대된다. [표 53]에서 蒸韻의 반영 양상을 확인해 보면 대저 이런 기대에 부합하지만 '乘蠅證甑' 따위는 '싱, 징'으로 반영되어야 하는데 '승, 증'으로 나타났다. 河野六郎(1968)에서는 蒸韻이 '능'으로 나타나는 것을 d층, 즉 근대음 기층으로 간주했다.

蒸韻은 전기 중고음부터 후기 중고음 단계까지 변화를 겪었다. ≪廣韻≫에서 登韻 /əŋ/와 蒸韻을 同用할 수 있다고 규정한 것은 宋代에 두 韻이 相通한 것을 암시한다. 하지만 隋唐 시기의 시를 보면 登・蒸韻 사이의 押韻은 보편적이지 않았고 唐末의 近體詩에서야 登・蒸韻 사이의 押韻이 빈번히 등장했다. 中唐 전후의 梵語 對譯에서 登韻은 梵語의 'a', 蒸韻은 梵語의 'i'와 대응되었다. ≪慧琳音義≫에서는 몇 개의 예외를 빼고 登・蒸韻 사이의 혼용을 찾을 수 없었다. 唐末-五代의 漢藏 對音에서는 登韻과 蒸韻의 구별은 없었다(周傲生 2008: 161). 따라서 ≪慧琳音義≫ 및 그 이전에 蒸韻은 /iŋ/로 유지되고 있었고 中唐에 /əŋ/로 변화하기 시작하였다. 中唐 이후에 한어의 서북 방언(長安音 포함)에서

않은 결과라고 보았다. 'iĕŋ, iəŋ' 재구는 전후기 중고음 단계의 자료를 모두 같은 시기의 자료로 처리한 초기 단계의 연구 결과이다. 蒸韻이 登韻(/əŋ/)과의 押韻은 ≪切韻≫ 시기의 시에 나타나지 않았기 때문에 전기 중고음 단계에 그 음가는 'iŋ'이다(黃笑山 1995: 85).

128) 참고가 되는 것은 차자표기 자료의 말음 첨가 현상이다. '-ㅁ, -ㄴ, -ㄹ, -ㅂ'은 모두 전승 한자음이 '음, 은, 을, 읍'인 '隱, 音, 乙, 邑(이체자)'으로 표기됐지만 '-ㄱ'만 특이하게 '支, 攴'을 사용했다. 이는 고대 한국어 단계에 '윽'이라는 음절을 가진 한자음이 없는 탓에 '支, 攴'으로 표기하게 된 것으로 풀이된다.

登韻이 다시 /ɨŋ/로 변화했다(2.2.3.4 참조). 그러므로 전승 한자음에서 몇몇 蒸韻의 몇몇 齒音字가 'ᆼ'으로 나타난 것은 中唐 이후에 한어 서북 방언에서 일어난 /ɨŋ/>/əŋ/>/ɨŋ/의 변화를 반영한 것으로 해석된다. 그 당시의 한어 서북 방언에 蒸韻 변화가 일부 어휘에서만 일어난 양상이 그대로 전승 한자음에 반영된 것으로 보인다. 베트남 한자음에서도 蒸韻이 /ɯŋ/, /ăŋ/ 두 갈래로 반영된 것이(黃笑山 1995: 206, 伊藤智ゆき 2007, 이진호 역 2011: 336-338) 참고된다.[129] 蒸韻의 牙喉音은 워낙 B류에 속하기 때문에 蒸韻의 변화 전후에 모두 'ᆝᆼ'보다 'ᆼ'으로 반영되는 것이 원칙이다. 蒸韻의 牙喉音의 반영 양상이 원칙에 맞기 때문에 별다른 설명을 추가하지 않겠다.

그 다음은 眞韻의 반영이다. 眞A韻이 규칙적으로 'ᆝᆫ/ᆝᆯ'로 반영되었고, 眞B韻의 牙喉音은 'ᅳᆫ/ᅳᆯ'로 반영되었다. 모두 예상과 부합되는 대응 양상이다. 眞B韻의 脣音이 'ᆝᆫ, ᆝᆯ'로 반영되는 것은 앞서 논의했듯이 전승 한자음의 脣音 뒤에 重紐의 구별이 사라지고 A류로 나타났기 때문이다.

侵A韻이 'ᆝᆷ/ᆝᆸ', 侵B韻이 'ᅳᆷ/ᅳᆸ'으로 나타나는 것은 원칙에 맞는다. 하지만 [표 53]에서 볼 수 있듯이 일부 侵A韻이 'ᅳᆷ/ᅳᆸ'으로 나타났고, 일부 侵B韻이 'ᆝᆷ'으로 나타났다.

侵A韻이 'ᅳᆷ/ᅳᆸ'으로 나타나는 것에 대해서는 河野六郎(1968/1979: 475)에서는 음절 편향인가 하는 의문만 남기고 논의를 진행하지 않았다. 伊藤智ゆき(2007, 이진호 역 2011: 287)에서는 운미 '-m/p'를 발음할 때 입술이 돌출함에 따라 介音과 핵모음이 후퇴했을 가능성이 있다고 해석했다. 伊藤智ゆき(2007)의 이러한 해석은 명확하지 않다. '-m/p'의

129) 하지만 베트남 한자음에서 蒸韻이 /ɯŋ/와 /ăŋ/로 갈라진 양상은 전승 한자음의 양상과 비슷한 면은 있지만 차이가 난 부분도 두루 보인다. 이는 두 언어가 한자음을 차용한 시기가 완전히 같지 않고 개별 한자의 차용의 기층이 같지 않아서 나타난 차이점이라고 본다.

영향으로 介音과 핵모음이 후설 쪽에서 발음된다는 것은 고대 중국 사람들이 이렇게 발음해서 고대 한국 사람들이 그대로 차용한 것인지, 아니면 고대 중국 사람들의 발음은 정확하지만 고대 한국어 내부에서 후행 자음의 영향으로 모음의 변화가 일어난 것인지 해석하지 않았다. 어느 것이든 추측일 뿐이다. 儲泰松(2005: 182)에 따르면 唐代의 梵語 音譯에서 侵韻이 梵語의 'i'와 'u'에 모두 대응할 수 있어서 그 음가를 [ɯ]로 재구해야 'i'와 'u'의 대응을 모두 설명할 수 있다고 하였다. 그러나 8-10세기의 漢藏 對音에서 侵韻은 예외 없이 티베트어의 'im'와 대응되어 있다(王新華 2008: 112). 梵語 音譯과 漢藏 對音을 모두 고려하면 侵A韻은 /im/(/ip/)이지만 실제 음성 실현은 약간 후설 쪽에서 조음되었던 것으로 파악된다. 그러므로 侵A韻의 일부 한자의 전승 한자음은 '늠/늡'으로 나타난 것이 설명된다.

侵B韻이 '음'으로 나타난 예는 모두 선행 자음이 莊組라는 점에 유의해야 된다. 河野六郎(1968/1979: 475, 502)에서는 介音 'i'가 선행 자음인 'tʂ' 등에 흡수되고 侵韻의 핵모음 [ə]가 '·'로 나타난다고 해석했고 차용의 기층을 c층으로 보았다. 伊藤智ゆき(2007, 이진호 역 2011: 288-289)에서는 平山久雄(1993)에서 주장한 宋代 開封音 자료인 ≪皇極經世聲音唱和圖≫(이하는 ≪唱和圖≫라고 한다)에서 莊組 뒤의 洪音化[130)가 일어난 견해를 참고하여 '음, 음'은 모두 唐末에서 宋初 사이에 동시대의 음을 차용한 것이라고 보았다. 河野六郎(1968)과 伊藤智ゆき(2007)에서 모두 侵B韻의 핵모음을 [ə]/[ɨ]로 보았다. 이는 초기 단계의 Karlgren(1915-1926) 등의 재구와 달라진 바가 별로 없는 재구음이다.

여러 자료에서 侵韻의 핵모음은 /i/로 나타나는 것도 그렇고, 중고음의 음운 체계를 고려할 때도 脂韻을 /i/로 재구한 이상, 같은 重紐韻의 弁類에 속해 있는 蒸·眞·侵韻의 핵모음은 /i/로 봐야 된다(黃笑山

---

130) 즉 介音 /i/(/j/)가 탈락된다는 현상이다.

1995: 84-85). 하지만 侵韻의 핵모음을 /i/로 보게 되면 '·'와의 대응을 설명할 때 어려움이 따른다. 이 현상은 2.2.2에서 필자가 논의한 介音의 변화로 쉽게 설명할 수 있다. 黃笑山(2006)에 따르면 莊組 뒤의 介音이 탈락된 다음에 韻의 분류의 변화도 발생하였다. 唐 武玄之의 ≪韻詮≫에서 琴韻(侵韻에 해당)에서 峇韻이 분화되었다. 이 峇韻에는 오직 莊組字들만 있다. 바꿔 말하면 이른바 侵B韻에서 'ㅁ'으로 반영된 예들은 모두 唐 武玄之의 ≪韻詮≫에는 琴韻(侵韻에 해당)이 아닌 峇韻에 속해 있었던 한자들이었다. '峇'을 예로 들면, 이 한자의 음은 ≪切韻≫에서의 [dzrim]에서 唐代에 가서 濁音淸化, 莊組 뒤 介音 탈락 그리고 峇韻의 독립을 겪어서 [tʂɹəm]로 변화하였다. 그러므로 전승 한자음에서의 'ㅁ'은 唐代의 峇韻 /əm/를 차용한 것으로 보아야 된다. 따라서 전승 한자음에서 莊組의 侵B韻은 河野六郎(1968)과 伊藤智ゆき(2007)에서 주장한 후대의 宋代 開封音을 차용한 것으로 볼 필요는 없다.

주목할 것은 峇韻은 체계적으로 止攝의 莊組字와 평행한다(黃笑山 1995: 187). 峇韻(莊組 侵B韻)의 'ㅁ'으로의 반영은 莊組 止攝字가 '·'로 반영된 문제를 설명할 때 귀중한 단서를 제공해 준다. 峇韻이 'ㅁ'으로 반영된 것은 唐代의 音을 차용한 것이기 때문에 莊組의 止攝字의 '·'도 기존의 논의들에서 주장한 근대음 단계가 아님을 암시한다. 아래 脂韻의 精莊組의 모음이 '·'로 나타나는 것을 설명할 때 고려해야 되는 사항이다. 이에 대해서는 止攝 諸韻의 반영 양상을 다룰 때 상술하겠다.

幽韻 한자 중에는 전승 한자음을 확인할 수 있는 한자가 매우 적다. 그 A류는 'ㅠ'로 반영되어 있다.

[표 53]에서 보듯이 脂韻의 脣音字의 모음은 전승 한자음에서 A, B류에 관계없이 'ㅣ'로 나타났고, 牙喉音의 A류가 'ㅣ', B류가 'ㅢ'로 나타났다. 이들은 모두 예상에 부합된 반영이다. 하지만 齒音의 반영은 매우 주목을 끈다. 齒音字 중에 精組字와 章組字는 A류에 속하고 莊組字는 B류에 속하지만, A류의 精組와 B류의 莊組 뒤에 脂韻은 전승 한자음에

/·/로 나와 있고 A류의 章組 뒤에 脂韻은 전승 한자음에 / ㅣ /로 나와 있다.

앞서 언급했지만 止攝은 韻書에서는 支 /(r)iɛ/, 脂 /(r)i/, 之 /ɨ/, 微 /riəi/韻의 차이가 있지만 南北朝 시기의 많은 한어 방언에서 止攝은 이미 脂韻 /(r)i/에 합류되었다. ≪慧琳音義≫에서 止攝의 각 韻이 /i/로 합류되었지만 重紐 A류와 B류의 차이는 남아 있다. 전승 한자음에서 止攝의 반영 양상을 보면 ≪慧琳音義≫ 속의 止攝 양상이 반영된 것으로 보인다. 아래의 [표 54]에서 보인 바와 같이 支·之·微韻이 전승 한자음에 반영된 양상은 [표 53]에서 본 脂韻의 반영 양상과 거의 같다.

[표 54] 支·之·微韻의 반영 양상

韻	반영 양상	반영 비율	例字
支A(開) /iɛ/	ㅣ	다수	기 岐枳, 디 知, 티 馳, 지 支只, 치 侈恀, 시 施匙, 비 卑脾, 미 彌靡
	·	소수	ᄌ 眥雌疵, ᄎ 此, ᄉ 徙斯, ᅀ 兒
支B(開) /riɛ/	ㅢ	절반	긔 奇寄, 희 戱, 의 宜議
	ㅣ	절반	비 碑羆, 피 披皮, 미 糜靡
之 /ɨ/	ㅢ	소수	긔 基麒, 희 姬嬉, 의 疑醫, 치 輜緇, ᄉᆡ 葸
	ㅣ	절반	디 持, 티 治恥, 리 狸嫠, ᄼᅵ 而輀, 이 頤眙, 지 之止志, 치 齒熾, 시 試始
	·	절반	ᄌ 滋子, ᄉ 思史似士佀
微(開) /riəi/	ㅢ	절반	긔 幾豈氣, 희 希稀, 의 衣毅
	ㅣ	절반	비 非沸妃, 미 微尾味
支A(合) /uiɛ/	ㅠ	전부	규 規窺跬, 휴 觿
支B(合) /uriɛ/	ㅟ	절반	위 委萎爲
	ㅞ	절반	궤 詭跪, 훼 毀
微(合) /uriəi/	ㅟ	거의	귀 鬼貴, 위 威魏偉, 휘 揮彙

[표 54]에서 본 바와 같이, 전승 한자음에서 支韻의 반영 양상은 거의 脂韻과 동일하다. 다만 支韻에 속한 莊組字가 드물어서 支B韻에는 '·'로 반영된 예는 보이지 않는다.[131] 支韻의 合口字의 반영 양상도 脂韻과 같다. 之韻은 3等 C류에 속해 있고 脣音字가 없다. 그 牙喉音과 莊

組字가 'ㅣ'로 반영될 것이 기대된다. 그러나 之韻 莊組字 중에는 운모가 'ㅣ'로 반영된 예가 몇몇 발견되지만 대부분은 기대와 달리 'ㆍ'로 나타났다. 之韻의 舌齒音(莊組 제외)의 운모가 'ㅣ'로 나타나는 것은 원칙이나 精組字의 운모가 'ㆍ'로 나타났다. 微韻은 3等 C류 중에 舌齒音과 결합되지 않은 운들 중의 하나이다. 역시 開口韻에서 牙喉音字의 운모는 'ㅢ'로 脣音字의 운모는 'ㅣ'로 나타났다. 合口韻은 거의 'ㅟ'로 나타났다.

[표 53] 속의 脂韻의 반영 양상과 [표 54] 속의 支·之·微韻의 반영 양상을 살펴본 뒤에 알 수 있는 사실은 전승 한자음 차용 당시에 이미 止攝의 각 韻이 /i/에 합류되었다. 그러므로 전승 한자음은 《切韻》의 체계와 거리가 있다고 할 수 있다. 支·之·微韻이 차용 당시에 이미 脂韻에 합류된 것은 확실하기 때문에 支·之·微韻을 脂韻과 같이 /i/ 韻에 귀속시켜서 여기서 함께 다루겠다. 牙喉音字의 운모가 'ㅢ'로, 脣音字와 章組字의 모음이 'ㅣ'로 반영된 것은 모두 예상과 맞는다. 따라서 특별히 설명해야 될 것은 止攝의 精組字와 莊組字의 韻이 'ㆍ'로 나타나는 특이한 현상이다. 이 문제는 그 동안 많은 관심을 많이 받아왔는데 선행 연구에서는 견해 차이가 매우 심하다. 선행 연구를 세밀히 분류하면 총 5가지 견해가 보인다.

첫째, 박창원(2000: 361)에서 주장한 介音 탈락설이다. 이 논의에서는 止攝의 介音이 자음에 흡수되거나 축약되어 핵모음이 'ㆍ'로 반영되었다고 보았다. 하지만 이 논의에서 놓친 것은 전승 한자음이 차용될 당시에 止攝은 이미 /i/에 합류되었다는 사실이다. 그리고 대략 전승 한자음의 'ㆍ'는 중고음의 /ə/와 대응을 이루고 있다. 가령 전승 한자음이 《切韻》 체계를 차용한 것이라면 이러한 설명은 핵모음이 /ə/인 微韻에만 해당된다. 하지만 微韻은 齒音과 결합되지 않은 韻이다. 게다가

---

131) 支B韻의 生母字 '㺢'는 '싀, 세로 나타났지만 유일한 예이기 때문에 [표 54]에 넣지 않았다.

脂韻의 핵모음은 /i/, 支韻의 핵모음은 /ɛ/, 之韻의 핵모음은 /ɨ/이므로 이러한 설명 방법을 따르면 각각의 운모는 전승 한자음에서 /ㅣ, ㅓ, ㅡ/로 나타나는 것이 원칙이다. 그러므로 止攝의 精組字와 莊組字의 韻이 'ㆍ'로 나타나는 것을 介音 탈락으로는 설명할 수 없다.

둘째, 南北朝音을 차용했다고 본 俞昌均(1994a)이다. 俞昌均(1994a)에서 '賜'의 한자음은 처음에 상고음의 'sjei'를 차용하였다가 나중에 남북조음 'sjĕ'를 차용해서 'ㅅ'로 되었다고 보았다. 그러나 이러한 설명은 나머지 자음 뒤에 止攝이 전승 한자음에 /ㅓ/ 혹은 /ㅣ/로 반영된 사실과 충돌이 생긴다.

셋째, 朴炳采(1971), 최희수(1986), 최남희(2005a) 등에서 주장한 상고음 차용설이다. 핵심적인 주장은 Karlgren(1915-1926)에서 재구한 止攝의 상고 재구음 'ə'가 'ㆍ'로 반영되었다는 것이다. 상고음 차용설에 대한 비판은 李潤東(1997), 權仁瀚(2003) 등에서 이미 이루어졌다. 즉, 상고음 단계에서는 止攝의 諸韻을 'ə'로 묶을 수 없고, 전승 한자음은 전반적으로 중고음을 차용했는데 유독 止攝의 齒音字만은 상고음을 차용했다고 말하기는 어렵다는 것이다. 또한 여기에 한 가지 사실을 더 지적한다면, 止攝이 전승 한자음에 반영된 양상을 보면 오직 치음 뒤에만 특이하게 'ㆍ'로 나타난다는 점이다. 그 양상은 기존의 다른 연구에서 말한 중고음 이후의 止攝이 치음 뒤에서만 'ɿ, ʅ'로 바뀐 것과 같다. 그러므로 상고음에 대한 반영으로 설명하는 것보다는 중고음 이후의 변화를 반영한 것으로 해석하는 것이 더 합리적일 것이다.

넷째, 'ㅇ' 삽입설이다. 伊藤智ゆき(2007)에서는 精組와 莊組의 마찰성이 강해서 그 止攝字는 '자음+모음'이라는 음절로서보다 'tsẓ', 'sẓ'와 같이 자음만으로 된 결합체로서 知覺하였는바, 이때 'ㆍ'가 삽입 모음의 역할을 하게 된 것이라고 해석하였다. 精組와 莊組의 마찰성이 강하고 'ẓ', 'ẓ'로 변화하였다는 견해는 平山久雄(1993)을 따른 것이다. 平山久雄(1993)에서는 宋代 開封音을 반영한 ≪唱和圖≫에 대한 고찰을 통해서 精組와 莊組가 이 시기에 강한 마찰성을 갖고 있었다고 추정하였다. 伊藤智ゆき(2007)에서 그 차용 기층을 北宋音으로 본 셈이다. 따라서 이 논의는 차용 시기 문제만큼은 아래에서 살펴볼 河野六郎(1968)에서 c층으로 설명한 것과 차이가 없다. 아래에서 설명하겠지만 차용 시기 를 宋代 開封音으로 보는 데에는 문제가 있을 뿐만 아니라, 精組와 莊 組의 止攝字의 음를 고대 한국 사람들이 자음으로 청취하고 'ᄋ'를 나중 에 삽입한 것이라는 설명은 일반적이지 않은데다가 과도한 추측이 아 닌가 한다. ≪唱和圖≫에 대한 고찰을 통해서 宋代音을 세밀하게 음성 실현에 대해서 추측할 수는 있지만 그 추측을 기정 사실처럼 받아들이 고 한 걸음 더 나아가 확대 해석을 하는 것도 문제가 된다.

다섯째, 有坂秀世(1957), 河野六郎(1968), 이돈주(1981, 1990), 리득춘 (1989), 李潤東(1997), 權仁瀚(1997, 2003), 김무림(2007)[132] 등에서 주장 한 근대음 차용설이다. 각 연구의 결론은 모두 止攝의 齒音字의 차용 시기가 주 기층보다 늦다고 보고 있지만 세부적인 설명에도 차이가 보 인다. 모두 자세히 살펴볼 필요가 있다.

有坂秀世(1957: 322-323)에서는 'ᄋ'가 宋音의 'ŭ('ɨ'에 해당)'를 반영한 것이라고 보았다. 이는 전승 한자음은 宋代 開封音을 차용하였다고 주 장한 근거 중의 하나였다.

河野六郎(1968/1979: 480)에서는 齒音字 뒤의 'ᄋ'는 후세의 한어의 'ɿ'[133] 와 대응된다고 하였다. ≪慧琳音義≫의 精組字의 반절 下字가 대부분 같은 精組字인 것은 ≪慧琳音義≫에 이미 'ɿ'의 萌芽가 있었을 가능성 을 제기하였지만 일본 漢音에서 그러한 흔적을 찾을 수 없어서 ≪慧琳

---

132) 아래에서 확인할 수 있듯이 김무림(2007)은 止攝이 'ᄋ'로 반영된 것을 근대음이라기보 다 10세기 전후의 음을 차용하였다고 보았다. 주 기층보다 시기가 조금 늦으므로 여기 서 이 논의를 근대음 차용설로 분류하였다.
133) 참고로, 현대 한어에서 /i/는 /ʦ, ʦʰ, s/ 뒤에서는 [ɿ]로, /tʂ, tʂʰ, ʂ/ 뒤에서는 [ʅ]로 실현 된다.

音義≫에서 아직 'i'를 보유하고 있다고 하였다. 莊組 뒤의 '♀'에 대한 특별한 설명은 없지만 '♀'가 설첨 모음과 대응되는 것은 '♀'의 변천을 고찰할 때 중요한 문제라고 지적하였다. 차용 기층에 대해서 止攝이 'ㅢ, ㅣ'로 반영된 것은 b층, 'ㆍ'로 반영된 것은 c층에 대한 반영이라고 보았다.

이돈주(1981, 1990)에서는 ≪東國正韻≫뿐만 아니라 ≪訓蒙字會≫에서 止攝字의 대응 양상을 살펴보면 치음 뒤에서만 '♀'가 나타나는데 이는 그것이 근대 한음의 치음 뒤에 止攝이 /ɿ/로[134] 나타난 양상과 같다고 하였다. 시기상 精組 뒤의 'ɿ'는 ≪切韻指掌圖≫(12세기 말)에서 1等韻으로 배치하고 ≪韻會≫(1297)에서 精莊組 뒤의 'ɿ'를 貲韻으로 독립시킨 것이 참고된다고 하였다. 그리고 ≪鷄林類事≫는 'i〉ɿ'의 변화 시기였기 때문에 표기에 사용된 止攝 齒音字의 모음을 '♀'로 읽을 수 있다고 하였고, '♀'는 후설 모음이 아닌 중설 위치에 있고 약간 개구도가 큰 모음이었다고 하였다. 한편, 신라 향가의 표기에서 止攝 齒音字의 모음은 'ㅣ'로 읽어야 한다고 주장하였다.

리득춘(1989/1994: 49)에서는 삼국 시기의 차자표기에서 '♀'와 '이'는 분화되지 않고 오직 단일한 [i] 유형만 나타난다고 하면서, 고대 한국어 단계에서는 '♀'가 존재하지 않았고, 止攝 齒音字가 '♀'와 대응되는 것은 12세기의 ≪切韻指掌圖≫의 반영이라고 하였다.

李潤東(1997: 229)에서는 止攝의 상고음 [ə]가 중고음에서 [ɑ]로 변화하는 현상이 일부에서 일어났던 것이 ≪切韻指掌圖≫가 나올 무렵에 보편화되었고 이것이 전승 한자음에 영향을 끼쳤을 것이라고 하였다.

---

134) 이돈주(1981, 1990) 등 연구에서는 편의상 [ɿ, ʅ]를 'ɿ'로 묶어서 표기하였다. 다만 문제가 되는 것은 'ɿ'를 음소 표기 부호인 '//'에 넣은 것이다. 분포를 봤을 때 [ɿ]는 치조 파찰음과 치조 마찰음 뒤에만 나타나고, [ʅ]는 권설 파찰음과 권설 마찰음 뒤에만 나타나며, 나머지 자음 뒤에는 [i]가 나타나므로 [ɿ], [ʅ]와 [i]는 상보적인 분포이다. 따라서 [ɿ, ʅ]를 /i/의 변이음으로 봐야 된다(王力 1963/2003: 23).

權仁瀚(1997, 2003)에서도 止攝 齒音字의 'ᅀᆞ'는 근대음을 차용한 것이라고 보았다. 우선 權仁瀚(1997: 203)에서는, 李敦柱(1990)에서 止攝 齒音字의 'ᅀᆞ'는 ≪切韻指掌圖≫ 시기의 근대음 영향을 받았다고 한 견해를 받아들였고, 구체적으로 구결 자료인 ≪華嚴經≫에서 '-시-'의 표기가 'ㅟ'에서 'ᄼ'로 교체되기 시작한 것을 '賜'의 한자음이 '시'에서 'ᄉ'로 바뀌기 시작한 것으로 보아, 교체 시기를 12세기 말-13세기 초로 보았다. ≪鄕藥救急方≫에서 '郁李 山叱伊賜羅次(묏이ᄉ랒)'과 '齒齼 齒所叱史如(니 솟싀다)'에서 '賜'와 '史'가 'ᄉ'로 대응된 것은 13세기 중엽에 '賜' 등의 한국한자음이 'ᄉ'로 굳어졌음을 증언한다고 하였다. 權仁瀚(2003)에서는 근대음 차용설의 약점이었던 'ᅀᆞ'와 한어의 'ï'의 음가 차이 문제에 대해서 지지해 줄 수 있는 자료를 추가하였다. ≪海東諸國記≫에서 琉球語 치음 뒤의 [ɯ]가 'ᅀᆞ'로 전사된 예가 보이는데, 일본어의 'ウ'가 원순성이 약하여 [ɯ]로 표기되고[135] 특히 [s]나 [ts]를 선행시킬 때 'ウ'가 극단적으로 약화된 사실을 감안하여 후기 중세 한국어의 'ᅀᆞ'가 약간 中舌面 쪽으로 끌려 중설적인 琉球語를 나타내기에 적합한 것으로 추정한 金完鎭(1971: 13-14)의 견해를 받아들이고, 權仁瀚(1998)에서 제시한 ≪朝鮮館譯語≫에서 치음 뒤 /ᅀᆞ/와 漢語의 'ï'의 대응의 예를 보충하여 齒音下에서 /ᅀᆞ/의 음성 실현이 [ɯ] 또는 [ï]에 미쳤다고 추정하였다.

김무림(2007: 121-122)에서는 止攝 齒音字 'ᅀᆞ'는 10세기를 전후한 시기의 한어를 반영한 것이라고 주장하였다. 그 근거는 ≪韻鏡≫(10세기 전후)에서 4等에 놓인 精組가 ≪切韻指掌圖≫에서는 1等의 자리에 배열된 것이 참고된다고 하였고, ≪韻鏡≫을 염두에 두면 10세기 이후의 일이 되겠으나, 王力(1987)의 재구를 따르면 대략 10세기 이전의 漢字

---

135) 田中健夫 訳注(1991)에서 琉球語를 재구한 선행 연구를 정리한 바가 있다. 田中健夫 訳注(1991: 280-296)에 따르면 琉球語의 이 음은 [ɯ]로 재구된다.

흡과 관련이 있다고도 할 수 있다[136]. 전승 한자음은 精組와 莊組의 통합이 완료되지 않은 것을 보여 주고, '٥'의 반영을 기준으로 精組에 莊組의 합류가 이루어지는 과도기적 상황이므로, 10세기를 전후한 시기로서 반영음의 한어사적 맥락을 이해할 수 있다고 하였다. 그리고 만약 止攝이 '٥'로 반영된 것을 근대음의 반영이라고 본다면 ≪四聲通解≫의 속음에서 'ï'를 '응'으로 표기한 현상과 충돌한다고 하였다. '٥'의 음가에 대해서는 ≪四聲通攷≫ 凡例의 설명을 근거로 '٥'와 '으'는 인접한 모음이라고 주장하고 중세 한국어를 기준으로 하여 '으'가 'ï/i'였다면 '٥'는 개구도가 큰 'ə' 정도에 해당한다고 할 수 있다고 하였다.

위와 같이, 止攝 齒音字의 모음을 '٥'로 차용한 것을 모두 근대음을 차용한 것이라고 보았지만, 세부적인 차이가 많다. 선행 연구에 대해서 먼저 검토하자면, 위의 논의 중에 리득춘(1989)과 李潤東(1997)의 견해는 받아들이기 어려워 보인다. 리득춘(1989)에서 고대 한국어 단계에 '٥'가 존재하지 않았다는 부분은 아직 증명하기 어려운 문제이다. 더구나 전승 한자음에서 '٥'가 거의 중고음의 /ə/와 규칙적으로 대응을 이루고 있어 '٥'가 고대 한국어 단계에도 존재한다고 봐야 될 것이다. 李潤東(1997)에서는 상고음 단계의 止攝 [ə]가 중고음 단계에 [ɑ]로 변화하였다고 주장하였는바, 이를 지지해 줄 증거가 보이지 않는다. 오히려 止攝은 중고음 시기에 /i/로 합류하였다는 것이 정설이다.

나머지 선행 연구에도 문제점이 보인다. 이들 논의에서 해결하지 못한 문제는 두 가지가 있다.

첫째, 다수의 논의에서는 止攝 齒音字의 '٥'를 12-13세기의 근대음으로 보았다. 그렇게 설명한다면 다른 문제들을 초래한다.

(가) 성모의 반영에 대한 고찰에서 우리가 이미 知組는 전승 한자음에서

---

136) 王力(1987: 288)에 따르면 晚唐-五代에 資思韻([ʮ])이 나타났다.

/ㄷ, ㅌ/으로 나타난다는 사실을 확인한 바가 있다. 이는 전승 한자음 차용 당시에 知組가 아직 舌音에 속해 있고 莊·章組와 합류되지 않았음을 암시한다. 12-13세기에 知組는 莊·章組와 비변별적이었으므로, 知組의 止攝字들인 '知智致池'들도 이 시기에는 [tʂ ɿ, tsʻɿ]로 발음하였을 것이다. 그 당시 사람들은 知組와 莊·章組를 구별할 수 없었기 때문에 知組 止攝字들의 전승 한자음들도 12-13세기 근대음 차용설에 따르면 /ᅎ, ᅔ/로 나타나야 한다. 하지만 전승 한자음에서 이들은 /디, 티/이다.

(나) 치음 중에 오직 精組와 莊組 뒤의 止攝은 'ᄋ'로 나타나고 章組 뒤에 止攝은 그대로 '이'로 나타난다. 이는 전승 한자음 차용 당시에 아직 莊組와 章組의 구별이 있었음을 암시한다. 마찬가지로 唐末 守溫의 三十字母에서 精莊組는 照組 하나로 합쳐졌고, 宋代 朱熹(1130-1200)의 반절에서는 이미 莊組와 章組의 경계를 찾을 수 없기 때문에 12-13세기에 章組의 止攝字인 '支只脂齒'들은 [tʂ ɿ, tsʻɿ]로 되어 있다. 그러므로 12-13세기의 근대음 차용 설에 따르면 章組의 止攝字들의 전승 한자음도 /ᅎ, ᅔ, ᄼ/로 나타나야 한다. 하지만 전승 한자음에서 이들은 /지, 치, 시/이다.

(다) 12-13세기 근대음 차용설에서 참고한 12세기 말의 ≪切韻指掌圖≫에서 蟹攝의 3·4等이 이미 止攝에 합류되었다(李新魁 1988: 60). 하지만 현대 북방 한어 방언을 보더라도 蟹攝 3·4等의 精組字 '濟妻西'는 [tɕi, tɕʻi, ɕi]로 되어 있고 'i⟩ɿ'의 변화가 일어나지 않았다. 麥耘(2004: 27-28)에 따르면 'i⟩ɿ'의 변화는 蟹攝과 止攝의 합류가 일어나기 전(즉 宋代 이전)에 이미 일어났다고 보아야 蟹攝 3·4等字와 止攝字의 차이를 설명할 수 있다. 12-13세기의 한어를 차용했다는 주장은 한어 음운사의 세부 사항과 충돌한다.

간단히 말하자면, 전승 한자음에서의 聲母의 반영을 보면 차용 당시에 知組는 精·莊組와 구별이 되고, 莊組는 章組와 구별이 된다. 宋音에 이 두 가지의 구별이 모두 사라졌기 때문에[137] 齒音字의 止攝이 'ᄋ'

로 나타난 것은 늦어도 五代 이전에 차용되었다고 보아야 한다. 한어의 변화 양상을 고려하면, 'i〉ʅ' 변화가 蟹攝에서 일어나지 않은 것은 'i〉ʅ' 의 변화는 宋 이전에 蟹攝과 止攝이 아직 합류되지 않은 시기에 발생하였다고 보아야 한다. 따라서 전승 한자음의 양상을 보든, 한어의 변화 양상을 보든 12-13세기의 근대음을 차용하였다는 주장에는 문제가 있음을 알 수 있다.

둘째, 기존의 연구에서는 精組의 止攝이 'ㆍ'로 반영된 현상을 ≪切韻指掌圖≫에서 포착된 'i〉ʅ'의 변화와 관련시켰는데 莊組의 止攝도 'ㆍ'로 반영된 현상에 대해서는 설명이 부족하다. 河野六郎(1968/1979: 480)에서는 ≪慧琳音義≫에서 이미 精組 뒤에 'i〉ʅ'의 변화가 일어났을까 하는 의문만 남기고 莊組에 대해서는 별도의 설명을 하지 않고 精組와 같이 전승 한자음에서 그 止攝이 'ㆍ'로 나타난다고 했다. 이돈주(1981: 262-263, 1990: 78-19)에서도 精組의 'ㆍ'를 ≪切韻指掌圖≫와 관련시켜 해석했지만 莊組에 대해서는 별다른 논의가 없고 ≪韻會≫에서 精莊組 뒤의 'ʅ'를 貲韻으로 독립시킨 것만 언급했다. 여기서 추가로 지적할 것은 이돈주(1981, 1990)에서는 王力(1957)이 12세기 전에 精組 뒤에서 'i〉ʅ'의 변화가 일어났다는 내용을 인용해서 ≪切韻指掌圖≫에서 精組 齒音字가 1等으로 배치된 것과 관련시켰다. 그렇지만 王力(1987)에서는 晚唐-五代에 'i〉ʅ'의 변화가 이미 일어났다고 하였다. 그러므로 精組 止攝의 'ㆍ' 차용 시기는 王力(1987)을 참고해도 10세기 이전으로 앞당길 수 있다. 김무림(2007: 120-122)에서는 王力(1987)의 견해를 인용해서 精組의 止攝이 'ㆍ'로 반영된 것은 10세기 전후의 음을 차용한 결과라고 하였다. 이 논의에서는 莊組 止攝의 'ㆍ' 반영에 대해서는 10세기 전후에 莊組가 精組에 합류되고 있었다고 해석하였다. 그러나 김무림(2007)에서

---

137) 北宋의 開封音 자료인 ≪唱和圖≫에서 知·莊·章組가 이미 합류하게 되었다(蔣紹愚 2005: 57-58).

인용한 王力(1987: 321)에 따르면 宋代 朱熹 반절의 莊組의 일부가 精組에 합류되었지만 나머지는 章組에 합류되었다. 김무림(2007)의 해석은 절대 다수의 莊組 止攝字의 운모가 'ᄋ'로 반영된 사실과 어긋난다. 그리고 王力(1987: 284-286)에 따르면 晚唐-五代에 莊組는 아직 독립적인 존재였다. 그러므로 김무림(2007)에서 莊組의 止攝이 'ᄋ'로 반영된 것에 대한 설명은 타당하지 않다.

止攝 莊組字의 반영 양상을 설명할 수 없는 것은 기존의 논의에서 참고한 성운학 연구가 王力의 학설이기 때문인 것으로 보인다. 왜냐하면 王力(1957, 1987)에서는 莊組의 중고음을 [ʧ] 등으로 재구하였기 때문이다. 莊組의 중고음을 [ʧ] 등으로 재구하면 그 뒤에 일어난 'i>ɿ' 현상을 포착하기 어렵다.

본고에서는 근래의 연구를 참고하여 精·莊組의 止攝이 'ᄋ'로 반영된 것도 근대음이 차용된 때문이 아니라 후기 중고음 단계의 한어를 차용한 결과라고 본다.

우선 精組 뒤에 'i>ɿ'가 일어난 시기는 王力(1987)에서 이미 그것을 晚唐-五代로 보았다. 그 이유는 南唐 朱翱 반절에서 精組字끼리만 反切되었기 때문이다. 麥耘(2004)에서도 南唐 朱翱 반절에 대해 고찰한 바가 있는데 같은 결론을 내렸다. 河野六郞(1968)에서도 南唐 朱翱 반절과 같은 현상이 ≪慧琳音義≫에서 보인다고 하였지만 일본 漢音에서 그러한 반영 양상을 찾을 수 없어서 ≪慧琳音義≫에서 精組 뒤의 止攝은 [i]였다고 주장하였다. 최근에 趙翠陽(2009: 125-126)에서 ≪慧琳音義≫의 반절에 대해서 다시 통계를 냈는데 같은 현상을 ≪慧琳音義≫의 精組의 반절뿐만 아니라 莊組의 반절에서도 찾을 수 있다고 보고하였다. 통계 결과를 여기다 제시하면, 止攝 開口 精組字는 ≪慧琳音義≫에서 총 232회가 나왔는데 그 반절 下字는 3等 A류字를 7회, 章日組字를 3회, 以母字를 13회, 精組字를 192회, 來母字를 16회, 莊組字를 1회 사용하였다. 止攝 開口 莊組字는 ≪慧琳音義≫에서 총 123회가 나왔는데 그 반

절 下字는 3等 B류字를 16회, 見組字를 5회, 章日組字를 4회, 知來母字
를 13회, 莊組字를 85회 사용하였다. 그러므로 ≪慧琳音義≫에서 精組
뒤에 'ɿ', 莊組 뒤에 'ʅ'가 이미 나타났을 가능성이 높다고 본다.

이제 莊組 뒤의 'i〉ʅ 변화가 일어난 시기를 확인하자. 앞에서 언급했
지만 王力(1987)에서는 晩唐-五代 시기, 宋代에도 莊組 뒤에 'i〉ʅ'가 일어
나지 않았다고 하였다. 이 논의에서는 知·莊·章組가 합류한 후 元代
시기가 되어야 'i〉ʅ'가 일어난다고 하였다(王力 1987: 393). 王力(1987)의
논의에 따르면 전승 한자음의 반영 양상은 晩唐부터 宋代까지의 한어뿐
만 아니라 元代의 한어와도 일치하지 않는다. 王力(1987)의 莊組 중고음
재구에는 문제가 있다는 점을 앞서 필자는 지적한 바가 있다.138) 여기
서 莊組의 중고음을 권설음으로 재구한 최근 연구에 따르면 위와 같은
문제가 발생하지 않는다. 다만 莊組를 권설음으로 보더라도 학자에 따
라서 莊組 뒤의 'i〉ʅ'의 변화가 일어난 시기에 대해 달리 해석하고 있다.

麥耘(2004)에서는 朱熹 반절과 동일 시기에 漢語와 西夏語의 對譯 어
휘집인 ≪番漢合時掌中珠≫(1190)에서 이미 知·莊·章組가 합류하였
고 'i〉ʅ'의 변화가 일어난 양상을 보여 준다고 주장하였고,139) 시기적으
로 조금 더 앞의 자료인 邵雍(1011-1077)의 ≪唱和圖≫에서 'i〉ʅ'의 변화
는 莊組 뒤에만 일어났는지 莊·章組 뒤에 모두 일어났는지 확실하지
않지만140) 'i〉ʅ'가 莊組 뒤에는 이미 일어났다고 하였다. 조금 더 앞 시
기 자료인 朱翱 반절에서 비록 莊組字의 반절 下字 중에 다른 성모의

---

138) 또한 王力(1987)에서 각 시기의 음운 체계를 재구할 때 참고한 자료가 단일하다. 晩唐-
五代의 음운 체계는 朱翱 반절, 宋代는 朱熹 반절로 재구하였다. 전승 한자음의 차용
시기를 확인할 때 다양한 자료가 참고 대상이 되어야 하기 때문에 王力(1987)의 논의
만 참고하면 문제를 해결할 수 없다고 본다.

139) 止攝의 각 한자들이 西夏語의 모음과의 대응을 고찰할 때 止攝은 선행 자음에 따라서
서로 다른 西夏語 모음과 대응되어 있는 현상을 발견했기 때문이다(麥耘 1995: 24-26).

140) 邵雍의 ≪唱和圖≫의 音系에 대해 확실하게 정의할 수 없기 때문에 판단하기 어렵다고
한다. 그것이 ≪蒙古字韻≫과 연결되면 莊組 뒤에만 'i〉ʅ'가 일어났고, ≪中原音韻≫과
연결되면 莊·章組 뒤에 모두 'i〉ʅ'가 일어났다고 봐야 된다(麥耘 2004: 28).

한자는 莊組字보다 많지만 다른 성모의 한자의 반절 下字는 莊組字를 사용하지 않았다. 그리고 만약에 莊組 뒤의 止攝韻의 음가를 [i]로 처리하면 自切의 확률은 매우 낮고, 그 음가를 [ɿ]로 봐야 반절 양상을 자연스레 설명할 수 있다고 하였다(麥耘 2004: 31-32). 그러므로 麥耘(2004)에서는 莊組와 精組 뒤의 'i)ɿ, ʅ' 변화는 모두 朱翱 시기에 일어났다고 하였다.

李新魁(1988: 62)은 麥耘(2004)와 달리 莊組 뒤 'i)ʅ'의 변화는 精組 뒤 'i)ɿ'보다 훨씬 일찍 일어났다고 주장하였다. 그 원인은 음성적으로 권설음 [tʂ] 따위 뒤에 [i]를 조음하기 어렵기 때문이다. 즉, 莊組가 중고음 시기에 권설음으로 변화하자 이어 'i)ʅ'가 일어났다는 것이다. 앞에서 필자는 黃笑山(2006)에서 제시한 중고음 介音에 대한 새로운 학설을 따랐다. 黃笑山(2006)의 논의에서도 莊組가 'tʂri'에서 권설음으로 변화하는 순간에, 이미 'tʂ' 뒤의 [i]가 [ɨ]([ʅ]에 해당)로 변화한다고 하였다. 역시 [i]는 권설음 뒤에 나타날 수 없는 제약에 의한 재구이다. 앞에서 말한 侵韻의 莊組字가 㟃韻으로 분화(split)된 현상은 止攝이 莊組 뒤에 'i)ʅ' 의 변화를 겪은 것과 같은 현상이다. 그러므로 莊組 뒤의 止攝이 겪은 'i)ʅ'의 음운 변화도 꽤 일찍 일어났다고 봐야 한다.

현대 한어 방언과 베트남 한자음에서도 전승 한자음과 비슷한 양상을 확인할 수 있다. 黃笑山(1995)에 따르면 이들은 中唐 시기에 師思韻 [ɿ, ʅ]가 이미 나타났다는 증거이다. 아래의 閩 방언 자료를 보자.

[표 55] 莊·精組 止攝字의 閩 方言(黃笑山 1995: 186)[141]

	師	史	士事	私	資	瓷	自	四	次	字
泉州	sɯ	sɯ	sɯ	sɯ	tsɯ	ts'ɯ	tsɯ	sɯ	ts'ɯ	tsɯ
厦門	su	su	su	su	tsu	ts'u	tsu	su	ts'u	tsi
福州	sy	sy	søy	sy	ts'y	ts'øy	tsøy	sy	ts'øy	tsɛi

---

141) 麥耘(2004: 23)에서도 비슷한 자료를 제시한 바가 있다.

[표 55]는 모두 閩 方言의 文讀層의 자료이다. 文讀層보다 古語의 층인 白讀層에 止攝은 ai 혹은 i로 나타난다. [표 55]의 文讀層은 분명히 中唐-五代 시기의 'ṣɨ([sʅ], [sʅ])'에 대한 반영이다(黃笑山 1995: 186). 그 다음에 전승 한자음과 차용 시기가 비슷한 베트남 한자음에도 비슷한 양상을 확인할 수 있다.

[표 56] 莊·精組 止攝字의 전승 한자음과 베트남 한자음(朴炳采 1990: 78-79)

한자	전승 한자음	베트남 한자음
雌(支)	츠	thư'
賜(支)	스	tư'
瓷·自(脂)	츠	từ'
資·姿(脂)	츠	tú
死·四(脂)	스	sư'
師·獅·螄(脂)	스	sư'
子·秄(脂)	스	từ'
慈(之)	츠	từ'
司·絲(之)	스	tư'
詞·祠(之)	스	từ'

베트남 한자음은 일반적으로 唐末의 한어를 차용한 것으로 보고 있는데(Maspéro 1920, 聶鴻音 譯 2005: 13) 베트남 한자음에서 莊·精組의 止攝이 'u[ɯ]'로 나타나는 것은 역시 후기 중고음 단계에 莊·精組 뒤에 'ï'가 이미 [ɹ, ɻ]로 변화한 것을 보여 준다.

한편, ≪慧琳音義≫와 비슷한 시기의 梵語 音譯 자료에서 일부 止攝字로 범어의 'ï, ɻ'를 음역한 예가 발견되는데[142] 역시 止攝의 舌尖音化([i])[ɹ, ɻ])가 이미 일어났다는 증거로 삼을 수 있다(儲泰松 2005: 173, 周傲生 2008: 146).

따라서 ≪慧琳音義≫에서 精組끼리의 반절과 莊組끼리의 반절의 비율이 높은 것은 精·莊組 뒤에 이미 'ï'가 [ɹ, ɻ]로 변화하기 시작한 현상에

---

142) 'vï 微尾, rï 囉唎利哩, nï 尼膩, tɹ 智胝, jï 餌, sï 斯臬, i/ï 伊' 등이 그러한 예들이다(儲泰松 2005: 173, 周傲生 2008: 146).

대한 기록으로 보아야 된다. 음운 변화의 원리로 설명해도 그렇고 실제 반절 자료, 방언 자료, 외국어 한자음(베트남 한자음)에서도 모두 일치하는 양상을 찾을 수 있어서 中唐-五代에 이미 精·莊組 뒤에 'i'가 이미 [ɿ, ʅ로 변화하였다고 해야 할 것이다. 그러므로 전승 한자음에서 莊·精組 뒤 止攝의 반영도 결국 中唐-五代의 음을 차용한 것으로 봐야 된다.

이때, 초기 韻圖인 ≪韻鏡≫도 그렇고, 일본 漢音도 그렇고 왜 다른 자료에서 이 음운 변화를 찾을 수 없느냐 하는 반론도 받을 수 있다. 이 문제에 대해서 李新魁(1988), 麥耘(2004)에서 이미 변화 초기 단계에 莊·精組 뒤의 [i]는 [i]/[ɿ], [i]/[ʅ]의 두 가지 발음이 모두 가능했다고 해석했다. 그리고 여기서 필자가 추가할 것은 초기 韻圖에서 i)ɿ, i)ʅ의 변화가 반영된 양상을 찾을 수 없는 것은 韻圖의 보수성 때문일 수도 있고, 음운론적인 처리일 가능성도 배제되지 않는다는 점이다. 왜냐하면 'ɿ, ʅ'는 'i'와 변별적인 존재가 아니라, 선행 자음에 따라, 즉 각각 권설 및 치조 파찰음과 마찰음 뒤에서 실현되는 /i/의 변이음이었기 때문이다.

또 다른 문제는, 왜 차자표기 자료에서 'ㅣ'의 表記字가 12-13세기가 되어서야 교체되었는가(權仁瀚 1997) 하는 것이다. 구결에서 사용한 'ㆄ'는 '賜'의 약체자이다. 주체 높임법을 '賜'로 표기한 것은 신라 시대의 향가부터의 일이다. 문자 및 표기는 항상 실제 언어 변화보다 늦게 변화하는 경향이 높다. 특히 가요, 구결, 이두 등 차자표기 자료에서 고유어의 조사와 어미는 표기 체계가 발달함에 따라 고정적으로 일정한 한자를 자주 사용하게 된 것은 포착된다. 주체 높임법의 '-시-'를 '賜'로 표기한 것도 그 중의 하나가 아닌가 생각한다. 차자표기 방법의 고정화에 따라 '賜(ㆄ)'는 그 음이 'ㅅ'로 바뀐 지 오래되었지만 계속 '-시-'를 표기한 것으로 이해할 수 있다. 이렇게 설명하지 않고 '賜'의 음이 '시'에서 'ㅅ'로 바뀐 시기를 12-13세기로 본다면 필자가 지적한 위의 (가-다)의 문제점을 해결할 수 없게 된다.

마지막으로 'ᅌᅵ'가 후기 중고음의 'ɿ, ʅ'와 대응되어 있는 현상을 추가

적으로 설명해야 된다. 기존에 이미 權仁瀚(2003)에서 'ᅌ'가 琉球語의
[ɯ]와 근대 한어의 [ɿ, ʮ]와 대응된 현상으로 이 의문을 해소시킨 바가
있었다. 그렇지만 그 근거 자료는 후기 중세 한국어 시기의 ≪海東諸國
記≫이다. 전승 한자음 차용 당시에 'ᅌ'와 [ɿ, ʮ]의 대응을 설명하는 데
에 자료의 시기가 동일하지 않다는 문제점이 보인다.

한어의 師思韻 [ɿ, ʮ]는 후기 중고음 단계에 나타난 뒤에 현대 한어에
이르기까지 변화가 없었다. 선행 聲母의 합류 및 분화가 있었지만 師思
韻 자체는 그대로 현대 한어에 남아 있다. [ɿ, ʮ]는 한어의 /i/의 변이음
이지만 [i]와의 음상 차이가 있다. 현대 한국어 화자는 현대 한어의 [i]를
/ㅣ/로 인식하고, [ɿ, ʮ]를 /ㅡ/로 인식한다. 그 양상은 아래와 같다.

[ɿ](ʦ, ʦ', s 뒤)   예: 揚子[ʦɿ]江(지명, 양쯔 강), 四[sɿ]川省(지명, 쓰촨성)

현대 한어 → /i/

[ʮ](ʧʂ, ʧʂ', ʂ' 뒤)   예: 王治[ʧʂʮ]郅[ʧʂʮ](인명, 왕즈즈), 石[sʮ]家莊(지명, 스자좡)

[i](기타 자음 뒤 및 음절 초)   예: 吉[ʨi]林省(지명, 지린성), 酉[ɕi]安(지명, 시안), 兒[ni]萍(인명, 니핑), 李[li]鵬(인명, 리펑), 人民幣[pi](화폐명, 런민비), 小米[mi](상품명, 샤오미)

위에서 볼 수 있듯이, 현대 한어의 /i/는 대부분 /ㅣ/로 인식되지만
치조 파찰음과 치조 마찰음, 권설 파찰음과 권설 마찰음 뒤의 /i/의 변
이음인 [ɿ, ʮ]는 /ㅡ/로 인식된다. 전승 한자음의 반영 양상도 아래와 같
이, 후기 중고음의 /i/는 /ㅣ/와 /·/ 두 갈래로 반영되었다.

[ɿ](ʦ, ʦ', s, (dz, z) 뒤)   예: 子資磁 ᄌᆞ, 次此 ᄎᆞ, 思四死 ᄉᆞ

후기 중고음 → /i/

[ʮ](ʧʂ, ʧʂ', ʂ', (dʐ, ʐ) 뒤)   예: 載 ᄌᆞ, 士事史 ᄉᆞ

[i](기타 자음 뒤 및 음절 초)   예: 基記 기, 地知 디, 止之志 지, 尼泥 니, 理利 리, 比肥 비, 未尾 미, 移夷 이

위와 같이, 후기 중고음의 /i/도 전승 한자음에서 두 갈래로 반영되었다. 현대 한국어와 똑같이 한어의 [i]를 / ㅣ /로 받아들였지만, 현대 한국어에서 한어의 [ɿ, ʅ]를 /ㅡ/로 받아들이는 것과 달리, 전승 한자음에서 한어의 [ɿ, ʅ]는 / · /로 나타났다. 한어 /i/의 변이음 사이에 음성적인 차이가 크기 때문에 현대 한국어 화자와 고대 한국어 화자들은 한어의 /i/의 변이음들을 한국어의 두 음소로 여긴 것이다.[143] 우선, 앞서 말한 바와 같이 한어의 [ɿ, ʅ]는 후기 중고음에 나타난 뒤에 음가 변화를 겪지 않았다. 같은 음을[144] 현대 한국어 화자들은 /ㅡ/로 인식하고 있지만, 고대 한국어 화자들은 / · /로 인식하였다. 이러한 대응 양상을 근거로 두 가지의 추론이 가능하다.

하나는 고대 한국어의 / · /가 현대 한국어의 /ㅡ/의 위치를 차지하고 있었다는 것이다. 또 하나는 [ɿ, ʅ]는 현대 한국어를 고려할 때 /ㅡ/로 반영되었어야 하는데, 전승 한자음에서 이 음들이 / · /로 반영되었으니 고대 한국어의 /ㅡ/의 위치는 현대 한국어의 /ㅡ/의 위치와 달랐다는 것이다. 하지만 이 두 가지 추론은 모두 문제점이 있어 보인다. 2.2.3.4를 통해서 알 수 있듯이 / · /는 중고음의 /ə/와 대응되었던 것이다. 그러므로 고대 한국어의 / · /는 현대 한국어의 /ㅡ/의 위치(/i/)를 차지하였다고 볼 수는 없다. 그리고 臻韻 /in/은 /ㄴ/으로 반영되었고 3等 B류의 介音 /ri/([ɹi] 내지 [ɨ])은 /ㅡ/로 반영되기도 하였으므로 고대 한국어

---

143) 일반적으로 차용이 이루어질 때 原語와 原語를 차용하는 언어 사이에는 음운 간의 1:1 대응 양상이 보인다. 그러나 두 언어의 음운 체계가 같지 않고, 각 음운의 변이음이 다르거나 같은 음이라도 실제 음성 실현이 다를 때 음소 간의 대응이 1:1의 관계로 나타나지 않는 경우가 간혹 있다. 原語의 한 음소의 변이음들이 原語를 차용하는 언어에서 두 개(혹은 그 이상)의 음소로 차용되는 과도 구별(over-differentiation) 현상이 일어날 수 있다. 그리고 原語에서는 伴隨的 혹은 剩餘的으로 존재하는 자질들이 原語를 차용하는 언어에서 변별적일 때, 차용 과정에서 原語의 음소에 대한 재해석(reinterpretation)의 과정도 일어날 수 있다(Weinreinch 1974: 18-19).

144) 다만, 후기 중고음의 [ɿ, ʅ]와 현대 한어의 [ɿ, ʅ]는 세부적으로 음성적인 차이가 있을 수 있다.

의 /ㅡ/의 위치는 현대 한국어의 /ㅡ/와 큰 차이가 있다고 주장하기는 어렵다. 그렇다면 [ɿ, ʅ]와 /ㆍ/의 대응은 어떻게 설명할 수 있을까? 사실 위의 두 가지 추론은 모두 현대 한국어의 입장에서 고려하여 내린 추론이다. 하지만 현대 한국어에서 /ㆍ/는 이미 소실되었다. [ɿ, ʅ]와 /ㆍ/의 대응은 /ㆍ/가 존재한 상태에서 고려해야 한다. 즉, 현대 한국어에는 /ㆍ/가 없기 때문에 [ɿ, ʅ]를 /ㅡ/로 대응시키는 것으로 봐야 하고, 고대 한국어에는 /ㆍ/가 있기 때문에 [ɿ, ʅ]를 대응시키는 데에 /ㅡ/보다 /ㆍ/가 더 적합하다고 보는 것이 가장 타당하다.[145]

후기 중고음의 [ɿ, ʅ]는 편의상 [ɿ]로 적을 수 있지만 그들의 조음 위치는 [ɿ]의 조음 위치와 다르다. [ɿ, ʅ]의 조음 위치는 [i]와 [ə]의 사이이고 [ɿ]는 [i]에 더 가깝고 [ʅ]는 [ə]에 더 가깝다.[146] 한편, 2.2.3.4에서 확인할 수 있듯이 전승 한자음에서 'ㆍ'는 중고음의 /ə/와 가장 많이 대응된다. 뒤에 가서 필자는 고대 한국어의 'ㆍ'를 /ə/로 재구할 것이다. 이 'ə'는 central-vowel로서 조음 위치가 일정하지 않아서 선행 자음의 조음 위치에 쉽게 이끌릴 수 있다. 선행 자음이 치음일 때, 'ㆍ'의 조음 위치는 조금 더 전설 고모음 쪽으로 옮겨져 후기 중고음의 [ɿ, ʅ]의 조음 위치와 겹치게 되어 'ㆍ'가 후기 중고음의 [ɿ, ʅ]와 대응을 이룬 것으로 보인다. 제주도 방언의 'ㆍ'가 꼭 고대 한국어 단계의 그것과 동일하다고 볼 수

---

145) 참고로, 현대 한어의 [tsɿ, tsʰɿ, sɿ]와 [tʂʅ, tʂʰʅ, ʂʅ] 중에 특히 前者는 현대 한국어의 'ㅅ, ㅈ, ㅊ'와 비슷하게 들린다. 하지만 자세히 두 언어의 발음을 들으면 현대 한국어 'ㅅ, ㅈ, ㅊ'의 'ㅡ'는 현대 한어의 [ɿ]보다 훨씬 후설 고모음 쪽으로 조음되는 것을 발견할 수 있다.

146) 후기 중고음의 [ɿ, ʅ]와 현대 한어의 [ɿ, ʅ]는 세부적으로 음성적인 차이가 있을 수 있지만 후기 중고음 단계부터 현대 한어 단계까지 [ɿ, ʅ]는 음가의 변화를 겪은 적이 없다. 따라서 현대 한어 [ɿ, ʅ]의 음성 실현 위치를 참고할 수 있다. 吳宗濟(1992: 95)에 따르면 현대 한어의 [ɿ, ʅ]는 'i[i]'와 'e[ə]'의 사이에 있다. [ɿ, ʅ]는 한어에 특유한 소리이기 때문에 외국인 학습자들은 이들의 발음을 배울 때 오류를 범한다고 한다. 吳宗濟(1992: 91)에서 특히 외국인 학습자들은 [ɿ]를 때로는 [i]로 때로는 [ə]로 잘못 발음한 경우가 있다고 지적하였다. 그리고 吳宗濟(1992: 97)에서 스펙트럼을 분석한 결과를 참고하면, 현대 한어의 [ʅ]의 제1, 제2 포먼트의 분포는 프랑스어의 [ə]와 거의 같다.

없지만, 현우종(1980: 28, 42)에서 음향 음성학 실험을 통하여 제주도 방언에서 /ㅅ, ㄷ, ㅈ, ㅊ/ 뒤의 /·/는 /ㄱ, ㅁ/ 뒤의 /·/보다 전설 쪽에 치우쳐 있다는 사실을 보고한 바를 참고하면 필자의 가정은 합리성을 갖게 된다. '우'의 음가에 대해서는 '♀'의 다른 반영 양상을 확인할 때 다시 논의해야 되고, 3장에서 종합적으로 모음 체계를 재구할 때 다시 검토할 것이므로 여기서는 더 이상 논의를 전개하지 않겠다.

마지막에 /i/ 韻의 合口韻의 반영 양상을 확인하자.

蒸韻의 入聲에는 開口와 合口의 대립이 있지만 특이하게 /u(r)ik/는 /격/으로 반영되었다. 예가 적기 때문에 논의를 확대하기 어렵다.

眞A의 合口韻 입성 /uit/는 /귤, 뀰/, 眞B의 合口韻 /urin/는 /ㄲ, ㄸ/으로 나타나는 것도 역시 불규칙적이다. 주목할 점은 ≪廣韻≫에서는 諄韻과 眞韻이 각각 서로 독립된 두 韻으로 되어 있지만 ≪切韻≫에서는 諄韻이 아직은 眞韻의 合口韻으로 되어 있다. 諄韻은 重紐韻인 眞韻에서 분화되어 重紐 현상을 보이지만 B류의 한자 수가 적고 전승 한자음에서 그 A류 한자의 음만 확인할 수 있다. [표 53]에서 /(ㄲ), 귤/로 나타난 眞A韻의 合口韻字들은 모두 ≪廣韻≫에서 眞韻에 속한 것들이었고, /ㄸ, 귤/로 나타난 眞A韻의 合口韻字들은 모두 ≪廣韻≫에서 諄韻에 속한 것들이었다. 이는 眞韻의 合口韻字들의 전승 한자음은 전기 중고음 시기에 차용된 것이 아니고 후기 중고음 시기에 諄韻이 眞韻에서 분화된 다음에 차용된 것임을 보여 준다. 諄韻이 眞韻에서 분화는 ≪慧琳音義≫까지만 해도 일어나지 않았다는 것은 합의되어 있다(黃淬伯 1998, 儲泰松 2005, 金雪萊 2005, 趙翠陽 2009). 周傲生(2008: 151)에서 中唐-五代의 漢藏 對音 자료에서 諄韻이 티베트어의 'u'와 대응된 것은 이때 諄韻이 이미 眞韻에서 분화되었기 때문이라고 하였다.[147] 어쨌든 眞韻

---

147) ≪廣韻≫에서 諄韻은 眞韻과 별도의 韻이고 眞韻 아래에도 소수의 合口字가 존재한다. 그러므로 후기 중고음 단계에 眞韻과 諄韻은 핵모음이 달랐다고 보아야 한다. 그러나 王力(1987) 등에서는 諄韻을 眞韻의 合口韻으로 처리하였고 黃笑山(1995: 216)에서도

合口韻과 諄韻의 대립이 전승 한자음에서 찾을 수 있는 것은 전승 한자음이 전기 중고음이 아닌 후기 중고음을 차용한 것임을 보여 준다.

[표 53, 54]에서 脂·之韻의 A류 合口韻은 이 시기에 /ui/로 변화하였는데 /ㅠ/로 반영되었다. 'ㅠ'로 반영된 것은 고대 한국어에 /ㅣ/와 원순성 대립을 이룬 음소, 그리고 상승 이중 모음 'wi'가 존재하지 않았음을 암시한다. 3.2.3에서 상술하겠다. 한편, 脂·之韻의 B류와 C류의 微韻의 合口韻 모음은 /ㅟ, ㅞ/로 반영되었다. 차용 당시에 止攝이 합류되었기 때문에 이들의 合口韻을 /uri/로 재구할 수 있다. /uri/의 음성 실현은 [uɹi] 내지 [ui]까지 될 수 있어 /ㅟ, ㅞ/로서의 반영을 어느 정도 설명할 수 있지만 명확하지 않다.

2.2.3.1에서 중고음의 /i/가 전승 한자음에 반영된 양상에 대해 고찰한 바를 아래와 같이 요약할 수 있다.

전승 한자음에서 중고음의 /i/는 'ㅣ'로 반영되었다. 唐 이후 새로 형성된 嵳韻의 /ə/는 'ㆍ'로 반영되었고, 후기 중고음 단계에 精組와 莊組 뒤의 /i/는 [ɿ, ʅ]로 실현되었는데 후기 중고음의 '精組+[ɿ]', '莊組+[ʅ]' 연쇄가 전승 한자음에서 'ㅈ, ㅊ, ㅅ'로 반영되었다. 그리고 止攝의 重紐 B류 介音 /ri/([ɹi] 내지 [ï])는 'ㅡ'로 반영되었다. 마지막으로 /i/의 각 合口韻의 모음의 반영 양상은 복잡하고 규칙성을 찾을 수 없다.

차용 시기 문제에 있어서 아래의 표로 정리해 볼 수 있다.

후기 중고음의 臻攝 3等 合口韻(眞韻 合口, 諄韻, 文韻)을 /uin/(입성: /uit/)로만 재구하였다. 이들과 달리, 儲泰松(2005: 179)에서 眞韻의 핵모음은 i이고, 諄韻의 핵모음은 u였다고 하였는데 梵語의 음역 양상을 보아서 諄韻의 핵모음은 [ə]였을 가능성이 있고 [uən]는 실제로 [un]로 실현되었으리라고 추정하였다. 周傲生(2008: 152)에서는 儲泰松(2005)와 비슷한 견해를 제시하였다. 王新華(2008: 107)에서는 漢藏 對音의 양상을 근거로 眞韻의 핵모음은 [i]였고 諄韻의 핵모음은 [u]였다고 하였다. 본고에서는 후기 중고음 단계의 眞韻 合口를 /u(r)in/(/u(r)it/)라고 보고 諄韻을 /(r)iun/(/(r)iut/)로 보고자 한다. 이는 漢藏 對音의 양상과 후세에 眞韻과 諄韻의 변화 양상을 고려한 것이다.

[표 57] 전승 한자음의 차용 주 기층(중고음 /i/ 韻의 반영을 근거로)

	≪切韻≫ 체계	≪慧琳音義≫	唐末-五代	宋 이후 근대음
蒸韻의 반영	X	O	O	O
眞韻의 반영	X	X	O	?148)
侵韻의 반영	X	O	O	?
幽韻의 반영	O	O	O	?
止攝의 반영	X	?	O	X

[표 57]에 대해 간단히 설명하자면 蒸韻의 일부 入聲字의 韻母가 'ㅓ'으로, 일부 齒音字의 韻母가 'ㅡ'으로 반영된 것은 中唐 이후의 변화가 반영된 때문이다. 眞韻과 幽韻의 반영 양상으로 차용 시기를 단정할 수 없다. 侵韻 莊組字의 운모가 'ㅂ'으로 나타난 것은 당나라 시기에 새로 생긴 峇韻이 반영된 결과이다. 止攝의 각 韻이 /i/로 합류된 것은 ≪切韻≫ 체계와 일치하지 않는다. 精組와 莊組 뒤의 止攝이 'ㆍ'로 나타나는 것은 宋 이후의 음을 차용한 것으로 설명할 수 없다. 介音의 변화, 朱翱의 반절, 현대 한어 방언 자료, 베트남 한자음 그리고 체계상 峇韻이 侵韻에서 분화된 현상과의 관련을 고려할 때 'i)ı, ʅ'의 변화는 中唐-五代에 분명히 이미 일어났다고 봐야 한다. 전승 한자음에서 精組와 莊組 뒤의 止攝이 'ㅇ'로 나타나는 것은 바로 이 시기의 음을 차용했기 때문이다.

2.2.3.2 /i/ 韻의 반영 양상

중고음의 /i/의 분포는 매우 좁다. 臻韻 /in/와 之韻 /i/밖에 없다. 之韻은 이미 2.2.3.1에서 합류된 止攝에 대한 고찰 부분에서 다루었기 때

---

148) 여기서 '?' 부호를 표시한 원인은 宋 이후에 重紐 A류와 B류의 대립은 ≪切韻指掌圖≫ 시기에도 일부 보유되고 있기 때문이다(周傲生 2008: 105-106). 宋代 이후에 重紐의 구별은 점점 없어졌지만 한동안 그 일부가 남아 있기 때문에 重紐 구별이 있는 韻의 반영 양상은 宋 이후의 음과 일치한다거나 일치하지 않는다고 하기 어렵다.

문에 여기서는 臻韻만을 논의한다. 臻韻에는 오직 莊組의 平聲字과 入聲字만이 있다. 이는 臻韻은 원래 다른 韻에서 분리된 것임을 암시한다. 종래에 臻韻은 眞韻系와 상보적 분포를 이루기 때문에 臻韻을 眞韻에 소속시키곤 하였다.

여기서 黃笑山(2006)의 介音에 대한 新說에 따르면 黃笑山(1995)에서 재구한 臻韻 /in/를 /rin/로 수정할 수 있고 莊組 뒤에만 분포되기 때문에 眞B韻에 귀속시킬 수 있다. 일찍부터 之韻은 /i/에 합류했고 臻韻도 眞B韻으로 처리할 수 있어 /ɨ/는 음소로서의 지위가 없어진다. 그렇기 때문에 중고음의 모음을 7모음 체계로 설정한 麥耘(1995)와 黃笑山(2006)에는 /ɨ/가 없다. 臻韻의 반영 양상은 아래와 같다.

[표 58] 臻韻의 반영 양상

韻	반영 양상	반영 비율	例字
臻 /in/, /it/ (/rin/, /rit/)	드/르	절반	츤 櫬/즐 櫛, 슬 瑟蝨
	ㅣ/-	절반	진 蓁榛, 친 襯齓

臻韻은 莊組字만 갖고 있기 때문에 B류에 해당된다. 그러므로 원칙적으로 '드/르'로 나타나야 한다. '진, 친'으로 나타나는 예들 중에 '齓'을 제외하면 聲符에 의한 유추로 설명할 수 있다.

黃笑山(1995, 2006)에 의하면 臻韻은 ㅆ韻 및 師韻(즉, [ʅ])은 후행 환경만 다르지 모두 /i/를 가졌던 韻들이었고 똑같이 介音의 변화에 의해 새로 독립된 韻類에 속해 있다. 즉, 이 세 개의 韻 앞에 모두 莊組字만 나타났는데 'tsri-〉tsɹi-〉ts̠i-〉*ts̠i-(결합 불가능)〉ts̠i-(臻)/ts̠ə-(侵)/ts̠ʅ(師),'와 같은 변화를 겪었고, 이 과정에서는 [i]의 상실, 이른바 洪音化 현상이 일어났다. ㅆ韻과 師思韻은 전승 한자음에서 '·'로 나타나기 때문에 臻韻은 '드/르'보다 'ᄃ/ᄅ'로 나타나는 것이 더 기대된다. 전승 한자음에서 臻韻 그 자체가 독립적으로 반영되지 못한 이유는 무엇일까?

그 원인은 臻韻의 특수성 때문이다. 즉, 峽韻과 師韻은 후기 중고음 단계에 나타났고 후세에도 그 변화 양상이 그대로 전승되었다. 그러나 臻韻의 형성은 峽·師韻과 달리 ≪切韻≫에 이미 그 독립된 모습이 보였다. ≪切韻≫ 이전 시기의 ≪玉篇≫(543), ≪經典釋文≫(538) 그리고 ≪切韻≫과 비슷한 시기에 간행된 ≪博雅音≫(605-618)에서는 모두 眞韻과 臻韻이 구별되지 않는다. ≪切韻≫에서 臻韻이 분화된 것은 6세기 후반에 출현한 새로운 음 변화가 반영된 결과이다. 원래 이러한 새로운 음 변화는 후세의 자료에서도 그 양상이 확인되어야 하지만, 長安音 자료인 玄應音義와 ≪慧琳音義≫ 그리고 시의 押韻에서 모두 臻韻과 眞韻의 대립을 찾을 수 없었다(黃笑山 1996: 86-87, 周傲生 2008: 24). 즉, 臻韻의 분화는 'ʦri-)ʦʂV-' 변화의 첫 단계였지만 이러한 새로운 변화는 전기 중고음 단계에 힘을 얻지 못하고 다시 종전의 모습대로 돌아갔다. 후기 중고음 단계가 되어야 介音 체계에 변화가 일어나서 후기 중고음의 全盤이 이 변화를 겪어 峽韻과 師韻은 드디어 분화(split)되었다. 峽韻과 師韻의 분화는 전승 한자음에서 그 양상을 확인할 수 있다. 반면에 분화되었던 臻韻은 후기 중고음의 직전 단계에 이미 眞韻에 완전히 합류되어 버렸는바, 이 결과로 전승 한자음에 臻韻의 분화된 모습이 반영되지 않은 것이다. 그러므로 [표 59]와 같이 臻韻의 전승 한자음은 ≪切韻≫이 아닌 후기 중고음 단계에 차용된 것이다.

[표 59] 전승 한자음의 차용 주 기층(중고음 /i/ 韻의 반영을 근거로)

	≪切韻≫ 체계	≪慧琳音義≫	唐末-五代	宋 이후 근대음
臻韻의 반영	X	O	O	O

2.2.3.2를 통해서 알 수 있는 것은 중고음의 /i/(혹은 /ri/)는 '一'와 대응이 된다는 사실이다.

2.2.3.3 /u/ 韻의 반영 양상

중고음의 /u/는 1等韻의 東1韻 /uŋ/(입성: /uk/)와 侯韻 /u/, 3等韻의 東3韻 /(r)iuŋ/(입성: /(r)iuk/)와 尤韻 /(r)iu/에 분포된다. 각 韻의 반영 양상은 [표 60]과 같다.

[표 60] 중고음 /u/ 韻의 전승 한자음 반영 양상

韻	반영 양상	반영 비율	例字
東1 /uŋ/, /uk/	ㅗㆁ/ㅗㄱ	전부	공 功公, 홍 洪紅, 옹 翁蝓, 동 東同, 통 通慟, 롱 礱襱, 종 鬘鰻, 총 總叢, 송 送, 봉 蓬篷, 몽 蒙懞/곡 谷哭, 옥 屋, 독 禿獨, 록 鹿淥, 족 族鏃, 속 速, 복 卜醭, 목 木鶩
侯 /u/	ㅜ	다수	구 溝鷗, 후 侯喉, 우 偶藕, 두 頭斗, 투 投牏, 루 縷樓, 주 走奏, 수 叟嗽, 부 部裒, 무 貿戊
	ㅗ	소수	고 扣, 도 兜篼, 모 某牡母
東3 /(r)iuŋ/, /(r)iuk/	ㅜㆁ/ㅜㄱ	소수	궁 宮弓, 웅 雄熊, 풍 風豐/국 菊鞠, 욱 栯燠
	ㅠㆁ/ㅠㄱ	다수	듕 中, 튱 忠蟲, 륭 隆癃, 즁 衆, 슝 崇嵩, 슝 戎/듁 竹, 튝 畜逐, 륙 陸戮, 츅 縮祝, 슉 宿叔, 육 育, 슉 肉
	ㅗㆁ/ㅗㄱ	소수	몽 夢/복 福腹, 목 目穆
	ㅛㆁ/ㅛㄱ	소수	숑 菘, 죵 終
尤 /(r)iu/	ㅜ	절반	구 丘鳩, 후 嗅, 우 優牛尤, 부 否婦, 수 愁廋
	ㅠ	절반	휴 休, 듀 紬稠, 뉴 紐狃, 류 瑠流, 쥬 周洲, 츄 秋鶖, 슈 囚修, 유 由悠
	ㅗ	소수	모 矛謀

≪切韻≫의 체계에서 東韻의 1等과 3等의 차이는 3等 介音의 유무인데 전승 한자음에서 東韻의 1等은 예외 없이 'ㅗㆁ/ㅗㄱ'으로 반영되었지만 그 3等의 핵모음은 대부분 'ㅜ'로 반영되었다. 이는 어떻게 해석할 수 있을까? 기존 논의에서 河野六郎(1968/1979: 469-470, 488-489)와 權仁瀚(2006: 67)에서는 ≪切韻≫에는 東韻 1等과 冬韻 /uoŋ/의 구별이 있지만 ≪慧琳音義≫에는 이들이 합류되었다고 해석하였다. 초기의 韻圖인 唐末의 ≪韻鏡≫에서 東韻을 開口로 표시한 것도 東韻 1等이 후기 중고음 단계에서 변화를 겪은 사실이 반영된 것으로 보인다(黃笑山 1995: 201). 그러므로 東韻 1等이 전승 한자음에서 'ㅜㆁ/ㅜㄱ'이 아닌 'ㅗㆁ/ㅗㄱ'으로

반영된 것은 후기 중고음 단계의 한어를 차용했기 때문이라고 해석된다.

侯韻은 거의 'ㅜ'로 반영되었고, '扣兜筻'를 제외하고 나머지 侯韻이 'ㅗ'로 반영된 예들은 모두 선행 자음이 'ㅁ'인 경우이다. 이러한 현상은 尤韻의 반영에서도 찾을 수 있다. 尤韻의 반영 양상을 보면 이 韻이 3等 C류에 속해 있기 때문에 牙喉音과 莊組 뒤에서는 'ㅜ'로 나타나고,[149] 舌齒音 뒤에서는 'ㅠ'로 나타나는데 이것이 원칙이다. [표 60]을 보면 이러한 원칙은 모두 지켜졌다. 脣音은 전승 한자음에서 3等韻의 부류와 관계없이 A류로 나타났지만 /u/ 계열의 韻인 경우, '뷰, 퓨, 뮤, 븅, 퓽, 뮹, 븍, 픅, 믁'과 같은 음절은 한국어에 없기 때문에 반모음 [j]가 나타나지 않았다. 脣音 중의 'ㅁ' 뒤에 尤韻과 侯韻은 똑같이 'ㅜ'가 아닌 'ㅗ'로 나타났다. 이는 기존에 河野六郎(1968/1979: 486-486, 501), 朴炳采(1971: 181)에서 지적했듯이 ≪慧琳音義≫에서 侯·尤韻의 脣音字가 遇攝에 합류한 결과가 반영된 때문이다.

끝으로 東韻 3等의 반영 양상을 살펴보면 마찬가지로 3等 C류 韻이기 때문에 脣牙喉音 뒤에는 'ㅎ, ㅜㄱ'으로, 舌齒音 뒤에는 'ㅎ, ㅠㄱ'으로 나타났다. 주목할 것은 脣音 뒤의 東韻 3等은 'ㅎ, ㅗㄱ'으로 반영되었다는 점이다. 기존에 伊藤智ゆき(2007, 이진호 역 2011: 204, 356)에서는 東韻 3等의 明母字는 輕脣音化를 겪지 않고 東韻 1等에 합류했기 때문에 다른 聲母와 달리 明母 뒤에서는 모음이 달리 나타난다고 해석했다. 이는 타당하지 않은 설명이다. 우선, [표 60]에서 볼 수 있듯이 'ㅁ'뿐만 아니라 'ㅂ' 뒤에도('福腹' 등) 모음이 'ㅜ'가 아닌 'ㅗ'로 나타났다. 그리고 '福腹' 등은 輕脣音化를 겪은 예들이다. 따라서 東韻 3等 脣音字의 모음이 'ㅗ'로 나타난 것은 輕脣音化 여부와 관련이 없다. 脣音 뒤의 모음이 'ㅜ'가 아닌 'ㅗ'로 나타난 것은 ≪慧琳音義≫에서 東韻 3等의 脣音字가 東

---

149) '휴 休'는 예외이다.

韻 1等에 합류되었고 전승 한자음은 이 시기의 후기 중고음 단계의 한어를 차용하였다고 설명해야 된다. 輕脣音化와는 관계가 없다. 周傲生 (2008: 157)에 따르면 ≪慧琳音義≫에서 東韻 1等의 脣音字는 東韻 3等의 脣音字와 구별없이 상호 注音할 수 있었다. 비음인 明母에 국한된 현상이 아니라, 파열음인 聲母에서도 이 현상을 찾을 수 있다. '숑 菘, 죵 終'은 예외이므로 설명을 덧붙이지 않겠다.

이상의 고찰로, 중고음 /u/가 전승 한자음에 반영된 양상은 전반적으로 ≪慧琳音義≫ 이후의 후기 중고음과 같다. 표로 정리하면 [표 61]과 같다.

[표 61] 전승 한자음의 차용 주 기층(중고음 /u/ 韻의 반영을 근거로)

	≪切韻≫ 체계	≪慧琳音義≫	唐末-五代	宋 이후 근대음
東1韻의 반영	X	O	O	X[150]
侯韻의 반영	X	O	O	O
東3韻의 반영	X	O	O	?
尤韻의 반영	X	O	O	?

2.2.3.3을 통해서 우리가 알 수 있는 것은 중고음의 /u/와 'ㅜ'는 대응이 되고, 冬韻 /uoŋ/에 합류된 韻들의 전승 한자음을 보면 중고음의 /o/와 'ㅗ'는 대응이 된 것을 알 수 있다. /o/와 'ㅗ'의 대응은 2.2.3.5에서 또 확인할 수 있다.

2.2.3.4 /ə/ 韻의 반영 양상

중고음의 /ə/는 1等韻의 登韻 /əŋ/(입성: /ək/), 痕韻 /ən/(입성: /ət/), 魂韻 /uən/(입성: /uət/), 覃韻 /əm/(입성: /əp/), 哈韻 /əi/, 灰韻 /uəi/와 3等韻의 欣韻 /riən/(입성: /riət/), 文韻 /uriən/(입성: /uriət/), 微韻

---

150) 宋 이후에 東韻 1等의 음은 /uŋ/이다. 3.2.2.2에서 상술할 것이다.

/(u)riəi/에 분포한다. 이중에 微韻은 2.2.3.1에서 이미 다루었고, 欣韻 및 그것의 合口韻인 文韻은 3等 C류 중에 舌齒音과 결합되지 않고 脣牙喉音과만 결합되기 때문에 B류에 해당된다. 각 운이 전승 한자음에 반영된 양상을 살펴보자.

[표 62] 중고음 /ə/ 韻의 전승 한자음 반영 양상

韻	반영양상	반영비율	例字
登(開) /əŋ/, /ək/	ㅇ/ㄱ	거의	긍 肯, 등 登藤, 능 能, 릉 楞, 증 增, 승 僧, 층 層, 붕 崩鵬/극 克, 흑 黑, 득 得, 특 特忒, 륵 肋勒, 즉 則, 북 北, 묵 墨默
	ㆁ/ㄱ	소수	흥 恒/긱 刻
痕 /ən/, /ət/	ㄴ/ㄹ	다수	근 根跟, 흔 痕, 은 恩/흘 麧齕
	ㄷ/ㄹ	소수	간 墾, 흔 恨狠, 튼 吞
覃 /əm/, /əp/	ㅁ/ㅂ	거의	감 堪感, 함 龕含, 암 庵暗, 담 潭壜, 탐 探貪, 남 南男, 람 婪, 잠 撍, 참 參/합 閤合, 답 答踏, 납 納衲, 잡 雜匝
	ㅁ/-	소수	줌 蠶
咍 /əi/	·ㅣ	거의	기 開改, 히 孩海, 이 愛, 디 臺待, 티 台態, 리 來, 지 災材, 치 彩菜, 시 塞賽
	ㅐ	소수	개 槪慨, 애 礙, 내 乃
欣 /riən/, /riət/	ㄴ/ㄹ	거의	근 斤筋, 흔 欣昕, 은 殷隱/訖
	-/ㄹ	소수	걸 乞
登(合) /uəŋ/	ㅇ/ㄱ	절반	홍 弘/혹 惑或
	ㆁ/ㄱ	절반	훙 薨/국 國
魂 /uən/, /uət/	ㄴ/ㄹ	다수	곤 昆坤, 혼 婚魂, 온 溫瘟, 돈 敦豚, 론 論, 존 尊存, 촌 村寸, 손 損孫, 본 本/골 骨鶻, 홀 忽笏, 올 兀, 돌 突柮, 졸 卒猝, 솔 窣, 몰 沒
	ㅜ/ㄹ	소수	군 裩, 둔 屯臀, 분 噴奔, 문 門/눌 訥
	-/ㄹ	소수	불 勃脖
灰 /uəi/	ㅚ	절반	괴 魁槐, 회 灰茴, 퇴 頹憒, 뇌 餒, 뢰 雷罍, 죄 罪, 최 崔摧
	·ㅣ	절반	디 對隊, 니 內, 비 杯培, 미 梅媒
文 /uriən/, /uriət/	ㅜ/ㄹ	다수	군 軍君, 훈 訓薰, 운 云耘, 분 分糞, 문 聞文/굴 屈堀, 울 蔚鬱, 불 佛
	ㄷ/ㄹ	소수	믄 吻/블 不黻, 믈 勿物

登韻 /əŋ/(입성: /ək/)의 대부분은 'ㅇ, ㄱ'로 반영되었고, 몇 개의 예만 'ㆁ, ㄱ'로 반영되었다. 애초에 河野六郎(1968/1979: 501)에서는 'ㆁ(ㄱ 포함)'으로의 반영은 주 기층인 b층에 대한 반영으로 보고, 'ㅇ(ㄱ

포함)'은 d층에 대한 반영으로 분류하였다. 하지만 伊藤智ゆき(2007, 이진호 역 2011: 330)에서 지적했듯이 이렇게 본다면 登韻의 대부분은 주기층을 벗어나 近代音의 기층으로 보아야 하는 문제가 생긴다.[151]

같은 현상은 痕韻 /ən/, /ət/의 반영에서도 찾을 수 있다.[152] 痕韻도 마찬가지로 대부분은 'ᅳᆫ, ᅳᆯ', 소수만 'ᆞᆫ, ᆞᆯ'로 반영되었다. 河野六郎(1968: 501)에서는 'ᆞᆫ, ᆞᆯ'을 b층, 'ᅳᆫ, ᅳᆯ'을 d층에 대한 반영으로 처리하였다.

入聲 韻尾의 보유, 그리고 평·상·거성의 대응이 여타의 韻과 다른 바가 없으므로 登韻과 痕韻의 모음이 'ᅳ'로 반영된 것은 근대음을 차용한 때문이라고 하기는 어렵다. 하지만 止攝의 B류 介音 /ri/([ɯi] 내지 [ïi]) 가 'ᅳ'로 반영된 것을 참고하면 'ᅳ'는 고모음과 대응해야 되고, 아래 부분에서 살펴볼 咍韻 /əi/와 'ᆡ'의 대응을 고려하면 중고음의 /ə/는 'ᆞ'로 반영될 것으로 기대된다. 登韻과 痕韻의 모음이 'ᆞ'가 아닌 'ᅳ'로 반영된 원인은 무엇일까? 伊藤智ゆき(2007, 이진호 역 2011: 309)에서 지적했듯이 8-10세기의 漢藏 對音 자료에서 痕韻은 티베트어의 'in'와 대응이 되었다. 羅常培(1933: 54-55, 198)에 따르면 8-10세기의 한어 서북 방언에서 痕韻은 개구도가 [ən]보다 좁은 [in]였다. 伊藤智ゆき(2007)에서는 登韻에 대해서는 '-ɲ, -c' 韻尾說에 따라 전혀 다른 방법으로 登

---

151) 伊藤智ゆき(2007)은 기존의 平山久雄(1998) 등 일본의 漢語史 학계에서 주장한 중고음에 경구개음 운미 '-ɲ, -c' 등이 존재한 학설을 따랐고 전승 한자음의 기초가 된 한어에서 登韻은 'ᅵᆼ]〉[ᅵᆼ]〉[ᅥᆼ]〉[ᅥᆼ/ᅳᆼ]'의 변화 과정이 있었다고 추정한 平山久雄(1998)의 가설을 받아들여서 登韻이 'ᅳᆼ/ᅮ'으로 반영된 현상을 설명하려고 하였다. '-ɲ, -c' 韻尾說은 Hashimoto(1970)에서 제기되었고 서구 및 일본의 漢語史 학계에서 영향력이 크다. 하지만 한어 방언 자료 및 베트남 한자음에 대한 설명 부분에 문제가 될 만한 부분이 있고 해당 학설을 직접 지지해 준 고대의 기록이 없어서 중국의 漢語史 학계에서 이 학설을 널리 받아들이지는 않았다. 여기서 필자는 '-ɲ, -c' 韻尾說을 따르지 않겠다.
152) 登韻과 痕韻의 /ə/가 전승 한자음에서 'ᅳ'로 반영되는 것은 같은 현상이다. 하지만 伊藤智ゆき(2007)에서 登韻의 반영을 설명하기 위해서는 平山久雄(1998)의 가설을 받아들이고, 痕韻의 반영을 설명하기 위해서는 성조의 차이에 의한 결과라고 해석하였다. 같은 대응 현상을 전혀 다른 두 가지 방법으로 설명하는 것은 문제가 된다.

韻의 모음이 'ㅡ'로 반영되는 현상을 설명하였다. 그러나 8-10세기의 漢藏 對音 자료에서 登韻도 24개의 예 중에 17개는 티베트어의 [iŋ]와 대응되기 때문에(王新華 2008: 104-105) 登韻의 모음도 痕韻과 같이 8-10세기의 한어 서북 방언에서는 [i]였을 것이다. 그러므로 登韻과 痕韻의 모음이 'ㅡ'로 반영된 것은 8-10세기 한어 서북 방언과 관련된다고 봐야 한다. 登韻과 痕韻 중에 일부 한자의 모음이 'ㆍ'로 반영된 것은 전·후기 중고음의 /ə/가 'ㆍ'로 반영된 대응 규칙이 충실히 적용된 것으로 보인다.

覃韻 /əm/는 談韻 /ɒm/와, 咍韻 /əi/는 泰韻 /ɒi/와 重韻이다. 重韻이란, 1·2等韻 중에 攝, 等, 開合口가 똑같은 2개 혹은 3개의 韻이다(邵榮芬 1982: 127). 《切韻》에서는 重韻의 구별이 있었지만 후기 중고음 자료인 《慧琳音義》에서는 重韻의 구별이 사라졌다. 후기 중고음 단계에 覃韻, 咍韻, 灰韻(咍韻의 合口韻)은 談韻, 泰韻(開口), 泰韻(合口)에 합류되었다. 2.2.3.9에서 확인할 수 있듯이 談韻, 泰韻(開口), 泰韻(合口)은 규칙적으로 전승 한자음에서 'ㅏㅁ/ㅏㅂ, ㅐ, ㅚ'로 반영되었다. [표 62]에서 覃韻은 '蠶 줌'을 빼고 모두 談韻처럼 'ㅏㅁ/ㅏㅂ'으로 반영되었다. 이는 후기 중고음 단계에 覃韻이 이미 談韻에 합류된 사실이 반영된 것이다.

그러나 咍韻과 灰韻의 상황은 그렇지 않다. 절대 다수의 咍韻字는 'ㆍㅣ'로 반영되었다. 灰韻은 'ㅚ'로 반영되긴 하지만 'ㆍㅣ'로 반영된 예도 많다. 다만 'ㄷㅣ 對隊碓, ㄴㅣ 內'를 제외하면 나머지는 모두 脣音字라는 점에 유의할 필요가 있다. 중고음에서는 脣音字 뒤에서 開合口의 대립이 없기 때문에 灰韻의 脣音字들은 開口韻처럼 'ㆍㅣ'로 나타난 것이다. 河野六郎(1968: 451-456)에서 咍韻과 泰韻 開口의 대립에 예외가 보이고, 灰韻과 泰韻 合口는 'ㅚ'로 반영되는 경향이 강해서 'ㆍㅣ'와 'ㅐ'의 대립은 체계 안의 공시적인 대립이 아닌 층위의 차이로 본 바가 있다. 하지만 伊藤智ゆき(2007, 이진호 역 2011: 219)에서 지적했듯이 咍韻과 泰韻 開口의 대립의 예외가 근본적으로 다시 생각해야 할 만큼 많지는 않다. 그리고 灰韻과 泰韻 合口가 'ㅚ'로 동일하게 반영된 것은 고대 한국어 단계에 'ㅏ'의 원순성 대립 짝이 존재하지 않아서 泰韻 合口의 원순성을 나타내기 위해서 어쩔 수 없이 중모음의 'ㅗ'와 'ㅣ'의 결합인 'ㅚ'를 선택했을 가능성은 충분히 있다.

문제는 咍韻과 泰韻 開口의 대립은 후기 중고음 단계에 이미 사라졌는데 전승 한자음에서 그 대립이 보인다는 것이다. 朴炳采(1971)에서, 전승 한자음은 ≪切韻≫ 체계를 차용하였다는 학설을 내세운 근거 중의 하나가 바로 이것이다. 여기서 확인해야 할 것은 咍韻과 泰韻의 대립이 언제까지 존속했는가 하는 점이다. 그래야 咍韻과 'ㆍㅣ'의 대응 시기를 확인할 수 있다. 馬德强(2008: 70)에서 그 이전의 연구 결과를 정리한 것을 참고하면, 咍韻과 泰韻 開口의 구별은 玄應音義(638-649)와 顔師古의 ≪漢書注≫·≪匡謬正俗≫(641)에서 모두 찾을 수 있었지만 何超音의 ≪晉書音義≫(747)부터 그 이후의 자료에서는 찾을 수 없고, 灰韻과 泰韻 合口의 구별은 何超音의 ≪晉書音義≫(747) 이전의 자료에서 찾을 수 있지만 ≪慧琳音義≫(783-810)부터 그 이후의 자료에서는 찾을 수 없다. 그러므로 7세기 중반-8세기 중반까지는 咍·灰·泰韻의 구별이 사라진 시기였다. 한편, 黃笑山(1995)에서도 吳 方言 등 자료에서 咍韻과 泰韻 開口의 구별을 찾을 수 있기 때문에 咍·泰韻의 대립은 覃·談韻의 대립보다 늦게 없어졌다고 한 바가 있었다.[153]

결론적으로 말하면, 咍韻과 泰韻은 다른 重韻보다 늦게 합류하였고 그 합류 직전의 모습이 전승 한자음에 반영되었다고 보아야 한다. 하지만 咍韻字는 ≪慧琳音義≫, 즉 中唐 이후에 'C+ɑi'로 읽혔기 때문에 咍韻字의 전승 한자음은 다른 한자들의 전승 한자음보다 일찍 차용된 것은 인정해야 될 것이다. 다만 중고음의 /əi/〉/ɑi/의 변화는 그리 일찍 일어난 것은 아니기 때문에 /ə/⇒'ㆍ'의 대응은 차용의 주 기층보다 훨씬

---

153) 馬德强(2008: 71)에서 제시한 것처럼 覃·談韻의 대립이 顔師古의 ≪漢書注≫·≪匡謬正俗≫(641)에서 이미 사라지고 그 이후의 자료에서 확인할 수 없으므로 黃笑山(1995)의 주장은 실제 자료와도 부합된다.

이른 시기의 대응은 아니다.

여기서 한 가지 지적해 두어야 할 것이 있다. 그것은 哈韻 /əi/가 '·l'로 반영되어 있다는 것은 적어도 7-8세기경의 고대 한국어에 /·/가 존재했다는 사실을 입증해 주는 실제 언어 자료가 된다는 점이다. 따라서 기존에 鄭然粲(1999) 등에서 내적 재구 방법으로 /·/가 기원적으로 존재하지 않았다고 한 데 대해서는 의문의 여지가 있다.

한편, 哈韻의 合口韻인 灰韻이 脣音 뒤에서는 '·l'로, 다른 자음 뒤에서는 'ㅚ'로 반영되었다는 것은 전승 한자음 차용 당시에 '·'와 'ㅗ'는 원순성 자질에 의한 대립 쌍이었을 것임을 암시한다. 따라서 '·'의 음가가 [ə]에 가까웠다면 'ㅗ'의 음가도 [o]와 가까웠을 것이다.

欣韻 /riən/, /riət/는 거의 'ㄴ, ㄹ'로 나타난다. 欣韻의 모음이 'ㅡ'로 나타난 것을 두고 중고음의 /ə/가 'ㅡ'로 반영되었다고 할 수 없다. 앞에서 이미 언급했듯이 欣韻은 ≪慧琳音義≫에서 眞韻에 합류되었다. 원래 C류 중에도 舌齒音과 결합되지 않은 欣韻은 眞B韻에 해당된다. 그러므로 그 반영 양상이 眞B韻과 같은 것은(2.2.3.1 참조) 후기 중고음을 차용했기 때문이라고 해석할 수 있다.

合口韻 중에 登韻의 合口韻의 핵모음은 모두 'ㅗ'와 'ㅜ'로 반영될 수 있었다. 魂韻은 痕韻의 合口韻인데 그 핵모음이 'ㅗ, ㅜ, ·'로 나타났다. '·'로 나타난 것은 脣音字 '勃脖'이다. 'ㅗ'로 나타나는 것은, 중고음의 /ə/는 '·'에 대응되는 것이 원칙인데 /ə/의 合口韻은 '·'의 원순성 대립 짝인 'ㅗ'에 대응시킨 결과로 보인다. 'ㅜ'로의 대응은, 8-10세기 한어 서북 방언의 登·痕韻의 모음은 [i]였기 때문에 원순성을 가진 이들의 合口韻은 'ㅜ'로 반사된 것으로 보인다. 灰韻은 이미 앞에서 설명했고 남은 것은 欣韻의 合口韻인 文韻이다. 일부 脣音字 뒤에 文韻의 모음이 'ㅡ'로 나타나는 것을 제외하면 나머지 文韻字의 모음은 모두 'ㅜ'로 나타났다. 欣韻은 후기 중고음 단계에서 眞B韻에 합류했다. 文韻에 속하는 일부 脣音字 뒤에서는 모음이 'ㅡ'로 나타나고 그 開口韻인 欣韻

의 모음도 '一'로 나타나기 때문에 '一 : ㅜ'도 원순성에 의한 대립 짝임을 암시한다.

중고음 /ə/에 대한 고찰로, 咍韻만 제외하면 /ə/를 가진 각 韻의 전승 한자음들은 후기 중고음을 차용한 것으로 보인다. [표 63]으로 정리할 수 있다.

[표 63] 전승 한자음의 차용 주 기층(중고음 /ə/ 韻의 반영을 근거로)

	≪切韻≫ 체계	≪慧琳音義≫	唐末−五代	宋 이후 근대음
登韻의 반영	X	X	O	X
痕·魂韻의 반영	X	X	O	X
覃韻의 반영	X	O	O	O
咍·灰韻의 반영	O	X	X	X
欣·文韻의 반영	X	O	O	O

그리고 登韻의 合口, 魂韻, 灰韻, 文韻의 반영을 각각의 開口韻의 반영과 대조해서 추출할 수 있는 것은 전승 한자음 차용될 당시에 'ㅗ : ·', 'ㅜ : 一'는 각각 [±원순성]에 의한 대립 짝이었다는 사실이다.

2.2.3.5 /o/ 韻의 반영 양상

중고음의 /o/는 1·2等의 江韻 /roŋ/(입성: /rok/), 冬韻 /uoŋ/(입성: /uok/), 模韻 /uo/, 그리고 3等의 鍾韻 /u(r)ioŋ/(입성: /u(r)iok/), 魚韻 /(r)io/, 虞韻 /u(r)io/에 분포한다.

추가 설명이 필요한 것은 앞에서 언급했지만 초기 연구에서는 江韻을 'ɔŋ'로 재구하였는데 周法高(1983) 이후에 2等의 江韻과 1等韻 冬韻을 한 쌍의 開合口韻으로 묶었다. 하지만 江韻과 冬韻은 순수한 開合口韻의 관계가 아니었다. 굳이 이들을 開合口韻으로 묶은 이유는 江韻만을 위해서 음소 하나를 따로 설정하지 않으려는 의도 때문이었다. 여기서는 介音 新說을 따르고 2等韻인 江韻 앞에 介音 '-r-'를 표시하였다.

그리고 종래에 遇攝의 模·魚·虞韻 재구에 대해서는 韻圖에 대한 이해가 달랐기 때문에 관점 차이가 심하다. 여기서는 黃笑山(1995)를 따르고 ≪切韻指掌圖≫는 후세에 만들어진 것이기 때문에 그 당시의 언어는 ≪切韻≫ 시기와 다르기 때문에 魚·虞韻을 獨韻으로 보는 李榮(1956) 등의 견해를 따르지 않는다. 黃笑山(1995: 88-89)에서는 고대 베트남 한자음(古漢越語)에 대한 고찰을 통해 魚·虞韻은 한 쌍의 開合口韻이었다는 것을 입증하였고, 隋代音 자료인 ≪毛詩音≫에서도 魚韻은 開口韻이고 模虞韻은 合口 介音을 갖고 있었다는 증거를 찾을 수 있다고 하였다. 그러므로 ≪切韻≫의 遇攝 3韻의 음가는 각각 模韻 /uo/, 魚韻 /(r)io/, 虞韻 /u(r)io/가 된다.

중고음의 /o/의 반영 양상은 아래와 같다.

[표 64] 중고음 /o/ 韻의 전승 한자음 반영 양상

韻	반영 양상	반영 비율	例字
江 /roŋ/, /rok/	ㅏ/ㅓ	거의	강 江降, 항 肛巷, 당 戇幢, 창 窓, 상 雙, 방 邦龐/각 殼角, 악 嶽樂, 탁 卓啄, 착 捉, 삭 朔槊, 박 朴雹, 막 邈
冬 /uoŋ/, /uok/	ㅗ/ㅜ	전부	공 攻, 동 冬疼, 통 統, 농 農膿, 종 宗綜, 송 宋/곡 梏鵠, 옥 沃鋈, 독 毒纛, 녹 耨
模 /uo/	ㅗ	거의	고 孤枯, 호 呼狐, 오 吳吾, 도 都塗, 토 兎吐, 노 怒努, 로 鹵魯, 조 祖胙, 소 蘇訴, 보 步普, 포 葡怖, 慕暮
	ㅜ	소수	두 肚杜, 투 妬, 추 麤, 부 簿埠, 푸 鋪
鍾 /u(r)ioŋ/, /u(r)iok/	ㅗ/ㅜ	절반	공 恭供, 옹 雍饗, 농 濃, 송 駷, 봉 峯封/곡 曲蛐, 옥 玉獄, 록 綠菉, 촉 促, 속 束粟, 복 幞襆
	ㅛ/ㅠ	절반	종 從鍾, 송 松頌, 용 容勇/족 足, 속 贖俗, 욕 辱褥, 욕 欲浴
	ㆁ/ㅠ	소수	듕 重, 흉 凶胸, 츙 衝/뇩 躡
魚 /(r)io/	ㅓ	절반	거 居渠, 허 虛噓, 어 魚於
	ㅕ	절반	뎌 儲樗, 녀 女, 려 侶旅, 져 沮杵, 셔 書舒, 셔 汝如, 여 餘予
	ㅗ	소수	조 俎阻, 초 楚礎, 소 所蔬
	ㅖ	소수	뎨 猪除, 예 豫譽
虞 /u(r)io/	ㅜ	절반	구 俱區, 우 于遇, 루 縷褸, 부 府斧, 무 武舞
	ㅠ	절반	듀 株廚, 쥬 主朱, 츄 樞, 슈 戍樹, 슈 乳孺, 유 臾喩
	ㅗ	소수	오 娛迂, 보 輔, 포 脯, 모 侮

江韻은 1.3에서 언급한 바가 있었다. 江韻은 후기 중고음 단계에서 그 핵모음이 /o/에서 /a/로 변화하였다. 權仁瀚(1997: 316), 김무림(2007: 117)에서는 江韻이 'ㅑ'으로 반영된 현상을 후기 중고음 이후의 변화가 반영된 것으로 해석한 바가 있다. 그러나 이 시기의 음을 반영한 다른 자료에서는 江韻의 반영 양상이 조금 다르다. 唐音의 기층이 남아 있는 粵 방언에 江韻이 [oŋ] 혹은 [œŋ]로 나타난다(黃笑山 1995: 214). 그리고 黃淬伯(1931, 1998), 儲泰松(2005), 金雪萊(2005), 趙翠陽(2009) 등 ≪慧琳音義≫의 연구에서 모두 ≪慧琳音義≫에서 江攝을 독립시켰다. 趙翠陽(2009: 22, 49, 60, 75)에서 고찰한 바로, ≪慧琳音義≫에서 江韻(入聲 포함)은 다른 韻과 混用되지 않아서 ≪慧琳音義≫ 시기까지만 해도 江韻은 독립적으로 존재하였고 宕攝에 합류되지 않았다. 儲泰松(2005: 183)에 따르면 唐代의 梵語 音譯에서 비록 江韻이 宕攝과 같이 梵語의 'a'와 대응되기는 하지만 오직 知組字에만 국한되는데다가 梵語를 音譯할 때 江韻의 '卓' 聲符字를 사용하지 않고 오히려 反切 注音의 방법을 사용하였다. 게다가 唐詩의 押韻에서 江韻字는 宕攝字뿐만 아니라 通攝字와도 혼용되었기 때문에 江韻의 핵모음은 中唐 시기에 /a/로 변화하지는 않았다. 비교적 조금 늦은 시기인 漢藏 對音 자료에서 江韻은 宕攝과 같이 티베트어의 [aŋ]와 대응되었다(王新華 2008: 99). 하지만 江韻의 전승 한자음은 꼭 이 시기에 차용되었다고 할 필요는 없다. /o/는 음운론적인 표시이고 江韻은 /o/의 각 韻 중에 유일하게 開口 洪音의 환경을 갖추고 있어서 음성적으로 비교적 낮고 전설적인 [œŋ]로 실현된다(黃笑山 1995: 103). 저모음 'ㅏ'의 원순성 대립 짝이 없어서 [œŋ]는 'ㅑ'으로 차용되었다고 본다. 그리하여 江韻은 宕攝에 합류되기 전과 합류된 후에 모두 'ㅑ'으로 반영될 수 있다고 본다.

冬韻 전·후기 중고음 단계에 모두 /uoŋ/, /uok/였고 전승 한자음에서는 예외 없이 'ㅗㅇ, ㅗㄱ'으로 반영되었다. 合口韻으로 재구하는 것은 黃笑山(1995) 등 연구에서 중고음의 음운 체계를 균일하게 재구하기 위한

조치이기 때문에 실제로 冬韻은 合口 介音이 존재하지 않았을 가능성이 있다. 冬韻의 핵모음이 'ㅗ'로 반영되었기 때문에 전승 한자음이 차용될 당시의 'ㅗ'의 음가는 [o]에 가깝다고 볼 수 있다.

模韻 /uo/는 거의 'ㅗ'로 반영되었고, 'ㅜ'로 반영된 예도 존재한다. 黃笑山(1995: 196)에 따르면 후기 중고음 단계에 魚韻의 핵모음이 /ə/로 변화했기 때문에 模韻도 /uə/로 변화했을 가능성이 배제되지 않지만 合口 介音의 영향으로 핵모음은 /o/로 그대로 남아 있었을 것이다. 따라서 후기 중고음 단계에 模韻은 그대로 /uo/였고 그 핵모음인 /o/가 전승 한자음에서 'ㅗ'로 반영되었다고 본다. 伊藤智ゆき(2007, 이진호 역 2011: 207-209)에서는 模韻을 'o'로 보았기 때문에 일부 'ㅜ'로의 반영을 설명하는 데 어려움이 있었다. ≪毛詩音≫을 참고하여 模韻에 合口 介音 /u/가 있었다고 본 黃笑山(1995)의 재구음 /uo/로 이러한 'ㅜ'로의 반영을 쉽게 설명할 수 있다. 즉, 이러한 예들은 /uo/의 'u'를 반영한 것으로 간주할 수 있다.

鍾韻은 3等 C류 韻인데 그 牙喉音이 전승 한자음에서 'ㅛ, ㅕ', 舌齒音이 전승 한자음에서 'ㅛ, ㅕ'으로 나타날 것이 기대된다. [표 64]를 보면 대부분의 예는 우리의 예상에 부합하지만 일부 齒音字의 운모는 'ㅛ, ㅕ'으로 나타났다. 脣音의 경우, 전승 한자음에서는 3等 A류로 반영되는 것이 일반적이라 'ㅛ, ㅕ'으로 나타나야 하지만, 'ㅗ, ㅜ'으로 나타났다. 이는 한국어에서 '뵹, 뵥, 푱, 퓩, 뫃, 뫁'과 같은 음절을 허용하지 않기 때문에 'ㅗ, ㅜ'으로 나타난 것이다. 한편, 일부 鍾韻의 모음이 'ㅠ'로 반영되기도 하였다. 伊藤智ゆき(2007, 이진호 역 2011: 359)의 설명처럼 '둉, 흉, 춍, 튝'이라는 음절이 드물기 때문일 수도 있고 8-10세기의 漢藏 對音에서 鍾韻이 東韻에 합류되고, 朱翱의 반절에서 東・鍾의 구별이 없는(周傲生 2008: 158) 것과도 관련이 있어 보인다. 대부분 鍾韻이 'ㅛ, ㅕ, ㅛ, ㅕ'으로 반영된 것은 ≪慧琳音義≫ 및 그 이전에 차용되었다고 봐야 된다. 金雪萊(2005: 34-35), 趙翠陽(2009: 60, 74)에 따르면

≪慧琳音義≫에서 鍾韻(입성 포함)은 독립된 韻이었고 다른 韻에 합류되지 않았다.

魚韻은 2.2.2에서 다루었다. 여기서 다시 간단히 언급하자면, 魚韻의 핵모음은 후기 중고음 단계에 /o/〉/ə/의 변화를 겪었다. 3等 C류 韻이기 때문에 그 牙喉音이 'ㅓ', 舌齒音이 'ㅕ'로 반영되는 것은 介音의 대응 원칙과 부합된다. 莊組字 뒤에 'ㅗ'가 나타나는 것은 상고음이나 근대음의 반영이라고 볼 수 없다. 魚韻의 핵모음 변화는 선행하는 3等 介音에 의해 조음 위치가 전설적으로 앞당겨졌는데 莊組 聲母가 뒤의 介音을 흡수해서 莊組의 魚韻은 후기 중고음 단계에 그대로 핵모음 /o/를 갖고 있었기 때문에 莊組 魚韻의 전승 한자음도 주 기층인 후기 중고음 단계에서 차용된 것으로 봐야 된다.

다만 'ㅓ'가 후기 중고음의 /ə/와 대응되는 것은 문제가 될 수 있다. 왜냐하면 앞에서는 중고음의 /ə/는 원칙적으로 'ㆍ'로 반영되고, 다음 소절에서 확인하게 되겠지만 'ㅓ'는 거의 중고음의 /ɛ/와 대응된다. 중고음의 'ə'와 'ㅓ'의 대응에 대한 伊藤智ゆき(2007, 이진호 역 2011: 211-212)의 의견에 의하면, 전승 한자음에서 몇몇 魚韻字의 모음이 'ㅖ'로 나타나는 것은154) 魚韻이 실제로 'ə'보다 더 전설적으로 조음되었다는 증거이고, 8-10세기 漢藏 對音에서 魚韻이 'i, u'와 대응되는 것은 魚韻이 그 당시에 전설 고모음이었을 가능성이 있고, 또 일부 魚韻字의 모음은 티베트어의 'e'와도 대응될 수 있었기 때문에 이러한 'e'가 전승 한자음에서는 'ㅓ'로 반사되었을 가능성이 있다고 하였다.

하지만 伊藤智ゆき(2007)의 해석에는 문제가 있다. 첫째, 伊藤智ゆき(2007)에서도 스스로 발견했듯이 莊組 魚韻字의 전승 한자음의 차용 기층은 여타 성모의 魚韻字와는 같다. 하지만 8-10세기의 漢藏 對音 자료에서는 莊組의 특수한 양상을 확인할 수 없고, 오히려 莊組字 중의 '所'

---

154) [표 64]에 제시하였다.

는 티베트어의 'zi, ɕi', '初'는 티베트어의 'ʨhe'와 대응되어 있다(王新華 2008: 83). 魚韻의 전승 한자음이 8-10세기의 漢藏 對音 자료와 관련이 있다면 '所, 初'의 전승 한자음은 '소, 초'가 아닌 '시, 처'로 나타나야 했을 것이다. 둘째, 8-10세기의 漢藏 對音 자료에서 魚韻이 'i'와 대응되는 것은 唐末-五代의 서북 방언의 '魚入止攝' 현상이다(羅常培 1933: 100-104, 周傲生 2008: 146). 전승 한자음에서 魚韻과 止攝의 혼란은 전혀 보이지 않는다. 표면적으로 드러난 8-10세기의 漢藏 對音에서 魚韻과 티베트어의 'i'의 대응 현상을 전승 한자음과 자의적으로 엮을 수 없다. 셋째, 8-10세기 漢藏 對音 자료에서 魚韻의 대응 양상은 매우 복잡하다. 'i, e, u'와 모두 대응할 수 있어 그 당시 한어 서북 방언에 魚韻의 음을 재구하기가 어렵다. 초기 연구인 羅常培(1933: 165)에서는 이 시기의 魚韻을 [ɨ, ø]〉[ɨ, y]로 재구하였고, 최근 연구인 王新華(2008: 85)에서는 魚韻의 일부는 [i], 나머지는 [u]로 재구하였다. 그렇기 때문에 魚韻의 [ə]가 'ㅓ'로 나타나는 현상은 간단히 8-10세기 한어 서북 방언으로 설명할 수 없다.

그렇다면 魚韻의 [ə]가 과연 어떻게 'ㅓ'로 반영되었는가? 이 문제는 미시적으로 음운과 음운의 대응으로 해결할 수 없을 것이다. 보다 더 큰 시각에서, 즉 거시적으로 중고음 단계의 한어 음운 변화와 전승 한자음 및 한국어의 음운 변화를 통찰하여 /ə/와 'ㅓ'의 대응 문제를 내려다봐야 된다. 먼저 전·후기 중고음의 /ə/의 분포를 고려해야 된다. 앞에서는 전기 중고음에서 /ə/ 음을 가진 각 韻의 변화를 언급했는데 여기서 그 내용을 [표 65]로 정리해 본다.

[표 65] 전·후기 중고음 단계 /ə/의 분포

전기 중고음 /ə/의 분포	변화 과정	후기 중고음 /ə/의 분포
1等 登韻(開合) /(u)əŋ/, /(u)ək/	〉(모음 상승)	/(u)ɨŋ/, /(u)ik/
1等 痕·魂韻 /(u)ən/, /(u)ət/	〉(모음 상승)	/(u)in/, /(u)it/
1等 覃韻 /əm/, /əm/	〉(重韻 소실, 談韻에 합류)	/ɒm/, /ɑm/

韻	변화	결과
1等 咍·灰韻 /(u)əi/	~~>(重韻 소실, 泰韻에 합류)~~	~~/(u)ɒi/ / /(u)ɑi/~~
3等 欣·文韻 /(u)riən/, /(u)riət/	~~>(眞B韻에 합류)~~	~~/(u)rin/ / /(u)rit/~~
3等 蒸韻 /iŋ/, /ik/	>(登韻에 합류, 모음 상승)	>/əŋ/, /ək/ ~~/iŋ/, /ik/~~
3等 侵韻 /(r)im/, /(r)ip/	>(莊組 뒤 洪音化)	>/əm/ (莊組 뒤)
3等 魚韻 /(r)io/	>조음 위치 변화	>/(r)iə/

[표 65]에서 본 바와 같이 전기 중고음의 /ə/는 후기 중고음 단계에 와서 거의 소멸되었지만, 다른 음소인 /i/, /o/의 일부가 음 변화를 겪어 새로운 /ə/가 등장한다. 'ㅣ'로 반영된 咍韻을 포함하여 후기 중고음의 /ə/의 분포를 보면 오직 魚韻만이 앞에 3等 開口 介音 '(r)i'를 가지고 있었다. 따라서 후기 중고음 단계에 공시적으로 魚韻의 /ə/의 실제 음성 실현은 다른 韻의 /ə/와 달리 '(r)i'의 영향으로 전설 모음 [e]로 실현되었을 가능성이 크다. 후세에 魚韻이 전설 고모음으로 변화한 것을 고려하면 魚韻의 핵모음이 한때 [e]로 실현되었을 가능성이 더 커진다. 漢藏 對音에서 일부 魚韻字가 티베트어의 'e'와 대응이 된 것도 보충 증거가 된다.

魚韻이 전승 한자음에서 'ㆍ'가 아닌 'ㅓ'로 반영된 것은 비단 후기 중고음의 문제일 뿐만 아니라 전승 한자음 내지 중세 한국어 단계에 'ㆍ'의 분포 제한과도 관련된다. 전승 한자음에서 'ㆍ'의 앞에 반모음 [j]가 선행될 수 없다. 즉, 전승 한자음에서 'ㅣ'는 나타날 수 없다. 'ㆍ'로 반영된 운들은 咍·灰韻 /(u)əi/, 岑韻 /əm/, 登韻 開口 /əŋ, ək/의 일부, 痕·魂韻 /(u)ən, (u)ət/의 일부 그리고 후술될 庚韻 2等 開口 /raŋ, rak/, 耕韻 開口 /raŋ, rak/의 일부, 皆韻 /rɐi/의 일부, 佳韻 /rɐ/의 일부이다.[155] 모두 앞에 3等 介音 '(r)i'를 찾을 수 없다. 이는 전승 한자음에서의 'ㆍ'는 중고음 原音에 선행 介音 '(r)i'가 없을 때만 나타난다는 사실을 보여 준다. 그러므로 후기 중고음의 魚韻 /(r)iə/의 핵모음이 'ㆍ'가 아닌 'ㅓ'

---

155) 精組와 莊組 뒤에 止攝이 'ㆍ'로 반영된 것은 특수한 예이기 때문에 여기서 제시하지 않았다.

로 나타나는 것은 전승 한자음에서의 'ㆍ'의 제한적인 분포 때문일 가능성도 배제되지 않는다.156)

위와 같이, 魚韻이 'ㅓ'로 반영된 것은 후기 중고음의 魚韻은 /ə/의 각 韻 중에 유일한 3等韻이고 선행하는 3등 介音 '(r)i'의 영향으로 [e]와 같은 전설 모음으로 실현되었기 때문일 것이다. 魚韻이 'ㆍ'가 아닌 'ㅓ'로 반영된 것은 전승 한자음의 'ㆍ' 앞에 [j]가 나타날 수 없기 때문일 수도 있다. 어쨌든 간에 魚韻의 /ə/가 'ㅓ'로 나타나는 것은 간단히 중고음의 /ə/와 고대 한국어의 'ㅓ'가 대응되는 것으로 간주할 수는 없다.

虞韻 /u(r)io/는 일부 'ㅗ'로 반영된 예외를 제외하고, 牙喉音 뒤는 'ㅜ', 舌齒音 뒤는 'ㅠ'로 반영되었고, 脣音은 음절 '뷰, 퓨, 뮤'가 허용되지 않아서 牙喉音처럼 'ㅜ'로 반영되었다. 虞韻의 핵모음 /o/가 'ㅜ'로 반영된 것은 두 가지 면에서 해석할 수 있다. 첫째, 介音 /u/의 원순성이 강해서 핵모음보다 더 인상적으로 들렸기 때문에 'ㅜ'로 차용했다. 둘째, 遇攝과 流攝의 혼란 때문이다. 黃笑山(1995: 197-198)에서 지적했듯이 初唐의 玄奘 梵語 音譯에서 虞韻은 梵語의 'u'와 'o'와 모두 대응할 수 있었다. 慧琳의 梵語 音譯에서는 虞韻이 'u'와 대응하는 경향이 높고 唐末-五代의 漢藏 對音 자료에서 虞韻은 소수의 'o'와 대응되는 예를 제외하면 나머지는 모두 티베트어의 'u'와 대응된다(周傲生 2008: 150). 그리하여 虞韻이 대부분 'ㅜ, ㅠ'로 나타나는 것은 설명된다. 소수의 'ㅗ'로 반영된 예는 핵모음 /o/에 대한 반영으로 보인다. 전반적으로 볼 때 虞韻이 전승 한자음에서 'ㅜ'로 반영되는 현상은 전기 중고음보다 후기 중고음을 차용했기 때문이다.

2.2.3.5에서 고찰한 결과는 [표 66]으로 정리할 수 있다.

---

156) 魚韻의 전승 한자음이 처음에 'ㅓ, ㅕ'가 아닌 'ㆍ, ㅣ'로 차용되었지만 나중에 'ㆍ〉ㅓ, ㅣ〉ㅕ'의 변화를 겪었을 가능성도 있어 보이는데 확실한 증거를 찾을 수 없다.

[표 66] 전승 한자음의 차용 주 기층(중고음 /o/ 韻의 반영을 근거로)

	≪切韻≫ 체계	≪慧琳音義≫	唐末−五代	宋 이후 근대음
江韻의 반영	O	O	O	?157)
冬韻의 반영	O	O	O	O
模韻의 반영	O	O	O	O
鍾韻의 반영	O	O	X	X
魚韻의 반영	X	O	X	X
虞韻의 반영	?	O	O	?

冬韻과 模韻의 모음 /o/가 'ㅗ'로 반영된 사실은 중고음의 /o/가 'ㅗ'와 대응됨을 보여 준다. 魚韻은 후기 중고음 단계에서 /(r)iə/로 변화했는데 핵모음이 전승 한자음에서 'ㅓ'로 반영되었다. 하지만 중고음의 /ə/와 고대 한국어의 'ㅓ'가 대응 관계를 이룬다고 할 수는 없다. 후기 중고음 단계에서 魚韻의 /ə/가 [e]로 실현되었을 가능성이 크다. 또한 전승한자음에서 'ㆍ'가 3·4等韻과 대응되지 않은 것도 대부분 魚韻字의 모음이 'ㅓ, ㅕ'로 나타난 원인이 될 수 있다.

2.2.3.6 /ɛ/ 韻의 반영 양상

/ɛ/는 전설 모음이기 때문에 3等 重紐韻과 4等韻에 분포된다. 淸韻 /(u)(r)iɛŋ/(입성: /(u)(r)iɛk/), 仙韻 /(u)(r)iɛn/(입성: /(u)(r)iɛt/), 鹽韻 /(r)iɛm/(입성: /(r)iɛp/), 宵韻 /(r)iɛu/, 祭韻 /(u)(r)iɛi/, 支韻/(u)(r)iɛ/ 등 3等韻과 靑韻 /(u)ɛŋ/(입성: /(u)ɛk/), 先韻 /(u)ɛn/(입성: /(u)ɛt/), 添韻 /ɛm/(입성: /ɛp/), 蕭韻 /ɛu/, 齊韻 /(u)ɛi/ 등 4等韻에 /ɛ/가 분포한다.

추가 설명이 필요한 것이 있다. 淸韻과 庚韻 3等은 상보적인 분포를 이룬 重紐韻이고 淸韻은 A류, 庚韻 3等은 B류에 해당된다. 그러나 ≪切韻≫에서 庚韻 2等 /(u)raŋ/을 庚韻 3等을 같은 韻으로 묶은 것은 庚韻

---

157) 근대음에 江韻에 介音 [j]가 생겼다. 전승 한자음에서 介音 [j]의 흔적을 찾을 수 없다.

3等과 淸韻의 핵모음은 ≪切韻≫ 시기에 같지 않았다는 것을 암시한다 (黃笑山 1996: 83). 그러므로 淸韻은 3等 A류에 해당되는 韻이지만 대응되는 B류 韻이 비어 있고, 庚韻 3等은 B류에 해당되는 韻이지만 대응되는 A류 韻이 비어 있다고 보아야 된다.

각 韻의 반영 양상은 [표 67]과 같다. 앞에서 支韻을 이미 다루었기 때문에 支韻을 표에 넣지 않았다.

[표 67] 중고음 /ɛ/ 韻의 전승 한자음 반영 양상

韻	반영 양상	반영 비율	例字
淸A(開) /iɛŋ/, /iɛk/	ㅕㅇ/ㅕㄱ	거의	경 輕傾, 영 纓, 뎡 貞呈, 령 令, 졍 井靜, 청 請菁, 셩 聖盛, 영 盈嬴, 병 餅屛, 명 名/텩 脊踖, 젹 蹟籍, 쳑 刺尺, 셕 石碩, 역 驛, 벽 辟璧
仙A(開) /iɛn/, /iɛt/	연/ㅕㄹ	전부	견 遣譴, 뎐 纏展, 련 連鏈, 젼 錢煎, 쳔 遷淺, 션 仙鮮, 션 然燃, 연 延埏, 편 鞭篇, 면 綿面/혈 子, 텰 哲撤, 렬 烈列, 졀 折, 셜 舌薛, 셜 熱, 별 鼈鱉, 멸 滅搣
仙B(開) /riɛn/, /riɛt/	견/ㅕㄹ	절반	건 件乾, 언 諺焉/걸 桀傑, 얼 孼蘖
	변/ㅕㄹ	절반	변 辯弁, 면 免冕/별 別
鹽A /iɛm/, /iɛp/	염/엽	거의	염 厭魘, 텸 沾諂, 렴 廉帘, 졈 漸占, 쳠 簷襜, 염 染/텹 輒, 녑 鑷, 렵 獵鬣, 졉 接接, 쳡 睫妾, 셥 涉攝, 엽 葉
鹽B /riɛm/, /riɛp/	염/-	다수	검 黔檢, 험 嶮驗, 엄 掩揜
	염/엽	소수	폄 貶/녑 曄饁
宵A /iɛu/	ㅛ	전부	교 蹺, 요 要嬈, 됴 朝晁, 툐 超焦, 쇼 消昭, 쇼 饒橈, 표 漂瓢, 묘 妙
宵B /riɛu/	ㅛ	거의	교 橋驕, 요 妖夭, 표 表鑣, 묘 苗廟
祭A(開) /iɛi/	ㅖ	거의	예 藝, 톄 滯彘, 례 例, 제 制際, 셰 世勢, 예 曳裔
	ㅕ	소수	려 厲蠣, 셔 噬誓
祭B(開) /riɛi/	ㅖ	전부	게 揭偈, 에 饐
靑(開) /iɜŋ/, /iɜk/	ㅕㅇ/ㅕㄱ	거의	경 經磬, 형 馨形, 뎡 丁亭, 텽 聽廳, 녕 寗佞, 령 鈴靈, 청 靑鯖, 셩 星腥, 병 竝甁, 평 萍, 명 冥銘/격 擊激, 뎍 的敵, 텩 滌, 력 歷曆, 젹 績, 셕 錫析, 벽 壁霹, 멱 覓
先(開) /iɜn/, /iɜt/	연/녈	거의	견 肩堅, 현 現峴, 뎐 顚典, 텬 天, 련 蓮憐, 젼 箋, 쳔 千倩, 션 先跣, 변 邊玭, 편 片, 면 麵/결 結潔, 혈 絜, 열 咽蠮, 텰 鐵饕, 졀 切竊, 셜 楔楔, 멸 篾蠛
添 /iɜm/, /iɜp/	염/녑	전부	겸 兼謙, 혐 嫌, 뎜 點店, 텸 甜添, 념 念恬, 렴 濂/협 莢協, 뎝 蝶楪, 텹 帖貼

蕭 /ɛu/	ㅛ	전부	교 皦儌, 효 曉梟, 됴 雕鯈, 툐 齠, 료 僚廖, 쇼 蕭簫
齊(開) /ɛi/	ㅖ	다수	계 鷄稽, 혜 醯醢, 예 霓猊, 뎨 梯蹄, 례 盠犁, 졔 濟臍, 체 砌, 세 細洗, 폐 閉陛, 몌 袂
	ㅕ	소수	려 黎, 쳐 妻, 서 西犀
	ㅣ	소수	비 篦鞞, 미 米迷
淸A(合) /uiɛŋ/, /uiɛk/	ㅕ/ㅕㄱ	전부	경 頃傾, 셩 騂, 영 營潁/역 疫役
仙A(合) /uiɛn/, /uiɛt/	ㅕ/ㅕㄹ	전부	견 絹, 뎐 傳, 젼 全專, 쳔 泉川, 션 船旋, 연 攐蠉/결 缺, 텰 輟啜, 렬 劣, 졀 絶, 셜 雪, 열 閱悅
仙B(合) /uriɛn/, /uriɛt/	ㅝ/-	거의	권 卷權, 원 員圓
祭A(合) /uiɛi/	ㅖ	다수	셰 歲稅, 예 睿
	ㅖ	소수	혜 鼤贅
祭B(合) /uriɛi/	ㅟ	전부	위 衛
靑(合) /uɛŋ/, /uɛk/	ㅕ/-	전부	경 扃, 형 榮炯
先(合) /uɛn/, /uɛt/	ㅕ/ㅕㄹ	거의	견 蠲鵑, 현 玄懸, 연 淵/결 決闋
齊(合) /uɛi/	ㅠ	절반	규 圭閨
	ㅖ	절반	계 桂, 혜 慧惠

전기 중고음의 /ɛ/는 앞에서 이미 다룬 支韻이 /i/에 합류된 것을 빼고 후기 중고음 단계에서 변화를 겪은 것은 없다. [표 67]을 보면 전반적으로 '-u' 韻尾가 있는 宵韻과 蕭韻을 제외하면 나머지 韻들의 /ɛ/는 'ㅕ'로 규칙적으로 반영되었다. 宵韻과 蕭韻의 'ɛu'는 'ɛ'의 [-high] 자질과 'u'의 [+rounded, -low, -front] 자질의 작용으로 'ɛu'가 'o'(ㅗ)로 들린 것으로 보아야 한다. 'o'로 들리지 않더라도 고대 한국어에 'ɛu'와 비슷한 이중 모음이 없어서 'ㅗ'로 받아들였을 것이다. 앞의 介音 /i/의 영향으로 宵韻과 蕭韻의 전승 한자음이 'ㅛ'로 나타난 것으로 보인다.

앞부분과 똑같이 먼저 /u/ 介音이 없는 경우를 검토하자. 앞에서 이미 논의한 바가 있었지만, [표 67]에서 보듯이 4等韻의 전승 한자음에는 예외 없이 반모음 [j]가 나타난다. 이는 4等字들의 전승 한자음들은 모두 후기 중고음 단계의 4等韻이 3等 A류에 합류한 시기에 차용된 것임을 보여 준다. 그러므로 4等韻을 해당되는 3等 A류 韻과 묶어서 설명하겠다.

3等 A류 및 3等 A류에 합류한 4等韻의 반영은 거의 예상과 같다. 淸A · 靑韻, 仙A · 先韻, 鹽A · 添韻, 宵A · 蕭韻, 祭A · 齊韻은 모두 구개적 介音 /i/를 갖고 있어, 각각 규칙적으로 전승 한자음에서 'ㅕ/ㅕ, ㅕ/ㅕ, ㅕ/ㅕ, ㅛ, ㅖ'로 중고음의 介音 /i/가 전승 한자음에서 [j]로 반영되었다. B류 韻 중에 淸B韻의 한자가 적고 그 전승 한자음 반영 양상을 확인할 수 있는 한자가 없어서 설명이 생략된다. 仙B韻의 牙喉音은 원칙대로 전승 한자음에서 [j]가 나타나지 않았고, 脣音은 다른 B류 韻처럼 [j]가 나타났다. 鹽B韻은 몇 개의 예외를 제외하고 규칙적으로 'ㅕ'으로 반영되었다. 祭B韻도 모두 원칙대로 'ㅖ'로 나타났다.

문제가 될 만한 것은 宵B韻이 모두 'ㅛ'로 반영된 것이다. 河野六郎 (1968/1979: 463)에서는 宵B韻의 'ㅛ'는 3等 B류의 介音이 3等 A류에 합류하기 직전의 중고음을 반영한 것인지, 합류 직후의 중고음을 반영한 것인지 알 수 없다고 하였다. 伊藤智ゆき(2007, 이진호 역 2011: 267)에서는 宵B韻의 주모음 앞에 과도음 [i]가 삽입된 형태가 차용되었다고 보았다. 김무림(2006: 114)에서는 宵B韻의 반영을 근대음의 차용으로 보았다.

肴韻 /rau/의 일부와 豪韻 /ɒu/(/ɑu/)가 전승 한자음에서 'ㅗ'로 반영되었는데 宵B韻 /riɛu/([ɹiɛu] 내지 [iɛu])가 'ㅗ'로 반영되지 않고 'ㅛ'로 반영되는 것은 'ɛ'의 개구도가 'ɒ(ɑ)'와 'a'보다 작아서 구개적 성분인 [j]를 삽입했다는 설명은 받아들이기 어렵다. 'ɛu' 연쇄는 'ㅛ'보다 'ㅗ'로 반영되는 것이 더 자연스럽다. 전승 한자음에 반모음 [j]가 보이는 것은 근대음의 영향으로 설명되어야 하는가? 사실상 앞에서도 설명했지만 3等 B류 介音이 3等 A류에 합류한 것은 오랜 기간에 걸쳐 이루어졌다. ≪切韻≫ 직전의 ≪經典釋文≫에서도 3等의 A류와 B류의 혼효 예가 보이고, ≪切韻≫系 韻書에서도 重紐를 지키지 않은 예가 보인다. 重紐의 대립이 지켜진 下限은 언제인가? 周傲生(2008: 105)에 따르면 重紐의 구별은 12세기의 ≪切韻指掌圖≫에서도 부분적으로 보유하고 있었다.

≪切韻指掌圖≫의 第一圖 高攝에서 蕭韻이 宵A韻에 합류되었고, '趫(B류) : 鄡(A류), 喬(B류) : 翹(A류), 廟(B류) : 妙(A류)' 등에서 宵A韻과 宵B韻의 대립을 찾을 수 있다. 그렇다면 宵B韻이 'ㅛ'로 반영되는 것은 12세기 이후의 한어를 차용한 것이라고 할 수 있을까? 宵B韻의 平聲字가 L조로, 上·去聲字가 R/H조로 나타났는데 다른 韻의 성조 반영과 다른 바가 전혀 없다. 그리고 근대음에서 入聲韻 覺韻(江韻의 입성)과 藥韻(陽韻의 입성)은 宵蕭韻에 합류되고 覺·藥·宵·蕭韻은 이 시기에 변별적이지 않았다(王力 1987: 437). 만약에 宵B韻의 전승 한자음이 근대음을 차용한 것이라면 覺韻字와 藥韻字 중에 韻母가 'ㅛ'로 반영되고 入聲 운미가 나타나지 않은 예도 찾을 수 있어야 된다. 하지만 그런 예는 전혀 보이지 않는다. 韻圖는 새로운 변화를 반영하는 경우도 있지만 보수적으로 ≪切韻≫의 체계를 인위적으로 유지하는 경우도 존재한다. 宵B韻이 'ㅛ'로 반영되는 것은 성조의 반영에 이상이 없고 入聲字의 합류 양상도 보이지 않으니 중고음 단계에서 그 차용 기층을 찾아야 한다.

≪慧琳音義≫에서 宵A韻과 蕭韻은 합류되었지만 宵B韻과 宵A·蕭韻의 혼용 예가 존재하지 않아서 ≪慧琳音義≫에서 宵B韻은 독립적인 존재였다(趙翠陽 2009: 106). 그러나 8-10세기의 漢藏 對音 자료에서 宵B韻의 일부 예는 티베트어의 'j'형과 대응된다. '表(B류)'는 티베트어의 'bjefiu', '夭(B류)'는 티베트어의 'jefiu'와 대응된다. 반면에 'j'형이 아닐 때도 宵B韻을 사용한 예가 있다. '矯(B류)'는 티베트어의 'gafiu', '橋'는 티베트어의 'ke'와 대응된다(王新華 2008: 94). 對音 자료에서 두 언어의 음이 완전히 일치하지 않아 대응이 정확하지 않을 때가 많다. 어느 쪽이 그 당시의 한어의 실제를 반영하는 것인가? 여기서 주목할 것은 王新華(2008: 94)에서 정리한 표를 보면, 宵韻(A류와 B류 포함)의 반영 예는 거의 모두 'j'형과 '구개음+e'형이다. 그리고 A류에 속해 있음에도 'j'형과 대응되지 않은 경우도 있다. '小(A류)'는 'zefiu, sefiu', '少(上聲, A류)'는 'sefiu' 등이 그런 예이다. 그러므로 宵B韻은 'j'형과 대응되지 않은

예도 예외로 볼 수 있다. 어쨌든 간에 자료의 양상을 봐서는 8-10세기의 한어 서북 방언에서 宵B韻도 宵A · 蕭韻에 합류되고 있거나 합류되었다고 보아야 한다. 그러므로 전승 한자음에서 宵B韻이 'ㅛ'로 반영된 것은 8-10세기의 한어 서북 방언과 관련이 있을 것이다.

또 추가적으로 설명해야 되는 것은 祭A · 齊韻의 일부가 'ㅖ'가 아닌 'ㅕ'로 반영된 현상이다.[158] 河野六郎(1968/1979: 442, 460, 499-500)에서 'ㅕ'형은 韻尾가 韻腹에 흡수된 형으로 해석했지만 그 중에 기초 한자가 많아서 'ㅖ'형보다 고층일 가능성도 제시하였다. 그리하여 'ㅕ'형은 a층에 대한 반영일 수 있다고 하였다. 김무림(2006: 104-105)에서도 'ㅕ'형은 고형이라고 보았다. 伊藤智ゆき(2007, 이진호 역 2011: 234)에서는 祭A · 齊韻이 합류된 다음에 다시 근대음 단계에서 止攝에 합류되었는데 'ㅕ'형은 止攝에 합류되는 중간 과정을 차용한 것으로 해석하였다.

소수의 예이기 때문에 필자가 파악하고자 하는 음운 대응 양상과 크게 관련되지는 않지만 다른 해석 가능성을 여기서 제시하고자 한다. 필자는 祭A · 齊韻이 'ㅕ'로 반영되는 예를 古音層에 대한 반영으로 보지 않는다. 먼저 祭A · 齊韻이 모두 'ㅕ'로 반영되는 양상도 사실상 후기 중고음 단계에 두 韻이 합류된 이후의 모습을 반영해 준다. 齊韻은 전기 중고음 단계에 介音을 보유하지 않은 4等韻이었다. 祭A · 齊韻이 'ㅕ'로 반영되는 것을 a층으로 설명한다면 齊韻字의 'ㅕ'의 반모음 [j]의 유래를 설명할 수 없다. 祭韻이 'ㅕ'로 반영되는 것도 a층으로 설명할 수 없다. 왜냐하면 ≪切韻≫ 체계에 祭韻은 'ㅣ' 운미를 보유하는 蟹攝에 속해 있기 때문이다. 祭韻이 ≪切韻≫ 이전 단계에서는 어떠하였는가? 去聲字만 보유하는 韻이라 최근 상고음 학설인 鄭張尙芳(2003: 165) 등에 따르면 祭韻의 상고음은 '-s' 韻尾를 갖고 있었다. 施向東(2009: 81-82)에 따

---

158) 이 밖에 몇몇 齊韻字의 운모가 'ㅣ'로 반영되었다. 이것은 祭A · 齊韻이 止攝에 합류한 후의 근대음의 모습과 일치한다. 추가 설명을 하지 않겠다.

르면 十六國 시기(304-439)의 불경 音譯에서 일부 去聲字는 범어의 '-s'와 대응되지 않은 것이 나타나서 '-s' 韻尾가 '-i' 韻尾로 변화한 시기는 바로 4-5세기의 十六國 시기였다. 하지만 祭韻의 'ㅕ'는 '-s)-i' 변화 직전의 모습과도 부합되지 않아 'ㅕ'가 古層이었다는 것은 결국 성립되지 않는다. 'ㅕ'로 반영된 것은 河野六郎(1968)의 지적대로 대부분 '西, 妻'와 같은 빈도수가 높은 기초적인 한자들이기 때문에 이들이 자주 사용되다 보니까 고유어화되었을 가능성이 높다. 고유어에서는 'ㅖ'와 같은 삼중 모음이 아주 드물었기 때문에 끝에 있는 [j]가 한국어 내부의 요인으로 탈락되었을 것이라고 본다. 이렇게 보면 'ㅕ'형은 결국 차용 기층의 차이에 의해 나타난 것이 아니다.

남은 것은 合口 介音 /u/를 보유한 韻母들의 반영에 대한 해석이다. 전반적으로 보았을 때, 중고음의 'u(r)(i)ɛ' 연쇄는 전승 한자음에서 거의 合口 요소인 /u/의 흔적을 찾아 볼 수 없다. 淸A · 靑韻의 合口韻은 'ㅕ, ㅕ', 仙A · 先韻의 合口韻은 'ㅕ, ㅕ'로, 祭A韻의 대부분은 'ㅖ'로 나타났고 모두 合口 介音이 반영되지 않았다. 반면에 B류의 仙B韻은 'ㅝ'으로 나타나고 合口 介音이 반영되었다. B류와 A류의 차이는 바로 /r/ 介音의 유무이다. 음성 실현을 고려했을 때 B류의 /ri/는 [i]로 실현되고 [i]는 合口 介音 /u/와 연결될 때 탈락되기 쉽다. 반면에 A류의 介音 /i/는 그대로 보유된다. 즉, 合口韻일 때 A류와 B류의 차이는 介音 /i/의 유무이다. 중고음의 한자음 하나에 모음이 셋이 있을 경우(즉, 合口 A류), 이것이 고대 한국어에 차용될 때는 세 모음이 모두 한 음절 안에 수용하기 어려워서 그 중의 하나인 /u/가 생략된 것으로 해석된다. B류의 경우, 介音이 [i]로 실현되는데 이 모음이 약해서 반영되지 않고 合口 介音 /u/는 상승 이중 모음 [w]로 차용될 수 있었다. 한편, /ɛ/의 合口韻을 차용할 때 원순 모음 하나로 차용되지 않고 介音 /u/를 생략하는 방법으로 차용한 사실을 통해서 고대 한국어 단계에서는 'ㅕ'의 원순성 대립 짝이 존재하지 않았음을 알 수 있다.

몇몇 祭A韻의 合口字의 운모가 전승 한자음에서 '볘'로 나타났다. 이는 근대 한어의 [uei]를 표기한 것으로 보인다.[159] 祭B韻 合口字 '衛'의 전승 한자음이 '위'로 나타나는 것은 祭韻이 止攝에 합류한 후의 모습과 동일하므로 어휘별로 기층이 다른 것으로 해석된다.

齊韻의 合口字의 운모는 'ㅠ'로 반영되기도 하고 '볘'로 반영되기도 한다. 이는 후기 중고음 단계에 齊韻이 止攝에 합류하기 시작한 양상을 반영한 것이다. '볘, ㅠ' 두 가지 반영형은 차용 당시에 齊韻의 합류가 아직 진행 중에 있었던 것을 반영한 것이라고 볼 수 있다. 그리고 차용 당시에 齊韻이 止攝에 합류되었는데 'ㅠ'형은 이러한 주 기층에 속해 있고 '볘'형은 古層이라고 볼 수도 있다.

이상의 고찰로 중고음 /ɛ/를 가진 각 韻의 전승 한자음도 후기 중고음을 차용한 것으로 보아야 한다. [표 68]과 같다.

[표 68] 전승 한자음의 차용 주 기층(중고음 /ɛ/ 韻의 반영을 근거로)

	≪切韻≫ 체계	≪慧琳音義≫	唐末-五代	宋 이후 근대음
淸韻의 반영	O	O	O	O
仙韻의 반영	X[160]	O	O	?
鹽韻의 반영	O	O	O	?
宵韻의 반영	X	X	O	O
祭韻의 반영	O	O	O	X[161]
靑韻의 반영	X	O	O	O
先韻의 반영	X	O	O	O
添韻의 반영	X	O	O	O
蕭韻의 반영	X	O	O	O
齊韻의 반영	X	O	O	X

---

159) 3.2.3에서 자세히 다룰 것이다.
160) 仙B韻의 脣音字가 A류처럼 반영되어 있기 때문이다. '변, 볃'과 같은 음절이 존재함에도 불구하고 '변, 별'로 나타나서 후기 중고음 단계에 3等 B류 介音이 3等 A류에 합류되기 시작한 모습을 보여 준다.
161) 祭·齊韻이 宋 이후에 止攝에 합류했기 때문이다.

이미 이 소절의 시작 부분에서 밝혔지만 중고음의 /ɛ/는 'ㅓ'로 규칙적으로 반영되었다. 그리고 /(r)iɐu/가 'ㅛ'로 반영된 사실을 통해 'ㅓ'와 'ㅗ'의 혀의 높낮이가 비슷하였음을 알 수 있다.[162] /ɛ/ 각 韻 중에 A류韻의 合口 介音이 전승 한자음에서 생략된 것은 전승 한자음 차용 당시에 'ㅓ'의 원순성 대립 짝이 존재하지 않았음을 암시한다.

2.2.3.7 /a/ 韻의 반영 양상

중고음의 /a/는 주로 2等韻에 분포한다. 庚韻 2等 /(u)raŋ/(입성: /(u)rak/), 刪韻 /(u)ran/(입성: /(u)rat/), 銜韻 /ram/(입성: /rap/), 肴韻 /rau/, 夬韻 /(u)rai/, 麻韻 2等 /(u)ra/가 그 예이다. 이 밖에 /a/는 분포가 매우 특수한 3等韻인 庚韻 3等 /(u)riaŋ/(입성: /(u)riak/), 麻韻 3等 /ia/에도 나타난다. 庚韻 3等은 위에서 언급했듯이 분포를 봤을 때 淸韻과 상보적인데 庚韻 3等은 B류이고 淸韻은 A류이다. 그러나 ≪切韻≫에서 庚韻 3等과 淸韻을 서로 다른 韻으로 분류했기 때문에 두 韻의 핵모음은 ≪切韻≫ 체계에서는 달랐다. 麻韻 3等의 분포도 매우 제한적이었다. 精組字, 章組字와 以母字만 있기 때문에 3等 A류에 해당된다(黃笑山 1996: 83). 하지만 李榮(1956), 邵榮芬(1982)처럼 麻韻 3等을 3等 C류로 분류하는 연구들도 많다. 3等 C류에 분류하더라도 精組字, 章組字와 以母字만 있기 때문에 麻韻 3等의 介音은 A류에 해당되기 때문에 실질적으로 A류로 분류하든 C류로 분류하든 차이가 없다. 여기서는 편의상 麻韻 3等을 A류로 표기하겠다.

/a/의 각 韻이 전승 한자음에 반영되는 양상은 [표 69]와 같다.

---

162) /ɛ/는 'ㅓ'에 해당되는데 뒤에 'u' 운미가 후행될 때 'iɐu'가 'ㅛ'로 반영되었기 때문이다.

[표 69] 중고음 /a/ 韻의 전승 한자음 반영 양상

韻	반영 양상	반영 비율	例字
庚2(開) /raŋ/, /rak/	ᆡᆼ/ᆡᆨ	다수	ᄀᆡᆼ 坑羹, ᄒᆡᆼ 行杏, ᄐᆡᆼ 撑, ᄉᆡᆼ 生牲, ᄑᆡᆼ 彭烹, ᄆᆡᆼ 孟盲/ᄀᆡᆨ 客, ᄋᆡᆨ 額, ᄃᆡᆨ 宅, ᄐᆡᆨ 澤擇, ᄎᆡᆨ 嘖柵, ᄉᆡᆨ 索, ᄇᆡᆨ 伯魄, ᄆᆡᆨ 陌驀
	ᅧᆼ/ᅧᆨ	소수	경 庚鶊, 형 亨衡, 뎡 棖鋥, 셩 猩/격 格, 혁 赫
刪(開) /ran/, /rat/	ᅡᆫ/ᅡᆯ	거의	간 姦諫, 한 骭, 안 鴈贋, 난 赧, 찬 羼, 산 鏟訕, 반 斑攀, 판 板, 만 蠻慢/갈 圿, 할 瞎轄, 찰 刹, 발 拔
銜 /ram/, /rap/	ᅡᆷ/ᅡᆸ	전부	감 監嵌, 함 銜艦, 암 岩巖, 참 儳, 삼 衫/갑 甲胛, 합 柙, 압 鴨狎
肴 /rau/	ㅗ	소수	도 棹, 소 巢, 조 爪, 포 包泡, 모 蝥茅
	ㅛ	다수	교 交膠, 효 孝效, 요 坳咬, 됴 嘲, 쵸 鈔炒, 묘 卯
夬(開) /rai/	ㅐ	전부	애 餲, 태 蠆, 채 寨, 패 敗, 매 邁
麻2(開) /ra/	ㅏ	거의	가 加假, 하 霞下, 아 牙衙, 타 吒, 자 鮓榨, 차 差岔, 사 詐沙, 파 芭爬, 마 馬瑪
庚3B(開) /riaŋ/, /riak/	-/ᅳᆨ	소수	극 戟隙劇
	ᅧᆼ/ᅧᆨ	다수	경 京驚, 형 荊, 영 英影, 병 兵丙, 평 平評, 명 明鳴/격 綌, 역 逆, 벽 碧
麻3A /ia/	ㅑ	거의	쟈 者炙, 챠 借且, 샤 奢謝, 야 夜
庚2(合) /uraŋ/, /urak/	ᅬᆼ/-	전부	굉 觥, 횡 橫
刪(合) /uran/, /urat/	ᅪᆫ/ᅪᆯ	거의	관 關慣, 환 還鬟, 완 莞, 솬 欑攣/괄 刮
夬(合) /urai/	ㅙ	절반	쾌 快
	ㅘ	절반	화 話
麻2(合) /ura/	ㅘ	전부	과 寡踝, 화 化華, 와 瓦, 좌 檛, 솨 耍
庚3B(合) /uriaŋ/, /uriak/	ᅧᆼ/-	전부	형 兄, 영 永榮

[표 69]를 관찰해 보면, 庚韻 2等과 3等을 제외하면 나머지 /a/ 韻의 핵모음은 모두 'ㅏ'로 나타났다. 刪母 開口, 銜母, 夬母 開口, 麻母 2等 開口, 麻母 3等은 원칙대로 'ᅡᆫ/ᅡᆯ, ᅡᆷ/ᅡᆸ, ㅐ, ㅏ, ㅑ'로 반영되어 있어서 추가적인 설명은 필요가 없다. 2等韻의 介音 /r/는 일부 庚韻 2等 開口字와 대부분의 肴韻字의 전승 한자음에서 [j]로 나타났고 나머지 2等韻

에서는 반영되지 않았다. 2.2.2에서 이미 상세히 설명한 바가 있으므로 여기서는 다시 논의를 하지 않겠다. /u/ 介音이 없는 韻 중에 유일하게 설명해야 할 것은 庚韻 2·3等의 반영이다.

[표 69]에서 보듯이 庚韻 2等 開口는 'ᅴᇰ/ᅴᆨ', 'ᅥᇰ/ᅥᆨ'으로 나타났고, 庚韻 3等 開口韻은 일부 入聲字의 운모가 'ᅳᆨ'으로 반영된 예들을 제외하고 나머지는 모두 'ᅥᇰ/ᅥᆨ'으로 반영되었다. 다른 /a/의 각 韻과 달리 핵모음이 'ᅥ, ·'로 나타난 것은 후기 중고음을 차용한 때문으로 설명된다.

河野六郎(1968/1979: 450)에서는 현대 북경 방언의 梗攝 2等의 牙喉音은 'kəŋ'와 'tɕiŋ' 두 갈래로 구개음화를 겪지 않은 형과 겪은 형으로 나타났다고 지적하였다. '·'는 구개음화를 겪지 않은 유형이 이미 'əŋ'로 변화한 것을 반영한 것일 수도 있지만 'əŋ'로 변화하기 전에 'aŋ'를 'ᄫᅡᇰ'으로 차용한 뒤에 'ᅡ〉·'와 같은 약화 과정이 일어났을 가능성도 있다고 하였다. 'ᅥ'는 구개음화를 겪은 유형이 근대 한어 단계에 'jäŋ'로 변화한 뒤에 차용한 것으로 보았다. 河野六郎(1968/1979)의 설명은 사실과 부합하지 않는다. [표 69]를 보면 오히려 '·'로 나타난 '촘'은 현대 한어까지 구개음화를 겪었고, 'ᅥ'로 나타난 '亨衡'은 현대 한어까지 구개음화를 겪지 않았다. 즉, 河野六郎(1968/1979)는 현대 한어까지의 두 가지 변화 경로를 'ᅥ'와 '·'로 반영되는 양상에 맞춰서 문제를 해결하려고 했지만 실제 자료는 그의 주장과 다르다는 것이다.

伊藤智ゆき(2007, 이진호 역 2011: 341-346)에서는 핵모음이 '·'로 나타난 것에 대한 설명은 없었고 구개음 韻尾 '-ɲ, -c'의 구개성으로 'ᅴ'의 'ᅵ'가 생겼다고 해석하였다. 핵모음이 'ᅥ'로 나타난 것에 대한 구체적인 설명은 없지만, 'ᅥᇰ'의 [j]를 설명하기 위해서 제시한 두 번째 가능성에서는 梗攝의 庚·耕·淸·靑 네 韻이 모두 'iəŋ'로 합류한 뒤에 다시 曾攝에 합류했을 수 있다고 하였다. 그렇다면 핵모음 'ᅥ'는 梗攝의 합류 후의 모습을 반영한 것으로 간주한 셈이다. 'ᅥᇰ'을 曾攝으로의 합류

로 해석하는 것은 伊藤智ゆき(2007, 이진호 역 2011: 345)에서도 스스로 문제점이 존재하고 그러한 문제점은 설명할 수 없다고 밝혔지만, 핵모음이 'ㅓ'로 나타나는 것은 梗攝이 '(r)(i)ɛŋ'에 합류된 후의 모습을 반영한 것이라는 점만큼은 타당성이 있어 보인다.

黃笑山(1995: 207-210)에 따르면 梗攝의 庚韻 2等과 3等은 원래 같은 韻이고, 耕韻 /(u)reŋ/는 南北朝의 시에서는 이미 庚韻과 押韻하게 되었다. 그리고 淸韻과 耕·庚韻 사이의 혼용도 일찍부터 일어났다. 唐代 이후에 靑韻에 介音 /i/가 생긴 뒤에는 靑韻의 독립적인 지위도 잃게 되고 결국에 梗攝의 네 韻이 모두 합류하게 되었다. 梗攝과 曾攝의 긴밀한 관계를 고려하면 梗攝의 핵모음은 中唐-五代 시기에 /ɛ/였다. 周傲生(2008: 161-164)에서는 梗攝의 네 韻이 漢魏 시기에 이미 혼용하게 되었고, ≪廣韻≫의 異讀에서도 네 韻의 긴밀한 관계를 포착할 수 있고, ≪慧琳音義≫에서 梗攝 2等韻 사이, 2·4等韻 사이, 2·3等韻 사이, 3·4等韻 사이의 혼란이 두루 보인다고 하였다.

이상으로 후기 중고음 단계에 庚韻의 2等韻과 3等韻의 핵모음은 /ɛ/였다고 봐야 한다. 2.2.3.6의 고찰을 통해서 우리가 알 수 있는 것은 후기 중고음의 /ɛ/는 'ㅓ'로 반영되는 것이 원칙이다. 그러므로 핵모음이 'ㅓ'로 반영되는 유형을 설명할 수 있다.

남은 문제는 왜 庚韻 2等의 핵모음이 'ㆍ'로 나타났는가 하는 점이다. '-ɲ, -c' 설을 따른 伊藤智ゆき(2007)은 'ㆍ' 뒤의 glide인 [j]를 설명할 수 있지만 핵모음의 반영을 설명하지 않았다. 필자는 '-ɲ, -c'설을 따르지 않겠다고 하였다. 기존에 朴慶松(1998: 86)에서 Hashimoto(1970)의 '-ɲ, -c'설을 비판했고, 梗攝의 합류가 일어난 동시에 핵모음이 'a'에서 'e'로 (본고의 'ɛ'에 해당) 변화한 다음에 고대 한국 사람들은 이 'e'를 차용하기 위해서 'ㆍㅣ' 연쇄를 사용하였다고 하였다. 필자는 朴慶松(1998)의 견해를 찬성하지만 'ɛ'를 차용할 때 최적의 모음은 'ㅓ'여야 하는데 왜 'ㅓ'가 아닌 'ㆍㅣ'를 선택했는가 하는 문제를 설명해야 될 것이다. 주목해야

하는 것은 2等의 介音 'ɣ'가 모두 [j]로 변화하지 않았을 때 그러한 구개적인 요소가 아직 생기지 않은 庚韻 2等字의 음을 차용할 때 'ㅓ'로 차용한다면, '경, 형, 텅, 성, 펑, 멍, 걱, 혁, 덕, 틱, 척, 석, 벅, 먹' 등 음절로 차용해야 된다. '덕'을 제외하면 모두 전승 한자음에 나타나지 않은 음절들이다.163) 그러므로 이러한 음절의 제약에 의해서 'ㅓ'로 차용되지 않았다고 할 수 있다. 두 번째 선택 방법은 바로 중고음의 'ɛ'와 혀의 높이가 비슷한 'ㆍ'(/ə/와 대응)이다. 그리고 'ɛ'의 [+front] 자질을 나타내기 위해서 'ㆍ' 뒤에 'ㅣ'를 덧붙이는 것은 일종의 보완 조치라고 볼 수 있다.

庚韻 3等은 B류 韻인데도 대부분은 'ㅕ/ㅕㄱ'으로 반영되었다. 河野六郎(1968/1979: 464-465, 500)에서는 淸B韻의 전승 한자음에 [j]가 보이는 것은 3等 B류 介音이 3等 A류 介音으로 변화한 c층에 대한 반영, 일부 淸B韻의 입성이 'ㅇ'으로 나타나는 것은 梗攝과 蒸攝이 합류된 d층에 대한 반영이라고 해석했다. 伊藤智ゆき(2007, 이진호 역 2011: 348-349)에서는 淸B韻의 전승 한자음의 [j]를 梗攝의 -ɲ, -c 경구개 韻尾의 영향으로 보고 淸B韻도 b층의 반영이라고 보았고, 梗攝의 3·4等의 입성이 먼저 曾攝과 합류했을 가능성이 있어서 전승 한자음에서 일부 淸B韻의 입성이 'ㅇ'으로 반영되었다고 하였다.

'-ɲ, -c' 운미설을 따른다고 해도 경구개 韻尾의 구개성이 핵모음 뒤에 [i]와 같은 구개적인 요소를 추가할 수 있는 가능성은 있지만, 핵모음을 넘어서 그 앞에다 [j]를 삽입하게 되었다는 해석은 억지스러운 면이 있다. '-ɲ, -c' 운미설을 따르지 않더라도 中唐-五代에 梗攝 네 韻이 합류되어 3等은 'iɛŋ'에 합류되었기 때문에(黃笑山 1995: 210) 庚韻 3等字와 淸·靑韻의 구별은 없다. 그러므로 庚韻 3等이 전승 한자음에서 淸·靑韻과 똑같이 'ㅕ/ㅕㄱ'으로 반영된 것은 이 시기의 한어를 차용한 것이라

---

163) 현대 한국 한자음의 '성, 척, 석' 등은 원래 '셩, 쳑, 셕'이었다.

고 할 수 있다. 구체적으로 그 차용 시기는 ≪慧琳音義≫ 시기와 비슷하거나 조금 늦은 것으로 보인다. 趙翠陽(2009: 70, 115)에 따르면 ≪慧琳音義≫에 淸韻과 庚韻 3等의 혼용은 없다.[164] 그러나 ≪慧琳音義≫ 시기에 차용된 일본 漢音에서 淸韻과 庚韻 3等의 구별은 존재하지 않았고(周傲生 2008: 164), 8-10세기의 漢藏 對音에서도 淸韻과 庚韻 3等의 차이를 찾을 수 없다(王新華 2008: 101-103). ≪慧琳音義≫의 보수성을 고려하면 대부분 庚韻 3等字의 모음이 전승 한자음에서 'ㅕ/ㅓ'으로 반영된 것은 8세기 후반-9세기 초 사이의 차용에 의한 것으로 보는 것이 가장 무난하다.

/u/ 介音이 있을 때의 반영 양상을 살펴보자. 庚韻 2等 合口가 'ㅇ'으로 나타나는 것은 'ㅇ'의 合口形으로 보인다. 介音 /u/의 유무에 따라 모음이 'ㅗ'와 'ㆍ'로 달리 나타나는 것은 앞에서 이미 확인한 바가 있었다. 夬韻 合口의 '快'와 刪韻 및 麻韻 2等의 合口의 모음이 'ㅘ'로 반영되는 것은 전승 한자음 차용 당시에도 'ㅘ'는 'ㅏ'의 'w'계 이중 모음이었다는 것을 보여 준다. 夬韻 合口의 '話'의 韻尾 'ⁱ'가 전승 한자음에서 보이지 않는 것은 차용된 다음에 'ㅣ'가 탈락되었을 수도 있고 근대음을 차용한 것일 수도 있다.[165] 庚韻 3等 合口가 'ㅕ'으로 반영된 것은 淸A·靑韻의 合口가 'ㅕ, ㅓ'으로 반영된 것과 똑같다. 이에 대해서는 2.2.3.6에서 이미 설명한 바가 있다.

[표 70]과 같이 /a/의 각 韻의 차용 시기도 후기 중고음으로 보아야 된다.

---

164) 물론 ≪慧琳音義≫ 시기에 차용되어도 庚韻 3等을 '경, 형, 엉, 병, 명, 격, 벽' 등 전승 한자음에 없는 음절로 차용할 수 없어 'ㅕ/ㅓ'으로 차용되었을 가능성도 배제할 수 없다.
165) '話'의 ≪中原音韻≫ 음은 [xua](寧繼福(1985), 王力(1987)의 재구음)이다.

[표 70] 전승 한자음의 차용 주 기층(중고음 /a/ 韻의 반영을 근거로)

	≪切韻≫ 체계	≪慧琳音義≫	唐末-五代	宋 이후 근대음
庚韻의 반영	X	?	O	X[166]
刪韻의 반영	O	O	O	O
銜韻의 반영	O	O	O	O
肴韻의 반영	X	X	O	O
夬韻의 반영	O	O	O	O
麻韻의 반영	O	O	O	O

중고음의 /a/가 'ㅏ'로 반영된 것은 분명하므로 덧붙일 설명은 따로 없다.

2.2.3.8 /ɐ/ 韻의 반영 양상

중고음의 /ɐ/는 耕韻 /(u)rɐŋ/(입성: /(u)rɐk/), 山韻 /(u)rɐn/(입성: /(u)rɐt/), 咸韻 /rɐm/(입성: /rɐp/), 皆韻 /(u)rɐi/, 佳韻 /(u)rɐ/(이상은 2等韻), 元韻 /(u)riɐn/(입성: /(u)riɐt/), 嚴韻 /riɐm/(입성: /riɐp/), 凡韻 /uriɐm/(입성: /uriɐp/), 廢韻 /(u)riɐi/(이상은 3等韻)에 분포된다. /ɐ/ 韻의 3等韻은 C류 중에 舌齒音과 결합되지 않는 부류에 속한다. 각 韻의 반영 양상은 [표 71]과 같다.

[표 71] 중고음 /ɐ/ 韻의 전승 한자음 반영 양상

韻	반영 양상	반영 비율	例字
耕(開) /rɐŋ/, /rɐk/	ㅣ/ㅓ	다수	깅 鏗莖, 힝 幸, 잉 櫻鸚, 징 爭箏, 밍 萌氓/힉 核覈, 익 厄阸, 칙 責冊, 믹 脈麥
	ㅕ/ㅕ	소수	경 耕硜, 영 罌, 병 迸, 명 甌/격 隔膈, 혁 革, 뎍 謫, 벽 檗
山(開) /rɐn/, /rɐt/	ㅏ/ㅏ	거의	간 間艱, 한 閑, 안 眼, 탄 綻, 잔 孱盞, 찬 屬, 산 産山/찰 札察, 살 殺

---

166) 전승 한자음에서 梗攝과 曾攝의 합류 양상을 찾을 수 없기 때문이다.

韻	한글	빈도	예
咸 /rɐm/, /rɐp/	ㅁ/ㅂ	거의	함 咸函, 암 黯, 담 湛, 잠 蘸, 참 斬讒/잡 煠, 삽 揷篓
皆(開) /rɐi/	ㅣ	다수	기 皆稭, 히 骸痎, 지 齋, 비 排拜, 미 埋霾
	ㅐ	소수	개 介芥, 애 挨, 패 鞴
	ㅖ	소수	계 階戒, 혜 薤, 제 儕
佳(開) /rɐ/	ㅏ	소수	가 佳, 차 差, 파 罷
	ㅐ	다수	개 街, 애 睚崖, 내 媧, 채 債扠, 패 牌粺, 매 賣
	ㅣ	소수	히 解懈, 미 買
元(開) /rien/, /riet/	ㅏㄴ/ㅏㄹ	절반	반 反飯, 판 阪販, 만 晩萬/갈 羯碣, 알 謁, 발 發髮, 말 襪
	ㅓㄴ/ㅓㄹ	절반	건 犍鞬, 헌 獻軒, 언 偃言, 번 藩繁/헐 歇蠍, 벌 罰伐
嚴 /riɐm/, /riɐp/	ㅓㅁ/ㅓㅂ	거의	검 劍, 험 菣, 엄 嚴儼/겹 怯劫, 업 業鄴
廢(開) /riɐi/	ㅐ	소수	애 刈
	ㅖ	다수	예 乂, 폐 廢肺
耕(合) /urɐŋ/, /urɐk/	ㅚㅇ/ㅚㄱ	다수	굉 宏紘/괵 馘, 획 獲畫
	-/ㄱ	소수	국 膕蟈
山(合) /urɐn/, /urɐt/	ㅘㄴ/ㅘㄹ	전부	환 鰥幻/활 滑猾, 쇄 刷
皆(合) /urɐi/	ㅚ	전부	괴 乖怪, 회 淮懷
佳(合) /urɐ/	ㅙ	다수	괘 枴拐, 왜 歪
	ㅘ	소수	화 畫
元(合) /urien/, /uriet/	ㅝㄴ/ㅝㄹ	거의	권 圈勸, 훤 喧喧, 원 遠原元/궐 闕撅, 월 月越
凡 /uriɐm/, /uriɐp/	ㅓㅁ/ㅓㅂ	거의	범 凡范/법 法
廢(合) /uriɐi/	ㅖ	절반	예 瀫穢
	ㅔ	절반	훼 喙

[표 71]을 보면 중고음의 /ɐ/가 전승 한자음에 반영되는 양상은 혼잡하다. 후기 중고음 단계에 /ɐ/가 두 갈래로 2等韻에서 /a/로, 3等韻에서 /ɛ/로 합류했다. /u/ 介音이 없는 開口韻과 獨韻의 양상을 먼저 다루겠다.

2等韻인 耕韻, 山韻, 咸韻은 앞에 살펴본 /a/의 2等韻의 庚韻 2等, 删韻, 銜韻과 重韻 관계였다. 후기 중고음 단계에 重韻의 대립은 사라졌다. 2等韻의 /ɐ/는 모두 /a/에 합류했고 그 중에 耕韻과 庚韻 2等이 합류한 다음에 핵모음이 다시 /ɛ/로 변화한 것을 이미 2.2.3.7에서 다루었

다. 山韻 開口와 咸韻이 刪韻 開口와 衘韻처럼 'ㅏㄴ/ㅏㄹ, ㅏㅁ/ㅏㅂ'으로 반영되는 것은 이 시기에 重韻의 대립이 사라졌기 때문이라고 해석할 수도 있고, 고대 한국어 내부에서 'a : ɐ'의 대립이 존재하지 않았기 때문에 모두 'ㅏ'로 차용되었다고 할 수도 있다. 그렇지만 耕韻이 庚韻 2等처럼 'ㅣㅇ/ㅣㄱ, ㅕㅇ/ㅕㄱ'으로 반영된 것은 분명히 두 韻이 합류된 후에 다시 /ɐ/로 변화한 후기 중고음 양상을 반영한 것이다. 庚韻 2等이 'ㅣㅇ/ㅣㄱ, ㅕㅇ/ㅕㄱ'으로 반영된 것은 2.2.3.7에서 다루었는데 耕韻도 그와 같기 때문에 여기서는 생략하도록 하겠다.

伊藤智ゆき(2007)에서 따른 平山久雄(1967)에서는 皆韻, 佳韻, 夬韻을 重韻으로 처리했고 각각 'ɐi, aɪ, ai'로 재구하였다. 필자가 따르는 黃笑山(1995)에서는 皆韻을 '-ɐi'로, 夬韻을 '-ai'로 재구하였지만 佳韻 '-a'를 麻韻 2等 '-a'와 重韻을 이룬 韻으로 처리했다.[167] 佳韻에 대한 처리에 차이가 있다. 佳韻은 '-i' 韻尾를 가지는 蟹攝에 속해 있지만 여타의 蟹攝 韻과 달리 韻尾가 없는 麻韻과 혼용되기 때문에 佳韻을 麻韻 2等처럼 韻尾가 없는 것으로 재구한 것이다. [표 71]을 보면 佳韻은 'ㅐ, ·ㅣ'로 반영되기도 하지만 'ㅏ'로 반영되는 예도 존재한다.

河野六郎(1968/1979: 499)에서는 佳·夬韻이 'ㅐ'와 '·ㅣ'로 나타나는데 1等의 重韻처럼 층위의 차이가 있다고 보고, '·ㅣ'는 b층, 'ㅐ'는 c층에 대한 반영으로 처리했다. 佳韻이 'ㅏ'로 반영되는 것은 ≪慧琳音義≫에서 佳韻과 麻韻의 혼란이 보여서 b층에 대한 반영으로 보았다. 朴炳采(1971: 129, 134)에서는 皆韻이 '·ㅣ', 佳·夬韻이 'ㅐ'로 나타나서 구별되기 때문에 ≪切韻≫ 체계를 차용한 것이라고 하였고 그 혼란이 보이는 예들을 新層에 대한 반영이라고 보았다. 權仁瀚(1997: 318, 2006: 71)은 전승 한자음에서 佳·夬·皆韻의 양상은 ≪慧琳音義≫에서 세 개의 韻

---

167) 平山久雄(1967)의 재구와 대조시키기 위해서 介音 新說대로 2等 介音 '-r-'를 표기하지 않았다.

이 합류된 모습과 다소 차이가 있다고 하였고 河野六郎(1968)에서 'ㆍㅣ'를 b층, 'ㅐ'를 c층으로 처리한 것은 논란의 여지가 있다고 하였다. 김무림(2006: 106)에서는 佳韻이 'ㅏ'로 반영되는 것은 근대음과 부합된다고 하였다.

최근의 성운학 연구를 살펴보면 佳韻은 변화가 많은 韻이었다는 것을 알 수 있다. 남북조 시기의 시에서는 支韻과 押韻되고, 唐代의 시에서는 麻韻과 押韻되었지만 7-8세기의 唐代 長安 승려들의 音義에서는 皆韻과도 互切하였다(儲泰松 2005: 68). 이러한 현상을 麥耘(1995: 107-108)에서는 방언차로 설명하였다. 즉, 洛陽音에는 韻尾가 없고 金陵音에는 'ㅣ' 韻尾가 있다는 것이다. 그러나 후기 중고음 자료인 ≪慧琳音義≫에서 皆ㆍ夬韻은 합류되었고, 佳韻의 開口韻은 'ㅣ'형인 皆ㆍ夬韻과 혼용되지만 그 合口韻은 '-∅'형인 麻韻과 혼용되었다(趙翠陽 2009: 63, 69). ≪慧琳音義≫는 長安音을 기록한 것은 맞지만 雅言을 수록하였다. 중국의 정치 중심이 南下하였던 시기에 '南派 洛陽音'인 金陵音은 한때 雅言의 위치를 유지하였기 때문에 ≪慧琳音義≫에서 다소 金陵音의 영향을 받았을 가능성이 있다. 쉽게 말하면, 중고음 시기에 佳韻은 'ㅣ'형과 '-∅'형으로 달리 실현되었고, 이러한 차이는 방언차로 설명된 것이다. 중국 북부 방언에서는 '-∅'형으로 실현되지만[168] 雅言은 중국 남부 방언의 'ㅣ'형을 선택했던 것으로 이해할 수 있다. 그러므로 'ㅏ'형과 'ㆍㅣ, ㅐ'형으로 반영된 차이는 기층의 차이가 아니다. 'ㅏ'형은 시기적으로는 ≪切韻≫ 시기나 후기 중고음 시기로 모두 설명이 가능하다.

그 다음 문제는 ≪慧琳音義≫에서 夬韻과 皆韻은 합류되었고, 佳韻 開口도 夬ㆍ皆韻과 혼용되었는데 2等 重韻은 /ɐ/〉/a/의 변화를 겪은 것이니, 대부분의 皆韻 開口字와 일부 佳韻의 開口字가 夬韻字처럼 모음

---

168) 7세기 洛陽音으로 불경을 音譯한 玄奘도 佳韻을 범어의 'a'와 대응시켰다(施向東 2009: 43-44).

이 'ㅐ'로 반영되지 않고 '·ㅣ'로 반영된 현상은 ≪慧琳音義≫의 양상과 충돌된다는 것이다. 과연 朴炳采(1971)에서 '·ㅣ'가 ≪切韻≫ 체계의 차용이라고 본 관점이 타당할까? 2.2.3.4에서 필자는 重韻 중에 합류가 일찍 일어난 경우도 있지만 늦게 일어난 경우도 있다고 지적하였다. /ɐ/ 韻의 2等 重韻 중에 山韻과 咸韻은 이른 시기에 /a/ 韻의 刪韻과 銜韻에 합류되었다. ≪切韻≫이 만들어졌을 때 참고한 그 이전 시기의 운서에서 이미 山·刪韻, 咸·銜韻의 구별은 찾을 수 없었다(黃笑山 1995: 176). 皆·夬韻의 합류는 상대적으로 늦은 시기에 일어났다. 唐代 승려들의 音義에서는 夬韻과 皆韻은 혼용되지 않았고 唐-五代의 시의 押韻에서 蟹攝의 각 韻 중에 2等의 皆韻과 蟹攝 1등의 각 韻들과의 경계는 분명하고, 夬韻字는 唐-五代의 시에서 韻脚으로 잘 쓰이지는 않았지만 쓰인 몇 예는 모두 1等韻의 한자들과 押韻되었다(儲泰松 2005: 66, 109-110). 그러니까 夬韻과 皆韻의 구별은 후기 중고음 단계에도 완전히 사라진 것은 아니며, 대체적으로 후설 저모음이었던 1等韻과의 긴밀한 관계를 고려하면 夬韻의 조음 위치는 皆韻보다 낮았던 것을 알 수 있다. 그러므로 夬韻 開口字의 모음이 'ㅐ'로, 대부분의 皆韻字의 모음이 '·ㅣ'로 달리 나타나는 것은 해결된다. 皆韻字 중에 'ㅐ'로 반영된 예들은 모두 후기 중고음 단계에 夬韻과 皆韻이 합류 도중에 있었던 양상을 반영한 것이라고 볼 수 있다.

皆韻의 핵모음 /ɐ/가 '·'로 반영되는 것에 대한 추가적인 설명이 필요해 보인다. '·'는 규칙적으로 전·후기 중고음의 /ə/와 대응된다. 전기 중고음의 /ɐ/는 후기 중고음 단계에 /a/와 /ɛ/에 합류해 버렸고 전승 한자음이 차용된 당시에 /ɐ/가 마지막에 皆韻字에만 남아 있어서 다른 /ɐ/의 韻이 전승 한자음에서 어떻게 반영되었는지 확인하는 것은 불가능하다. 皆韻의 /ɐ/가 '·'로 반영되는 것을 두 가지 방법으로 설명할 수 있다. 첫째, 고대 한국어에 /ɐ/에 해당되는 음소가 없어서 皆韻의 /ɐ/를 가까운 위치의 /ə/로 인식했을 가능성이다. 둘째, 皆韻 뒤의 '-i' 韻尾의 영향으로 韻腹의 /ɐ/는 [ɐ]보다 고모음인 [ə]로 실현되었을 가능성이다. 아무튼 皆韻의 /ɐ/가 'ㆍ'로 반영된 것은 사실이지만 'ㆍ'가 원래 규칙적으로 중고음의 /ə/와 대응되는 것은 변하지 않는다.169)

3等韻을 보자. 일부 元韻字와 절대 다수의 嚴韻字의 韻母가 전승 한자음에서 'ㅓ/ㄹ', 'ㅓ/ㅂ'으로 반영되었다. ≪慧琳音義≫에서 元韻이 仙B韻에 嚴韻이 鹽B韻에 합류한(趙翠陽 2009: 105) 양상과 일치한다. 즉, 元ㆍ嚴韻의 핵모음이 후기 중고음에 /ɛ/에 합류했기 때문에 그 핵모음이 전승 한자음에서 'ㅓ'로 반영된 것이다.

다만 元韻의 모음이 'ㅏ'로 반영된 예도 상당히 많다. 이에 대해서 河野六郎(1968/1979: 500)에서는 'ㅓ'형은 b층, 'ㅏ'형은 a층의 반영이라고 보았다. 權仁瀚(1997: 320)에서도 'ㅏ'형을 古層으로 보았고, 李潤東(1997: 166)에서는 'ㅏ'형은 상고음의 흔적이라고 하였다. 반면에 김무림(2006: 111)에서는 'ㅏ'형을 근대음 반영이라고 보았다. 이들과 달리, 伊藤智ゆき(2007, 이진호 역 2011: 300)에서는 전승 한자음 차용 당시에 元韻이 仙B韻에 합류하는 도중이었다고 한다면 'ㅏ'형으로 나타나도 이상하지 않다고 하였다.

필자는 伊藤智ゆき(2007)의 견해에 찬성한다. 그러나 伊藤智ゆき(2007, 이진호 역 2011: 300)에서는 그럴 가능성만 제시하였고 지지해 주는 자료를 제시하지 않았다. 여기서 그 증거를 제시하자면, ≪慧琳音義≫에서 元韻은 仙B韻 /(u)riɛn/에 합류한 것은 사실이지만, 周傲生(2008: 154)에 따르면, ≪慧琳音義≫의 저자인 慧琳의 불경 音譯에서는

---

169) 皆韻 開口字 중에 '階戒薤儕'와 같이 모음이 'ㅖ'로 반영된 예도 존재한다. 河野六郎(1968/1979: 499)에서는 d층의 반영으로 보았다. 伊藤智ゆき(2007, 이진호 역 2011: 230)에서 '-ㅖ'는 처음에 '-iai'나 '-iʌi'와 같이 차용되었다가 그러한 음절이 없기 때문에 '-ㅖ'로 변화했을 가능성을 제시하였다. 伊藤智ゆき(2007, 이진호 역 2011: 230)에서 스스로 밝혔듯이 ≪飜譯老乞大朴通事≫의 근대 한어 현실음을 표시할 때 蟹攝 2等韻을 '-ㅖ'로 寫音했기 때문에 'ㅖ'는 자료가 보이는 대로 근대음 기층으로 인정해 주는 것이 나을 것이다.

元韻을 포함한 山攝을 오직 梵語의 'a'와 대응시켰다. 元韻의 핵모음이 완전히 /ɛ/에 합류하였다면, 그것은 梵語의 'e'와 대응해야 된다. 周傲生(2008)은 따라서 中唐-五代에 元韻은 文讀層과 白讀層의 차이가 있었을 것이라고 추정하였다. 文讀層과 白讀層의 차이라는 것을 新層과 舊層으로 이해할 수 있다. 《慧琳音義》와 비슷한 시기의 梵語 音譯 자료에서 元韻은 예외 없이 梵語의 'a'와 대응된 점도(儲泰松 2005: 180) 참고된다. 어쨌든 간에 《慧琳音義》 시기에 元韻이 仙B韻에 완전히 합류하지 않은 것은 자료에서 확인할 수 있기 때문에 전승 한자음에서 元韻이 '언/걸'과 '난/랄' 두 갈래로 나타나는 것은 이 시기의 한어를 차용한 것으로 해석할 수 있다. 굳이 차용 기층의 차이로 볼 필요는 없다.

/u/ 介音이 없는 韻 중에 마지막으로 설명해야 하는 것은 廢韻 開口의 반영이다. 廢韻은 牙喉脣音과만 결합되는 3等 C류 韻이기 때문에 3等 B류와 다를 바가 없다. 후기 중고음 단계에 3等에 있는 /ɐ/는 /ɛ/로 변화하였는데 廢韻은 祭B韻에 합류하였다. 그러나 대부분 廢韻 開口字의 모음은 '에'로 반영되었고 반모음 [j]가 나타났다. 때문에 河野六郎 (1968/1979: 500)에서는 廢韻 開口의 전승 한자음의 차용 기층을 c층으로 보았다. 伊藤智ゆき(2007, 이진호 역 2011: 238)에서 廢韻 開口는 祭B韻이 아닌 祭A韻에 합류했을 가능성은 있다고 주장하였다. 다른 가능성은 전승 한자음의 [j]는 韻尾 '-i'의 영향으로 나타난 것으로 보았다. 그렇지만 이 논의에서도 왜 같은 현상이 廢韻과 구별되지 않은 祭B韻에서 일어나지 않았는가 하는 문제를 설명하기 어렵다고 하였다.

趙翠陽(2009: 103)의 통계에 따르면 《慧琳音義》에서 祭A韻과 祭B韻의 互切, 祭A韻과 廢韻의 互切 예는 발견되지 않았고, 祭B韻끼리의 互切은 8개의 예, 祭B韻과 廢韻의 互切은 37개의 예, 廢韻과 廢韻의 互切은 32개의 예가 발견된다. 즉, 《慧琳音義》에서 廢韻은 祭A韻과 관련이 없고, 祭B韻과 합류되었다는 것이다. 《慧琳音義》의 양상만으로는 伊藤智ゆき(2007, 이진호 역 2011: 238)에서 제시한 가능성은 없어 보인다. 다른 자료는 어떠한가? 廢韻 자체는 다른 韻보다 한자가 적어서 音義 자료와 시의 押韻에서 잘 쓰이지 않았다. 중요한 단서를 제공해 주는 것은 ≪慧琳音義≫와 비슷한 시기의 梵語 音譯 자료에서 廢韻字인 '吠' 밑에 '尾曳反'이라는 주석을 단 것이다(儲泰松 2005: 175). '曳'는 祭A韻에 속한 한자이다. 이는 中唐 시기에 모두 다 그랬는지 모르겠으나 최소한 祭B·廢韻 중의 일부 한자가 祭A韻에 합류한 것은 사실이다. 그러므로 廢韻이 'ㅖ'로 반영된 것을 굳이 c층인 宋音으로 설명하지 않아도 된다.

/u/가 없는 開口韻과 獨韻을 위와 같이 해석했으니 /u/ 介音이 있는 /ɐ/의 合口韻을 설명하기가 쉽다. 耕韻의 合口가 'ㅇ/ㅚ'으로 반영된 것은 庚韻 2等의 合口가 'ㅇ'로 반영된 것과 같다. 'ㆍ'의 원순성 대립 짝은 전승 한자음이 차용된 당시에 'ㅗ'였기 때문에 'ㅣ/ㅢ'의 合口韻이 'ㅇ/ㅚ'으로 반영된 것이었다. 耕韻 合口字 '膕蟈'이 ≪訓蒙字會≫에서는 'ㅎ'이지만 현대 한국 한자음에서는 모두 대응 규칙대로 'ㅟ'으로 읽힌다. 聲符 '國(국)'에 유추되어 ≪訓蒙字會≫에서 '膕蟈'을 'ㅎ'으로 표기한 것으로 파악된다. 山韻 合口의 'ㅘ/ㅝ'은 開口의 'ㅏ/ㅓ'과 대응이 되기 때문에 추가 설명을 할 필요가 없다. 皆韻 合口가 'ㅚ'로 반영된 것은 開口가 대부분 'ㆍㅣ'로 반영된 유형의 合口形으로 보인다. 佳韻 合口의 'ㅙ, ㅘ'는 각각 開口의 'ㅐ, ㅏ'형과 대응된다. 元韻 合口가 모두 'ㅝ, ㄹ'로 나타나는 것도 역시 開口의 'ㅓ, ㄹ'형과 대응된다. 韻書에서 凡韻을 咸韻의 合口韻으로 편성했지만 凡韻의 독립 지위에 대한 의문은 일찍부터 李榮(1956)에서 제기되었다. 게다가 전승 한자음 확인이 가능한 凡韻字는 모두 開合口의 대립이 무의미한 脣音字들이었기 때문에 그 전승 한자음이 開口인 嚴韻처럼 'ㅓ, ㅕ'으로 반영된 것은 당연하다. 廢韻 合口가 'ㅖ, ㅔ'로 반영된 것은 모두 고대 한국어에서 'wjVj'와 같은 음절을 허용할 수 없어서 [w] 혹은 [j] 중에 하나를 탈락시킨 것이다. 다만 'ㅔ'는 祭B·廢韻이 祭A韻으로 합류하기 전의 모습을 반영한 것일

수도 있다.

전기 중고음의 /ɐ/는 후기 중고음 단계에서 /a/와 /ɛ/에 합류해 버렸기 때문에 /ɐ/의 반영 양상은 매우 혼잡하다. /ɐ/의 각 韻의 차용 기층은 [표 72]와 같이 정리할 수 있다.

[표 72] 전승 한자음의 차용 주 기층(중고음 /ɐ/ 韻의 반영을 근거로)

	≪切韻≫ 체계	≪慧琳音義≫	唐末–五代	宋 이후 근대음
耕韻의 반영	X	?	O	X
山韻의 반영	X	O	O	O
咸韻의 반영	X	O	O	O
皆韻의 반영	O	O	O	X[170]
佳韻의 반영	O	O	O	?
元韻의 반영	X	O	O	X[171]
嚴韻의 반영	X	O	O	O
廢韻의 반영	X	O	O	O
凡韻의 반영	X	O	O	O

전승 한자음은 전기 중고음의 /ɐ/가 후기 중고음 단계에서 소실한 뒤의 모습이 반영된 것이다. /a/에 합류한 /ɐ/의 2等韻의 핵모음은 'ㅏ'와, /ɛ/에 합류한 /ɐ/의 3等韻의 핵모음은 'ㅓ'와 대응된다.

2.2.3.9 /ɒ/ 韻의 반영 양상

중고음의 /ɒ/는 唐韻 /(u)ɒŋ/(입성: /(u)ɒk/), 寒韻 /(u)ɒn/(입성: /(u)ɒt/), 談韻 /ɒm/(입성: /ɒp/), 豪韻 /ɒu/, 泰韻 /(u)ɒi/, 歌韻 1等 /(u)ɒ/(이상은 1等韻), 陽韻 /(u)(r)iɒŋ/(입성: /(u)(r)iɒk/), 歌韻 3等 /(u)(r)iɒ/(이상은 3等韻)에 분포된다[172]. 이 중에 歌韻 3等은 李榮(1956:

---

170) 宋音 이후에 皆韻은 완전히 夬韻에 합류되었기 때문에(李新魁 1988: 52) 皆韻이 'ㆍㅣ'로 나타나는 것을 宋音 이후의 근대음을 차용한 것이라고 할 수 없다.
171) 元韻이 'ㅏㄴ/ㅏㄹ'로 나타나는 예가 많기 때문이다.

139)에서 南北朝 시기 詩人의 押韻을 통해서 麻韻 3等에서 분리해 낸 것이고, 본고에서 따르는 黃笑山(1995, 1996)에서는 李榮(1956)과 같이 歌韻 3等을 따로 분류하였다. 하지만 歌韻 3等字의 수가 적고, 모든 학자들이 그 존재를 인정하는 것은 아니므로 여기서 歌韻 3等을 따로 분류하지 않겠다. /ɒ/의 각 韻의 반영 양상은 아래의 [표 73]과 같다.

[표 73] 중고음 /ɒ/ 韻의 전승 한자음 반영 양상

韻	반영 양상	반영 비율	例字
唐(開) /ɒŋ/, /ɒk/	ㅏ/ㅓ	전부	강 剛康, 항 航, 앙 盎昻, 당 當唐, 탕 湯蕩, 낭 囊, 랑 狼郎, 장 臧葬, 창 蒼倉, 상 嗓喪, 방 傍仿, 망 莽忙/각 各閣, 학 鶴臛, 악 愕惡, 락 洛樂, 작 作昨, 착 錯, 삭 索, 박 博粕, 막 莫膜
寒(開) /ɒn/, /ɒt/	ㅏㄴ/ㅓㄹ	전부	간 干看, 한 韓寒, 안 安岸, 단 單壇, 탄 彈嘆, 난 難, 란 欄爛, 찬 贊璨, 산 傘/갈 葛渴, 할 割, 알 遏, 달 撻達, 날 捺, 랄 辣, 찰 拶, 살 薩
談 /ɒm/, /ɒp/	ㅏㅁ/ㅏㅂ	거의	감 甘敢, 담 坍擔, 랍 攬籃, 잠 暫蹔, 참 慚, 삼 三/합 嗑榼, 탑 塔搭, 랍 臘
豪 /ɒu/	ㅗ	거의	고 高羔, 호 豪號, 오 熬, 도 刀滔, 로 勞撈, 조 操曹, 소 掃繰, 보 報寶, 포 袍暴, 모 冒帽
泰(開) /ɒi/	ㅐ	전부	개 丐蓋, 해 害, 태 汰泰, 내 奈, 채 蔡, 패 貝沛
歌(開) /ɒ/	ㅏ	거의	가 歌可, 하 何河, 아 阿峨, 다 多, 타 他陀, 나 那儺, 라 羅鑼, 차 磋蹉, 사 娑
陽(開) /(r)iɒŋ/, /(r)iɒk/	ㅏ/ㅓ	소수	강 疆姜, 앙 殃鴦, 방 放訪, 망 網望/각 脚, 학 虐瘧, 박 縛
	ㅑ/ㅕ	다수	향 香鄕, 댱 長腸, 량 糧良, 쟝 將薔, 샹 相翔, 샹 襄攘/탸 着, 략 略掠, 쟉 雀鵲, 샥 芍爍, 샥 弱若
唐(合) /uɒŋ/, /uɒk/	ㅘ/ㅘ	전부	광 光廣, 황 黃皇, 왕 汪/곽 郭籰, 확 穫矐
寒(合) /uɒn/, /uɒt/	ㅘㄴ/ㅘㄹ	다수	관 官冠, 환 丸歡, 완 豌/괄 括栝, 활 活, 찰 撮
	ㅏㄴ/ㅓㄹ	소수	단 端團, 란 亂卵, 찬 纂鑽, 산 筭算/탈 脫奪
泰(合) /uɒi/	ㅚ	전부	회 膾會, 외 外, 최 最
歌(合) /uɒ/	ㅘ	다수	과 戈科, 화 和火, 와 渦窩, 좌 坐剉
	ㅏ	소수	타 朶墮, 나 儒糯, 라 裸祼

---

172) ≪廣韻≫ 각 韻 중에 戈韻은 歌韻의 合口韻, 桓韻은 寒韻의 合口韻이다. ≪切韻≫에서는 戈韻과 桓韻을 따로 歌韻과 寒韻에서 분화시키지 않았다.

陽(合) /u(r)iɒŋ/, /u(r)iɒk/	샹/솩	거의	광 匡狂, 황 況, 왕 往王/확 鑊钁

黃笑山(1995: 212-213)에 따르면 唐에 들어서서 歌韻과 麻韻(핵모음: /a/)의 押韻이 보이기 시작한다. 원순 모음 /ɒ/는 평순 모음 /a/와 쉽게 押韻될 수 없기 때문에 후기 중고음 단계에 /ɒ/〉/ɑ/의 변화가 일어났다고 보아야 이러한 押韻을 설명할 수 있다. /ɒ/〉/ɑ/의 변화가 일어났지만 다른 음소와의 대립 관계는 그대로 유지되었다.

전기 중고음의 /ɒ/든, 후기 중고음의 /ɑ/든 이들 모음은 모두 전승 한자음에서 'ㅏ'로 반영될 것이 예상된다. [표 73]에서 보이듯이 豪韻과 泰韻의 습口를 제외하면 나머지 각 운들의 핵모음은 모두 'ㅏ'로 반영되었다. 豪韻이 'ㅗ'로 반영된 것은 핵모음 /ɒ/ 혹은 /ɑ/의 [-high]와 韻尾 '-u'의 [-low] 자질의 결합으로 해석된다. 泰韻의 습口가 'ㅚ'로 반영된 것은 2.2.3.4에서 이미 설명한 것처럼 저모음에 원순 모음이 없기 때문에 'ㅏ'의 습口韻을 'ㅗ'로 나타낸 것으로 보인다.

나머지 /u/가 없는 開口韻과 獨韻의 전승 한자음 양상은 /ɒ/ 혹은 /ɑ/가 'ㅏ'로 반영되는 원칙에 맞기 때문에 추가로 설명할 필요가 없어 보인다. 다만 陽韻 開口의 반영을 다른 3等 C류 韻의 반영과 비교했을 때 조금 특이한 면이 있다. 牙喉音과 莊組 뒤에는 'ㆍ/ㅓ'으로 반영되고, 舌齒音(莊組 제외) 뒤에는 'ㅑ/ㅕ'으로 반영될 것이 기대되지만, 'ㅎ' 뒤에 陽韻 開口는 'ㅑ'으로 반영되었다. 이는 전승 한자음이 차용될 때 3等 B류의 介音이 3等 A류 介音에 합류되는 과정이 이미 진행된 모습을 보여 준다. 차용이 이루어진 당시에 陽韻 曉組字의 3等 B류 介音이 이미 A류에 합류한 듯하다. 牙音 뒤는 어떠한가? '강, 각'으로 반영된 것은 전승 한자음이 형성된 시기에 牙音 뒤에 3等 B류 介音은 아직은 3等 A류 介音에 합류되지 않았기 때문이라고 해석할 수도 있지만, '걍, 걕'과 같은 음절이 드물기 때문에 차용 당시 3等 B류 介音이 이미 3等 A류 介音

에 합류했음에도 불구하고 '강, 각'으로 차용되었다고 해석할 수도 있다. 하지만 影母字인 '殃鴦'의 음이 '양'이 아닌 '앙'으로 나타나는 것을 고려하면 첫 번째 해석이 더 타당할 것이다. 어쨌든 '香鄉'의 전승 한자음은 '항'으로 나타나지 않고 '향'으로 나타나는 것은 후기 중고음 단계에 3等 B류 介音이 3等 A류에 합류하기 시작한 양상과 부합한다.

合口韻의 양상을 확인할 차례이다. 泰韻 合口를 제외하면 모든 /ɒ/(〈〉/ɑ/)의 合口韻은 'ㄱ, ㅎ, ㅇ(∅)' 내지 'ㅈ, ㅊ' 뒤에는 '놔, 놕'으로 반영되었고, 치조에서 조음된 것으로 추정된 'ㄷ, ㅌ, ㄹ, ㅅ' 뒤에는 'ㅏ, ㅓ'으로 반영되었다. 이는 고대 한국어 내부에도 후세와 같이 '돠, 톼, 롸, 솨'와 같은 음절을 허용하지 않은 것을 보여 준다.

전기 중고음의 /ɒ/와 후기 중고음의 /ɑ/가 모두 'ㅏ'로 반영되는 것이 원칙이기 때문에 /ɒ/(〈〉/ɑ/)의 각 韻의 차용 기층은 쉽게 단정할 수 없다. [표 74]처럼 표시할 수 있다.

[표 74] 전승 한자음의 차용 주 기층(중고음 /ɒ/ 韻의 반영을 근거로)

	≪切韻≫ 체계	≪慧琳音義≫	唐末-五代	宋 이후 근대음
唐韻의 반영	O	O	O	O
寒韻의 반영	O	O	O	O
談韻의 반영	O	O	O	O
豪韻의 반영	O	O	O	O
泰韻의 반영	O	O	O	O
陽韻의 반영	X173)	?	O	?

2.2.3.1부터 2.2.3.9까지 필자는 중고음의 모음 체계의 각 모음들이 전승 한자음에 반영된 양상을 확인하였다. 전반적으로 고려했을 때, 咍韻의 반영만 제외하면 나머지 모든 韻母의 반영은 中唐-五代의 후기 중고음의 양상과 부합된다. 韻母의 반영을 고려했을 때 전승 한자음은 대

---

173) 'ㅎ' 뒤에 陽韻은 'ㅑ'으로 나타났기 때문이다.

략 8-10세기의 長安 雅言을 차용한 것으로 보인다.

다만 8세기부터 10세기까지 300년 가까이의 시간도 결코 짧은 것은
아니었다. 후기 중고음 단계 내부에도 한어의 음운 변화는 진행이 되었
다. 시기적으로 이른 자료인 ≪慧琳音義≫와 늦은 자료인 漢藏 對音 자
료에서 보여 주는 후기 중고음의 양상은 차이가 있다. 전승 한자음에서
韻母의 반영 양상 중에 ≪慧琳音義≫ 체계와 부합되는 부분이 많지만
≪慧琳音義≫보다 조금 더 후대의 음의 특징을 보여 준 부분도 적지 않
게 존재한다. 이러한 부분은 ≪慧琳音義≫보다 조금 더 늦은 시기의 자
료인 漢藏 對音으로 설명되었다. 하지만 漢藏 對音 자료를 보면 전승
한자음보다 근대음의 특징을 보여 주는 부분이 훨씬 많다. 그리고 전승
한자음에서는 漢藏 對音 자료에서 보이는 脫鼻音化, 梗·宕攝의 -ŋ 탈
락 등 한어 서북 방언만의 특징에 대한 반영을 찾을 수 없다. 한편, ≪慧
琳音義≫는 비슷한 시기의 다른 자료보다 보수적인 면이 다소 존재한
것을 고려하면, 전승 한자음은 꼭 ≪慧琳音義≫의 창작 시기(8세기 말
-9세기 초)보다 늦은 시기에 차용되었다고 하기 어려울 것이다. 전승
한자음의 양상이 唐末의 韻圖보다 보수적인 양상을 보여 주는 면이 존
재한 것도 주목된다.[174] 역사적 사실을 고려하면 唐이 멸망한 907년 이
후에 신라와 중국의 교류도 중단되었다. 종합적으로 성찰하면, 전승 한
자음의 절대 다수는 8세기 후반부터 9세기 중반까지의 中晚唐의 長安
雅言을 차용한 것으로 결론을 지을 수 있다.[175] 어휘별로 개별의 한자
음은 이 주 기층을 벗어났지만, 전승 한자음의 基層은 단일하다. 기존
의 연구에서 논의되어 왔던 것처럼 상고음부터 근대음까지 폭이 넓은
것은 아니다.

2.2.3에서 필자는 韻腹과 韻尾를 묶어서 다루었고, 주로 韻腹의 핵모

---

174) 2.2.2를 참고하기 바란다.
175) 뒷부분에서 聲調의 반영 양상을 확인한 결과로 전승 한자음의 차용 시기의 下限을 9세
　　기 초로 단축하였다.

음의 반영을 다루었다. 전승 한자음의 韻尾의 반영 양상에 대해 추가로 논의할 필요가 있다. 몇 개의 예외를 제외하면 중고음의 'ŋ, n, m/k, t, p' 韻尾는 규칙적으로 'ㆁ(/ŋ/), ㄴ, ㅁ/ㄱ, ㄹ, ㅂ'으로 반영되었다. 특이한 것은 舌內 入聲 韻尾 't'가 유음인 '-ㄹ'로 나타난 것이다. 필자는 위국봉(2012)에서 이 문제를 다룬 적이 있었다. 중고음의 't'가 '-ㄹ'로 반영된 것은 有坂秀世(1957)에서 주장한 宋代 開封音 차용설과 李基文(1981)에서 주장한 北魏 北方音 차용설로 설명하기 어려울 것이다. 2.2.1~2.2.3에서 살펴보았듯이 전승 한자음은 후기 중고음을 차용한 것으로 보이고, 宋音과 南北朝音의 양상과 맞지 않는다.[176] 그러므로 't' 韻尾가 '-ㄹ'로 반영된 것은 차용 기층과 무관해 보인다.

　河野六郎(1961/1979: 386-388)에서 고대 한국어 단계에 모음 사이의 'ㄷ'이 'ㄹ'로 약화한 현상은 '바돌(波珍)〉바를, '몯-+-올(毛冬, 毛達)〉모르-, 'ᄒᆞᄃᆞᆫ(一等, 河屯)+-올〉ᄒᆞᆯᄀ, 낟악〉나락'과 같이 보인다고 주장하였고, 河野六郎(1968/1979: 440)에서는 't' 韻尾가 '-ㄹ'로 반영된 현상도 위와 같은 모음 사이에서의 'ㄷ' 약화로 해석하였다. 전승 한자음이 차용된 당시에는 일본어처럼 폐음절 뒤에 모음을 삽입했을 것이고, 'ㄷ'이 'ㄹ'로 약화한 다음에 삽입되었던 모음이 탈락하였을 가능성을 제시하였다. 필자는 河野六郎(1961, 1968)의 주장에 찬성한다. 위국봉(2012: 235-236)에서 이러한 과정의 양상을 보여 준 자료를 찾았다. '述川郡 一云 省知買', '單密縣 本武冬彌知 一云曷冬彌知' 등 예에서 '述'과 '密'은 sVr와 mVr로 읽든, sVt와 mVt로 읽든, 후세의 전승 한자음에서는 'sVr, mVr'로 읽고, '省知'와 '彌知'는 'sVtV[177], mVtV'의 표기이든, 'sVt, mVt'의

---

176) 그리고 李基文(1981)에서 주장한 北魏 北方音에서 이미 '-t)-r'의 변화가 일어났다는 주요 논거에는 문제가 있다(위국봉 2012: 225-226).

177) '省良縣 今金良部曲', '來蘇郡 本高句麗買省縣', '蘇泰縣 本百濟省大號縣' 등 지명 同音異表記와 吏文에 '省'이 '솔(刷子)'에 轉音借된 것과, '方言呼省爲所, 所或作蘇……所又轉爲所乙, 今嶺南之省峴, 俗號所乙峴是也. ≪文獻備考卷7 · 歷代國界下≫'의 기록은 '省'이 '소/수'로 읽혔음을 확고하게 입증해 주는 것이다(梁柱東 1965: 649-650).

표기이든, '知'라는 표기는 '述'과 '密'의 舌內 入聲 韻尾가 처음에 고대 한국어에서 /t/로 수용되었다는 증거이다. 물론 'CVtV〉CVrV〉CVr'의 전 과정을 보여 주는 자료는 아니지만, 전승 한자음이 처음에 정착되었을 때는 중고음의 '-t' 韻尾는 '-ㄹ'이 아닌 '-t' 혹은 '-tV'로 차용된 것은 분명하다.

이상과 같이, '-t' 韻尾가 '-ㄹ'로 반영되는 것은 차용 기층의 문제가 아니라, 고대 한국어 내부의 문제인 것이다.

2.2.4 聲調의 반영 양상

잘 알다시피 중고음의 平聲은 전승 한자음에서 L조, 入聲은 전승 한 자음에서 H조로 규칙적으로 반영되었고, 上聲과 去聲은 대저 R조로 반 영되었지만 H조로 반영되는 예외가 많다. 伊藤智ゆき(2007, 이진호 역 2011: 386, 390, 404)의 통계에 따르면 平聲字 2087字 중에 2014字가 L조 로, 入聲字 947字 중에 904字가 H조로, 上聲字 1024字 중에 802字가 R조 로, 175字가 H조로, 去聲字 1294字 중에 1015字가 R조로, 224字가 H조 로 반영되었다.

중고음 단계의 성조의 調值(성조의 높낮이) 측정에 대한 선행 연구 가 있지만 아직은 정론이 없다. 다만 調類(성조의 종류, 개수)의 변화에 대해서는 ≪切韻≫의 平上去入 4聲 體系도 후기 중고음 단계부터 무너 지기 시작하였다고 보는 것은 거의 합의된 것으로 파악된다. 중고음의 성조 체계가 근대음까지 급격하게 변화한 원인은 구체적으로 밝히지는 못했지만 후기 중고음 단계에 有聲音의 無聲化, 이른바 濁音淸化 현상 과 관련된 것으로 보인다.

聲母와 韻母(介音 포함)의 반영 양상을 고려하면 전승 한자음은 8-9 세기의 中晚唐音을 차용하였다고 앞에서 이미 결론을 지은 바가 있었 다. 중고음의 성조 調類의 반영 양상도 대략 中晚唐音과 부합된다.

일본 승려 安然의 ≪悉曇藏≫(880)에서는 金禮信이 일본에 전한 吳音의 성조와 表信公이 일본에 전한 漢音(즉 唐 長安音)의 성조의 차이를 기록한 바가 있다. "平聲直低 有輕有重 去聲稍引 無輕無重 入聲徑止 無內無外 平中怒聲與重無別 上中重音與去不分"은 表信公이 전한 漢音, 즉 唐 長安音의 성조 양상에 대한 기록이다. 周祖謨(1958)의 考證으로, ≪悉曇藏≫에서 '輕'과 '重'이라는 것은 각각 陰調와 陽調에 해당된다. 위의 기록을 통해서 일본 漢音이 전해질 적에 唐 長安의 방언의 성조의 양상을 대략적으로 파악할 수 있다. 즉, 平聲은 곧으며 낮은데 陰陽調의 분화가 이미 일어났다. 去聲은 조금 긴데[178] 陰陽調의 분화가 아직 일어났지 않았다. 入聲은 빨리 끝난다.[179] 平聲 중에 全濁音字는[180] 重하게(낮게) 들렸다. 上聲 중에 陽調는 去聲과 변별되지 않았다. 儲泰松(2005: 203)에 따르면 表信公이 일본에 방문한 연도는 736년이다. 그가 일본에 전한 성조는 8세기의 長安音 성조이다. 다만, 長安音의 성조는 언제까지 이러한 양상에 유지되었는지 생각해 볼 필요가 있다. 杜甫(712-770)와 白居易(772-846)의 시에서 上去通押의 양상이 보이고(王力 1987: 318) ≪慧琳音義≫에서도 역시 濁上變去[181] 현상이 보이고 '秦人去聲似上'이라고(姚永銘 2003: 85-88, 儲泰松 2005: 93) 한 바가 있는데 위의 기록과 양상이 비슷하다. 따라서 長安音의 성조는 表信公이 일본에 전한 그 양상으로 존재한 시기를 8세기-9세기 초로 추정해도 무리가 없을 것이다. 전승 한자음의 성조 양상은 이 기록이 기술한 8세기-9세기 초의 長安音 성조 양상과 대응된다.

전승 한자음에서 平聲이 L조로 반영되는 것은 8세기-9세기 초의 唐

---

178) '引'은 梵語 音譯에서 길게 읽으라는 뜻으로 사용하였다.
179) '無內無外'의 뜻은 무엇인지 알 수 없다. 이 구절에 대한 해석을 周祖謨(1958)에서도 찾을 수 없다.
180) 周祖謨(1956/1993: 362)의 考證으로 怒聲은 全濁音을 지칭하는 것이다.
181) 후기 중고음 이후에 上聲字 중에 全濁字들은 去聲으로 합류되었다.

代 長安音에 平聲이 낮았다는 것과 관련되는 것 같다. 하지만 단언할 수는 없다. 9세기부터 15세기까지 한국어 내부에서 성조가 변화를 겪지 않았다는 증거가 없기 때문이다. 去聲이 조금 길었다는 기록은 80% 정도의 去聲字가 전승 한자음에서 R조로 반영되는 것과 대응된다.[182] 현대 한국어에서 R조였던 것이 장음으로 남아 있다는 것은 L조와 H조

---

182) 앞서 金完鎭(1977: 16-27)에서도 ≪悉曇藏≫의 기록을 근거로 중고음의 성조 양상을 고찰하여 전승 한자음의 성조 형성에 대해서 논의한 바가 있다. 하지만 필자의 논의와 달리, 金完鎭(1977)에서는 ≪悉曇藏≫의 기술을 통해 중고음의 평성이 낮았던 것이 그대로 전승 한자음에서 L조로 반영되고 중고음의 상성이 상승조였던 것이 그대로 전승 한자음에서 R조로 반영된다고 보았다. 한편, 이 논의에서는 중세 한국어의 성조 양상이 더 보수적인 것으로 보고 동남 방언에서 L, H조가 거꾸로 된 것은 동남 방언이 현대 이전 단계에 聲調上의 一大 趣移를 경험하였다고 보았다. 중고음의 음장은 전승 한자음의 성조 형성을 고찰하는 데에 큰 의미가 없다고 하였다. 그 이유는 현대 북경 방언에서 上聲의 음장이 가장 긴 것을 고려하면 중고음 단계에도 上聲은 음장이 가장 긴 것으로 추정되지만, 梵語의 轉寫 과정에서 오히려 梵語의 장음을 平聲字로 대응시켰고, 범어의 단음을 仄聲字 그 가운데서도 주로 上聲字로 대응시켰기 때문이라고 하였다. 하지만 金完鎭(1977)의 논의에서는 다음과 같은 약점들이 보인다. 첫째, ≪悉曇藏≫에서 네 사람이 일본에 전한 한자음을 동일한 것으로 취급하였다. 둘째, '引'이 '길다'의 뜻을 갖고 있는 것을 알지 못하였기 때문에(金完鎭(1977: 22)에서 ≪悉曇藏≫에서의 '角引'의 뜻을 알지 못한다고 하였다) ≪悉曇藏≫에서 음장에 대한 기술 부분을 제대로 고려하지 못하였다. 셋째, 중고음이라도 방언의 차이가 있고 전기 중고음 단계부터 후기 중고음 단계까지 성조의 변화가 일어난 것을 파악하지 못하였다. 우선, 金完鎭(1977)에서 ≪悉曇藏≫의 성조 기록을 중고음 全 단계의 성조에 대한 기술로 본 것에 문제가 있다. ≪悉曇藏≫에서 金禮信이 전한 음은 吳音이고 나머지 세 명이 전한 음은 漢音이다. 그리고 나머지 세 명이 일본에 한자음을 전한 시기도 약간의 차이가 있다(周祖謨 1958/1993). 한편, 범어 음역에서 범어의 장음을 平聲字로, 범어의 단음을 仄聲字(주로 上聲字)로 대응시킨 것은 사실이나 그것은 7세기의 洛陽音, 즉, 전기 중고음으로 범어를 음역한 것이었다(施向東 2009: 48). 그러나 2.2.1-2.2.3에서 논의한 바와 같이, 전승 한자음은 전기 중고음과 큰 관련이 없고, 후기 중고음을 모태로 두고 있다. 金禮信이 전한 음에 대한 기술 부분을 제외하면 ≪悉曇藏≫에서 기록한 것은 후기 중고음(唐 長安音)의 성조 양상이다. 범어의 음역 자료와 ≪悉曇藏≫의 기록은 시기와 방언의 차이가 있다. 따라서 전승 한자음의 성조 형성을 고찰할 때 중고음의 음장 양상을 고려하면 안 된다는 이유는 없어진다. 필자도 ≪悉曇藏≫에서 長安音의 평성이 그대로 전승 한자음에서 L조로 반사될 가능성이 있다고 생각하지만 9세기부터 15세기까지 중부 방언의 성조가 전혀 변화하지 않았다고 주장하기 어렵다고 본다. 그러므로 본고에서는 金完鎭(1978)과 달리, 전승 한자음의 성조 및 음장 양상을 중고음의 音高 양상과 대조시키지 않고, 중고음의 音長 양상과만 대조시킨다.

의 조합으로 볼 수 있는 R조가 애초부터 길었다는 증거가 된다. 上聲의 陽調와 去聲이 구별되지 않았던 것은 上聲도 길었다는 방증이 된다. 그러므로 上聲이 전승 한자음에서 R조로 반영된 점도 설명된다. 조금 더 파고 들어가면 上聲과 去聲이 길었다는 것은 곧바로 平聲과 入聲이 상대적으로 짧았다는 것을 암시한다. 그러므로 平聲과 入聲이 R조로 반영되지 않은 것도 설명된다. 한편, 그 당시의 長安 방언에 上聲의 陽調와 去聲이 구별되지 않았다는 것은 전승 한자음에서 上聲과 去聲이 R조로 반영된 것과 관련이 있는가? 전승 한자음에서 上聲과 去聲이 R조로 반영된 것은 그 당시의 長安 방언에 上聲과 去聲이 平聲과 入聲보다 길었다는 점과 연관을 지을 수 있지만, 일부 上聲이 去聲에 합류된 濁上變去 과정과 관련되는지 확실히 말할 수 없다. 왜냐하면 濁上變去 현상이 일어나지 않았을 때 上聲과 去聲이 원칙적으로 전승 한자음에서 다른 성조로 반영되었다는 전제가 있어야 하는데 이러한 전제는 현재로서 세울 수 없다. 더구나 전승 한자음에서 上聲字는 성모가 全濁이냐 全濁이 아니냐에 따라서 달리 나타나는 것도 아니다. 陽韻 上聲字들의 반영을 예로 들자.

[표 75] 陽韻 上聲字의 성조 반영 양상

	R	H	L
全濁字	强彊丈仗杖上往	像象橡	-
全淸·次淸·次濁字	襁仰亨響暴饗長兩爽掌廠攘壤養枉	鬃想晌賞	-

[표 75]에서 보듯이 上聲字는 聲母와 관계없이 대부분은 전승 한자음에서 R조로 반영되고, 소수는 전승 한자음에서 H조로 반영되었다.

이상과 같이, 전승 한자음에 중고음의 平聲이 L조로 반영된 것은 확언하기 어려운 부분이 있지만, 上聲과 去聲의 대부분이 R조로 반영되는 것은 8세기-9세기 초 長安 方言의 성조 양상과 대응된다.

다시 일본 승려 安然의 ≪悉曇藏≫을 살펴보면 뒷부분에 承和之末

(847년)에 일본에 간 正法師가 전한 음은 "四聲之中 各有輕重", 元慶之初(877년)에 일본에 간 聰法師가 전한 음은 "四聲皆有輕重"이라고 기록되어 있다. 9세기 중반에 중고음에서 平·上·去·入 四聲에 모두 陰陽 분화가 있었다는 뜻이다. 특히 正法師가 전한 음은 "去有輕重 重長輕短 入有輕重 重低輕昂"이라고(周祖謨 1958/1993: 359) 기술한 것이 주목된다. 9세기 중후반에 去聲과 入聲도 陰陽調로 나뉘었는데 陽去調는 길고 陰去調는 짧았으며, 陽入調는 낮고 陰入調는 높았다고 한 것이다. 전승 한자음에서 去聲은 선행 聲母와 상관없이 대부분은 R조로 나타났고 入聲도 聲母와 상관없이 거의 모두 H조로 나타났다. 만약에 전승 한자음이 9세기 중후반에 차용되었다면, 陰去調의 去聲字의 성조는 R조로 나타날 수 없을 것이다. 후기 중세 한국어의 L, H조는 고대 한국어 단계에 어떻게 존재했는지 알 수 없지만, 入聲은 이미 낮은 陽入調와 높은 陰入調로 나뉜 9세기 중후반의 한어를 차용했다면, 전승 한자음에서 入聲이 정연하게 나타났을 수 없을 것이다. 儲泰松(2005: 203)에 따르면 正法師와 聰法師가 일본에 전한 성조는 9세기 중반의 長安音 성조이다. 위의 기록들은 9세기 중반 長安 방언의 성조 변화에 대한 기술이다. 전승 한자음의 성조 반영 양상은 9세기 중반의 長安 방언 양상과 많이 다르기 때문에 전승 한자음의 차용 시기를 8세기 후반부터 9세기 초까지로 단축시킬 수 있다.

한편, 전승 한자음에서 入聲 韻尾가 'ㄱ, ㄹ, ㅂ'으로 남아 있는 것은 분명히 入聲 韻尾의 약화 직전의 모습을 보여 준다. 周祖謨(1984/1993: 325)에서 韓愈의 《進學解》에서 '拙, 杰, 適' 간의 押韻, '粟, 織, 食, 窃, 斥' 간의 押韻이 보여서 唐末에 '-k, -t'가 먼저 '-ʔ'로 변화하였다고 한 바가 있었다.[183] 위국봉(2012: 227)에서는 韓愈의 《進學解》의 押韻 양

---

183) 2.1에서 언급한 7세기 長安 평민층의 언어를 반영한 侯思止의 구어 자료는 이미 '-k' 韻尾와 '-t' 韻尾의 혼란이 일찍 평민층에서 일어난 보습을 보여 준다. 그러나 雅言에서 이러한 혼란은 晩唐 이전에 발견되지 않았다. 晩唐의 시에서 '-k' 韻尾와 '-t' 韻尾의 혼

상을 '-k, -t)-?'보다 '-k)-t'의 변화가 일어났다고 하는 것이 낫다고 보았다. 그 원인은 후세의 宋詞의 押韻, 그리고 현대 한어 客家 방언에서 '-k)-t'의 변화 흔적이 보이기 때문이다. 范淑玲(2009: 20, 76)에서 일본 漢音 자료에서 '-k)-t'의 변화 양상을 보여 준 예가 있다고 보고하였다. 周傲生(2008: 122)에서는 五代의 시에서 '-k, -t, -p' 韻尾끼리의 押韻이 보편화되었다는 자료를 제시한 바가 있다. 전승 한자음에 '-k, -t, -p' 韻尾는 매우 규칙적으로 '-ㄱ, -ㄹ, -ㅂ'으로 반영되었기 때문에 '-k, -t, -p'가 사라지기 전은 물론이고, 사라지기 전에 '-k)-t' 등 변화가 일어나기 전에 전승 한자음이 차용되었다고 봐야 된다. 시기적으로는 역시 위에서 고찰한 平·上·去聲과 같이 9세기 초 이전으로 봐야 한다.

2.3 정리

2장에서 필자는 전승 한자음의 기층은 8세기 후반-9세기 초의 長安 音이라고 논의하였다. 咍韻字를 제외하면 나머지 한자의 전승 한자음은 거의 모두 이 기층으로 설명할 수 있다. 聲母 중에 云母의 흔적이 반영되지 않고, 知組字가 舌音으로 반영되면서도 그 뒤에 介音 /i/의 흔적이 보이고, 崇·船·禪母가 /ㅅ/으로 많이 반영되고, 微母가 /ㅁ/으로 반영된 것은 모두 이 기층으로만 설명이 된다. 介音의 경우, 이 기층에 새로 나타난 일부 2等 介音 'ɪ'가 'j'로 변화하는 모습, 3等 B류 介音 'ɪ'와 3等 A류 介音 'i'의 구별은 대체적으로 보유되고 일부만 합류된 모습, 4等에 介音 'i'가 나타나게 된 모습은 모두 전승 한자음에 그대로 반영되었다. 韻腹의 경우, 전승 한자음은 전반적으로 ≪切韻≫ 체계의 韻部가 전설 쪽으로 이동한 이 기층의 韻部 특징과 대응된다. 聲調의 반영 양

란이 보인다는 것은 이 시기에 雅言에서도 入聲 韻尾 변화가 일어났다는 것을 암시한다.

상 중에 上聲과 去聲이 대부분 R조로, 平聲과 入聲이 각각 L조와 H조로 반영된 것도 이 기층에 上聲과 去聲이 길고 平聲과 入聲이 짧은 것과 관련된다.

또한, 몇몇 한자음은 한어 근대음을 차용한 것으로 보이는 경우도 있다. 하지만 모두 어휘 단위로 차용된 것으로 파악되고 기존의 연구에서 말한 音類별로 차용 기층이 다른 것은 아니다. 전승 한자음은 본질적으로 한어의 방언이 아니고 차용된 것이기 때문에 한어 방언처럼 音類별로 기층이 다르다고 설명할 수 없고 설명이 되지도 않는다.

대체적으로 전승 한자음은 8세기 후반-9세기 초의 長安音을 차용한 것으로 보인다. 하지만 차용된 것은 長安의 雅言이다. 전승 한자음은 이 시기의 長安音 자료인 ≪慧琳音義≫와 부합되는 부분이 많지만 ≪慧琳音義≫ 체계보다 조금 더 후세의 변화를 보인 부분도 상당히 존재한다. 그러한 부분은 약간 늦은 시기의 漢藏 對音 자료에서 보이는 中唐-五代의 한어 서북 방언(長安 방언 포함)으로 설명된다. ≪慧琳音義≫는 長安音을 기록한 자료였지만 雅言을 추구하여 보수적인 면이 존재한다. ≪慧琳音義≫를 비슷한 시기의 자료인 범어 對譯, 일본 漢音, 唐 長安音의 기층을 보유한 한어 방언과 비교할 때 ≪慧琳音義≫의 이러한 보수성을 확인할 수 있다. 뿐만 아니라 ≪慧琳音義≫와 불과 몇 십 년 밖에 차이 나지 않는 唐末의 韻圖가 ≪慧琳音義≫보다 훨씬 근대성을 보이는 것도 역시 ≪慧琳音義≫가 실제음보다 보수적인 것의 방증이된다. 한편, 전승 한자음의 모습은 漢藏 對音 자료보다 전반적으로 보수적인 면이 많다는 것도 사실이다. 역사적 사실까지 종합적으로 고려해 보면 전승 한자음의 차용 시기를 8세기 후반-9세기 초로 정하는 것이 가장 무난하다.

구체적으로 8세기 후반-9세기 초의 長安音과 전승 한자음의 대응을 아래의 [표 76-79]에서 정리한다.

[표 76] 長安音과 전승 한자음의 聲母 대응 양상

		全淸	次淸	全濁	次濁		全淸	全濁
脣音	重脣	幇 p ⇒ㅂ, ㅍ	滂 pʻ ⇒ㅂ, ㅍ	並 b⟩p, pʻ ⇒ㅂ, ㅍ	明 m ⇒ㅁ			
	輕脣	非 f ⇒ㅂ	敷 fʻ ⇒ㅂ	奉 v⟩f ⇒ㅂ	微 ɱ ⇒ㅁ			
舌音	舌頭	端 t ⇒ㄷ, ㅌ	透 tʻ ⇒ㅌ, ㄷ	定 d⟩t, tʻ ⇒ㄷ, ㅌ	泥 n ⇒ㄴ	來 l ⇒ㄹ		
	舌上	知 t ⇒ㄷ, ㅌ	徹 tʻ ⇒ㅌ, ㄷ	澄 d⟩t, tʻ ⇒ㄷ, ㅌ	娘 ɳ ⇒ㄴ			
齒音	齒頭	精 ts ⇒ㅈ, ㅊ	淸 tsʻ ⇒ㅊ, ㅈ	從 dz⟩ts, tsʻ ⇒ㅈ, ㅊ			心 s ⇒ㅅ	邪 z⟩s ⇒ㅅ
	正齒	莊 tʂ ⇒ㅈ, ㅊ	初 tʂʻ ⇒ㅊ, ㅈ	崇 dʐ⟩tʂ, tʂʻ, ʂ ⇒ㅈ, ㅊ, ㅅ			生 ʂ ⇒ㅅ	俟 ʐ⟩ʂ ⇒ㅅ
		章 tɕ ⇒ㅈ, ㅊ	昌 tɕʻ ⇒ㅊ, ㅈ	船 dʑ⟩ɕ ⇒ㅅ	日 ɲ⟩nʑ ⇒△		書 ɕ ⇒ㅅ	禪 z⟩ɕ ⇒ㅅ
牙音		見 k ⇒ㄱ, ㅎ	溪 kʻ ⇒ㄱ, ㅎ	羣 g⟩k, kʻ ⇒ㄱ, ㅎ	疑 ŋ ⇒∅(어두), 이[ŋ](어중)			
喉音		影 ʔ ⇒∅			云 ɣ⟩w ⇒ㅜ/w ／ 以 j ⇒ㅣ/j		曉 x ⇒ㅎ, ㄱ	匣 ɣ⟩x ⇒ㅎ, ㄱ

[표 77] 長安音과 전승 한자음의 介音 대응 양상

	長安音		전승 한자음
1等 介音	∅	⇒	∅
2等 介音	r⟩∅(舌齒脣)	⇒	∅
	r⟩j(牙喉)	⇒	[j]/∅
3等A, 4等 介音	i	⇒	[j]/ㅣ
3等B 介音	ri(i)	⇒	∅/ㅡ

[표 78] 長安音과 전승 한자음의 韻腹 및 韻尾 대응 양상

韻腹	韻尾	각 韻의 대응 양상
i	ŋ/k	蒸A(다수) /iŋ/, /ik/⇒ᅌ, ᅴ; 蒸B /riŋ/, /rik/⇒ᅙ, ㄱ
	n/t	眞A(開) /in/, /it/⇒ᅵᆫ, ᅵᆯ; 眞A(合) /uin/, /uit/⇒ᅟ, ᅟ; 眞B欣臻(開) /rin/, /rit/⇒ᄃ, ᄅ; 眞B文臻(合) /urin/, /urit/⇒ᅟ, ᅟ
	m/p	侵A /im/, /ip/⇒ᅟ, ᅟ; 侵B /rim/, /rip/⇒ᅟ/ᅟ
	u	幽A /iu/⇒ㅠ; 幽B /riu/(자료 無)
	∅	脂支之微(開) /i/([i])⇒ㅣ; 脂支之微(合) /ui/⇒ㅠ; 師 /i/([ɿ])⇒·; 思 /i/([ɿ])⇒·
i	ŋ/k	蒸A(소수)登 /iŋ/, /ik/⇒ᅙ, ㄱ; 登(合, 일부) /uiŋ/, /uik/⇒ᅙ, ㄱ;

218

	n/t	痕 /in/, /it/⇒ㄴ, ㄹ; 魂(일부) /uin/, /uit/⇒ㄴ, ㄹ
u	ŋ/k	東3 /(r)iuŋ/, /(r)iuk/⇒ㅇ(ㅎ), ㄱ(ㄱ)
	n/t	諄A /iun/, /iut/⇒ㄴ, ㄹ; 諄B /riun/, /riut/(자료 無)
	∅	侯 /u/⇒ㅜ; 尤 /(r)iu/⇒ㅠ(ㅜ)
ə	ŋ/k	登(合, 일부) /uəŋ/, /uək/⇒ㅎ, ㅎ
	n/t	魂(일부) /uən/, /uət/⇒ㄴ, ㄹ
	m/p	岑 /əm/, ⇒ㅁ, -
	∅	魚(다수) /(r)iə/(/ə/: [e])⇒ㅕ(ㅓ)
o	ŋ/k	東1冬 /uoŋ/, /uok/⇒ㅎ, ㅎ; 江 /roŋ/, /rok/(/o/: [œ])⇒ㅏ, ㅓ; 鍾 /u(r)ioŋ/, /u(r)iok/⇒ㅇ(ㅎ), ㄱ(ㄱ)
	∅	模 /uo/⇒ㅗ; 魚(莊組) /(r)io/([o])⇒ㅗ; 虞 /u(r)io/⇒ㅠ(ㅜ)
ε	ŋ/k	庚2耕(開, 다수) /rεŋ/, /rεk/⇒ㆆ, ㅕ; 庚2耕(合) /urεŋ/, /urεk/⇒ㆅ, ㅕ; 庚2耕(소수)庚3清青(開) /iεŋ/, /iεk/⇒ㆆ, ㅕ; 庚3清青(合) /uiεŋ/, /uiεk/⇒ㆅ, ㅕ
	n/t	仙A先(開) /iεn/, /iεt/⇒ㄴ, ㄹ; 仙A先(合) /uiεn/, /uiεt/⇒ㄴ, ㄹ; 仙B元(開) /riεn/, /riεt/⇒ㄴ, ㄹ; 仙B元(合) /uriεn/, /uriεt/⇒ㄴ, ㄹ
	m/p	鹽A添 /iεm/, /iεp/⇒ㅁ, ㅂ; 鹽B嚴凡 /riεm/, /riεp/⇒ㅁ, ㅂ
	u	宵蕭 /iεu/⇒ㅛ
	i	祭A齊廢(開) /iεi/⇒ㅖ; 祭A齊廢(合) /uiεi/⇒ㅖ; 祭B(開) /riεi/⇒ㅖ; 祭B(合) /uriεi/(자료 無)
a	n/t	删山(開) /ran/, /rat/⇒ㅏㄴ, ㅏㄹ; 删山(合) /uran/, /urat/⇒ㅘㄴ, ㅘㄹ
	m/p	銜咸 /ram/, /rap/⇒ㅏㅁ, ㅏㅂ
	u	肴 /rau/(()/iau/)⇒ㅛ
	i	夬皆佳(開) /rai/⇒ㅐ/ㅖ; 夬皆佳(合) /urai/⇒ㅙ/ㅚ
	∅	麻2(開) /ra/⇒ㅏ; 麻2(合) /ura/⇒ㅘ; 麻3A /ia/⇒ㅑ
ɑ	ŋ/k	唐(開) /ɑŋ/, /ɑk/⇒ㅏㅇ, ㅏㄱ; 唐(合) /uɑŋ/, /uɑk/⇒ㅘㅇ, ㅘㄱ; 陽(開) /(r)iɑŋ/, /(r)iɑk/⇒ㅑㅇ(ㅏ), ㅑㄱ(ㅓ); 陽(合) /u(r)iɑŋ/, /u(r)iɑk/⇒ㅑㅇ, ㅕㄱ
	n/t	寒(開) /ɑn/, /ɑt/⇒ㅏㄴ, ㅏㄹ; 寒(合) /uɑn/, /uɑt/⇒ㅘㄴ, ㅘㄹ
	m/p	覃談 /ɑm/, /ɑp/⇒ㅏㅁ, ㅏㅂ
	u	豪 /ɑu/⇒ㅗ
	i	泰(開) /ɑi/⇒ㅐ, 泰(合) /uɑi/⇒ㅙ
	∅	歌(開) /ɑ/⇒ㅏ, 歌(合) /uɑ/⇒ㅘ

[표 79] 長安音과 전승 한자음의 성조 대응 양상

	長安音		전승 한자음
平聲	"直低"	⇒	L
上聲	"重音與去不分"	⇒	R(대부분)/H(소수)
去聲	"稍引 無輕無重"	⇒	R(대부분)/H(소수)
入聲	"徑止"	⇒	H

마지막으로 본고에서 주장한 8세기 후반-9세기 초의 長安音 차용이라고 보는 관점이 기존의 河野六郎(1968)과 伊藤智ゆき(2007)의 차이점을 아래의 도표로 도식화할 필요가 있다.

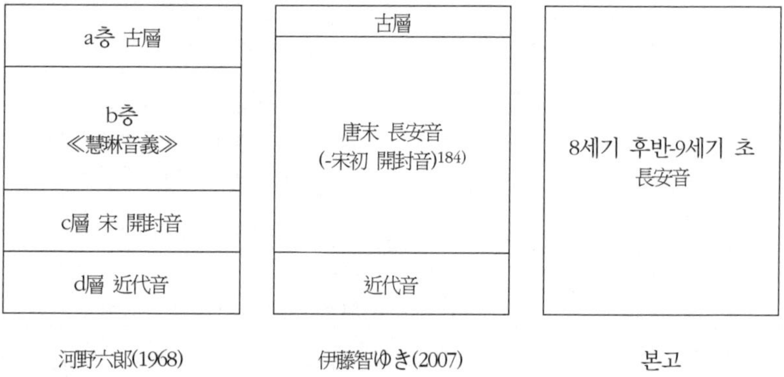

〈그림 10〉 전승 한자음의 기층

〈그림 10〉에서 보이는 바와 같이 河野六郎(1968)은 처음으로 전승 한자음의 차용 주 기층을 b층인 ≪慧琳音義≫로 확정짓게 했지만 b층 못지않게 많은 부분을 다른 기층인 a, c, d층에 대한 반영으로 설명했다. 河野六郎(1968)의 복합 기층설은 伊藤智ゆき(2007)에서 부분적으로 수정되었다. 伊藤智ゆき(2007)에서 전승 한자음의 체계는 균일하다고 했

---

184) 伊藤智ゆき(2007)의 결론 부분에서는 전승 한자음의 주 기층을 唐末 長安音으로 설정했지만 본론 부분에서는 전승 한자음을 宋 開封音으로 해석하는 부분도 많이 보인다.

지만 설명 부분에 주 기층에 대한 반영으로 귀결시키지 못하거나 귀결시켰지만 설명이 억지스러운 부분도 많이 존재한다. 또한 伊藤智ゆき(2007)은 河野六郎(1968) 등 선행 연구에서 音類별로 차용의 기층이 다르다는 설명 방식의 한계를 완전히 벗어나지 못하였다.

본고에서는 전승 한자음의 聲母, 介音, 韻腹과 韻尾, 聲調가 전반적으로 8세기 후반-9세기 초의 長安音에 부합한다고 보았으며, 이러한 주 기층으로 설명되지 않은 소수 예들은 音類별로 차용의 기층이 다르기 때문은 아니고, 어휘별로 다른 시기에 차용한 예외로 보았다. 이러한 예외들은 몇몇 어휘별로 존재한 것이기 때문에 일정한 부류를 형성할 정도로 基層이 다르다고 볼 수 없다. 그러므로 필자는 이러한 소수의 예외들을 〈그림 10〉에 반영하지 않았다.

3. 고대 한국어의 음운 체계

이 장에서는 2장의 고찰을 기반으로 8세기 후반-9세기 초의 長安音이 전승 한자음에 반영된 양상을 근거로 전승 한자음의 차용이 이루어진 당시, 고대 한국어의 음운 체계를 재구하고자 한다. 전승 한자음이나 다른 자료로 고대 한국어의 성조 양상의 파편적인 모습을[185] 포착할 수 있지만 전반적으로 다루기는 어렵다. 따라서 본고에서는 고대 한국어의 성조를 고찰하지 않는다. 자음 체계와 모음 체계를 재구할 때는 먼저 3.1.1과 3.2.1에서 전승 한자음을 바탕으로 중고음과 고대 한국어의 음운 대응으로 추출할 수 있는 음소 목록을 제시하고, 그 다음에는 대립 관계를 확인하고 음소 목록을 체계화한다. 음소 체계를 재구한 다음에 추가적으로 3.1.2와 3.2.2에서 전승 한자음과 관련 없이 기존에 논의되어 왔던 고대 한국어의 자음 체계와 모음 체계의 몇 문제를 논의하고 3.1.1과 3.2.1에서 재구된 음운 체계에 문제가 될 만한 부분을 수정할 것이다.

3.1 고대 한국어의 자음 체계

3.1.1 자음 체계의 재구

2장에서 후기 중고음(8세기 후반-9세기 초의 長安音)과 전승 한자음의 대응 양상을 살펴보았다. 여기서는 성운학의 술어에 구애 받지 않고 각 조음 위치에서 조음된 후기 중고음의 자음들이 전승 한자음에 반영된 양상을 다시 아래의 [표 80]에서 정리하겠다.

---

185) 앞서 權仁瀚(2005)에서 ≪日本書紀≫에 나와 있는 고대 한국어 고유 명사에 대한 聲點 표기를 고찰한 바가 있었다. 고대 한국어의 성조가 한어 중고음이나 중세 한국 한자음과 평행되지 않은 독특한 체계였을 가능성을 제기하였다.

[표 80] 長安音의 자음이 전승 한자음에 반영된 양상

조음 위치	長安音		전승 한자음	조음 위치	長安音		전승 한자음
성문	/ʔ/	⇒	∅		/t/	⇒	ㄷ, ㅌ
	/k/	⇒	ㄱ, ㅎ	경구개	/tʼ/	⇒	ㅌ, ㄷ
	/kʼ/	⇒	ㄱ, ㅎ		(/d/)	⇒	ㄷ, ㅌ
연구개	(/g/)	⇒	ㄱ, ㅎ		/ʦ/	⇒	ㅈ, ㅊ
	/x/	⇒	ㅎ, ㄱ		/ʦʼ/	⇒	ㅊ, ㅈ
	(/ɣ/匣)	⇒	ㅎ, ㄱ		(/dz/)	⇒	ㅈ, ㅊ
	(/ɣ/云)	⇒	∅		/s/	⇒	ㅅ
	/ŋ/	⇒	ㅇ[ŋ]		(/z/)	⇒	ㅅ
	/ʨ/	⇒	ㅈ	치조	/n/	⇒	ㄴ
	/ʨʼ/	⇒	ㅊ		/l/	⇒	ㄹ
	(/dʑ~ʑ/)	⇒	ㅅ		/t/	⇒	ㄷ
	/ɕ/	⇒	ㅅ		/tʼ/	⇒	ㅌ, ㄷ
	/nʑ/	⇒	△		(/d/)	⇒	ㄷ, ㅌ
경구개	/j/	⇒	[j]		/f/	⇒	ㅂ, ㅍ
	/ʈʂ/	⇒	ㅈ, ㅊ	순치	/fʼ/	⇒	ㅂ
	/ʈʂʼ/	⇒	ㅊ		(/v/)	⇒	ㅂ
	(/dʐ/)	⇒	ㅅ, ㅈ		/m̩/	⇒	ㅁ
	/ʂ/	⇒	ㅅ		/p/	⇒	ㅂ, ㅍ
	(/ʐ/)	⇒	ㅅ	양순	/pʼ/	⇒	ㅍ, ㅂ
	/ɳ/	⇒	ㄴ		(/b/)	⇒	ㅂ, ㅍ
					/m/	⇒	ㅁ

[표 80]에서 長安音의 모든 유성음을 괄호 안에 넣은 이유는 이 시기의 長安音에 유성음은 이미 소멸했거나 완전히 소멸되지는 않았지만 소멸 과정에 들어갔기 때문이다. 이에 대한 자세한 논의는 3.1.2.1에서 이루어질 것이다.

長安音의 성문음 /ʔ/는 전승 한자음에서 그 흔적을 찾을 수 없다. 고대 한국어에도 /ʔ/가 없다고 해야 할 것이다. 고대 한국어에 /ʔ/를 설정하게 되면 고대 한국어에 경음 계열이 존재했을 가능성이 높기 때문이다.186) 현재로서 고대 한국어 단계에 경음 계열이 존재하지 않는다고 보는 견해가(李基文 1961/1998) 일반적이다.

長安音의 연구개음 /k, kʼ, x/는 모두 'ㄱ'과 'ㅎ'으로 반영될 수 있었

---

186) /ʔ/와 평음이 연결되면 경음이 되기 때문이다.

다. 유추로 설명할 수 없는 예가 적지 않은 점이 주목된다. /g/와 /ɣ/는 이 시기의 長安音 /k, kʼ/, /x/에 합류해서 존재하지 않았을 가능성이 높다. /x/가 대부분 'ㅎ'으로 반영된 것은 고대 한국어 단계에 'ㅎ'의 음가가 곧 [x]였다고 단언할 수 없지만, 중세 한국어와 같이 [h]였다고 하기도 어려울 것이다. 만약 'ㅎ'이 고대 한국어에서 /h/였다면 유기음 계열이 발달했을 것이다.[187] 그러나 正齒音과 舌上音을 제외하면 나머지 次淸 계열의 長安音 자음은 규칙적으로 전승 한자음에서 유기음으로 반영되지 않았다. 이 문제는 3.1.2.2에서 자세히 다룰 것이다. 여기서는 다만 대부분의 /k, kʼ/ 내지 소실했을 가능성이 높은 /g/가 'ㄱ'으로, 대부분 /x/와 소실했을 가능성이 있는 /ɣ/가 'ㅎ'으로 반영되었기 때문에 'ㄱ'과 'ㅎ'의 대립은 차용 당시에 존재했다고 보아야 한다. 다만 완전히 대립을 이루었는지 3.1.2.2에서 더 확인해야 할 것이다. 덧붙일 것은 /kʼ/를 가진 한자의 수가 적은 편은 아니지만 거의 모두 'ㄱ, ㅎ'으로 반영된 것은 고대 한국어 단계에 'ㅋ'이 존재하지 않았음을 암시해 준다.

長安音의 /ŋ/는 어두에 반영되지 않았다. 하지만 어중의 /ŋ/와 어말의 /ŋ/는 전승 한자음에서 찾을 수 있다. '잉어(鯉魚), 숭어(秀魚)'의 1음절 종성 /ŋ/는 원래 2음절 '魚'의 어두 /ŋ/였다. 長安音 음절 말의 /ŋ/도 그대로 전승 한자음에서 종성 /ŋ/로 반영되었다. 따라서 'ㅇ(/ŋ/)'은 고대 한국어 단계에서 존재한 것은 의심할 여지가 없다.

長安音의 /tɕ/계, /tʂ/계, /ts/계는 모두 'ㅈ'계로 반영되었다. 'tɕ : tʂ : ts'계의 대립이 고대 한국어에 존재했을 가능성이 있는가? 박창원(1996b: 121-122)에서는 중고음의 齒頭 全濁音(/dz/)이 'ㅈ'으로, 正齒 全濁音(/dʐ/, /dʑ/)이[188] 'ㅅ'으로 반영된 것을 고대 한국어에 齒頭와 正齒

187) /h/와 평음이 연결되면 격음이 되기 때문이다.
188) 박창원(1996b: 121)에서는 朴炳采(1990: 23-25)을 인용하여 正齒 2等 全濁音만 전승 한자음에서 'ㅅ'으로 반영되었다고 하였다. 하지만 朴炳采(1990: 25-27)에서는 正齒 3등 全濁音도 전승 한자음에서 'ㅅ'으로 반영되었다고 하였다. 그리고 본고의 [표 24]와 [표

의 대립이 있었다는 근거로 삼았다. 권인한(1999: 98, 104)에서는 차자 표기 자료에서 章母와 章母의 대응 예가 많은 반면에 精母와 精母의 대응 예가 적어서 고대 한국어의 'ㅈ, ㅊ'을 /ʧ/, /ʧʰ/ 또는 /ʨ, ʨʰ/로 재구하기도 하였다. 하지만 권인한(1999)에서는 고대 한국어에 /ʦ/와 /ʧ/(혹은 /ʨ/)의 대립이 있다고 보지 않았다. 본고 2장에서는 正齒 全濁音이 'ㅅ'으로 반영된 것은 한어의 濁音淸化와 관련된다고 보았다. 게다가 齒頭 全濁音과 正齒 全濁音이 달리 전승 한자음에 반영되었다고 해서 전체적으로 고대 한국어에서 齒頭音과 正齒音의 대립이 있었다고 결론을 내리기 어려운 부분도 존재한다. 후기 중세 한국어의 'ㅈ, ㅊ'은 치조음으로 보는 것이 일반적인데 고대 한국어의 'ㅈ, ㅊ'이 구개음이었다면 해석하기 어려운 문제가 있다. 후행 모음 'i/j'의 동화로 치조음이 경구개음으로 변화하는 것은 범언어적으로 발견되는 현상인데 경구개음이 치조음으로 바뀌는 과정은 흔히 발견되지 않는다. 이러한 변화 과정을 설명하기 어렵다. 오히려 전승 한자음에서는 'TS+V'와 'TS+jV'의 대립을 찾을 수 있다. 'ㅈ, ㅊ'의 고대 한국어 음가를 [ʦ, ʦʰ]로 보아야 이러한 대립을 설명할 수 있다. 'TS+V'는 3等 B류 莊組字들의 음 반영 양상이고, 'TS+jV'는 3等 A류 精章組字들의 음 반영 양상이다. 예를 들어 尤韻 莊母字 '鄒'의 전승 한자음은 '추'인데 반해 尤韻 淸母字 '秋'의 전승 한자음은 '츄'이다. 만약에 'ㅈ, ㅊ'의 고대 한국어 음가가 [ʨ, ʨʰ]였다면 '추 : 츄'의 대립은 보존되기 힘들었을 것이다. 따라서 고대 한국어의 'ㅈ, ㅊ'의 조음 위치를 후기 중세 한국어처럼 치조로 보아야 한다. 잘 알려져 있듯이, 전승 한자음에서 유기음의 반영 확률은 齒音이 가장 높다. 'ㅊ'과 'ㅈ'의 대립이 이루어졌다고 해도 문제가 없을 듯하다. 한편, 3.1.2.4에서 논의하겠지만, 'ㅈ, ㅊ'과 'ㅅ'의 혼란은 있지만 'ㅈ, ㅊ'과 'ㅅ'

---

29)를 비교해 보면 正齒 2等 全濁音이 'ㅈ'으로 반영된 예는 존재하지만 正齒 3등 全濁音은 거의 모두 'ㅅ'으로 반영되었다. 正齒 3등 全濁音이 'ㅅ'으로 반영되는 것은 일찍부터 河野六郎(1968)에서 논의되었다.

은 고대 한국어 단계에서 구별되었다고 보아야 한다. 이렇게 해서 'ㅅ, ㅈ, ㅊ'은 고대 한국어에도 존재한 음소들이었다는 결론을 얻게 된다.

長安音의 치조 파열음 /t, t', (d)/와 권설 파열음 /t, t', (ɖ)/가 전승 한 자음에서는 'ㄷ, ㅌ'으로 나타났다. 전자와 후자는 전승 한자음에서 유기음 반영 비율에 차이가 있는 점을 제외하면 거의 똑같이 반영되었기 때문에 고대 한국어에도 舌頭와 舌上의 구별이 있었다고 보기는 힘들다. 知組 次淸의 유기음 반영 비율은 齒音 못지않게 높다. 그러나 端組의 유기음 반영 비율은 비교적 저조하고, 知組의 全淸, 그리고 사라졌을 가능성이 높은 全濁이 'ㅌ'으로 나타나는 비율도 매우 높아서 'ㅌ'의 음소 지위를 설정할지 추가 논의가 필요하다.

공명음의 경우, 長安音의 /n/와 /ɲ/는 모두 'ㄴ'으로 반영되고, 두 음이 구별된 흔적도 찾을 수 없어서 고대 한국어에 'ㄴ'은 하나밖에 없다고 본다. 長安音의 유음 /l/는 'ㄹ'로 반영되었는데 고대 한국어에도 'ㄹ'이 존재했다고 보아야 한다. 다만 후기 중세 한국어 문헌에서 일부 어두의 'ㄹ'은 'ㄴ'으로 표기되었다. 교착어인 한국어는 기원적으로 알타이 제어와 긴밀한 관계가 있어 보인다. 유음이 어두에 나타날 수 없는 것은 알타이 제어의 공통적인 특징이다. 고대에 올라갈수록 어두 'ㄹ' 제약이 더 강할 것으로 추정된다.[189] 어쨌거나 'ㄹ'은 어두에 나타날 수 없지만 '-t' 입성 운미가 모두 '-ㄹ'로 반영된 것은 그것이 어중과 어말에 모두 나타났다는 증거 중의 하나이다. 그러므로 'ㄴ, ㄹ'의 음소 지위는 확보된다. 특이한 것은 長安音의 日母 /nʑ/가 'ㅿ'으로 나타난 것이다. 'ㅿ'이 고대 한국어 단계에 음소로 존재했느냐 하는 문제는 기존에 계속 논쟁이 되어 왔지만 견해 차이가 좁혀지지 않는다. 매우 중요한 문제이기 때문에 3.1.2.3에서 자세히 논의해 볼 것이다.

---

189) 權仁瀚(2011: 236)에서는 ≪三國志≫·魏書·東夷傳에서 夫餘系와 韓系의 고유 명사 표기에 來母字가 어두에 거의 나타나지 않은 것을 발견하여 兩系 共히 어두 'ㄹ'의 제약이 존재했다는 결론을 내린 바가 있다.

마지막으로 순치음과 양순음의 반영을 보기로 한다. 순치음과 양순음은 모두 전승 한자음에서 'ㅂ, ㅍ, ㅁ'으로 반영되었다. 그러므로 고대 한국어 단계에 순치음과 양순음의 구별도 없었을 가능성이 높다. 長安音의 /p'/가 'ㅍ'으로 반영되는 비율은 높은 편이지만 /p, (b)/가 'ㅍ'으로 반영되는 비율도 낮지 않기 때문에 'ㅂ'과 'ㅍ'의 대립 여부는 불분명하다. 한편, 2장에서 의문을 제기한 바와 같이, 순치음 /f, f'/는 현대 한국어에 영어의 /f/가 'ㅍ'이나 'ㅎ'으로 반영되는 것을 고려하면, 長安音의 순치음들이 'ㅍ'으로 반영되는 비율은 높을 것으로 기대되지만 실제로 그 반영 비율은 양순음보다 더 낮다. 고대 한국어에 'ㅍ'이 미발달하였다는 증거가 될 수 있다. 'ㅌ'의 음소 지위 문제와 함께 논의해야 된다. 長安音의 /m/와 /ɱ/가 모두 'ㅁ'으로 반영되었다. 따라서 'ㅁ'도 독립적인 존재였다.

이상의 고찰로 고대 한국어의 음소 목록을 체계화하여 아래와 같이 정리할 수 있다.

[표 81] 고대 한국어 자음 체계(수정 전)

	후두음	연구개음	치조음	양순음
파열음		k	t	p
			tʰ(?)	pʰ(?)
		g/k'(??)	d/t'(??)	b/p'(??)
마찰음	h~x(?)		s	
	ɦ(??)	ɣ(??)	z(?)	β(??)
파찰음			ts	
			tsʰ	
			dz(?)	
비음		ŋ	n	m
유음			l	

[표 81]에서 물음표를 단 것은 그 존재가 의심스럽다는 것이다. 물음표 두 개를 표시한 것은 한 개짜리보다 존재했을 가능성이 더 희박하다는 것이다. 3.1.2에서는 [표 81]에 물음표를 단 자음들이 과연 고대 한국어 단계에 음소로 존재했느냐 하는 문제를 구체적으로 탐구하겠다.

3.1.2 자음 체계와 관련된 몇 문제

3.1.2.1 경음 및 유성 파열음 계열의 존재 여부

종래에 고대 한국어에는 경음과 유성음이 없었다고 보는 관점이 더 널리 받아들여졌다. 경음이 없었다고 본 이유는 경음이 존재했다면 중고음의 全濁 계열은 전승 한자음에서 경음으로 반영되었을 가능성이 큰데 전승 한자음에서 全濁音은 원칙적으로 평음으로 반영되었기 때문이다(李基文 1961/1998: 83). 유성음이 존재하지 않았다고 본 것은 차자표기 자료인 ≪三國史記≫·≪三國遺事≫의 同音異表記 자료에서 淸濁의 구별이 없었다는 데 그 근거를 두고 있다(朴炳采 1971, 1989).

경음이 고대 한국어에 존재하였다는 반론은 거의 없지만, 유성음이 고대 한국어에 존재하였다는 논의는 일찍부터 김완진(1958)에서 제기된 바가 있다. 그리고 내적 재구를 통해 유성음 계열이 존재하였다고 본 박창원(1985), 최근에 차자표기 자료에 대한 고찰로 삼한어에 유성음 계열이 존재하였다고 본 都守熙(2008)와 백제어에 유성음 계열이 존재하였다고 본 이승재(2013) 등이 있다.

본고에서는 기존에 한어의 全濁音이 전승 한자음에서 경음으로 반영되지 않았다고 해서 경음과 유성음이 존재하지 않았다고 한 주장에는 문제가 있다고 본다. 후기 중고음 단계에 들어가게 되면 중고음의 全濁音은 全淸音과 次淸音에 합류하였는바, 전승 한자음의 원음이 된 長安音에서는 이러한 유무성의 대립이 이미 사라졌을 가능성이 매우 크므로, 전승 한자음에서도 당연히 全濁音이 반영되지 않을 수밖에 없다. 全濁音이 8세기에 이미 長安音에서 사라졌다는 가장 유력한 증거는 일본 吳音에 全濁音은 고대 일본어의 유성음과 대응되지만 漢音 자료인 ≪日本書紀≫(720)에 全濁音은 대부분 고대 일본어의 무성음으로 표기되었다. 羅常培(1933)에서는 ≪唐蕃會盟碑≫(822) 등 漢藏 對音 자료에 대한 고찰로 全濁의 마찰음은 모두 淸化되었다고 보고한 바가 있었다. 黃笑山(1995: 123)에 따르면, 804년에 당나라를 방문한 일본 승려 空海 의 ≪文鏡秘府論≫에서도 역시 淸濁을 구별하지 못한 흔적이 발견된 다. 儲泰松(2005: 80)에서 唐-五代의 佛典 音義의 音注 자료에서 全濁이 全淸과 次淸으로 합류한 양상을 포착하였다. 여러 가지 자료를 보더라 도 전승 한자음이 차용될 당시에는 長安音의 全濁音이 이미 소멸 과정 에 들어갔거나 완전히 사라졌을 것이다. 앞서 필자는 이미 崇·船·禪 母가 전승 한자음에서 'ㅅ'으로 많이 반영된 것을 이러한 濁音淸化의 과 정이 진행되었던 과정과 관련지은 바가 있다.190)

그러므로 全濁音이 이미 소실되고 있거나 완전히 사라진 長安音을 원음으로 해서 차용된 전승 한자음에서, 全濁音이 원칙적으로 평음으 로 나타난다고 해서 고대 한국어 단계에 경음 및 유성음이 존재하지 않 았다고 하기에는 문제가 있다.

그리고 차자표기 자료에서 全濁字와 全淸字 및 次淸字끼리의 同音異 表記 자료가 보인다고 해서 고대 한국어 단계에 유성음이 존재하지 않 았다고 할 수 있을까? 우선 同音異表記는 누가 무엇으로 고대 한국어의 고유 명사를 표기한 것인지 알기 힘들다. 즉, 표기자가 고대 한어를 얼 마만큼 精通했는지 알 수 없고, 표기할 때는 상고음이나 중고음으로 고 대 한국어 고유 명사를 표기한 것인지, 토착화된 고대 한국 한자음으로 표기한 것인지 구별할 필요가 있지만 현재는 알 수 없다. 한자는 뜻을 표기하기에 장점이 많은 문자이지만, 음을 표기할 때는 조잡성이 높다.

특히, 남북조 시기 이전, 韻書가 발달되기 전에 고대 사람들이 표의 문자인 한자로 모든 소리를 엄격하게 구별하여 표기했기를 바라는 것 은 지나친 기대라고 본다. 앞서 말한 周長楫(1994)에서는, 상고음 문헌

---

190) 한편, 위에 나열한 長安音의 濁音淸化의 자료와 비슷한 시기에 만들어진 ≪慧琳音義≫ 에서 全濁과 全淸 및 次淸의 대립은 그대로 보유되고 있다(黃淬伯 1998: 20, 金雪萊 2005: 27). 이는 ≪慧琳音義≫의 보수성 때문이다.

에 淸濁不分의 예가 보이는 것은 周長楫(1994)에서 주장한 상고음에 이미 濁音淸化가 일어났을 가능성은 더 크겠지만 고대 사람들이 엄격히 淸濁을 구분하지 않았을 가능성도 배제되지 않는다. 심지어, 周長楫 (1994: 305, 307)의 통계에 따르면 남북조 시기 이후에 韻書가 상당히 발달되었음에도 불구하고, 《經典釋文》에 淸濁 대립을 지키지 않은 예는 무려 189개나 나타나고 《廣韻》에 淸濁 대립을 지키지 않은 예는 521개나 존재한다. 《廣韻》 시기에 유성음이 이미 실제 언어에서 사라졌기 때문에 《廣韻》 반절에 예외가 많이 보이는 것은 그 당시의 실제 언어에 淸濁의 구별이 없어졌기 때문이라고 할 수 있지만, 6세기의 《經典釋文》에 淸濁 혼란 예가 많이 보이는 것은 그렇게 설명하지 못한다. 이에 대해서 周長楫(1994)는 6세기의 한어 방언에 이미 淸濁의 구별이 사라지기 시작했을 가능성이 크다고 설명하였다.[191] 또 다른 가능성은 《經典釋文》의 저자인 陸德明이 저술할 때 淸濁의 구별을 완전히 지키지 않았을 것이라는 점이다.

어느 가능성이든 고대 한국어의 차자표기 자료에서 淸濁 구별이 제대로 이루어지지 않은 것을 가지고 순수히 고대 한국어 단계에 유무성의 대립이 없었다고 결론을 지을 수 없다. 앞의 가능성이라면, 南北朝 시기의 한어 표준어인 雅言을 사용하였던 陸德明조차 일부 全濁音을 全淸音이나 次淸音으로 착각했으니 남북조 시기의 한어로 고대 한국어를 표기했으면 당연히 표기의 정확도가 낮게 나타날 것이다. 이때 고대 한국어에 유성음이 존재했더라도 표기에 사용된 언어인 한어 때문에 표기되지 않았을 가능성이 존재한다. 뒤의 가능성이라면, 南北朝 시기에 한자로 소리를 표기할 때 淸濁 구별을 완전히 지키지 않았다고 보는 것이니, 당연히 고대 한국어에 유성음이 존재해도 표기의 부정확성 때

---

191) 周長楫(1994)에서 閩南 방언에 대한 고찰을 통해서 이 방언의 濁音淸化는 《切韻》 이전에 이미 끝났을 가능성이 높다고 하였다.

문에 표기되지 않았을 것이다.

마찬가지로, 한자로 한어 이외의 언어를 표기한 梵語 音譯의 양상을 확인하자. ≪切韻≫과 같이 한자음을 集大成한 韻書가 나오기 전에, 北朝의 불경 음역에서 조음 위치와 상관없이, 한어의 全淸, 次淸이 각각 梵語의 무성무기음, 무성유기음과 규칙적으로 대응되었지만 유성무기음과 유성유기음과 대응되는 예외도 두루 보인다. 반대로 한어의 全濁이 원칙적으로 梵語의 유성무기음, 유성유기음과 대응되었지만 무성무기음, 무성유기음과도 대응될 수 있었다(施向東 2009: 86-89). ≪切韻≫이 나온 뒤, 7세기에 梵語 音譯이 정밀하기로 유명한 玄奘의 범어 음역에 이러한 淸濁 혼란의 예외는 많이 줄었지만 전혀 나타나지 않은 것은 아니었다(施向東 2009: 9-24, 95).

이를 통해 우리가 알 수 있는 것은 한어 자체의 음을 注音할 때도 그렇고 한자로 외국어의 음을 표기할 때 淸濁의 구별을 완전히 지키지 않았다는 사실이다. 그러므로 고대 한국어에 유성음이 존재했더라도 한자가 다른 언어의 음을 표기할 때 효율이 낮아서 표기되지 않았을 가능성도 배제할 수 없다. 특히 그 차자표기 자료는 ≪切韻≫과 같은 운서가 나오기 이전 시기에 표기되었을 경우 이러한 가능성이 더욱 높아진다.

한국어는 문법적으로 알타이어와 같은 교착어이며 관계 대명사와 접속사가 없다. 비록 기초 어휘 측면에서 한국어는 알타이어와 관련이 없어 보이지만 음운적으로 알타이어처럼 모음 조화 현상이 존재하고[192] 어두에 유음이 나타날 수 없는 공통점도 보인다. 통사 구조가 유사한 점까지 고려해 보면 기원적으로 한국어는 알타이 조어에서 분리되었을 가능성이 높다. 다만 Poppe(1965: 143-154)에서 주장한 바와 같이, 한국

---

192) 형태소 연결 위치에서의 모음 조화는 후세에 생긴 것이라는 논의가 있었지만 형태소 내부에 모음 조화가 없었다고 주장한 견해는 아직 보이지 않는다. 3.2.2.1에서 다룰 것이다.

어는 다른 알타이 제어보다 일찍이 알타이 祖語에서 분리되었을 것이다. 전통적으로 알타이 祖語의 자음 체계는 유무성 대립 체계로 보았으니[193] 고대 한국어에 유무성의 대립이 존재했을 가능성은 전혀 없는 것은 아니다.

다시 淸濁을 구별하지 않은 ≪三國史記≫·≪三國遺事≫의 차자표기 문제로 돌아가자. 한어의 反切과 梵語 音譯에서 淸濁이 구별되지 않은 것은 규칙적으로 구별된 부분에 비해 소수에 불과하였다. 한자로 고대 한국어를 표기할 때 淸濁의 구별에 혼란이 보일 것이라고 해도 고대 한국어에 유성음 계열이 존재했다면 불규칙적이지만 全濁과 全濁의 대응 예가 많이 보여야 되고, 數的으로는 全濁과 全淸 및 全濁과 次淸 사이의 대응 예보다 많아야 한다. 그러나 이장희(2001: 133-183, 207-241)에서 수집한 신라 시대의 차자표기 예를 보면 全濁과 全濁 사이의 대응 예는 그리 많지 않고 오히려 全濁과 全淸의 예가 더 많았다.[194] 차자표기 자료는 수적으로 적어서 단언할 수 없지만 현재 있는 자료에 충실한다면, 고대 한국어에 유성 파열음이[195] 존재하지 않았다고 해야 한다.[196] 그러므로 /g, d, b/는 [표 81]의 고대 한국어 자음 체계에서 제외시켜야 한다.

---

193) 근래 연구인 Strarostin et al.(2003: 24-25)에서는 알타이 祖語의 자음 체계에 'pʰ-p-b'와 같은 三肢的 相關束을 재구하였는바, 기원적으로 알타이 조어에도 무성유기음이 존재하였다고 보았다.

194) 하지만 이장희(2001: 290-293)에서는 오히려 차자표기 자료에서 全淸과 全濁의 구별이 없고, 次淸은 全淸및 全濁과 구별되었다는 이유로, 全淸과 全濁의 집합은 고대 한국어의 유성음, 次淸은 고대 한국어의 무성음에 해당한다고 재구하였다. 그 근거는 현대 한국어 자음의 음성 실현을 고려한 것이다. 그러나 현대 한국어의 음성 실현을 그대로 고대 한국어 재구에 적용하는 것이 문제가 된다. 그리고 이장희(2001)의 재구에 의하면, 대부분 차자표기 자료는 유성음에 대한 표기로 보아야 하는데 무표적인 무성음의 표기 자료가 지나치게 적다는 문제도 존재한다.

195) 유성 마찰음의 존재 여부는 3.1.2.3에서 논의할 것이다.

196) 다만, 차자표기 자료의 수가 많지 않아 유성음이 원래 존재했지만 우연하게도 한정된 자료에 많이 나타나지 않았고, 한자 표기 자체에 淸濁 구분이 엄격하지 않은 것과 더불어 유성음의 존재를 파악하지 못한 외부 요인은 존재한다.

최근에 都守熙(2008), 이승재(2013)에서 삼한어와 백제어에 유성음이 존재하였다고 주장하였다. 都守熙(2008)의 방법론에 보이는 문제점들은 이승재(2013: 267-269)에서 지적했지만, 都守熙(2008)에서 재구된 四肢的 相關束에 대한 논의가 부족하고, 삼한어가 상고 한어의 유성 유기음(Karlgren 등의 재구음)으로 표기된 사실을 들어 그것이 곧 삼한어에 유성음 계열이 존재한 근거로 삼은 점에 대해서는 반론을 제기할 수 있다. 한편, 이승재(2013)에서는 한·중·일의 백제어 표음 자료를 모아서 백제어에 유성음이 존재하였다고 하였다. 최소 대립쌍을 확인하는 과정에서 동일 시기, 동일인(심지어 나라별 차이가 있음)의 표기가 아님에도 불구하고 동일 시기, 동일인의 표기로 처리한 점, 그리고 표기에 全濁字의 사용 비율이 낮지 않다고 해서 백제어에 유성음이 존재했다고 한 점은 이승재(2013)이 지닌 문제점이라고 본다. 백제어에 유성음이 존재했는가 하는 문제와 별도로, 본고는 8세기 후반-9세기 초의 신라어의 음운 체계를 재구하는 것이기 때문에 이승재(2013)의 연구 대상과 거리가 있다. 또한 이승재(2013: 56)에서도 지적했듯이 신라 목간의 음차자에 全濁字의 수가 백제 목간보다 적었다. 이승재(2013)의 논리대로 한다면 신라어에 유성음이 존재했을 가능성은 백제어보다 낮다고 봐야 한다.

　　경음도 유성음과 똑같이 고대 한국어에 존재하지 않았을 것이다. 기존 연구에 경음이 고대 한국어에 존재하였다고 한 선행 연구는 아직까지 보이지 않는다. 앞에서 필자는 전승 한자음이 차용 당시에 長安音에 이미 全濁音이 소실 중이었거나 완전히 소실했다고 하였다. 그러므로 전승 한자음으로 경음의 존재 여부를 확인하기는 어려울 것이다. 이때 내적 연구의 성과를 참고해야 될 것이다.

　　15세기 한국어 표기에 나와 있는 'ㅅ'계 합용 병서의 음가에 대해서는 된소리로 본 李基文(1972), 자음군으로 본 최현배(1942), 허웅(1985)의 서로 대립되는 두 가지 견해가 있어 왔다. 박창원(1996c)에서는 비교적 중립적인 관점을 취하였다. 이 논의에서는 한글 창제 당시에 어두 'ㅅ' 계 합용 병서의 기저 음소는 어휘에 따라 달리 설정해야 된다고 하였다. 자생적 경음을 표기한 'ㅅ'계 합용 병서는 그 기저형을 경음으로 설정해야 되고, 그 이외의 경우는 자음군으로 설정해야 한다고 하였다. 각자 병서가 폐기된 후에 기저 음소가 경음으로 재구되었다고 보는 것이 합리적이라고 하였다.

'ㅅ'계 합용 병서의 정체에 대한 견해 차이는 또 하나의 조화되지 않는 문제이다. 본고에서 다룰 문제가 아니지만, 차자표기 자료에서 '舒發翰, 舒弗邯'의 '舒發, 舒弗'은 '角干'의 '角'에 대한 음독 표기로 보인다. '角'은 15세기에 '쓸'로 나타나서, 고대 한국어 단계에 'ㅽ'은 경음이 아닌 자음군 혹은 'C₁V₁C₂'로 되어 있는 듯하다(許雄 1965: 325). 그러므로 후기 중세 한국어의 'ㅅ'계 합용 병서를 경음으로 본다고 해도 그에 해당되는 음이 고대 한국어 단계에서는 'ㅅ'계 자음군이나 CVC였을 것이다.[197] 결론은 고대 한국어에 경음 계열이 존재하지 않았다고 보는 것이다. /k', t', p'/도 역시 [표 81]에서 제외시켜야 할 것이다.

3.1.2.2 유기음의 존재 여부

기존 연구에서는 고대 한국어 자음 체계를 재구할 때 전승 한자음의

---

197) 전승 한자음으로 고대 한국어 단계의 자음군을 확인할 수 없다. 원음이 된 長安音에는 日母 /nʑ/ 말고, 다른 脫鼻音化의 결과물인 '비음+파열음' 자음군들도 존재한다. 하지만 長安 방언의 脫鼻音化는 雅言으로 채택되지 않아 전승 한자음도 脫鼻音化된 음을 차용하지 않았다. 日母의 /nʑ/와 관련된 것은 후기 중세 한국어의 '눖므를(용비 91, 용비 92)'이다. '눖므를'에서 자음군 'ㄴㅿ'을 찾을 수 있다고 해서 日母도 원칙적으로 'ㄴㅿ'으로 반영되는 것을 기대할 수 없다. 'ㄴㅿ' 표기는 어두에 나타날 수 없었다. 또 李基文(1978: 206)에 따르면 후기 중세 한국어 단계에 속격 접미사는 先行語의 末音이 鼻子音이요, 後行語의 頭音이 鼻子音이거나 母音인 경우 음성적으로 실현되지 않았다고 한 바가 있었다. 즉, '눖물'의 표기에서 속격 접미사가 'ㅿ'으로 표기된 것은 표기자들의 속격 관계에 대한 의식에 의한 것이라고 본 것이다.

유기음 반영 양상을 달리 해석하였다. 河野六郎(1968/1979: 418-419)에서 次淸이 규칙적으로 전승 한자음에 반영되지 않았고, 고유어에 유기음을 가진 단어가 적고, '코(鼻), 칼(刀), 팔(腕)'은 '고ㅎ, 갈ㅎ, 불ㅎ'의 어말 'ㅎ'이 어두의 평음과 결합되어 형성된 것들이기 때문에 고대 한국어 단계에 유기음이 존재하지 않았다고 주장하였다. 마치 일본어의 'ra' 행이 한자음의 도입으로 생긴 것처럼 한국어의 유기음도 한자음의 도입에 의해 생겼을 것이라고 하였다. 그리고 朴炳采(1971: 313)에서는 아래와 같은 차자표기 예를 제시하여 고대 한국어에 유기음이 존재하지 않았을 것이라고 한 바가 있었다.

(가) 淸川縣 本薩買縣(三國史記 卷34 地理1)

(나) 漆隄縣 本漆土縣(三國史記 卷34 地理1)

(다) 高丘縣 本仇火縣(三國史記 卷34 地理1)

(라) 大城郡 本仇刀縣(三國史記 卷34 地理1)

朴炳采(1971: 313)에 따르면 (가)에서 '淸'의 뜻을 가진 '薩'은 후기 중세 한국어의 '차-(寒)〉찰-'에 대한 표기인데 '薩'의 聲母는 心母[s]이다. (나)의 '漆'은 후기 중세 한국어의 '질-(泥)'과 대응되는데 '漆'의 聲母는 淸母[tsʰ]이다. (다, 라)에서 '高, 大'의 뜻에 해당되는 것은 후기 중세 한국어의 '크-(大)'인데 羣母[g]의 '仇'로 표기되어 있다. (나, 라)의 '城, 園'의 뜻을 가진 '刀, 吐'는 후기 중세 한국어의 '터ㅎ(基)'에 해당되는데 '刀'의 聲母는 端母[t]로 무기음이요, '吐'의 聲母는 透母[tʰ]로 유기음이다. 유무기의 대립이 지켜지지 않고 있고 후세의 유기음 차자표기 자료에서 무기음으로 표기되었다는 것이다.

그리고 김무림(1998)에서도 향가 자료 '蓬次('다봊/'다보지)', '秋察('가슬/'ᄀ솔)', '惡寸('머즌)'과 같은 유기음의 존재를 확인하기 어려운 예시를 제시하였다.

반면에 李基文(1961/1998: 83)에서는 비록 전승 한자음에 있어서 次淸과 유기음의 대응은 불규칙적이지만 유기음이 전승 한자음에 존재한 자체는 부인할 수 없는 사실이라고 하였다. 그리고 차자표기 자료에서 '居柒夫 或云 荒宗', '東萊郡 本居柒山郡'에서 '居柒'은 '거츨-'에 해당되고, '厭髑 或作 異次 或云伊處'에서 '異次', '伊處'는 '잋-(困)'에 해당된다고 보고, 普賢十願歌에서 '佛體'는 '부텨'의 표기라고 보고 이들은 유기음 계열의 존재를 보여 주는 자료라고 보았다.

　　한쪽은 유기음의 반영이 불규칙적인 것을 유기음의 음소적 지위를 부인하고 있고, 한쪽은 불규칙적이지만 유기음의 음소적 지위를 인정하고 있다.

　　전승 한자음에서 齒音의 次淸이 가장 높은 비율로 'ㅊ'으로 나타났지만, 牙音의 경우, '夬' 따위를 제외하면 'ㅋ'이 나타나지 않았다. 齒頭音의 次淸인 淸母는 대부분 'ㅊ'으로 반영되었고, 正齒音의 次淸인 初母와 昌母는 거의 모두 'ㅊ'으로 반영되었다. 全淸과 全濁의 精·莊·章母, 從·崇母 중의 일부도 'ㅊ'으로 반영되었지만, 齒音의 次淸이 'ㅊ'으로 규칙적으로 반영되는 것은 부인하기 어려운 사실이다. 그러므로 齒音의 有氣音은 음소로 인정해 주어야 한다. 반면에 'ㅋ'이 거의 나타나지 않은 것은 고대 한국어 단계에 'ㅋ'이 존재하지 않은 것을 암시한다. 溪母 /kʰ/가 거의 'ㄱ'으로 반영된 것은 전승 한자음이 차용된 당시에 연구개 파열음은 'ㄱ'밖에 없다는 것으로 해석해야 될 것이다.

　　체계적으로 /ㅋ/의 존재를 부인했기 때문에 같은 유기 파열음인 /ㅌ, ㅍ/의 존재도 의심된다. 舌音과 脣音의 유기음 반영은 齒音과 牙音처럼 분명한 것은 아니다. [표 82]에서 舌音과 脣音의 유기음 반영 비율을 정리하였다.

236

[표 82] 舌音과 脣音의 유기음 반영 비율

		次淸	全淸	全濁
舌音	舌頭	84/117(71.8%)	12/136(8.8%)	43/227(18.9%)
	舌上	29/46(63.0%)	31/80(38.8%)	45/120(37.5%)
	합계	113/163(69.3%)	43/216(19.9%)	88/347(25.4%)
脣音	重脣	40/78(51.3%)	58/154(37.7%)	73/186(39.2%)
	輕脣	2/45(4.4%)	9/65(13.8%)	3/85(3.5%)
	합계	42/123(34.1%)	67/219(30.6%)	76/271(28.0%)

[표 82] 안에 '84/117(71.8%)'와 같이 표시한 것에서 오른쪽의 '117'은 전승 한자음 자료에서 해당 聲母의 반영 양상을 확인할 수 있는 한자의 총수이고, 왼쪽의 '84'는 그 聲母가 유기음으로 반영된 수치이다. 괄호 안의 '71.8%'는 유기음으로 반영된 비율을 계산한 것이다.

聲符에 의한 유추 그리고 음절의 기피(가령, 음절 '퐁' 대신 '봉'으로 차용)198) 등 경우가 있을 수 있어서 [표 82]에서 통계한 백분율 수치를 그대로 舌音과 脣音의 유기음 반영 비율로 간주하면 안 될 것이다. 각 예를 하나씩 분석해서 다시 정밀하게 유기음 반영 비율을 계산하는 것이 좋겠지만 극복하기 어려운 문제가 있다.199) 하지만 유기음 반영의 대략적인 양상을 확인할 때 [표 82]의 수치는 가치가 있다고 본다.

[표 82]에서 舌音은 脣音보다 유기음 반영 비율이 높다. 특히 舌上音 인 知組의 全淸과 全濁이 'ㅌ'으로 반영된 비율은 舌頭音보다 눈에 띄게 높다. 한국어 내부에 舌上音과 舌頭音의 구별이 없었으니 舌音 전체를

---

198) 어찌 보면 '퐁'과 같은 음절이 드문 것 자체도 'ㅍ'의 미발달에 의한 것으로 해석할 수도 있다. 즉, '퐁'이 아닌 '봉'으로 차용한 것은 'ㅍ'의 미발달로 볼 수도 있다는 것이다. 그 러므로 음절 기피 현상은 꼭 유기음 발달 여부를 확인하는 데 지장을 주는 요소가 아 닐 수도 있다.

199) 같은 聲符를 가진 한자들의 전승 한자음은 과연 그 한자 자체 원래의 음이 차용되어 전승 한자음에 그렇게 나타나는 것인지, 아니면 聲符에 유추되어 聲符대로 차용된 것 인지 알 수 없다. 예를 들어, 똑같이 聲符 '方'을 갖고 있지만 非母(全淸)의 '方放坊', 敷 母(次淸)의 '芳仿紡訪', 奉母(全濁)의 '防房'의 전승 한자음은 모두 '방'으로 나타났다. 그 렇다면 '방'으로 나타난 한자의 수는 과연 있는 그대로 9개로 계산해야 하는지, 聲符 '方' 한 개로 계산해야 하는지, 혹은 그 중간의 수로 계산해야 하는지 결정하기 힘들다.

통계했을 때 70% 정도의 次淸이 'ㅌ'으로 반영되고, 20% 정도의 全淸과 全濁이 'ㅌ'으로 반영된 셈이다. 그렇다면 'ㅌ'은 'ㅊ'만큼 발달하지 않았지만 음소적으로 존재했다고 인정해 주는 것이 낫다.

반면에 脣音의 'ㅍ'을 음소로 인정할 수 있을지는 의문이 든다. 전승한자음이 'ㅍ'으로 반영된 예가 적은 편은 아니지만, 重脣音의 次淸의 절반만 'ㅍ'으로 나타나고, 全淸과 全濁이 'ㅍ'으로 반영되는 비율과 비교해 보면 큰 격차가 없다. 그리고 2.2.1.3에서 지적한 바와 같이 輕脣音은 거의 'ㅍ'으로 나타나지 않았다. 輕脣과 重脣의 차이를 막론하고 脣音 전체를 고찰해 보면 次淸, 全淸과 全濁에 상관없이 'ㅍ'으로 반영되는 비율은 30%밖에 되지 않는다. 그렇다면 'ㅍ'의 음소적인 지위는 인정하기 어려울 것이다. 무엇보다도 전승 한자음이 차용될 당시에 輕脣音은 이미 長安音에서 분화되었다. 영어의 /f/가 현대 한국어에서 /ㅍ/과 /ㅎ/으로 차용되는 것을 고려하면, 전승 한자음에서 輕脣音 /f, f/가 거의 모두 'ㅂ'으로 반영된 것은 전승 한자음이 차용될 당시에 'ㅍ'이 음소로 존재하지 않았다는 증거로 삼을 수 있다. 그렇다면 일부 重脣音의 전승 한자음이 'ㅍ'으로 나타나는 것은 어떤 이유에서일까?

두 가지 해석이 가능하다. 첫째, 전승 한자음 차용 당시에 'ㅍ'은 이미 나타났지만 생긴 지 얼마 안 되었고 음소의 기능 부담량이 적어서 長安音의 /p', f, f/를 차용할 때 체계적인 대응이 이루어지지 못하였던 것이다. 둘째, 거의 次淸, 全淸, 全濁의 차이와 관련 없이 'ㅍ'이 두루 나타나는 것을 보면 전승 한자음이 차용된 시기에 'ㅍ'이 존재하지 않았고, 한국어 내부에서 후세에 어두 유기음화가 일어난 것이다. 전승 한자음에서 음절 '바'는 몇 개의 불교 용어를 빼고 나면 나타나지 않고 오히려 '파'가 많이 나타난다. 河野六郎(1968)과 伊藤智ゆき(2007)에서는 이를 음절 기피로 해석하였다. 더 무표적인 무기음을 가진 음절 '바'를 기피하고 '파'를 선택했다고 본 것은 아무래도 쉽게 받아들일 수 없다. '바'가 나타나지 않은 것은 애초에 이들은 '바'로 차용되었다가 나중에 어두 유

기음화가 일어나서 '파'로 변화한 것으로 해석할 수 있을지도 모른다. 두 가지 해석 가운데 어느 것이 더 타당한지 가리기 어렵다. /ㅋ/은 후세에 생긴 것이고 /ㅊ/과 /ㅌ/은 일찍 생긴 것이라면 /ㅍ/은 그 중간에 나타난 것으로 볼 수 있다. 전승 한자음에서 'ㅍ'의 반영 비율이 'ㅊ'과 'ㅌ'과 비교했을 때 그다지 높지 않은 것을 고려하면 전승 한자음이 차용될 당시에 /ㅊ, ㅌ/은 이미 자음 체계에 존재했고, /ㅍ/은 생긴 지 얼마 안 되었고, /ㅋ/은 아예 존재하지 않았던 것으로 보는 것이 낫다고 본다.

그렇다면 기원적으로 한국어 내부에는 유무기의 대립이 없고, 유기음은 내부 요인인지 외부 요인인지 모르겠으나 후세에 생긴 것으로 볼 수 있는 셈이다. 전승 한자음은 유기음의 발달이 시작되고 자음 체계에 유기음 계열의 자음이 완전히 확립되기 전인 중간 단계에 차용되었다고 본다. 유기음 발달의 구체적인 과정은, 치조에서 조음되는 /ㅊ/과 /ㅌ/이 가장 먼저 나타났고, /ㅍ/과 /ㅋ/은 상대적으로 늦게 나타난 것이다. 문제가 되는 것은 이러한 과정을 확인할 수 있는 자료는 사실상 전승 한자음밖에 없다.

고유 명사 차자표기 자료에서 유무기음의 대응은 불규칙적이었다. 기존에 박동규(1995), 김동소(1998), 이장희(2001) 등에서 모두 차자표기 자료에서 次淸과 全淸·全濁의 불규칙적인 예시를 확인한 바가 있었다. 박동규(1995), 김동소(1998)에서는 次淸과 全淸·全濁의 혼란 예가 많이 보여서 고대 한국어에 유무기의 대립이 존재하지 않았다고 보았고, 반면 이장희(2001)에서는 次淸字 간의 대응에 주목하여, 次淸과 全淸·全濁은 구별되었다고 보았다.[200] 본고에서는 차자표기의 시기를 확인하기 어렵고, 자료의 양이 적어서 연구 대상으로 삼지 않았다. 차

---

[200] 다만 이장희(2001)의 결론 부분에서 次淸은 고대 한국어의 무성무기음, 全淸·全濁은 고대 한국어의 유성무기음을 표기한 것으로 보았다.

자표기 자료에서 유무기음의 대응이 혼란스러운 것은 두 가지 원인을 들 수 있다. 하나는 이미 언급한 바와 같이, 同音異表記 자료라도 같은 시기와 같은 지역의 자료가 아닐 가능성이 있다. 나머지 하나는 한자 표기 자체가 음을 표기할 때 조잡성이 높아서 유기성 표기를 제대로 하지 않았을 가능성이 있다. 두 가지 가능성에다가 앞서 전승 한자음을 고찰한 결과에 의하면 고대 한국어는 유기음의 발달이 진행되던 과정에 있었으므로 유무기음의 대립은 당연히 차자표기 자료에서 확인하기 어렵다.

전기 중세 한국어 자료에서도 유무기음의 대립 양상을 포착할 수 없다. ≪鷄林類事≫는 宋代 開封音으로 전기 중세 한국어를 표기한 것이다. 姜信沆(1980)에서 후기 중세 한국어로 재구된 각 전기 중세 한국어 단어에 /ㅍ/을 가진 어휘가 아예 없다. /ㅌ/을 가진 단어는 '雷曰天動'의 '텬동', '豆曰太'의 '태'밖에 없다.[201] 반면에 ≪鷄林類事≫에서 宋代 開封音의 유기음으로 전기 중세 한국어의 무기음을 표기한 예가 많았다.[202] 당시 宋代 開封音과 전기 중세 한국어의 '무기 : 유기'의 음성적인 실현에 차이가 있어서 나타난 현상인 것 같지만 확실하지 않다. 어쨌든 ≪鷄林類事≫에 수록된 유기음을 가진 전기 중세 한국어 단어가 적고, 宋代 開封音의 유기음으로 전기 중세 한국어의 무기음을 표기한 예가 많이 나타나서 ≪鷄林類事≫로 전기 중세 한국어 단계에서의 유기음의 양상을 확인하기는 어렵다. 그리고 南豊鉉(1981)에서 이루어진 ≪鄕藥救急方≫의 각 어휘 항목에 대한 재구를 보면 유기음으로 재구된 어형은 모두 후기 중세 한국어로 훈독한 것이거나 후기 중세 한국어 단계의 전승 한자음으로 읽은 것이었다. 따라서 ≪鄕藥救急方≫으로도 유기음의 발달 과정을 확인할 수 없다.

---

201) 재구는 姜信沆(1980)에 의한 것이다.
202) 자세한 내용은 姜信沆(1980: 118-141)을 참고하기 바란다.

일반언어학적으로 볼 때 유기음 계열의 존재는 /h/의 존재를 전제로 한다. 그렇다면 유기음의 발달 과정은 곧 /h/가 발달한 뒤에야 일어날 수 있다. 특히 고대 한국어 단계에 미파화가 진행하게 되면(金永鎭 2000) 음절 말에 있었던 평음이 후행 음절 초의 /h/와 연결하게 될 때 유기음화가 쉽게 일어난다. 그렇다면 /h/는 최초에 어떻게 생겼을까?

서론 부분에서 이미 언급했지만, 기존에 차자표기 자료에서 牙音과 喉音의 혼란 현상을 근거로 고대 한국어의 /h/를 고찰한 연구가 많았다. 1장에서 제시한 (1)을 여기서 다시 제시한다.

(1) 가. 父骨正 一作忽爭葛文王(三國史記 卷2 助賁尼師今)

　　　漢城郡 一云漢忽(三國史記 卷37 地理4 高句麗)

　　　內米忽 一云池城(三國史記 卷37 地理4 高句麗)

　　　辟城縣 本辟骨(三國史記 卷37 地理4 百濟)

　　나. 聖德之兄照名理恭 一作洪(三國遺事 卷3 塔像4 臺山五萬眞身)

　　　孝昭王立 諱理洪 一作恭(三國史記 卷8 孝昭王)

　　　第三十二孝昭王 名理恭 一作洪(三國遺事 卷1 王曆)

　　다. 荊山縣 本驚山縣(三國史記 卷34 地理1 新羅)

　　　率伊山城 茄山縣(一云驚山城) 烏刀山城等三城 今合屬淸道郡(三國史記 卷34 地理1 新羅)

　　　淸道郡…烏岳 荊山 蘇山三縣爲郡來屬(高麗史 卷57)

　　라. 日谿縣 本熱兮縣 或云泥兮(三國史記 卷34 地理1 新羅)

　　　八谿縣 本草八兮縣(三國史記 卷34 地理1 新羅)

　　　杞溪縣 本芼兮縣 一云化鷄(三國史記 卷34 地理1 新羅)

　　마. 感悅縣 本百濟甘勿阿縣(三國史記 卷36 地理3 新羅)

　　　感悅縣… 別號感羅(高麗史 卷57)

　　　甘勿阿 感羅(新增東國輿地勝覽 卷34)

　　바. 居瑟邯 或作居西干(三國遺事 卷1 朴赫居世)

伊伐湌 或云伊罰王…或云舒弗邯(三國史記 卷38 職官 上)

사. 第十六乞解尼叱今 昔氏 父于老角干(三國遺事 卷1 王曆)

訖解尼師今立 奈解王孫也 父于老角干(三國遺事 卷2 新羅本紀2 訖
解尼師今)

無訖 古作無乞(世宗實錄 卷150)

　기존의 연구에서 (1)과 같은 자료의 양상을 달리 해석한 바가 있었
다. 김동소(1998: 43)에서 한국어의 /h/는 13세기 이후에 출현하였다고
보고 그 이전에는 유기음이 없었다고 주장하였다. 박동규(1995: 244)에
서는 고대 한국어에 /h/가 없고 /x/가 있다고 결론을 내렸다. 박창원
(2002: 181)에서는 고대 한국어의 'ㅎ'은 후두의 마찰음 계열인 /h/가 아
니라 연구개 마찰음 /x/로 실현되었을 가능성과 /h/의 변이음 /x/가 음
성적으로 존재했을 가능성을 생각해 볼 수 있을 것이라고 하였다. 魏國
峰(2011: 28)에서 고대 한국어 단계에서 /k/와 /h/는 중복 분포를 이룬
다고 본 바가 있다. 하지만 1장에서 이미 지적했듯이, 牙音과 喉音 사
이에 혼란이 있는 것은 중국 상고 문헌에서도 쉽게 찾을 수 있기 때문
에(李方桂 1971/1980: 16, 鄭張尙芳 2003: 90) (1)의 자료는 그저 상고 시
기의 한어로 표기해서 나타난 것인지, 고대 한국어에 /k/와 /h/의 대립
이 없었던 것을 보여 준 것인지 판단하기 어렵다.

　하지만 이돈주(2006)에서 지적한 바와 같이, 전승 한자음에서 牙音이
'ㅎ'으로, 喉音이 'ㄱ'으로 반영된 예가 많고 이들을 모두 聲符에 의한 유
추로 설명할 수 없다. 李基文(1961/1998)의 견해를 따라 전승 한자음에
유기음이 존재했기 때문에 고대 한국어 단계에 /h/가 이미 존재했다고
본다. 그러나 전승 한자음에서 유기음의 대응이 불규칙적이고, 牙音과
喉音의 혼란 현상이 보이는 것을 고려하면 /h/는 고대 한국어 단계에
/k/와 긴밀한 관계에 있다고 할 수 있다. 여기서 차자표기 자료는 순수
히 고대 한국어의 현상을 보여 준 것인지 확언할 수 없고 전승 한자음

의 양상만으로 이러한 결론을 내리기 어려운 부분도 있다. 그러므로 내적 재구의 방법으로 고대 한국어의 /h/는 순수한 'h'가 아니었던 것을 입증할 필요가 있다.

첫째, 후기 중세 한국어 문헌에 '두텁~둗거비', '드틀~듣글', '암글-~아믈-', '염글-~여믈-', '범글-~버믈-'과 같은 쌍형어를 찾을 수 있다. 김성규(1996a: 89)에서, 방언에서는 '듣글'의 어형을 그대로 보유하고 있고 중앙어에서는 '듣글〉듣흘〉드틀'의 변화를 입은 어형을 보유하고 있다고 보았다. '암글-~아믈-' 등의 경우, 중앙어에서는 'ㅁ' 뒤의 'ㄱ'을 보유하고, 'ㄱ'이 약화 소멸한 방언형이 유입된 것으로 보았다. 그리고 여기서 'ㄱ'은 'k'가 아니라 'ㄱ' 계통의 음이고 굳이 설정한다면 'ɣ' 정도로 잡을 수 있을 것이라고 하였다. 이와 관련하여, 기존에 李丞宰(1983)에서 'ᄼᄀ'로 재구해 온 '도끼(중앙어)~도치(방언)' 등 'ㅅ'형과 'ㅊ'형의 대응 예들도 존재한다. 李丞宰(1983)에서는 중앙어에서 'ᄼᄀ〉ㅅ〉ㄲ'의 변화가 일어났고 방언에서는 'ㄱ〉ㅎ'의 변화로 'ᄼᄀ〉ㅊ'과 같은 과정을 거쳤다고 보았다.

하지만 이들의 견해는 모두 'ㄱ〉ㅎ'의 변화는 모음(유음, 반모음 포함)과 모음 사이에만 일어난 것을(李基文 1972: 19) 간과하였다. 'ㄱ〉ㅎ'의 변화는 간극 동화에 의해 일어났는데 간극도가 낮은 비음과 파찰음 뒤에서 'ㄱ〉ㅎ' 변화가 일어날 수 있을지 의심스럽다. 위의 쌍형어 그리고 방언 분화의 예들의 어중 자음을 'ɣ'나 'h'로 재구할 수도 없을 것이다. 'ɣ'로 재구한다면 'ɣ'의 정체는 음소인지, 음성인지 불분명하다. 음소라면 /ɣ/ 재구에 다른 증거도 제시해야 되고 /ɣ/가 후세에 어떻게 소실되었는지도 논의해야 할 것이다. 하지만 이러한 과정은 아직까지 완벽히 이루어지지 못하였다. 'ɣ'가 음성이라면 어느 음소의 변이음인지도 밝혀야 한다. 하지만 [ɣ]는 /h/의 변이음이든, /k/의 변이음이든 원칙적으로 유성음 사이에만 나타날 수 있는 변이음이다. 그러므로 평음 'ㄷ'과 'ㅈ' 뒤에 'ɣ'를 재구하기가 어려울 것이다.[203] 한편, 비음 'ㅁ'

뒤에 'ɣ'를 재구하면 'ㅁ'의 낮은 간극도 때문에 [ɣ]는 오히려 [g]로 실현되었을 것이다. 그렇다면 'ㅁ' 뒤에 'ɣ'가 탈락되는 과정은 설명할 수 없게 된다. 어중 자음을 'h'로 재구한다면 'ㅅ〉ㄲ', 'ㄷ〉ㄲ'형을 설명할 수 없을 것이다. 魏國峰(2011)에서 이 어중 자음을 연구개 마찰음 [x]로 재구하였다. 한자음 자료에서 /k/와 /h/의 긴밀한 관계를 고려해 보면 /k/와 /h/는 중복 분포를 이루었고, 두 음소가 모두 변이음 [x](모음 사이에서는 [ɣ])를 가지고 있다고 본다. 어중 자음을 [x]로 재구하면, 'ㄷ, ㅈ' 뒤에 유성음 [ɣ]가 나타날 수 없는 문제가 해결되고, 'ㅁ' 뒤에 'x'의 탈락도 언어 보편적으로 흔히 볼 수 있는 'x〉h'의 변화로 설명된다.204) 변화 과정은 [mx]〉[mh]〉[mɦ]〉[m]로 설정할 수 있다.

둘째, 후기 중세 문헌에 'ㄱ, ㅇ[ɦ]' 비자동적 교체 어간들이 보인다. '나모~남ㄱ(木)'의 경우, '나모'는 자음 또는 휴지 앞에 나타나고 '남ㄱ'은 모음 앞에 나타난다. '쟈ᄅ~쟐ㅇ[ɦ](袋)'의 경우, '쟈ᄅ'는 자음 또는 휴지 앞에 나타나고 '쟐ㅇ'은 모음 앞에 나타난다. 'ㅇ[ɦ]'형 비자동적 교체는 'ㄱ'형 비자동적 교체와 거의 같은 양상을 보이는데 차이점은 'ㅇ[ɦ]'형 비자동적 교체가 모음과 결합할 때 앞의 선행 자음은 간극도가 높은 'ㄹ'과 유성 마찰음인 'ㅿ'이다.205) '나모~남ㄱ'의 기원형을 Ramstedt(1928)에서 'nămăɣ'로 李基文(1972)에서 'namʌɣ'로 재구한 바가 있었다. '남ㄱ'까지 제2 음절의 모음의 탈락 과정은 문증되지 않지만 李基文(1972)에서는 성조형이 L-L조이면서 제2 음절의 모음이 약모음(ᄋ/으)인 경우에 제2 음절의 모음이 탈락할 수 있다고 해석한 바가 있었다. 제2 음절에 모음을 재구하지 않는다면 '나모'형의 제2 음절의 모음은 삽입

---

203) 이때 'ɣ' 앞의 'ㄷ, ㅈ'도 유성음으로 재구하면 필자의 논리를 반박할 수 있다. 그렇지만 'dɣ(혹은 'ðɣ'), 'dzɣ'가 모음 사이에서 무성음이 된 변화 과정과 'dɣ/ðɣ〉tʰ, dzɣ〉tsʰ'의 변화 과정을 설정하기 어려울 것이다.

204) Trask(1996: 58-59)에서 스페인어와 영어에서 일어난 [x]〉[h]의 변화를 소개한 바가 있다.

205) '아ᅀ~앗ㅇ[ɦ](弟), 여ᅀ~엿ㅇ[ɦ](狐)'의 경우 [ɦ]의 선행 자음은 'ㅿ'이다. 'ㅿ'은 유성마찰음인 점을 고려하면 'ㅿ ㅇ[zɦ] 연속은 필수적으로 요구된 것으로 보인다.

된 것으로 보아야 하는데 삽입보다 탈락의 과정이 더 일반적으로 나타나므로 *namʌC로 재구하는 것이 낫다. 그러나 어말 자음을 *ɣ로 재구하는 데에는 문제가 있다. 역시 *ɣ는 음소인지 음성인지 불분명한 점이 존재하고 또 한국어에서 휴지 앞에 유성 장애음이 나타난다는 것은 문제가 된다. 필자는 이러한 어말 자음을 [x]로 재구하면 문제가 해결된다고 본다. '나모'형은 [x]〉[h]의 변화를 겪은 다음에 일반언어학에서 흔히 찾을 수 있는 어말 [h] 탈락이206) 일어난다고 본다. '남ㄱ'형은 어중에 *namʌx+i'가 'namʌɣi'로 실현되고 'ɣ'는 /k/가 모음 사이에서 나타나는 변이형이기도 하므로 결국은 모음과 결합할 때 어말에 /k/가 남아 있다고 본다. '이[h]'형 비자동적 교체도 마찬가지로 어말에 [x]를 재구할 수 있고, 다만 간극 동화로 [ɣ]〉[h] 단계 하나를 더 추가하면 된다. '쟈ㄹ~쟐ㅇ'을 예로 들어 설명하면 *tsjarʌx로 재구하고, 어말의 [x]가 [h]로 변화하다가 탈락된 것이 '쟈ㄹ'가 되고, 모음과 결합할 때 *tsjarʌx+ʌi'는 *tsjarʌɣʌi'가 되고 제2 음절의 모음이 탈락되고 *tsjarɣʌi'가 된 다음에 다시 [ɣ]〉[h]의 변화로 'tsjarɦi'가 된다. 이때 어말 자음을 [x]로 재구해야 비자동적 교체의 어간들을 설명할 수 있다. 모음이 후행할 때 어중의 [x]가 'ㄱ'으로 남아 있고, 휴지 앞에서 [x]〉[h]〉∅'의 변화가 일어나기 때문에 [x]는 /k/에 속해 있으면서도 /h/에 속한다.

셋째, 후기 중세 한국어에 '나라ㅎ, 올ㅎ' 등 'ㅎ' 종성 체언이 존재한다. 물론 'ㅎ'은 15세기 문헌에서는 휴지 앞에서 탈락된다. 이는 15세기에 'ㅎ'의 음가가 [h]였기 때문일 것이다. 조음 음성학의 입장에서 볼 때 휴지 앞에서는 [h]를 조음하기가 매우 어렵다. 범언어적으로 [h]가 휴지 앞에 나타날 수 있는 언어는 매우 드물다. 이는 [h]가 휴지 앞에서 조음이 어렵거나 불가능하다는 방증이다. 예를 들어, /x/와 /h/의 구별이 있

---

206) 예를 들어, 스페인어의 방언에서 [s]〉[h]의 변화가 일어났는데 [h]는 오직 모음 앞에만 나타날 수 있고 휴지 앞에서는 탈락된다(Hock 1991: 81).

는 소코틀랜드 영어에서 어말에 오직 /x/만 올 수 있고 /h/가 올 수 없다(예: loch[lɔx] 호수, 만). /h/만 있고 [x]는 /h/의 어말 변이음으로 존재하는 헝가리어에서 [x]는 후설 모음 뒤에만 나타나고(예: doh[dox] 악취) 선행 모음은 후설 모음이 아닐 때 어말 /h/가 아예 탈락된다(예: méh [me:] 벌). 스페인어의 방언에서 어말의 [h]는 원래 [s]에서 변화한 것인데 어말의 [h]가 나타나려면 반드시 뒤따라온 단어의 첫 소리가 모음이어야 하고 휴지 앞에서는 [h]가 탈락된다(Hock 1991: 81). 그러므로 한때 'ㅎ' 종성 체언의 어간 말 'ㅎ'이 표면 음성에 나타날 수 있었다면 그 음성 실현은 거의 필수적으로 [x]였다고 보아야 한다. 같은 마찰음인 /ㅅ/은 후기 중세 한국어에 종성 위치에 나타날 수 있고, 고대 한국어에도 향가의 '折叱可(것거)', '城叱(잣)'에서 확인할 수 있는 것처럼 음절 말이나 휴지 앞에 나타날 수 있다. 그러므로 체계적으로 같은 마찰음인 /ㅎ/도 음절 말이나 휴지 앞에서 실현되었을 것이다. 이때 /h/의 음절 말 변이음은 [x]였을 것이다. 그렇다면 고대 한국어의 /h/는 순수한 [h]는 아니었을 것이다.

넷째, 사·피동 파생 접미사는 15세기에 '-ㅣ [i]-, -이[ɦi]-, -히-, -기-'로 나타났고, '-리-'는 나중에 'ㅇ[ɦ]'이 탈락된 후에 유음 'ㄹ' 뒤에 'ㄹ'가 하나 더 삽입되어 나타났다. 기존에 李基文(1972)에서 사동 파생 접미사의 기원형을 '-ɣi-'로, 金周弼(1988)에서는 피동 파생 접미사의 기원형을 '-ɣi-'로 재구한 바가 있었다.

李基文(1972)에 따르면, 사동사의 어기 말음이 'ㅂ, ㄷ, ㅈ'이면 '-hi-', 'ㅁ, ㅅ'이면 '-ki-', 'ㅿ, ㄹ'이면 '-ɦi-', 'ㄱ' 또는 모음이면 '-i-'라고 기술했고 그 기원을 '-ɣi-'로 보고, 'pɣ, tɣ, tsɣ'가 유기음이 되고, 'mɣ, sɣ'가 [mɡ], [sɡ]가 되고, 'zɣ, rɣ'가 [zɦ], [rɦ]가 되고, 'kɣ'는 [ɡ]가 되다가 16세기에 [kʰ]가 되고, 'Vɣ'는 'ɣ'가 탈락된다. 金周弼(1988)에서는 피동 파생 접미사가 'ㅁ'을 제외한 유성음 뒤에는 '-ɣi-)-ɦi-', 무성음 다음에는 '-ɣi-)-hi-', 'ㅅ, ㅁ' 뒤에는 '-ɣi-)-ki-'로 분화한 것으로 보았다. 그러나 李基文(1972)

에서 설정한 ⁺pɣ, ⁺tɣ, ⁺tsɣ'의 연결이 과연 가능한지 문제가 되고 간극도
가 낮은 장애음 뒤에 ⁺ɣ'가 [ɦ]로 약화될 수 있을지도 의문이 된다. 위에
서 이미 지적했듯이 ⁺ɣ'는 과연 음소인지 음성인지 불분명하다. 구본관
(1998: 255)에서 金周弼(1988)을 비판했듯이 'ㅅ'도 무성음인데 '-ɦi-'를 갖
지 않고 '-ki-'를 갖는 이유를 설명하지 못했고, 'ㄹ', 'ㅭ'으로 끝나는 어기
도 '-ki-'를 가질 수 있고, 유성음 뒤의 '-i-'는 '-ki-'가 아닌 '-ɦi-'에서 변한
것으로 볼 수 있다.

위에서 필자가 기존의 ⁺ɣ' 재구를 [x]로 바꾼 것처럼 사·피동 접미사
의 기원을 '-⁺xi-'로 수정하면 'ㅂ, ㄷ, ㅈ' 뒤에 '-히-'가 결합되는 것을
[x]〉[ɦ]로 설명할 수 있고, 'ㄱ' 뒤에 '-히-'가 결합하지 않고 '-ㅣ-'가 결합
되는 것은 [x]가 /k/에 속해 있기도 해서 그렇다고 설명할 수 있다. 비
음 뒤에 [x]는 유성음화되어서 [ɣ]로 되다가 선행 자음의 낮은 간극도
때문에 [g]로의 자유 변이형을 가질 수도 있어서 /k/로 남아 있다고 해
석할 수 있다. 유음과 모음 뒤에 [x]는 [ɣ]로 유성음화되고 다시 'ㄹ'의
높은 간극도의 영향을 받아서 '-ɦi-' 내지 '-i-'로 변화한다고 볼 수 있고,
'ㅅ' 뒤에는 /sh/ 연속은 한국어 내부에서 허용되지 않기 때문에 '-⁺xi-'가
'-기-'로 변화하였다 할 수 있다.[207]

---

207) 다만 이러한 재구는 중앙어를 설명할 때 유리하지만 방언형의 사·피동 파생 접미사의
기원형으로 볼 수 있을지 문제가 된다. 방언권 안에서 사·피동 접미사가 어기 재구조
화를 겪은 경우가 있어(鄭承喆 2007) 중앙어의 앞 단계를 보여 준다고 결론을 짓기가
어려운 면이 있다. 그렇지만 동북 방언은 그 방언 안에서 변화가 있었지만 타 방언권
보다 훨씬 보수성을 많이 띠고 이 방언에서 사·피동 파생 접미사의 결합도 규칙성을
찾을 수 있다(곽충구 2004). 이 방언에서 'ㄷ, ㅈ' 뒤의 피동 파생 접미사는 '-기(우)-'이
고(예: 닫기다(閉), 쫓기다(撕)), 'ㄷ' 뒤의 'i'계 사동 파생 접미사는 '-기/히(우)-'이고(예:
뜯기다(拈), 묻히다(染)), 'ㅈ' 뒤의 'i'계 사동 접미사는 '-히/이(우)-'이다(예: 앉이다(坐),
젖히다(濕)). 사·피동 파생 접미사의 기원형을 '-⁺xi-'로 재구하면 동북 방언에서 'ㄹ' 뒤
의 사·피동 파생 접미사가 'ㄱ'으로 나오는 현상을 설명할 수 있지만, 'ㄷ, ㅈ' 뒤에
나타나는 '-기-'와 '-이-'를 설명하기 힘들다. [x]는 /k/에 속해 있기도 하므로 'ㄷ, ㅈ' 뒤
에 '-기-'가 나타난다고 할 수 있을지 의문이 되는 동시에, 같은 평음인 'ㅂ, ㄱ' 뒤에
'-히-'가 나타났는데(예: 긁히다(抓), 잡히(우)다(捕)) [±grave] 자질에 따라 뒤의 '-⁺xi-'가
달리 변화하였다고 하기가 어렵다. 그렇지만 피동 접미사와 'i'계 사동 접미사의 기원

다섯째, 'ㆅ'의 존재이다. 아래와 같이 'ㆅ'은 15세기의 문헌에서 'ㅎ'으로 표기되기도 하였기 때문에 'ㆅ' 자체가 실제 언어에 존재하지 않았을 가능성도 제기될 수 있다.

(가) 燈의 블 혀고(석상 9:30b)

   혀의 블 쁴는 블(월인 38b)

   燃은 블 혈 씨라(월석 1:8b)

   未來롤 쌔혀며(능엄 1:24b)

   쌔혀내야(두시 22:40b)

(나) 蘇油燈을 혀딕(월석 10: 120a)

   릭은 혈 씨니 經쁘들 혀 낼 씨라(능엄 1:5a)

   죽사릿 根源을 쌔혀나긔 ᄒ쇼셔(월석 8:59b)

'ᅘᅧ-'가 '혀-'로 표기된 것은 각자 병서 표기의 폐지와 관련이 되어 있는 듯하다. 게다가 일부 /ㅆ/이 존재하지 않는 동남 방언을 제외한 나머지 남부 방언에서 'ᅘᅧ-'는 '쓰-', '써-', '쎠-'로 남아 있고, 근대 한국어 문헌에서 'ㆅ'은 'ㆆ'으로 표기되었기 때문에 'ㆅ'은 15세기에 ≪訓民正音≫의 제자 원리대로 'ㅎ'의 경음이었을 것이다. 하지만 성문 마찰음 [h]의 경음 [h']는 과연 조음할 수 있는가 하는 문제가 대두된다.

기존에 南廣祐(1966)에서 'ㆅ'은 한자음 匣母를 표기한 것이었기 때문에 그 음가는 [ɣ]였다고 주장하였다. 허웅(1985)에서 南廣祐(1966)을 비판했듯이 한글 창제의 첫째 목표는 고유어를 적기 위한 것이었기 때문

형이 각각 단일 어형이었다면 그것들이 '-가'와 '-히-'로 달리 분화된 것은 분명히 그 기원은 /k/와 /h/에 모두 가까운 것이었다. 동북 방언을 포함해서 아직 해결하지 못한 문제점들이 두루 보이지만 그 기원을 '-ɣi-'로 재구하는 것보다 '-xi-'로 재구하는 것이 나을 것이다. 어쨌거나 사·피동 파생 접미사가 후세에 선행 자음에 따라 달리 분화된 것을 보면 고대 한국어에 /k/와 /h/가 긴밀한 관계에 있었던 것만큼은 확실하다.

에 'ㅎㅎ' 고유어를 고려하지 않으면 안 된다. 허웅(1985)는 남부 방언에서 '혀-)써-)써-'의 변화 과정이 있었으므로 그 음가를 [ɕ']로 재구하였다. 하지만 'ㅎㅎ'의 음가를 [ɕ']로 재구하게 되면 중부 방언에서 '혀-)켜-'의 변화를 설명할 수 없는 난관이 생긴다. 김무림(1998)에서는 'ㅎㅎ'을 [h']로 재구했지만 역시 [h']를 실제로 조음할 수 있는가 하는 문제를 해결하지 못하였다. 김성규(1996b)에서 'ㅎㅎ'은 'ㅎ'의 엉긴 소리로 'ㅎ'을 강하게 발음하는 것으로 보았다. 그 음가는 현대 한국어의 '힘'이나 '흙'의 어두 'ㅎ'을 세게 발음할 때 나는 [ɕ]나 [x]와 가까운 소리로 추정하였다. 전광현(1997)에서도 'ㅎㅎ'을 [x]로 재구했지만 한국어 어두에 유성음이 나타날 수 없어서 南廣祐(1966)의 [ɣ] 재구를 무성음으로 수정한 것이었다. [x] 재구는 중앙어의 '켜-'를 설명할 때 유리하지만 남부 방언 '써-' 따위의 어두 경음을 설명하기 어렵다. 마지막으로 鄭仁浩(2006)에서 'ㅎㅎ'의 음가를 [h']로 재구한 바가 있었는데 역시 [h']와 같이 추상적인 설정이다.

'ㅎ'의 경음이 존재한 것은 'ㅎ'의 음가가 애초부터 성문음 [h]가 아니었다는 방증이 될 수 있다. 기원적으로 'ㅎ'은 변이음 [x]를 갖고 있다고 보고 그 경음 'ㅎㅎ'의 음가를 [x']로 보면 [h']가 조음될 수 없는 단점을 해결할 수 있고, 중앙어의 '켜-'와 남부 방언의 '써-' 등을 모두 해결할 수 있다.

위와 같이, 내적 재구로 고대 한국어의 /k/와 /h/는 긴밀한 관계를 이루었다는 것을 확인하였다. 그 긴밀한 관계는 /k/와 /h/가 모두 [x]로 실현될 수 있었기 때문이라고 본다. /k/와 /h/가 한때 [x]로 실현될 수 있었다고 보아야 여러 가지 고유어의 현상을 해석할 수 있다. 하지만 내적 재구로 /k/와 /h/가 [x]로 실현되었다고 볼 수는 있지만 그 구체적인 시기는 밝히기 어렵다.

≪鄕藥救急方≫에서 '薯蕷'를 'ケ攴(마ㅎ)'로 표기한 것을 보아서 13세기까지만 해도 'ㅎ' 종성 체언의 어말 [x]가 실현된 것 같다. 그러나 ≪鷄林類事≫에서 '木曰南記(남기), 松曰鮓子南(잣나모)', '柴曰孛南木

(블나모)'을 보면 'ㄱ' 비자동적 교체 어간은 12세기에 이미 나타났다. 그렇다면 일부 어말의 [x]는 12세기 이전에 변화를 겪은 것으로 보아야 한다. 최소한 [x]는 12세기 이전으로 소급할 수 있다.

더 위로 거슬러 올라가서 [x]를 확인하자. 〈安民歌〉에서 '나라ㅎ'은 '國惡攴'으로 표기되었고, 차자표기 자료에서 '石山縣 本百濟珍惡山'에서 '돌ㅎ'의 표기가 발견된다. 기존에 梁柱東(1965), 金完鎭(1980)에서 '나라ㅎ'과 '돌ㅎ'의 고대 한국어 어형을 '*돍~도락', '*나락~나라악'으로 재구하였다. 하지만 '攴'은 향가에서 'ㄱ/기'뿐만 아니라 'ㅎ/히'도 표기할 수 있었고, '惡'은 어말의 /k/를 표기한 것으로 보이지만 한어에 -h 말음이 없어서 고대 한국어의 '-ㅎ[x]'를 표기하기 위해서 -k 入聲字를 사용했을 가능성도 배제되지 않는다. 李基文(1971: 433)에서는 일본의 지명 '奈良(nara)'를 '나라ㅎ'과 관련시켜서 '奈良'의 異表記 '寧樂(naraku)'는 '나라ㅎ'의 古代 末子音을 반영한다고 주장하였다. 하지만 일본어의 /h/는 /p/에서 약화된 것이었고 고대 일본어에는 /h/가 부재하였다. 참고로, 한어의 曉母가 일본 한자음에서 /k/로, 匣母가 일본 한자음에서 /g/로 반영되었다. 그러므로 '寧樂(naraku)'가 '나라ㅎ'의 어말 자음을 표기한 것이라면 그 고대 한국어의 어말 자음은 /k/일 수도 있지만 /h/일 수도 있다. 신라 향가에서 [x]가 존재하였다고 확언할 수는 없지만 그것이 신라 시대에 없었다고 할 수도 없다.

[표 2-6]에서 보인 전승 한자음의 /k/와 /h/의 혼란 현상은 내적 재구로 얻은 고대 한국어 단계에서의 /k/와 /h/의 긴밀한 관계로 설명된다. 고대 한국어의 /h/는 변이음 [x]를 갖고 있고 /h/는 어말에 [x]로, 유성음 사이에서는 [ɣ]로 실현되었을 것이다. /k/도 '욕〉쇼ㅎ(褥), 속〉쇼ㅎ(俗)'과 같은 일부 고유어로 정착한 한자어를 고려해 보면 어말에서 외파화로 [x]로 실현되었을 가능성이 배제되지 않고, 어중의 /k/는 간극도가 높은 모음(유음 포함)과 모음 사이에서 자유 변이음 [ɣ]로 실현되었을 수 있다. 바로 이러한 /k/와 /h/의 중복 분포 양상 때문에 일부 한어

의 /k, k', g/가 전승 한자음에서 'ㅎ'으로, 일부 한어의 /x, ɣ/가 전승 한자음에서 'ㄱ'으로 실현될 수 있었던 것이다.

고대 한국어 단계의 /h/는 순수한 [h]가 아니었고 변이음 [x]가 어말, [ɣ]가 모음 사이에 나타날 수 있어서 유기음화는 잘 일어나지 않은 것으로 파악된다. 후세의 유기음 발달은 [x]>[h]의 변화와 관련이 될 것이다. 어말의 [x]가 [h]로 변화한 다음에 후행하는 평음과 결합하게 되면 유기음화가 일어나고, 음절 말 자음의 미파화가 진행되다가 어말의 '-k, t, p, (ʦ)'가 후행하는 [h]와 결합할 때도 유기음화가 일어났을 것이다.[208]

이상으로 본고에서는 전승 한자음 차용 당시에 /h/는 [h]뿐만 아니라, 변이음 [x]도 가졌다고 보고, 유기음 계열에는 /ʦʰ/와 /tʰ/는 이미 나타났고, /pʰ/의 음운적인 지위는 불확실하지만 이미 나타났을 가능성은 배제되지 않고, /kʰ/는 그 당시에 아직 생성되지 않았다고 본다. 체계적으로 /kʰ/의 부재는 불균형적이지만 유기음은 기원적으로 존재하지 않고 고대 한국어 단계에 새로 생성된 것이라고 보면 그리 받아들이기 어려운 것은 아니다. /kʰ/는 다른 조음 위치의 유기음보다 늦게 나타났고 전승 한자음 차용 당시에는 아직 나타나지 않았던 것이다.

3.1.2.3 유성 마찰음 'ㅿ'과 'ㅇ[ɦ]'의 존재 여부

후기 중세 한국어에 유성 마찰음 계열 'ㅿ, ㅸ, ㅇ([ɦ])'이 존재한다. 고유어에 'ㅿ, ㅸ, ㅇ'은 모두 유성음 사이에만 나타날 수 있었다. 李基文(1972)에서는 모든 'ㅅ, ㅂ, ㄱ'은 모음 사이에서 'ㅿ, ㅸ, ㅇ'으로 나타나지 않고 'ㅅ, ㅂ, ㄱ'과 'ㅿ, ㅸ, ㅇ'이 상보적 분포를 이루지 않으므로 'ㅿ, ㅸ, ㅇ'은 'ㅅ, ㅂ, ㄱ'의 변이음으로 볼 수 없고 음소로 인정해야 한다고

---

208) /k/와 /h/가 중복 분포를 이루었기 때문에 어말의 '-k'가 후행하는 [h]와 결합할 때 다른 무성 파열음보다 늦게 유기음화가 돼서 /kʰ/가 늦게 나타났다는 가설도 세울 수 있다. 그러나 자료가 부족하기 때문에 더는 언급하지 않겠다.

주장하였다. 고대 한국어에도 /Δ, ㅸ/이[209] 존재했는가 하는 문제는 종래에 관심을 많이 받아왔다.

일찍부터 河野六郎(1945), 李崇寧(1954, 1956)에서 'Δ'과 'ㅸ'은 'ㅅ'과 'ㅂ'이 유성음 환경에서 약화한 것으로 보았다. 그러나 위에서 이미 언급했지만 李基文(1972)에서는 모든 유성음 사이의 환경에서 'ㅅ'과 'ㅂ'이 다 'Δ'과 'ㅸ'으로 약화한 것이 아니고 더구나 'Δ'의 경우, 현대 한국어의 'ㅅ'은 유성 변이음이 없기 때문에 'Δ'이 'ㅅ'에서 약화된 것으로 보는 것도 문제가 있다.[210] 최명옥(1978)에서 동남 방언에 '부적(廚)', '잇-(連續)' 등 여러 단어의 'ㅈ'이 '*Δ〉ㅈ'의 발달을 겪었으므로 동남 지역에도 '*Δ'이 존재하였다고 주장하였다. 崔明玉(1982)에서 먼저 동남 방언에도 sзúl(셔볼), síkól(스ㄱ볼) 등 'β〉∅'의 변화를 보이는 예가 존재하고 후기 중세 한국어의 'Δ'은 동남 방언의 'ʨ, ∅, s, ʔ' 등과 대응되고 동남 방언의 이 네 가지 대응하는 소리들은 기원적으로 '*Δ'이 존재하였음을 증명한다고 지적하였다. 요컨대, 동남 방언에도 'ㅸ'과 '*Δ'을 가졌다는 주장이다. 고대 신라어의 본고장인 동남 방언에도 '*ㅸ'과 '*Δ'이 있었다는 주장은 곧 고대 한국어에도 '*ㅸ'과 '*Δ'이 있었다는 가설을 세울 수 있게 한다. 李丞宰(1983)은 崔明玉(1982)를 기반으로 기원적인 '*Δ'이 세 단계의 변화를 겪었다고 분석하였다. 첫째, 동남 지역에서

---

209) /ㅇ(ɦ)/이 고대 한국어에 존재했는가 하는 문제는 /Δ, ㅸ/보다 주목을 덜 받았다.

210) 하지만 고대 한국어나 후기 중세 한국어 단계의 'ㅅ'의 유성 변이음은 존재할 가능성이 있다. 현대 한국어의 'ㅅ'은 음성적으로 강한 유기성을 가지고 있고 김진우(1971), 이승재(1980), 김차균(1997)에서 'ㅅ'을 [sʰ]로 표기하기도 하였다. 한국어에는 음운적으로나 음성적으로나 유성 유기음이 존재하지 않아서 /ㅅ/은 유성 변이음을 가지지 못한 것으로 보인다. 그리고 허웅(1985: 143-144)에 따르면 [z]는 현대 한국어에 'ㅈ'의 영역에 속해 있다. 모음 사이에서 /ㅈ/의 변이음은 [ʥ]이지만 [ʥ]와 [z]는 임의적으로 교체될 수도 있다. 'ㅈ'을 치조음으로 조음하는 사람(예: 평안도 방언 화자)의 경우 이때 [z]를 [z]로 내게 된다. 한편, 현대 한국어 화자들이 외국어의 [z]를 'ㅈ'으로 발음하는 현상, 외래어의 'zoom', 'zip', 'visa[viza]' 등을 '줌', '지프/집', '비자'로 받아들이는 것도 [z]는 현대 한국어에서 /ㅈ/의 영역에 속해 있는 것을 보여 준다. 고대 한국어나 중세 한국어 단계에 /ㅅ/이 현대 한국어처럼 유성 변이음을 가지지 못했다는 보장은 없어 보인다.

'ᅀ〉ᅐ', 둘째, 서북 지역을 중심으로 'ᅀ〉∅', 셋째, 'ᅀ〉∅'의 변화를 겪지 않은 나머지 지역에서는 'ᅀ〉ᄉ'의 변화를 겪었다는 것이다.

그러나 위와 같은 가설로 설명할 수 없는 의문이 몇 가지가 있다. Ramsey(1978)에서 유성 마찰음 계열과 무성 평음 계열은 사실상 상보적인 분포라고 지적하였고 'ᅀ'의 경우, 만약에 원시 한국어에 'ᅀ'이 있다면 어떻게 어중에서 무성음화되었는가 하는 문제를 해결할 수 없다고 하였다. 또한 崔南熙(1985)에서 지적한 바에 따르면, 15세기의 'ᄉᆡ'에 대응하는 10세기 고려 향가의 한자 표기는 生母 [ʂ]의 '史'이다. 그리고 신라 향찰에서도 15세기의 강세 접미사 '사'에 대응되는 한자 표기도 역시 生母 [ʂ]의 '沙'이다.211) 이는 'ᄉᆡ, 사'의 'ᅀ'은 고려 시대에 모두 'ᄉ'으로 존재한 것을 암시한다. 곽충구(2005)에서 후기 중세 한국어의 'ᅀ'이 'ᄉ'으로 반영되어 있는 방언권에서 'ᅀ〉ᄉ'과 같은 유성음 사이에서 유성음이 무성화하는 것이 '음운론적 보편성'을 지녔는가 하는 문제, 波動說과 관련을 지어서 방언권 안에서도 'ᅀ〉∅'의 변화를 겪은 것의 설명 문제, 그 외에 'ᅀ'과 관련이 없는 '마시-(飮)'의 동북 방언 '마이-', '머슴'의 황해도 방언 '머음', 전남 방언 '가시나이, 가이나이, 가지나이' 등의 문제를 설명할 수 없다고 지적하고 李基文(1972)에서 '가위'를 'ᄀᅀ개'[kʌzɣaj]로 재구한 것이 동남 방언의 '가시개'의 두 번째 음절의 모음 'ㅣ'를 설명할 수 없다는 점을 지적하였다.

'ᄫ'이 고대 한국어에 존재했다고 주장할 수 있게 하는 직접적인 자료는 없다. 그 원인은 한어의 輕脣音은 순치음이지만 'ᄫ'은 양순 마찰음이다. 한어의 輕脣音은 고대 한국어나 중세 한국어의 화자의 입장에서 脣輕音 'ᄫ'보다 脣重音 'ㅂ'계열에 더 가까운 것이었다. 그러므로 고대 한국 쪽 자료인 차자표기 자료나 전승 한자음에서 'ᄫ'을 확인할 수 없다. 반면에 'ᄫ'은 한어의 중고음이나 근대음에 없는 양순 마찰음이기

---

211) 崔南熙(1985: 956-957)에서 '史, 沙'가 心母字라고 한 것은 잘못이다.

때문에 고대 한어 화자의 입장에서 'ㅸ'을 같은 양순음인 幇組로 인식했다. 그러므로 'ㅸ'이 전기 중세 한국어에 존재했더라도 중국 쪽의 자료인 ≪鷄林類事≫나 ≪朝鮮館譯語≫에서 그것을 重脣音인 幇組로 표기한 것이었다.212)

음독의 방법으로 'ㅸ'의 고대 한국어 존재를 확인할 수 없지만 훈독의 방법으로 'ㅸ'이 고대 한국어에 존재하지 않았던 증거가 확보된다. 최근에 출토된 경주 안압지 목간(8세기 중후반으로 추정)에 현대 한국어의 '가오리'는 '加火魚'로 표기되어 있고, '火'는 차자표기 자료에서 '伐'과 대응되고, 후기 중세 한국어에 '火'의 어형은 '블'인데 모음 조화를 고려하여 '加火魚'의 표기는 '⁕가블' 혹은 '⁕가ㅸ리'로 재구된다(이용현 2011: 198-200). '가오리'의 한글 표기는 'ㅸ'이 이미 사라진 17세기에 처음으로 '가오리'로 등장하였고 현대 한국어까지 계속 '가오리'의 어형을 유지하고 있다. 하지만 일부 동남 방언에 '가오리'는 '가보리'나 '가부리'로 나타난다. 李基文(1972), 최명옥(1978, 1982)의 관점에 따르면 '가오리'의 고대 한국어는 '⁕가봘'이나 '⁕가ㅸ리'였을 것이다. 하지만 실제 자료에 나타난 '加火魚'는 그것의 고대 한국어 어형이 '⁕가블' 또는 '⁕가ㅂ리'임을 보여 준다. '火'를 '⁕봘'로 재구하기 어렵기 때문이다.213) 한편, '加火魚'의 '火'는 'ㅸ'을 표기한 것은 아니지만 '⁕ㅸ'은 고대 한국어 단계에서 박창원(1996c)에서 재구한 /ｂ/로 존재해서 '블(火)'의 고대 한국어 어형은 /bVl/

<hr />

212) ≪鷄林類事≫에서 '二曰途孛('두블ㅎ〉둘ㅎ)', '酒曰酥孛('수블〉수울)', '匱曰枯孛('고블〉 골)', '秤曰雌孛('저블〉저울)', '袴曰珂背('ᄀ빅)ᄀ외)'의 '孛'과 '背'는 모두 重脣音字이다. ≪朝鮮館譯語≫에서 '月斜 得二吉卜格大('돌 기블어다)돌 기울어다)', '江心 把剌憂噴得(바를 가봘딕)', '鄰舍 以本直(*이붖 집)이웃 집)', '蝦蟹 洒必格以(새비 게)', '妹 餒必('누븨)누의/누위)', '熱酒 得本數本('더븐 수블)더븐 수울)', '二 觀卜二('두블ㅎ〉둘ㅎ)', '瘦 耶必大('여비다)여위다)'의 '卜', '噴', '本', '必'은 모두 重脣音字이다.

213) '울긋불긋'의 어원이 만약에 '블(火)'과 관련이 있고 어두의 '울'은 '⁕블'에서 약화된 것이라면, 'ㅸ'이 일찍부터 어두에서 'ㅂ'으로 합류했다고 반론할 수 있지만 그러한 과정을 입증해 주는 자료가 보이지 않는다. 동남 방언에서 'ㅸ'은 '加火魚'의 표기가 이루어진 이전에 이미 'ㅂ'으로 변화하였다고 가설을 세울 수 있지만 역시 증거가 충분하지 않다.

이었다고 할 수도 있다. 하지만 3.1.2.1에서 본고에서는 고대 한국어 단계에 유성 파열음이 없다고 보았다. 내적 재구로 /b/가 존재했다고 볼 수가 있지만 실증적인 고대 한국어의 자료가 없고 오히려 차자표기 자료에서 한어의 全濁과 全淸을 구별하지 않은 양상이 보인다.

물론, '가오리'의 한 예만 가지고 'ㅸ'이 고대 한국어에 존재하지 않는다고 하기에 무리가 있다. 자료가 부족하기 때문에 'ㅸ'을 고대 한국어 자료에서 확인하는 것은 여기까지만 진행하겠다. 다만 /b/이든 /β/이든 곽충구(2005)에서 지적했듯이 'ㅸ'이 'ㅂ'으로 반사되는 방언에서 어중에서 유성음이 무성음으로 변화하는 과정을 설정해야 되는데 조음의 편의성이나 변화 과정의 언어 보편성을 고려할 때 받아들이기 힘든 설정이다. 그러므로 본고에서는 /b/와 /β/는 모두 고대 한국어에 존재하지 않았다고 본다.

'ㅸ'과 달리 'ㅿ'과 'ㅇ[ɦ]'이 고대 한국어에 존재했는가 하는 문제는 전승 한자음으로 확인할 수 있다. 먼저 'ㅿ'의 존재 여부를 살펴보자.

현존 자료 중에 'ㅿ'의 존재를 확인할 수 있는 가장 이른 시기의 자료는 12세기 초의 ≪鷄林類事≫이다. '四十日麻刃'과 '弟日了(丫)兒'은 각각 후기 중세 한국어의 '마순'과 '아ᅀᅳ'에 해당되고, 'ㅿ'은 宋代 開封音의 日母字로 표기되어 있다(李基文 1972: 32).

전승 한자음에도 'ㅿ'이 보인다. 전승 한자음의 'ㅿ'은 인위적인 표기가 아니었고 고유어의 'ㅿ'과 똑같이 [z] 음가를 가지고 있었다는 것은 2장에서 이미 언급하였다. 고유어의 'ㅿ'이 유성음 사이에만 나타날 수 있었던 것과 달리 한자어의 'ㅿ'은 어중은 물론, 어두에도 나타날 수 있었다. 李基文(1972: 37)에서 ≪朝鮮館譯語≫의 3단의 '移臥(二月)', '以(耳)', '移世(二十)', '以罵(兒馬)' 등 한자어의 어두 日母字가 근대 한어의 以母[j]로 轉寫된 것은 'ㅿ'이 어두에 오지 않았기 때문이라고 보았다. 하지만 ≪朝鮮館譯語≫에서 어두가 日母字인 한자어 '如今', '肉', '日'의 3단은 '熱根', '入', '忍'과 같이, 日母字의 전승 한자음은 근대 한어의 日母

(/ẓ/)字로 轉寫되었다. 權仁瀚(1998: 244)에 의하면 이 예들은 /△/: /zR/의 대응을 보여 주는 예이다. 그렇다면 어두의 日母字의 전승 한자음은 '△'을 가지고 있었다고 해야 된다. 이는 한자어의 어두 위치에 '△'이 나타날 수 있다는 것을 보여 준다. 현대 한국어에서 /ㄹ/은 고유어의 어두에 나타날 수 없지만 '라켓, 란제리, 룰, 리조트' 등 외래어의 어두에는 나타날 수 있는 현상과 같은 양상이다.

　다만 ≪朝鮮館譯語≫의 3단 轉寫에서 日母字의 음이 근대 한어의 以母字로 표기되기도 한 것은 어떻게 설명할까? 이에 대해서 權仁瀚(1998: 255)에서 ≪朝鮮館譯語≫의 3단은 16세기 초에 /△/이 탈락하기 시작한 시기에 轉寫되었다고 추정하였고 ≪朝鮮館譯語≫의 편찬 과정에 대한 기록이 없어서 더 이상의 접근을 허락하지 않고 있다고 하였다. 필자의 생각은 만약에 ≪朝鮮館譯語≫의 3단이 나중에 轉寫된 것이 아니었다면, /△/이 근대 한어의 'Ø'와 대응되는 것은 /△/이 처음에 어두에 나타났다가 나중에 한국어의 어두에 유성 장애음이 나타날 수 없는 제약을 받아서 탈락되었을 가능성도 있다는 점이다. 이때 ≪朝鮮館譯語≫는 한자어의 어두 /△/이 탈락하는 도중에 만들어졌다고 할 수 있다. 李基文(1972: 37)의 지적대로 '인수(人事, 월석 2:9a)'에서 확인할 수 있듯이 15세기 중엽 한글 창제 이후에 어두 위치에서 /△/은 보이지 않는다. 權仁瀚(1998: 255)에서 제시한 가능성이나 필자가 제시한 가능성이나, 어느 해석과 상관없이 /△/이 한때 한자어의 어두 위치에 나타날 수 있었다고 본다.

　전승 한자음은 8세기 후반-9세기 초에 차용한 것으로 보이는데 전승 한자음의 '△'도 전승 한자음이 형성된 이 시기에 곧바로 전승 한자음에 나타났는가? 아니면 전승 한자음의 日母字의 초성은 전승 한자음이 형성된 시기에 /△/이 없어서 다른 소리로 차용했다가 나중에 한국어 내부에 /△/이 생긴 뒤에 日母字의 음을 새로 차용했는가? 앞에서 필자는 전승 한자음의 기층은 대체로 단일하다고 보았다. 몇몇 한자의 전승 한자음은 어휘별로 개별적으로 기층이 다를 수 있지만, 音類에 따라 기층이 다를 수 없다고 본 것이었다. 그렇다면 日母字의 전승 한자음에 보이는 'ㅿ'도 주 기층에 속한다고 봐야 된다. 전승 한자음에 'ㅿ'이 보이기 때문에 'ㅿ'은 8세기 후반-9세기 초의 고대 한국어에 이미 존재했을 가능성이 높다.

차자표기 자료의 기층이 매우 복잡한데 거의 모든 日母字가 차자표기에서 泥母字와 대응되어 있어(박동규 1995: 110-115) 전기 중고음 이전에 日母가 비음으로 보유되었던 시기의 한어를 반영한 것이다. 하지만 앞에서 언급한 '金春質 一作春日(三國遺事 卷2 紀異)'에서 日母의 '日'이 章母의 '質'과 동음 관계를 이룬다. 金春質은 7세기 말 신문왕 시기의 사람이지만 해당 同音異表記는 7세기 말에 표기된 것이 아니었을 것이다. 왜냐하면 한어에서 日母가 (ɲ)〉[nʑ]로 변화한 시기는 8세기 후반이기 때문이다. 8세기 전반까지만 해도 日母字들은 규칙적으로 梵語의 ñ를 音譯하였고, 日母字가 梵語의 j를 音譯한 것은 8세기 후반 이후의 일이다(李榮 1956: 125, 邵榮芬 1982: 99). 따라서 이 표기는 후세에 이루어졌을 것이다. 해당 표기를 신라 시대의 한자음에 'ㅿ'이 이미 존재한 증거로 삼을 수 없다.

전승 한자음의 'ㅿ'은 주 기층에 속한 것인가 하는 문제는 차자표기 자료 등 다른 자료로 밝히기 어렵고 고대 한국어 단계에 유성 마찰음이 존재했는가 하는 중요한 문제와 관련되어 있기 때문에, 간단히 전승 한자음의 차용 기층이 단일하다고 보고 日母字도 주 기층에 속한 것이니 'ㅿ'은 8세기 후반-9세기 초에 존재한다고 논의를 종결시킬 수 없다. 'ㅿ'이 과연 8세기 후반-9세기 초에 이미 존재한 것인가 하는 문제를 고찰하는 가장 적합한 방법은 모든 日母字의 전승 한자음의 韻母와 聲調의 반영 양상을 하나씩 확인하는 것이다. 만약에 日母字의 韻母와 聲調의 반영은 여타 성모의 한자들과 같고, 근대음의 특징이 보이지 않으면 日母字의 전승 한자음도 8세기 후반-9세기 초에 차용된 것으로 봐야 된다. 이럴 때 'Δ'은 8세기 후반-9세기 초에 이미 존재했다고 봐야 된다.

필자는 아래의 [표 83]에서 후기 중세 한국어의 문헌에 나타난 모든 日母字의 韻母와 聲調의 반영 양상을 확인한다. 전승 한자음이 문헌에 나타나기 시작한 15세기 말-16세기 초에 'Δ'은 이미 소실 과정에 들어 갔기 때문에 일부 日母字의 전승 한자음의 'Δ'은 이미 문헌에서 표기되지 않았다. 이런 경우도 15세기 말 이전에 그 한자의 전승 한자음에 'Δ'이 존재했을 것이라고 보고 다른 'Δ' 표기가 보이는 日母字와 똑같이 취급한다.

[표 83] 日母字의 韻母와 聲調가 전승 한자음에 반영된 양상

한자	전승 한자음	攝	等	韻	開合	聲調	해당 韻의 일반적인 반영 양상	주 기층 반영 여부
兒	L ᅀᆞ~ᄋ	止	3A	支	開	平	ㅣ	X
弱	H 샥~약	宕	3C	陽	開	入	ㅑ	O
箬	H 샥	宕	3C	陽	開	入	ㅑ	O
若1	H 샥~약	宕	3C	陽	開	入	ㅑ	O
若2	R 샤	假	3A	麻	-	上	ㅑ	O
壤	R 샹	宕	3C	陽	開	上	ㅑ	O
攘1	L 샹	宕	3C	陽	開	平	ㅑ	O
攘2	R 샹	宕	3C	陽	開	上	ㅑ	O
瓤	L 양	宕	3C	陽	開	平	ㅑ	O
禳	L 양	宕	3C	陽	開	平	ㅑ	O
蘘	L 양	宕	3C	陽	開	平	ㅑ	O
讓	R 샹~R/H 양	宕	3C	陽	開	去	ㅑ	O
如	L 셔~여	遇	3C	魚	-	平	ㅕ	O
汝	R 셔~R/H 여	遇	3C	魚	-	上	ㅕ	O
洳	L 셔	遇	3C	魚	-	去	ㅕ	'如(L셔)'에 유추
茹	R 셔~여	遇	3C	魚	-	去	ㅕ	O
臠	L 션	山	3A	仙	合	平	ㅕㄴ	O
栭	R 션	山	3A	仙	合	上	ㅕㄴ	O
然	L 션~연	山	3A	仙	開	平	ㅕㄴ	O
燃	L 션	山	3A	仙	開	平	ㅕㄴ	O
臠	R 션	山	3A	仙	合	上	ㅕㄴ	O
蠕	R 션	遇	3C	虞	-	平	ㅠ	'臠䃴(日母, 仙A韻)'에 유추
軟	(?)연	山	3A	仙	合	上	ㅕㄴ	O

熱	Hᅀᅧᆯ~H열	山	3A	仙	開	入	ᅧᆯ	O
冉	Rᅀᅧᆷ	咸	3A	鹽	-	上	ᅧᆷ	O
染	Rᅀᅧᆷ~염	咸	3A	鹽	-	上	ᅧᆷ	O
髯	Lᅀᅧᆷ	咸	3A	鹽	-	平	ᅧᆷ	O
芮	Rᅀᅨ	蟹	3A	祭	合	去	ᅨ	O
蕊	Rᅀᅨ	止	3A	支	合	上	ᅲ	X
蜹	Rᅀᅨ	蟹	3A	祭	合	去	ᅨ	O
撓	R요	效	3A	宵	-	去	ᅭ	O
擾	Rᅀᅭ~요	效	3A	宵	-	上	ᅭ	O
橈	Lᅀᅭ	效	3A	宵	-	平	ᅭ	O
繞	Rᅀᅭ~요	效	3A	宵	-	上	ᅭ	O
蕘	L요	效	3A	宵	-	平	ᅭ	O
遶	(?)요	效	3A	宵	-	上	ᅭ	O
饒	Lᅀᅭ~요	效	3A	宵	-	平	ᅭ	O
褥	Hᅀᅭᆨ~욕	通	3C	鍾	-	入	ᅭᆨ	O
辱	Hᅀᅭᆨ~욕	通	3C	鍾	-	入	ᅭᆨ	O
冗	Rᅀᅭᆼ~용	通	3C	鍾	-	入	ᅭᆼ	O
乳	Rᅀᅲ~유	遇	3C	虞	-	上	ᅲ	O
儒	Lᅀᅲ~유	遇	3C	虞	-	平	ᅲ	O
孺	Rᅀᅲ	遇	3C	虞	-	去	ᅲ	O
揉	(?)유	流	3C	尤	-	平	ᅲ	O
柔	Lᅀᅲ~유	流	3C	尤	-	平	ᅲ	O
濡	Lᅀᅲ~유	遇	3C	虞	-	平	ᅲ	O
緌	Lᅀᅲ~유	止	3A	脂	-	平	ᅲ	O
葇	Lᅀᅲ	流	3C	尤	-	平	ᅲ	O
襦	L유	遇	3C	虞	-	平	ᅲ	O
肉	Hᅀᅲᆨ~육	通	3C	東	-	入	ᅲᆨ	O
潤	R/Hᅀᅲᆫ~윤	臻	3A	眞 214)	合	去	ᅲᆫ	O
閏	Rᅀᅲᆫ	臻	3A	眞	合	去	ᅲᆫ	O
戎	Lᅀᅲᆼ~융	通	3C	東	-	平	ᅲᆼ	O
二	Rᅀᅵ~이	止	3A	脂	開	去	ᅵ	O
咡	Rᅀᅵ~이	止	3C	之	開	去	ᅵ	O
栮	Rᅀᅵ	止	3C	之	開	上	ᅵ	O
樲	Rᅀᅵ~이	止	3A	脂	開	去	ᅵ	O
爾	Rᅀᅵ~R/H이	止	3A	支	開	上	ᅵ	O
珥	Rᅀᅵ	止	3C	之	開	去	ᅵ	O
而	Lᅀᅵ~이	止	3C	之	開	平	ᅵ	O
耳	Rᅀᅵ~이	止	3C	之	開	上	ᅵ	O
貳	Rᅀᅵ~이	止	3A	脂	開	去	ᅵ	O
輀	Lᅀᅵ~이	止	3C	之	開	平	ᅵ	O
邇	Rᅀᅵ	止	3A	支	開	上	ᅵ	O
餌	Rᅀᅵ~이	止	3C	之	開	去	ᅵ	O
人	Lᅀᅵᆫ~인	臻	3A	眞	開	平	ᅵᆫ	O

仁	L쉰~인	臻	3A	眞	開	平	ㄴ	O
仞	R쉰~인	臻	3A	眞	開	去	ㄴ	O
刃	R쉰~인	臻	3A	眞	開	去	ㄴ	O
忍	R쉰~인	臻	3A	眞	開	上	ㄴ	O
牣	R쉰	臻	3A	眞	開	去	ㄴ	O
訒	R쉰	臻	3A	眞	開	去	ㄴ	O
認	(?)인	臻	3A	眞	開	去	ㄴ	O
軔	R쉰	臻	3A	眞	開	去	ㄴ	O
日	H싈~일	臻	3A	眞	開	入	ㄹ	O
任1	R심~임	深	3A	侵	-	去	ㅁ	O
任2	L심~임	深	3A	侵	-	平	ㅁ	O
壬	R심	深	3A	侵	-	平	ㅁ	'任1妊紝1荏(R심)'에 유추
妊	R심~임	深	3A	侵	-	去	ㅁ	O
紝1	R심~임	深	3A	侵	-	去	ㅁ	O
紝2	L임	深	3A	侵	-	平	ㅁ	O
荏	R심	深	3A	侵	-	上	ㅁ	O
衽	R/H심	深	3A	侵	-	去	ㅁ	O
飪	R심~임	深	3A	侵	-	上	ㅁ	O
入	H십~입	深	3A	侵	-	入	ㅂ	O
仍	L쉰~L잉	曾	3C	蒸	開	平	ㅇ	O
蓺	H셜	山	3A	仙	開	入	ㅕㄹ	O[215]
孃[216]	L냥	宕	3C	陽	開	平	ㅑ	O
恁	R님	深	3A	侵	-	上	ㅁ	X
稔	R님	深	3A	侵	-	上	ㅁ	X

[표 83]을 살펴보면 몇 개의 예외를 제외하면 나머지 절대 다수의 日母字들의 韻母와 聲調의 반영은 주 기층이 반영된 것이다. 日母字들의 전승 한자음에서 근대음의 특징은 찾을 수 없다.

[표 83]에서 이미 일부 유추에 의한 예외를 설명하였다. 나머지 예외를 살펴보자.

'兒'는 日母字이기 때문에 章組에 속한다. 止攝 開口 3等이 'ㅇ'로 반영되는 것은 오직 精組와 莊組에만 해당된다. '兒'와 똑같이 日母 止攝

---

214) '潤'은 ≪切韻≫에서 眞韻에 속해 있고, ≪廣韻≫에서 諄韻에 속해 있다. 본고에서는 ≪切韻≫을 기준으로 한다.
215) 2.2.1.2를 참고.
216) 여기는 汝陽切의 '孃'이다.

開口 3等에 속한 '二, 耳, 而' 등의 전승 한자음은 [표 83]에서 보았듯이 'ᅀᅵ'로 나타났다. '兒'가 'ᅀᅳ'로 나타난 것은 唐末에 日母가 권설음으로 변화하기 시작한 이후의 한어를(周傲生 2008: 144) 차용했기 때문이다. 이때 日母가 莊組과 같이 권설음으로 존재했기 때문에 莊組처럼 뒤의 止攝 開口 3等이 'ᅌᆞ'로 나타난 것이다. 그리고 '兒'와 같은 日母字들은 明淸 시기의 근대음에 兒化音 현상이 일어났다(王力 1987: 487-488). 兒化音 현상이 일어난 뒤에 [ɻ]는 平安監營重刊本 ≪老乞大諺解≫(1745)에서 '二, 兒'의 우측음을 '슬'로, ≪朴通事新釋諺解≫(1765)와 ≪重刊老乞大諺解≫(1795)에서 '二, 兒'의 우측음을 '을'로 표기하였다. 현대 한국어 화자는 현대 한어의 '一二三'을 '이얼싼'으로 받아들인다. 그러므로 兒化音 현상이 일어난 뒤에 그것을 'ᄅᆞ, ᄅ' 혹은 'ᄅᆞᆯ'로 차용되는 것이 원칙이라고 볼 수 있다. '兒'가 'ᅀᅳ'로 차용된 시기의 下限은 明代 이전의 근대음인 것이 명확해 보인다.

'蕊'는 止攝 支韻 合口 3等字인데 정상적인 반영은 'ᆔ'일 것인데 'ᅨ'로 나타난 것은 朴炳采(1971)의 설명에 따르겠다. 朴炳采(1971: 192)에서 '蕊'는 ≪華東≫에서 '쉬'로도 나타났는데 '예'는 蟹攝 祭韻과의 병행 관계에 있는 것이며[217] '쉬'는 더 고형이라고 보았다. 河野六郎(1968/1979: 483)에 따르면 仄聲의 止攝 合口字가 'ᅨ'로 나타난 것은 '季(계)', '捶箠嘴痒苹(췌)' 등도 있다. 河野六郎(1968)에서는 아마도 止攝 合口의 平聲字는 [-yi]로, 仄聲字는 [-yei]로 실현되었을 것이라고 추측하여 해석하였다. 伊藤智ゆき(2007, 이진호 역 2011: 255)에서 河野六郎(1968)의 견해를 그대로 받아들였다. 하지만 河野六郎(1968)의 해석은 순환 이론이다. 전승 한자음의 양상으로 중고음의 음성 실현을 추측한 다음에 다시 그 음성 실현으로 전승 한자음을 해석한 것이었다. 게다가 止攝 合

---

217) 祭A 合口韻의 대부분은 전승 한자음에서 'ᅨ'로 반영되기 때문에 '蕊'의 음이 '예'로 나타난 것인데 宋音 이후에 나타난 止攝과 蟹攝의 혼란으로 설명한 것이다.

口의 반영 양상을 자세히 살펴보면 성조에 따라 달리 반영되었던 것도 아니다. 더구나 중고음 단계에 合口 介音과 3等 介音이 합쳐서 전설 원순 모음 [y]로 실현되었는가 하는 문제도 별도로 존재한다. 그러므로 필자는 여기서 朴炳采(1971)에 따라 '蕊'의 한자음은 중고음 이후에 차용된 것으로 보고자 한다.

'恁'과 '稔'의 전승 한자음이 'R님'으로 나타나는 것은 2.2.1.2에서 이미 설명하였다. 韻母와 聲調의 반영은 주 기층과 거의 차이가 나지 않지만 日母가 /ㄴ/으로 나타나는 것은 주 기층보다 조금 이른 시기에 차용되었기 때문일 것이다.

다시 [표 83]으로 돌아가서 위의 몇몇 예외를 제외하고 나머지 절대다수의 日母字는 여타의 聲母字와 차이가 전혀 보이지 않고 주 기층을 반영한 것이었다. 이는 日母字 전승 한자음에 보이는 'ㅿ'도 주 기층에 대한 반영이라는 것을 보여 주고, 'ㅿ'은 전승 한자음의 차용이 이루어지는 과정에서 바로 나타난 것이었다. 그러므로 전승 한자음의 'ㅿ'은 8세기 후반-9세기 초에 이미 존재한 것으로 봐야 한다.[218]

그렇다면 'ㅿ'은 이미 8세기 후반-9세기 초의 고대 한국어에 음소로 존재했을까? 고대 한국어의 고유어 자료에서 'ㅿ'의 흔적을 확인하자. 신라 향가에서 'ㅿ'으로 음독되는 예는 아래와 같다.[219]

---

218) 최근에 權仁瀚(2014b: 151)은 東大寺圖書館藏 華嚴經에서 '女'가 '如'의 音注字로 나타난 것을 발견하였고 740년 당시 日母의 한자음 음가는 /ㅿ/이 아닌 /ㄴ/으로 되어 있다고 주장하였다. 740년이라는 시기는 필자가 주장한 전승 한자음의 차용 시기인 8세기 후반-9세기 초보다 조금 이르다. 실제로 중국 측의 梵語 音譯을 보더라도 日母字로 규칙적으로 梵語의 'ñ'를 음역한 것은 771년 이후의 일인(李榮 1956: 125, 邵榮芬 1982: 99) 점이 참고된다. 이는 中古 漢語 雅言에 日母의 音이 [ɲ]에서 [nʑ]로 바뀐 시기는 771년 전후인 것을 암시한다. 따라서 740년 당시 日母의 고대 한국 한자음이 /ㄴ/으로 되어 있는 것은 당연하다고 할 수 있다. 필자가 日母의 전승 한자음이 /ㅿ/으로 형성된 시기를 8세기 후반(771년 전후)-9세기 초로 본 것은 權仁瀚(2014b)의 견해와 충돌되지 않는다.
219) 향가 해독은 金完鎭(1980)을 참고하였다.

262

(가) 〈慕竹旨郎歌〉: 居叱沙 기스샤, 兒史 즈싀

(나) 〈安民歌〉: 母史 어싀, 愛史 ᄃ술

(다) 〈讚耆婆郎歌〉: 兒史 즈싀, 際叱肹 ᄀ술

(라) 〈處容歌〉: 入郎沙 드러사, 奪叱良乙 아사ᄂ

(마) 〈禱千手大悲歌〉: 一等沙 ᄒ둔사

(바) 〈祭亡妹歌〉: 秋察 ᄀ술

(사) 〈彗星歌〉: 八切爾 ᄀᄅᄀ싀

(아) 〈怨歌〉: 秋察尸 ᄀ술, 兒史沙叱 즈싀삿

≪均如傳≫ 향가에서 'ㅿ'으로 음독되는 예는 아래와 같다.

(가) 〈禮敬諸佛歌〉: 夫作沙毛叱等耶 ᄆᄅ 지사못ᄃ야

(나) 〈廣修供養歌〉: 沙叱 삿

(다) 〈隨喜功德歌〉: 善陵等沙 ᄆᄅ들사

(라) 〈常隨佛學歌〉: 歲史 ᄉ싀

위의 'ㅿ'을 표기한 예 중에 〈彗星歌〉의 '八切爾'의 '爾'만 日母字이다.
金完鎭(1980)에서 '切'을 '긋-'으로 훈독해서 '八切爾'를 'ᄀᄅᄀ싀'로 해독
하였고, '爾'는 '싀'에 대한 표기로 본 셈이다. '爾'를 제외하면 나머지 'ㅿ
-'을 표기한 음독자는 '沙, 史, 叱, 察'이다. 각각의 전승 한자음은 '사, ᄉ,
질, 찰'이다. 이 중에 '叱'은 'ㅅ' 말음 첨가에 해당되므로 논외로 한다.
'沙, 史'는 生母 [ʂ]에, '察'은 初母 [tʂ']에 해당되므로 모두 齒音字이긴 하
지만 'ㅿ[z]'와 거리가 있다. 앞서 崔南熙(1985)에서 논의한 바와 같이,
향가에서 'ㅿ'은 'ㅅ(ㅊ)'을 가진 한자로 표기되어 있으므로 'ㅿ'은 10세
기 중엽 이전에 존재하지 않았던 것으로 보아야 할 것 같다.
고유어의 실제 표기 자료에서 'ㅿ'이 'ㅅ'으로 표기되어 있는데 이는
우리가 전승 한자음에서 'ㅿ'의 존재를 확보한 것과 충돌된다. 필자는

고유어와 한자음을 구분해야 한다고 생각한다. 고유어의 'ㅿ'은 한국어의 언어 체계 내부에서 생긴 것이지만, 한자음의 'ㅿ'은 외래적인 언어 요소이다.

비록 중고음을 차용할 때 고대 한국어의 음운 체계의 제약을 받고 필터링이라는 과정을 거쳐 중고음에 있고 고대 한국어에 없는 변별 자질이 없어지고 전승 한자음이 형성되는 것은 맞지만, 이러한 차용 음운론의 일반적인 차용 모형을 벗어나는 현상이 종종 보인다. 영어의 어두 [v-, z-, ʤ-]는 프랑스어 차용에 의해 생긴 것이었고, 또 어말의 [-ʒ]는 원래 영어에 나타나지 않지만 프랑스어 차용에 의해 일부 단어에 [-ʒ]가 생기게 된 현상이 있다(Bloomfield 1933: 447, 449). 이는 일반적이지는 않지만 차용은 그 언어에 원래 있는 음소들의 분포를 바뀌게 하고 기존 음소에 없는 변이음들을 새로 생기게끔 하는 힘을 가지고 있다는 것을 보여 준다. 그리고 고대 일본어에 원래 ra행이 없었지만 한자음을 도입하면서 생겼고(河野六郎 1968/1979: 419) 고대 일본어는 원래 개음절만 가졌지만 한자음의 영향으로 음절 말 비음이 생겼다(昭本克明 1987: 118-121, 范淑玲 2008: 83)[220]. 이는 차용은 기존에 그러한 음성([r])조차 없었던 고대 일본어에 새로운 음성 내지 음소를 추가하게 하고, 그 언어의 음절 구조조차 바꿀 수 있게 하는 힘을 가지고 있다는 예가 된다.

그러므로 필자의 생각은 신라 시대에 비록 /ㅿ/이 고유어에 아직 등장하지는 않았지만, 고대 한국어의 음운 체계에 후기 중고음 日母의 마찰음 구간 [ʑ]( )[ʐ])와 비슷한 음이 전혀 존재하지 않아 이 日母의 한자음은 독특한 방식으로 차용되어 음운화하지 않았는가 생각된다. 우선 [z]가 음소로 존재하지는 않지만, 신라 시대에 /ㅅ/의 변이음으로 존재했을 가능성은 생각해 볼 수 있다. 만약에 [z]가 음성으로 이미 /ㅅ/의

---

220) 일본 上代 자료에서 한자음의 비음은 생략이 되었다. 나중에 -ŋ 韻尾가 -u, i, o로 차용되기도 하였고, -n 韻尾가 -ni, -m 韻尾가 -mi, u, mu로 차용되었다(昭本克明 1987: 118-121, 范淑玲 2008: 83).

어중 변이음으로 존재했다면 한자음은 [z]의 분포 위치를 바꾸게 하고 그것을 한자음의 어두에 놓이게 한 것으로 해석된다. 만약에 [z]가 /ㅅ/의 변이음으로도 존재하지 않았다면 전승 한자음의 어두의 'ㅿ'은 완전히 새로 차용되었던 음소로 해석할 수 있다. 어쨌거나, 전승 한자음이 차용된 8세기 후반-9세기 초에 'ㅿ'은 이미 그 당시의 고대 한국어에 존재했다고 봐야 된다. 다만, 이 시기의 'ㅿ'은 외래어인 한자어에만 존재한다고 봐야 된다. 만약에 한자음이 대량 수입되기 전에 [z]가 변이음으로서 이미 고대 한국어에 존재했다면 그 과정은 마치 영어가 프랑스어의 [v-, z-, ʤ-]를 차용해서 변이음의 분포 위치를 바꾸게 하는 경우와 같다. 현대 한국어의 /ㄹ/은 외래어 단어에만 어두에 나타날 수 있는 것과 비슷하다. 만약에 [z]라는 음성도 고대 한국어에 존재하지 않았다면 그 과정은 고대 일본어가 중고음을 차용해서 'ra'행이 생긴 상황과 같다.

이때 한자음에만 보이는 'ㅿ'의 음소적인 지위에 대해서 생각해 볼 필요가 있다. 한자어가 대량으로 고대 한국어의 어휘 체계에 들어오기 전에 한자어는 외래어라기보다 외국어일 것이다. 따라서 그때 日母를 'ㅿ'으로 발음한다고 하더라도 그것은 외국어의 발음을 내기 위한 소리이지 한국어의 음소가 되지 못한다. 그러나 한자어가 토착화의 과정을 거쳐서 한국어의 어휘가 된다면 상황이 달라진다. 'L신(神) : L신(人)', 'H실(實) : H실(日)'과 같은 한자어들이 한국어의 어휘가 되고 나서 문맥에 의해 이들을 변별할 수도 있지만 실제 발화에서 'ㅅ'과 'ㅿ'을 구별해야 이러한 한자어들의 의미를 구분할 수 있다. 그러므로 비록 한자어에만 나타났던 'ㅿ'이지만 음소로 인정해 주어야 할 것이다. 마치 일본어의 /r/와 영어의 /v/와 같은 것들이 처음에 외래어에만 존재한 것과 같은 것이다.

Bloomfield(1933: 447, 453-455)에서는 외래어가 자주 쓰일 때 그 외래어의 형식이 고유어에서 자리를 잡은 예를 소개한 바가 있다. 가령, 위에서 든 [v-, z-, ʤ-]는 원래 프랑스어 차용어에만 나타났지만 [z-, ʤ-]는 'zip, zoom, jab, jounce'와 같은 신조어에도 나타나게 되었다. 그렇다면 고유어의 'ㅿ'은 한자어에서 먼저 생긴 /ㅿ/이 확산되어 생긴 것으로 볼 수 있을까? 이러한 가능성은 전혀 없는 것은 아니지만 고유어의 'ㅿ'이 후기 중세 한국어 문헌에서는 유성음 사이에만 나타나기 때문에 한자음의 'ㅿ'과 고유어의 'ㅿ'은 본질적으로 다른 것 같다.

결론적으로, 'ㅿ'(/z/)은 전승 한자음 차용 당시에 한자어에만 존재한 특수한 존재였던 것이다.

다음은 고대 한국어 단계에 'ㅇ'(/ɦ/)이 존재했는지를 확인할 차례이다. 'ɦ'는 'ɣ'가 약화된 결과이기 때문에 고대 한국어에 유성 마찰음이 존재했다면 'ㄱ'계의 유성 마찰음은 /ɦ/ 말고 /ɣ/로 존재했을 수도 있다. 'ɦ'나 'ɣ'와 대응되는 중고음의 聲母는 匣母 /ɣ/이다. 하지만 匣母의 대부분은 'ㅎ'으로 반영되었다. 유성 마찰음이 고대 한국어에도 존재했다는 학설에 따르면 어두 위치에 존재했던 유성 마찰음이 어두에서는 무성음이 된다. 그러면 만약에 8세기 후반-9세기 초의 고대 한국어에 /ɣ/가 존재했다면 匣母字들의 초성은 'ㄱ'으로 나타나는 것이 정상적이다. 하지만 대부분 匣母字의 초성은 'ㅎ'으로 나타난다. 따라서 匣母字의 전승 한자음으로는 고대 한국어 단계에 /ɣ/나 /ɦ/가 존재했는지 그 여부를 확인할 수 없다.

후기 중세 한국어의 'ㅇ' 표기는 'Ø(zero)'와 [ɦ]를 모두 표기할 수 있었다. 유성 마찰음이 어중 유성음 사이에 나타나지만 'ㅿ'은 전승 한자음일 때 어두에도 나타날 수 있다고 보았다. 그렇다면 전승 한자음의 어두 'ㅇ'도 음가가 있는 [ɦ]에 대한 표기일 가능성이 있다. 이에 대한 고찰이 필요하다. 전승 한자음에서 초성 자리에 'ㅇ' 표기가 나타나는 한자들은 주로 影母 /ʔ/, 以母 /i/([j]), 云母 /u/([w])[221], 疑母 /ŋ/의 한자

---

221) 云母는 전기 중고음 단계에 /ɣ/였지만 전승 한자음 차용 시기에 이미 [w]로 변화했다.

들이다. 모두 음성적으로 [ɦ]와 거리가 멀다.[222] ≪訓民正音≫에서 'ㅇ'은 '如欲字初發聲'이라고 하였다. '欲'은 以母([j])字인데 '如欲字初發聲'의 'ㅇ'은 零聲母의 以母와 대응되어 있어 'Ø'로 이해해야 될 것이다. 初聲解 부분을 참고하면 '喉之挹虛洪欲'에서 '欲'은 喉音의 不淸不濁 위치에 나와 있다. 不淸不濁은 [+공명음] 자질을 의미하는 것인데 이때 '欲'의 聲母는 [+공명음]인 [j](以母)이다. 初聲解를 보더라도 역시 초성의 'ㅇ'은 'Ø'이다. 'ㅇ'과 달리 'ㅿ'은 '如穰字初發聲'이고 初聲解에서도 半齒는 '穰'이라고 하였는데 '穰'은 日母字이다. 그러므로 초성 자리에서 'ㅇ'은 한어의 零聲母와 대응되고 'ㅿ'은 日母와 대응되기 때문에 전승 한자음의 초성 자리에 나와 있는 'ㅇ'표기도 결국은 'Ø'로 봐야 된다.

어중의 'ㅇ[ɦ]'는 ≪朝鮮館譯語≫에서 '上御路 額落我憂(어로 올아)', '省諭 阿歸(알외)'(權仁瀚 1998: 250)와 같이 근대 한어의 /k/로 표기되어 있었다. 李基文(1968b: 60-62, 1972: 21)에서는 ≪朝鮮館譯語≫의 표기를 고려하여 어중 자음을 'ㄱ'으로 재구하였다.[223] 어중의 'ㅇ[ɦ]'이 방언에는 'ㄱ'으로 남아 있다.[224] 3.1.2.2에서 필자는 고대 한국어 단계에서 /k/와 /h/가 중복 분포를 이루었다고 보았고 이 어중 자음을 [ˣx]로 재구하였다.

이상의 논의 내용을 종합하면, 고대 한국어에는 /ɦ/와 /ɣ/가 존재하

2.2.1.1을 참고하기 바란다.

222) 伊藤智ゆき(2007, 이진호 역 2011: 178)에서, 疑母의 전승 한자음의 'ㅇ' 표기를 [ɦ] 표기로 본 바가 있었다. 필자는 2.2.1.1에서 그 문제점을 지적한 바가 있다.

223) 다만 李基文(1968b: 62)에서 이 어중 자음을 그대로 'ㄱ'[g]로 재구하는 것보다 한 단계 후인 [ɣ]로 재구하는 것이 더 온당할 것이라고 하였다. 이때 [ɣ]는 [ɦ]와 달리 'ㄱ'의 [k], [g]와 음성적인 유사성을 갖고 있고 자연부류를 이룰 수 있다. [ɣ]는 [k]와 상보적인 분포를 이루기 때문에 [ɣ]를 /ㄱ/의 변이음으로 봐야 할 것이다. 李基文(1972: 22)에서 모든 'ㄹㅇ'을 한결같이 [lg]로 재구할 수 있는가 하는 의문을 제기하였고 일부 [lg]는 고대 한국어의 'ɣ'에 遡及할 가능성이 있다고 하였다. 앞에서 필자는 내적 재구 방법으로 고대 한국어에 유성 마찰음 계열이 존재하지 않았다고 본 학설이 더 타당하다고 보았다. 여기서 李基文(1972: 22)의 견해를 그대로 따르지 않겠다.

224) 예를 들어 '몰애'모래'의 방언형은 '몰개, 몰개미, 몽개' 등이 있다.

지 않았다고 할 수 있다.

3.1.2.3에서는, 고대 한국어 단계에서는 'Δ(/z/)'만이 한자어에 제한 적으로 나타날 수 있었을 뿐, 유성 마찰음 계열이 음소로 존재하지는 않았다고 보았다. [표 81]에서 /z/는 그대로 남겨 둘 수 있지만 /β, ɣ, ɦ/는 제외시켜야 할 것이다.

3.1.2.4 마찰음과 파찰음의 구별

박동규(1995: 191-196, 205-208), 김동소(1998: 44-45)에서 同音異表記 자료에서 s계 마찰음의 한자와 ʦ계 파찰음의 한자 사이의 혼란 표기가 많이 발견되어 고대 한국어 단계에 ʦ계(즉, /ㅈ, ㅊ/)가 존재하지 않았 다고 논의한 바가 있었다. 똑같이 同音異表記 자료를 대상으로 고대 한 국어의 치음 체계를 재구한 연구는 박창원(1996b)와 권인한(1999)가 더 있는데 모두 고대 한국어 단계의 파찰음을 재구하였다.

먼저 박창원(1996b: 113)에서는 차자표기 자료에서 발견된 마찰음과 파찰음의 혼기 예를 아래와 같이 제시한 바가 있다.

(가) 秀宗 或云 秀升(三國史記 卷10 新羅本紀10 憲德王)

(나) 敬愼 一作 敬信(三國遺事 卷1 王曆)

(다) 分嵯郡 一云 夫沙(三國史記 卷37 地理4 百濟)

(라) 完山 一云 比斯伐 一云 比自火(三國史記 卷37 地理4 百濟)

(마) 昭聖王 一作 昭成王(三國史記 卷1 王曆)

이러한 예가 보인다고 해서 그 현상을 일반화시키면 결과적으로는 고대한국어 단계에서 마찰음과 파찰음의 구별이 없었다는 결론을 내리 게 된다. 하지만 /ㅅ/과 /ㅈ/의 구별이 없었다면 후세의 /ㅈ/의 발달을 설명할 수 없다. 그리고 박창원(1996b: 113-115)에서 논의하였듯이 이러한 논리를 확대시키면 齒音과 舌音 나아가 日母, 影母의 혼용 예도 보이는데 결국 치음은 이들의 음과도 구별이 없었다는 결론까지 도달하게 된다. 한편, 권인한(1999)에서도 고대 한국어의 치음 계열을 재구했을 때 聲母 간의 혼용으로 'A'와 'B'의 구별이 없다는 쪽으로 하지 않고 반대로 'A'의 호용 예가 많이 나타나기 때문에 'A'는 음소로 존재했을 것이라는 논리를 적용하여 파찰음의 존재를 인정하였다. 따라서 차자표기 자료로 재구하더라도 마찰음과 파찰음의 구별이 고대 한국어에 존재한다고 보아야 된다.

전승 한자음에 대한 확인 결과로도 같은 결론을 내릴 수 있다. [표 17-31]에서 확인할 수 있듯이 중고음의 파찰음이 'ㅅ'으로, 마찰음이 'ㅈ, ㅊ'으로 나타나는 예가 발견되기는 하지만 절대 다수의 파찰음은 'ㅈ, ㅊ'으로, 절대 다수의 마찰음은 'ㅅ'으로 반영되었다. 앞서 魏國峰(2014: 57-59)에서는, 2000여 자의 齒音字를 집계한 결과, 전승 한자음에서의 파찰음과 마찰음의 혼란 현상을 보이는 예는 80여 자밖에 되지 않는다고 하였다. 그리고 이 80여 자 중의 상당수는 유추에 의한 것으로 해석이 가능하고 유추로 해석되지 않은 예 중의 일부는 근대음의 기층을 차용한 것이라고 하였다. 2장에서 이미 논의했지만 여기서 덧붙이고자 하는 바는 船母 /dʑ/가 거의 'ㅅ'으로 반영된 것은 고대 한국어의 치음 체계와 관련이 없다. 전승 한자음의 모태가 된 中晚唐의 한어 서북 방언에서 濁音淸化가 일어나 船母가 [ɕ]로 변화했기 때문이다. 따라서 전승 한자음의 반영 양상을 보더라도 고대 한국어에는 파찰음이 존재했다고 해야 한다. [표 81]에서 /ʦ, ʦʰ/를 제외시킬 수 없다.

3.1.2에서 필자는 고대 한국어의 자음 체계와 관련되는 몇 가지 문제를 고찰해 보았다. 그 결론은 고대 한국어 단계에는 경음 계열이 존재하지 않았고, 유성음 계열은 현존 자료에 충실히 따를 때 존재하지 않았다고 할 수 있다. 유기음 계열은 전승 한자음이 차용된 시기에는 아

직 발달 과정에 있었다고 보았다. 치조에서 조음되는 /ʦʰ, tʰ/는 이미 존재했고 양순음 /pʰ/는 발달의 초기 단계였고 연구개음 /kʰ/는 존재하지 않았다고 보았다. 그리고 유기음의 미발달과 관련하여 내적 재구의 방법으로 필자는 고대 한국어의 'ㅎ'은 변이음 [x]를 가지고 있었고 'ㅎ'이 /x~h/로 존재하였다고 보았다. 유성 마찰음 계열의 경우 한자어에만 /z/가 분포하고 /β, ɣ, ɦ/는 존재하지 않았다고 보았다. 마지막으로 고대 한국어 단계에 마찰음과 파찰음의 구별을 인정해야 한다고 하였다. 지금까지 논의한 내용을 바탕으로 [표 81]을 [표 84]와 같이 수정한다.

[표 84] 고대 한국어 자음 체계(수정 후)

	후두음	연구개음	치조음	양순음
파열음		k	t	p
			tʰ	pʰ
마찰음	h~x		s	
			z	
파찰음			ʦ	
			ʦʰ	
비음		ŋ	n	m
유음			l	

다시 [표 84]에서 재구된 고대 한국어의 자음 체계를 살펴보면 비교적 균형이 있는 자음 체계이다. 대체로 고대 한국어의 자음 체계는 무기와 유기의 대립 체계였다. 여기서 연구개음의 유기음이 빠진 것은 유기음이 아직 발달 과정에 있었기 때문이다. 체계 전체를 볼 때 /z/는 유일한 유성 장애음이기 때문에 유표적인 존재로 보일 수 있다. 하지만 /z/는 외래적인 한자음에만 존재한 것이었다. 고유어의 자음 체계에서는 /z/가 삭제된다.

3.2 모음 체계

3.2.1 모음 체계의 재구

후기 중세 한국어에는 /ㅣ, ·, ㅡ, ㅏ, ㅓ, ㅗ, ㅜ/의 총 7모음이 있었다. 7개의 모음은 모두 전승 한자음에서 나타났다. 2장에서 필자는 중고음의 각 모음이 전승 한자음에 어떻게 반영되었는지 살펴보았다. 이제 반대로 전승 한자음의 각 모음이 후기 중고음의 어떤 모음과 대응되는지 정리할 필요가 있다. 그 결과는 아래 [표 85]와 같다.

[표 85] 전승 한자음의 모음과 후기 중고음의 모음 대응

전승 한자음 모음	후기 중고음 모음
/ㅣ/	/i/
/·/	/ə/(대부분), /i/(ㄷ, ㅺ, 齒音 뒤), /ɛ/(庚2·耕韻)
/ㅡ/	/ɨ/([ɨ]), /i/
/ㅏ/	/a/, /ɑ/, /o/([ɔ] 江韻)
/ㅓ/	/ɛ/, /ə/([e] 魚韻)
/ㅗ/	/o/
/ㅜ/	/u/

[표 85]에서 보듯이 후기 중고음의 모음은 규칙적으로 전승 한자음의 모음과 대응된다. 이러한 음운 대응의 결과로 고대 한국어의 모음 체계를 아래와 같이 재구할 수 있다.

i(ㅣ)   ɨ(ㅡ)   u(ㅜ)

ɛ(ㅓ)   ə(·)   o(ㅗ)

a~ɑ(ㅏ)

〈그림 11〉 고대 한국어의 모음 체계(수정 전 1)

〈그림 11〉에 대해 설명을 덧붙일 필요가 있다. 고모음 중에, /ㅣ/는 규칙적으로 후기 중고음의 /i/와 대응된다. 전승 한자음을 고찰한 결과를 통해 河野六郎(1968/1979: 511), 朴炳采(1971: 332), 李基文(1972: 115)에서 주장한 iₐ(/i/)와 iᵦ(/ï/)의 변별을 찾을 수는 없다. 河野六郎(1968/1979)와 李基文(1972)에서 재구한 iₐ(/i/)와 iᵦ(/ï/)의 변별은 알타이 제어와의 비교 연구와 관련된다. 그리고 경어법의 선어말어미 '-시-'가 항상 '-아'를 가진다는 내부 증거도 존재한다고 하였다. 하지만 李基文(1972: 115)에서 /ï/를 재구할 만한 근거는 아직 너무나 빈약하다고 한 것처럼 고대 한국어에서 /ï/가 존재했을 개연성은 있지만 실증적인 자료가 부족하다. 朴炳采(1971)은 止攝의 重紐 현상에 착안하여 iₐ(/i/)와 iᵦ(/ï/)의 변별이 있었다고 주장하였다. 김무림(2012: 32-33)에서 지적한 바와 같이 朴炳采(1971)의 재구는 止攝 重紐 3等의 介音 ĭ(본고의 'ri')가 /iᵦ/가 아닌 /으/로 반영된 양상과 모순이 된다. 결과적으로 필자는 /ï/의 존재 가능성은 있지만 적어도 전승 한자음이 차용될 무렵인 8세기 후반-9세기 초에는 그것이 없다고 본다. /ㅡ/의 경우, 3等 B류 韻과 牙喉音字의 3等 C류 韻 /ri(V)/((ïi(V))가 'ㅢ' 또는 'ㅡ'로, 臻韻字의 운모 /rin/, /rit/(舊介音說로는 /in/, /it/)가 'ㄴ, ㄹ'로 나타나고, 登·痕韻 /əŋ, ək, ən, ət/〉/iŋ, ik, in, it/가 'ㅇ, ㄱ, ㄴ, ㄹ'로 반영되므로 후기 중고음의 /i/와 대응된다. /ㅜ/, /ㅗ/는 각각 후기 중고음의 /u/, /o/와 규칙적으로 대응된다. 이는 李基文(1972: 107)에서 주장한 모음 추이 가설과 충돌된다. 이 문제를 3.2.2.2에서 집중적으로 다루겠다. /ㅓ/는 후기 중고음의 /ɛ/와 규칙적인 대응을 이루기 때문에 전설 모음이었다고 봐야 된다. /·/는 대략 후기 중고음의 /ə/와 대응되지만 齒音 뒤의 止攝 3等의 師思韻 ɿ, ʅ와도 대응이 되어 주목을 끈다. 庚2·耕韻의 /ɛ/는 '경'과 같은 음절을 허용하지 않아 /·/로 차용한 것이기 때문에(2.2.3.7 참고) /ɛ/와 /·/는 음운 대응을 이룬다고 할 수 없다. 저모음에는 /ㅏ/만 있다. /ㅏ/는 후기 중고음의 전설 저모음 /a/와 후설 저모음 /ɑ/와 대응된다.

그러나 〈그림 11〉에 표기해 놓은 고대 한국어 각 모음의 음가는 각 모음과 대응되는 후기 중고음의 음가일 뿐이다. 여기서 내적 재구의 연구 결과를 참고하여 〈그림 11〉에 표기된 /ㅓ/의 대표음 음가를 수정할 필요가 있다.

과거에 중고음의 4等韻의 핵모음은 /e/로 재구되었다가 한어 방언의 분화 그리고 범어 音譯 양상을 고려해서 4等韻의 핵모음은 /e/에서 개구도가 더 큰 /ɛ/로 수정되었다(黃笑山 1995: 76). 고대 한국어 단계에 'ㅓ'의 대표음도 [ɛ]인가? 우선 후기 중고음 단계의 魚韻 /(r)iə/([(j)e])가 'ㅓ('ㅕ')'로 반영되었으므로(莊組 제외) 'ㅓ'의 음가는 [ɛ]가 아닌 [e], 심지어 [i]일 가능성도 있다. 대부분의 'ㅓ'는 중고음의 /ɛ/와 대응되기 때문에 /ㅓ/의 대표음 음가는 [i]로 보기 어렵지만 [ɛ]가 아닌 [e]일 수 있다.

전승 한자음의 반영 양상을 고찰할 때 耕韻과 庚韻 2等이 'ㆆ/ㅕ'뿐만 아니라 'ㅣ/ㅓ'으로도 나타난다. 2等의 介音 'ɣ'가 'j'로 변화하는 도중에 있었다고 보아야 하기 때문에 'ㅕ'형과 'ㅣ'형은 동일 시기에 차용된 것으로 볼 수 있다. 이는 'ㅕ'의 핵모음 /ㅓ/와 'ㅣ'의 핵모음 /ㆍ/의 혀 높이가 비슷하거나 같은 것이었음을 보여 준다. /ㆍ/의 음가는 [ʌ]로 설정되는 것에 의문을 제기하기 어려우니 /ㅓ/의 대표음은 [ɛ]가 아닌 [e]였을 것이다.

'도적(盜賊)'이 후기 중세 한국어 문헌에서 '도죽'으로 나타나기도 한다. 이에 대해서 이준환(2011c: 338)에서 문헌 간행 순서와 중세 한국어의 어형을 고려하여 변화의 순서는 '도죽〉도적'이라고 하였다. 그러나 權仁瀚(2014a)에서 변화의 순서를 '도적〉도죽'으로 보았다. 그 이유는 '도적'은 모음 조화에 맞지 않아 'ㅓ'를 양성 모음인 'ㆍ'로 교체하였다고 본 것이다. 필자는 權仁瀚(2014a)보다 이준환(2011c)의 견해가 더 타당하다고 생각한다. 첫째, 'ㅓ'의 양성 모음 짝은 'ㅏ'인데 모음 조화에 의해 모음이 교체된 것이라면 'ㆍ'가 아닌 'ㅏ'로 교체해야 될 것이다. 둘째, 대응 양상을 볼 때 'ㅓ'형은 중고음을 차용한 것이 아니라 나중에 변화에 의해 나타난 것으로 보인다. '賊'은 登韻 開口 入聲字인데 후기 중고음은 /-ək/로 재구된다. 登韻은 [표 62]에서 본 바와 같이 대부분 'ㅇ/ㅡ'으로 반영이 되었고 소수는 'ㆁ/ㅡ'으로 나타났다. 핵모음 /ə/는 원래 규칙적으로 'ㆍ'로 나타나야 하지만 거의 'ㅡ'로 나타난 것은 2.2.3.4에서 필자가 해석한 대로 후기 중고음 단계의 한어의 서북 방언에 登韻 /əŋ/와 痕韻 /ən/의 핵모음 /ə/가 /i/로 변화해 버렸기 때문이다. 'ㆍ'로 반영된 몇몇 예는 基層의 차이로 전기 중고음의 음이 반영된 것으로 볼 수 있다. 登韻의 핵모음이 'ㅓ'로 반영된 예는 사실상 '賊'과 '德' 둘밖에 없으므로225) 'ㅓ'형은 전·후기 중고음을 차용한 것은 아니고226) 한국어 내부에서 변화한 결과로 보인다. 그러므로 변화의 방향은 '도ᄌᆨ〉도적'으로 봐야 할 것이다. 따라서 이준환(2011c: 338)에서 주장한 것처럼 15세기 이전에 /ㆍ/〉/ㅓ/의 변화가 부분적으로 일어났다고 본다. 이는 /ㆍ/와 /ㅓ/는 모음 체계 안에 인접된 두 음소였음을 암시해 준다. /ㆍ/와 /ㅓ/는 고저 대립으로 볼 수 없기 때문에 중설과 전설의 대립으로 보아야 되고 그 혀의 높이는 비슷하다고 보아야 된다. /ㅓ/의 대표음을 [ɜ]로 설정하기보다 [e]로 설정하는 것이 더 자연스럽다.

내적 증거 하나를 더 제시할 수 있다. /ㆍ/의 j계 이중 모음이 존재한 것은 《訓民正音》의 解例 合字解에 'ㆍㅡ起ㅣ聲 於國語無用 兒童之言 邊野之語 或有之 當合二字而用 如기긔之類 其先縱後橫 與他不同'이라고 한 기록과 申景濬의 《訓民正音韻解》에서 'ᆢ'라는 문자를 만들고 方言에 'ᄋᆢ덟'이 있다는 기록에서 확인할 수 있고 이 /ㆍ/의 j계 이중 모음은 제주도 방언에서도 찾을 수 있다(李基文 1972: 126). /ㆍ/의 j계 이중 모음이었던 것으로 추정되는 '여우(狐), 여덟(八), 곁(傍), 여러(諸)…'

등의 'ㅕ'는 남부 방언과 동북 방언에 'ㅑ'형으로 남아 있고 중부 방언에서 'ㅕ'형으로 나타난다. 李基文(1972: 127)에 따르면 /·/의 j계 이중 모음은 15세기 이전에 이미 중부 방언에서 'ㅕ'로 변화하였다. 'ㅣ〉ㅕ'는 위치 동화로 간주할 수 있으므로 15세기 이전에 /ㅕ/는 /·/와 혀의 높이가 비슷하거나 /·/보다 조금 고모음 쪽에 있는 전설 모음으로 보아야 된다. 그 위치에 있는 모음은 [e]일 것이다.

이상으로 고대 한국어의 /ㅕ/를 /ɛ/가 아닌 /e/로 보는 것이 타당하다고 본다.

'ㅕ'를 제외한 나머지 모음 중에 저모음은 'ㅏ'밖에 없어서 그 음가를 [a]로 설정하든 [ɑ]로 설정하든 크게 문제될 것은 없는데 편의상 [a]로 표기하겠다.

/ㅕ, ㅏ/ 이외에 /ㅣ, ㅡ, ·, ㅗ, ㅜ/의 대표음 음가를 각각 대응 양상에 반영된 대로 [i, ɨ, ə, o, u]로 봐도 무난할 것이다. /ㅕ, ㅡ, ㅏ/의 음가를 보다 더 정확하게 설정해서 〈그림 11〉을 〈그림 12〉로 수정할 수 있다.

i(ㅣ)   ɨ(ㅡ)   u(ㅜ)

e(ㅕ)   ə(·)   o(ㅗ)

a(ㅏ)

〈그림 12〉 고대 한국어의 모음 체계(수정 전 2)

〈그림 11〉에 있었던 /ɛ, a~ɑ/를 〈그림 12〉에서 /e, a/로 수정은 했지만 대립 관계는 〈그림 11〉의 그것과 차이가 나지 않는다. 문제가 되는 것은 후기 중세 한국어는 모음 조화 현상을 보인다는 점이다. 중성 모음 /ㅣ/를 제외하면, /·, ㅏ, ㅗ/는 양성 모음, /ㅡ, ㅕ, ㅜ/는 음성 모음이었다. 후기 중세 한국어 단계에 /·, ㅏ, ㅗ/와 /ㅡ, ㅕ, ㅜ/는 어떤 유

형의 대립이었는지 종래에 많은 논의가 있었지만 합의되지 않은 문제이다. 기원적으로 모음 조화가 고대 한국어에 존재했다면 〈그림 12〉의 모음 체계는 모음 조화와 合致되지 않는다는 문제점이 있다. 3.2.2.1에서 모음 체계 내부의 대립 관계를 다시 정밀히 검토해서 이 문제점을 해결할 것이다. 그리고 3.2.2.2에서 필자는 모음 추이 문제와 관련해서 후대의 모음 체계까지 고대 한국어의 모음 체계가 어떠한 변화 과정을 겪었는가 하는 문제도 다룰 것이다.

3.2.2 모음 체계와 관련된 몇 문제

3.2.2.1 모음 조화

모음 조화 현상을 보이는 한국어의 모음 체계를 재구할 때 모음 조화를 고려하지 않을 수 없다. 앞서 李基文(1979), 崔明玉(1982), 金完鎭(1985)에서는 형태소 연결 위치의 모음 조화는 기원적으로 없었을 가능성을 제시하였다. 부사형 어미 '-아/어' 등 어미는 원래 양성 모음 단일형만 존재하였다가 점차 어간 내부의 모음에 따라서 양성 모음과 음성 모음으로 교체되었다고 주장한 가설이다. 그러나 이들의 논의는 모두 형태소 연결 위치의 모음 조화만 다루었고 형태소 내부의 모음 조화가 원래 존재한 것인지, 아니면 나중에 생겨난 것인지 논의하지 못하였다. 15세기 문헌에서 중성 모음 'ㅣ'를 제외하면 형태소 내부에서는 양성 모음 'ㆍ, ㅏ, ㅗ'끼리 음성 모음 'ㅡ, ㅓ, ㅜ'끼리의 모음 조화가 존재하였다. 아직까지 형태소 내부의 모음 조화는 나중에 변화된 결과라고 주장할 만한 증거가 발견되지 않아 고대 한국어의 모음 체계는 양성 모음과 음성 모음이 대립을 보인다는 전통적인 관점이 더 타당해 보인다.

하지만 3.2.1에서 단순히 후기 중고음과의 대응 양상만으로 얻은 모음 체계(〈그림 12〉)에서는 모음 조화가 반영된 대립 관계를 찾을 수 없다. 모음 조화도 모음 사이의 대립 관계에 해당되므로 전승 한자음의 반영 양상에서 추출해 낼 수 있는 각 모음 사이의 대립 관계를 확보해서 다시 그 모음 체계를 재구해야 고대 한국어 단계의 모음 조화 양상이 어떠한지 살펴볼 수 있다.

현대 음운학에서 모음 체계가 수립될 때 가장 기본적인 세 가지 구별 자질이 필요하다. 즉, 고저 대립([±high], [±low] 등), 전후 대립([±front], [±back]), 원순성 대립([±rounded])이다. 〈그림 11, 12〉는 [표 85]의 전승 한자음의 각 모음과 후기 중고음의 대응 관계를 바탕으로 만들어진 것이다. 사실상 그러한 대응 관계로 추출된 모음 체계는 이미 이 세 가지 대립 관계가 포함되어 있다. 왜냐하면 原音이 되는 후기 중고음의 모음 체계에서 이 세 가지 대립이 존재하기 때문이다. 그러나 이 세 가지 대립 관계가 어떻게 고대 한국어의 모음 체계에서 나타나는지 구체적으로 검토될 필요가 있다. 다만, 전승 한자음은 차용어이다. 차용어에 原音에 원래 존재한 자질이 반영되지 않거나 原音에 존재한 자질이 반영되었지만 음운 체계의 차이 때문에 다른 자질로 반영될 수 있다. 하지만 모음 체계 속의 고저 대립, 전후 대립과 원순성 대립은 보편적으로 많은 언어에 존재하는 변별 자질이다. 비록 후기 중고음의 이 세 가지 대립 자질이 그대로 전승 한자음에 반영되지 않을 가능성은 존재하지만 실제로 전승 한자음의 반영 양상에서 原音인 후기 중고음의 이 세 가지 변별 자질이 반영된 흔적을 찾을 수 있다. 현대 언어학의 고저 대립, 전후 대립 그리고 원순성 대립과 관련을 맺을 수 있는 성운학상의 용어와 그 개념을 구체적으로 살펴보고 그것이 전승 한자음에 어떻게 반영되었는지 살펴보고자 한다.

첫째, 고저 대립 관계이다. 종래의 성운학 분류 중에 현대 음운학의 [±high], [±low] 자질에 해당되는 것이 없다. 고저 대립과 관련되는 것은 韻圖에서 外轉과 內轉이라는 분류가 있고, 전통 성운학에서 사용되는 弇侈라는 술어도 있다. 韻圖에서 外轉과 內轉이라는 것은 무엇인가 논

란이 많다. 羅常培(1933)에서 外轉은 前低 모음, 즉 [+front], [-high] 자질
을 가진 모음이라고 하였고, 內轉은 나머지 모음들을 가리킨다고 해석
한 바가 있지만 모두 이에 동의하지는 않았다.[227] 外轉과 內轉의 의미
가 무엇인지는 현재 정확히 밝혀지지 않았다. 弇侈라는 술어도 현대 음
운학의 고저 대립과 관련된다. 기본적으로 弇類 모음이라면 [-low]에 해
당되고 侈類 모음이라면 [+low]에 해당되지만 전설 모음일 때는 그렇지
않다. 4等韻(/ɛ/)은 侈類에 해당되는데 黃笑山(1995)의 9모음 체계에서
/ɛ/는 중모음에 해당되어 [-low, -high]에 해당되기 때문이다. 9모음 체계
에서의 弇侈 분류는 아래의 〈그림 13〉과 같다.

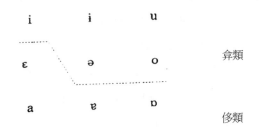

〈그림 13〉 黃笑山(1995: 99)의 弇侈 분류

소위 弇侈 대립이라는 것은 이 9모음 체계에서는 위의 点線의 위아
래의 두 모음의 대립을 말하는 것이다. 즉 /i/ : /ɛ/, /ə/ : /ɐ/, /o/ : /ɒ/의
고저 대립이다. 후기 중고음 단계까지 중고음은 모음 변화를 겪었지만
弇侈 대립은 사라지지는 않았다. 전설의 /i/ : /ɛ/ 고저 대립은 [표 85]에
서 찾을 수 있듯이 그대로 / ㅣ / : / ㅓ /의 대립으로 나타난다. 중설의 /ə/
: /ɐ/ 고저 대립은 후기 중고음 단계의 /ɐ/가 모음 체계에서 사라져 버
려(/ɐ/가 /a/, /ɛ/에 합류) 확보할 수 없다. 후설의 /o/ : /ɒ/ 고저 대립은
후기 중고음 단계에서 /ɒ/가 평순 모음 /ɑ/로 변화한 다음에 /o/ : /ɑ/

---

227) 자세한 연구사는 黃笑山(1995: 37-38)를 참고하기 바란다.

고저 대립으로 바뀌었는데 이 대립은 그대로 /ㅗ/ : /ㅏ/로 반영되었다. 다만 /ㅏ/는 전설의 /a/와도 대응될 수 있어서 /ㅗ/ : /ㅏ/는 순수한 고저 대립 관계로 보기 어려운 면이 있다.

이리하여 고저 대립에 대한 고찰로 비록 많은 정보를 얻을 수 없지만 최소한 /ㅓ/, /ㅗ/는 고대 한국어 단계에서 [-low] 자질을 가진 모음이라는 점은 확실하다.

둘째, 전후 대립 관계이다. 후기 중고음의 모음 체계의 전후 대립 관계를 가장 뚜렷하게 반영할 수 있는 음운 현상은 重紐 현상과 輕脣音化 현상이다. 重紐 현상은 오직 전설 모음에만 보이고 輕脣音化 현상은 오직 비전설 모음 앞에서만 나타난다. 전승 한자음은 輕脣音化의 구체적인 양상이 반영되지 않았다. 또한 후기 중고음의 이중 모음, 삼중 모음이 전승 한자음에서 축약되거나 일부 생략되고 차용된 현상이 보여서 輕脣音化 현상으로 고대 한국어의 모음 체계의 전후 대립을 확인할 수는 없다. 그러나 重紐 현상은 뚜렷하게 전승 한자음에 나타난다. [표 49]에서 필자는 重紐 8韻의 양상을 정리했는데 여기서 다시 [표 49]를 제시하면 아래와 같다.

[표 49] 전승 한자음에서 重紐 8韻의 반영 양상

	牙喉音		脣音	
	重紐 B류	重紐 A류	重紐 B류	重紐 A류
支	긔 羈奇琦 희 戲	기 岐枳	비 碑羆 피 陂皮疲	비 卑脾 피 避辟
脂	긔 飢肌祁	기 耆棄	비 悲	비 匕琵
祭	계 揭偈	예 藝	-	폐 蔽弊
眞	근 墐僅覲 흔 釁	긴 緊 길 吉	빈 彬貧 필 筆弼	빈 賓頻 필 匹必
仙	건 愆騫乾 걸 桀傑	견 遣譴 혈 孑	변 辯辨變卞 별 別	편 偏篇 별 鼈
宵	교 橋轎嬌	교 蹺	표 表鑣臕	표 漂飄
侵	금 今金琴錦	읍 揖	품 品稟	-
鹽	검 黔黚檢	염 厭魘	폄 貶	-

牙喉音 뒤에 宵韻과 侵韻을 제외하면 나머지 重紐韻들은 'ㅣ : ㅓ', 'ㅣ : ㅡ', 'ㅕ : ㅓ'로 전승 한자음에서 달리 나타났다. 후기 중고음의 전설 모음 /i/, /ɛ/는 / ㅣ/와 / ㅓ/로 나타난 것이다. /ㅡ/는 3等 B류 介音 /ri/의 음성적 실현인 [ɨ]의 대응 결과이기 때문에 별개의 문제이다. 반대로 2장에서 살펴보았듯이 / ㅣ/와 / ㅓ/는 특수한 경우를 제외하면 후기 중고음의 비전설 모음과 대응되지 않는다. 따라서 후기 중고음의 [+front] 모음과 [-front] 모음의 대립은 전승 한자음에 / ㅣ, ㅓ/와 다른 모음의 대립으로 반영된 것이었다.

전후 대립 관계로 확인되는 점은 전승 한자음이 차용될 당시의 고대 한국어 모음 체계에서는 오직 / ㅣ/와 / ㅓ/만이 전설 모음이었고 나머지 모음들은 모두 비전설 모음들이었다는 점이다.

셋째, 원순성 대립 관계이다. 성운학 술어인 開口와 合口는 현대 음운학의 [±rounded] 자질과 대등한 것으로 볼 수 없지만 /V/와 /uV/의 차이는 결론적으로 韻腹(핵모음) 앞에다가 원순성 요소인 /u/ 介音을 추가한 것이라서 [±rounded] 자질과 관계를 뗄 수도 없다. 비록 合口音 /uV/는 실제로 한어에서 두 개의 분절음으로 실현이 되고 축약되지 않지만 전승 한자음에서는 한 개의 분절음으로 축약되는 현상이 발견된다. 중고음의 /uV/를 단모음 하나로 축약해서 차용할 때 후기 중고음의 合口韻은 곧바로 고대 한국어의 원순 모음으로 반영되었을 것이다. 이 合口韻과 대응되는 開口韻이 반영된 모음은 곧바로 그 원순 모음의 평순성 짝이 된다. 이 경우, 후기 중고음의 開合口 대립이 고대 한국어에서 원순성 대립으로 받아들이게 된다. 따라서 開合口韻의 대립이 전승 한자음에 반영된 양상을 살펴보면 원순성 대립 짝이었던 고대 한국어 모음들을 찾아낼 수 있다.

필자는 2장의 곳곳에서 전승 한자음의 반영 양상을 기술하면서 전승 한자음 차용 당시에 /ㅗ/ : / ·/, /ㅜ/ : /ㅡ/는 [±rounded] 자질에 의한 대립 짝들이었다고 지적한 바가 있다. 여기서는 모든 開合口韻들의 반영 양상을 아래의 [표 86]에 모아 그 전반을 정리하도록 하겠다.

[표 86] 開合口韻이 전승 한자음에 반영된 양상

韻	開口 주 반영 양상	開口 例字	合口 주 반영 양상	合口 例字
眞A	인/일	緊陣磷進賢人頻民/吉逸秩疾悉 日必匹蜜	운/울	均倫皺春純閏/恤黜律出述術
脂A	이	棄夷遲致脂鴟尸鼻	유	遺追類推誰穗
蒸入 228)	익 ; 윽	翼直敕匿職式 ; 極卽側	역	洫域
眞B	은/을	僅釁銀/乙	운/-	窘殞
脂B	의	器懿妃	웨 ; 위	軌櫃匱 ; 位喟匭
欣(文)	은	斤欣隱/訖	운	君訓云分文/屈蔚佛
微	의	幾希衣	위	貴魏彙
登	응/윽 ; ㆁ/ㄱ	肯登能楞增僧層崩/克黑得特肋則北墨 ; 恆/刻	응/윽 ; 홍/혹	薨/國 ; 弘/或
痕(魂)	은/을 ; 은/-	根痕恩/麧 ; 墾恨吞	운/울 ; 운/울	裩屯噴門/訥 ; 坤魂溫豚論存寸孫本/骨忽兀突卒窣沒
咍(灰)	ㆎ	開孩愛待態來材菜塞賽	ㅚ	槐灰頹餒雷罪崔
魚(虞)	어 ; 여	居虛魚 ; 儲女侶杵書如予	우 ; 유	區于縷府武 ; 廚主樞戍乳喩
江(冬)	아/야	江巷幢窗雙邦/角樂卓捉朔朴邈	옹/옥	攻冬統農宗宋/梏沃毒褥
淸A	영/역	輕纓呈令井請盛盈屛名/脊籍尺石驛壁	영/역	頃騂營/役
仙A	연/열	遣展連錢遷仙然燃延篇面/子哲列折舌熱鱉滅	연/열	絹傳全川旋蠕/缺啜劣絕雪悅
祭A	ㅖ	藝滯例制世曳	ㅖ	歲睿
支A	ㅣ	岐知馳只侈施卑彌	ㅠ	規觿
仙B	언/얼	件諺/桀孼	원/월	卷員
祭B	ㅖ	揭憩	위	衛
支B	의	奇戲宜	위 ; ㅖ	爲 ; 詭毀
靑	영/역	經形丁聽霤靈靑星瓶萍冥/擊的滌歷績析壁覓	영/-	熲炯
先	연/열	堅現典天蓮憐箋千先邊片麵/結絜蠍鐵切楔篾	연/열	鵑玄淵/決
庚3B	영/역	京荊英兵平明/緆逆碧	영/-	兄永
庚2	ᆡ응/ᆡ윽	坑行撑生烹盲/客額宅擇柵索魄陌	ᆡ응/-	觥橫

刪	ㅏ/ᆦ	姦奸鴈赦屭訕斑板蠻/圿睹刹拔	산/ᅪᆯ	關還莞攣/刮
夬	ㅐ	餲薑寨敗邁	ㅙ	快
麻2	ㅏ	加下牙吒鮓差沙爬馬	ㅘ	寡化瓦檛
元	ㅏ/ᆦ	反販晚/羯喝發襪	권/ᅯᆯ	圈喧遠/關月
	ᅥ/ᆋ	鞬獻言繁/歇伐		
嚴(凡)	ᅥ/ᆸ	劍蘞嚴/怯業	ᅥ/ᆸ	凡/法
廢	ㅖ	乂廢	ㅖ	穢
			ㅖ	喙
耕	ᅵᆼ/ᅴᆨ	莖幸櫻爭萌/核隘冊麥	ᅬᆼ/ᅬᆨ	宏/馘獲
山	ㅏ/ᆦ	間閑眼綻盞屭山/察殺	산/ᅪᆯ	幻/滑刷
皆	·ㅣ	皆骸齋拜埋	ㅚ	怪懷
佳	ㅐ	街崖嬭債牌賣	ㅙ	拐歪
	ㅏ	佳差罷	ㅘ	畫
陽	ᅣᆼ/ᅧᆨ	姜鴦訪望/脚虐縛	ᅡᆼ/ᅱᆨ	狂況王/鑊
	ᅣᆼ/ᅣᆨ	香長糧將翔攘/着略雀芍弱		
歌	ㅏ	可何峨多他那羅磋娑	ㅘ	科和渦坐
唐	ᅡᆼ/ᅥᆨ	康航昂唐湯囊狼葬倉喪彷忙/各鶴愕洛昨錯索博莫	ᅡᆼ/ᅱᆨ	光黃汪/郭穫
寒	ㅏ/ᆦ	干寒安單彈難欄贊傘/渴割遏達捺辣捹薩	산/ᅪᆯ	冠歡睕/括活撮
泰	ㅐ	蓋害泰奈蔡貝	ㅚ	會外最

[표 86]에서 필자는 모든 開合口의 대립이 존재하는 韻의 전승 한자음 반영 양상을 모두 제시하였다. [표 86]의 開口韻 반영 양상에서 모음 /ㅗ/와 /ㅜ/는 아예 나타나지 않았다. 이는 고대 한국어의 /ㅗ/와 /ㅜ/도 현대 한국어와 같이 평순 모음이 아닌 원순 모음이라는 점을 암시해 준다. 반면에 /ㅣ, ㅏ/는 合口韻과 관련이 없어서 두 모음은 고대 한국어 단계에도 현대 한국어와 같은 평순 모음이다.

먼저 /ㅣ, ㅏ/의 원순성 짝은 찾을 수 없다. [표 86]에서 眞A, 脂A, 支A 의 開口韻은 /ㅣ/로 반영이 되지만 合口韻은 이중 모음인 /ㅠ/로 나타 났다. 'ㅠ'는 전설 원순 모음 [y]에서 변화한 것이라고 주장할 수 없으므 로 /ㅣ/의 원순성 짝은 없고 고대 한국어의 모음 체계에 /y/는 존재하지

---

228) 蒸韻의 開合口 대립은 入聲韻에만 나타난다.

않았던 것으로 보인다. /ㅏ/는 江, 刪, 夬, 麻2, 山, 佳, 歌, 寒, 泰 등 開口韻과 대응이 되는데 그 合口韻은 /ㅗ, ㅘ, ㅙ, ㅚ/ 등으로 반영되었다. /ㅗ/는 冬韻의 반영 양상인데 江韻과 冬韻을 한 쌍의 開合口韻으로 처리하는 것은 음운론적인 고려를 한 결과이다. 冬韻은 실제로 江韻의 合口韻으로 실현되지 않아서 冬韻의 반영 양상은 /ㅏ/의 원순성 짝을 찾아내는 데에 참고되지 않는다. /ㅚ/는 泰韻 合口의 반영 양상이다. 泰韻 開口과 咍韻은 /ㅐ/ : /ㆍㅣ/로 달리 나타났지만 泰韻 合口와 灰韻(咍韻)이 모두 /ㅚ/로 나타난 것은 흥미롭다. 하지만 /ㅚ/는 /ㅐ/보다 /ㆍㅣ/의 合口 반영으로 봐야 된다. 왜냐하면 앞에서 우리는 이미 /ㅗ/는 [-low] 자질을 가진 모음이라는 것을 알게 되었는데 /ㅏ/도 [-low] 모음으로 본다면 모음 체계 안에 [+low] 자질 모음은 없다. 그러므로 泰韻 合口가 /ㅚ/로 반영된 것은 /ㅏ/의 원순성 짝이 없어서 원순 모음 중에 비교적 조음 위치가 /ㅏ/와 가장 가까운 원순 모음 /ㅗ/로 반사된 것이라고 해석해야 된다. 한편, 다른 韻을 고찰해 보면 /ㅗ/는 /ㆍ/의 원순성 짝임을 알 수 있다. 泰韻을 제외하면 나머지 /ㅏ/로 반영된 대부분의 開口韻들의 合口韻은 이중 모음 /ㅘ/로 나타났다. 이는 다시 /ㅏ/의 원순성 짝이 존재하지 않아 w계 상승 이중 모음으로 반사된 것을 보여준다.[229]

／ㅓ/도 역시 원순성 짝이 없다. [표 86]을 살펴보면 開口韻의 모음이 /ㅓ, ㅕ, ㅖ, ㅔ/로 반영될 때(魚, 淸A, 仙A, 祭A, 仙B, 祭B, 靑, 先, 庚3B, 嚴, 廢) 그 合口韻은 /ㅜ, ㅠ, ㅕ, ㅝ/로 나타났다. /ㅜ, ㅠ/는 魚韻의 合口韻인 虞韻의 반영 양상이다. 우선 2.2.3.5에서 언급했듯이 魚·虞韻

---

229) 泰韻 合口는 왜 여타의 合口韻처럼 /ㅙ/로 나타나지 않고 /ㅚ/로 나타나는가 하는 의문을 제기할 수 있다. 한어에서 /uV/는 원래 축약되지 않지만 꼭 그렇지는 않다. 灰韻과 泰韻 合口가 합류된 다음에 음운론적으로 /uɑi/이지만 음성적으로는 [ɒi]나 [ɔi]로 실현되었을 가능성이 높다. 이에 참고가 되는 것은 李新魁(1988: 52)에서 灰韻(泰韻 合口 포함)의 宋音을 ‘ɔi’로 재구하였다는 점이다. 다만 그 시기는 필자가 주장한 8세기 후반-9세치 초의 長安音보다 늦다.

을 開合口韻으로 보는 것은 이견이 있다. 그리고 魚·虞韻을 開合口韻으로 보더라도 전기 중고음 시기에만 이렇게 볼 수 있다. 후기 중고음 단계에서는 魚韻의 조음 위치가 바뀌었지만 虞韻은 그대로 /u(r)io/로 남아 있어서 이 시기에 虞韻은 魚韻의 合口韻으로 볼 수 없다. 따라서 /ㅜ, ㅠ/는 /ㅕ/의 합구 반영 유형으로 처리할 수 없으므로 /ㅕ/ : /ㅜ/는 원순성 대립 관계로 볼 수 없다. 나머지 대부분의 /ㅕ/로 반영된 開口韻의 合口韻은 그대로 /ㅕ/로 나타났고, /ㅓ/로 반영된 開口韻의 合口韻은 /ㅝ/로 나타났다. /ㅕ/에 해당하는 合口 형이 전혀 나타나지 않고 /u/ 合口 介音은 차용 당시에 생략되고 말았다. 이는 고대 한국어 당시에 /uiɛ/(/uie/)와 같은 삼중 모음을 허용하지 않은 탓이다. /ㅓ/의 合口韻도 단모음이 아닌 이중 모음 /ㅝ/로 반영되었으니 고대 한국어 단계에서 /ㅓ/의 원순성 짝은 존재하지 않았던 것이다. 이리하여 고대 한국어의 모음 체계에 전설 원순 모음은 존재하지 않았고 /ㅓ/는 현대 한국어처럼 /ㅗ/와 원순성 대립을 이루지 않았다는 것을 알 수 있다.

/ㆍ/와 /ㅗ/는 고대 한국어 단계에서 원순성에 의한 대립 짝이었다. 登(일부), 痕(일부), 咍, 庚2, 耕, 皆韻의 開口韻의 모음은 /ㆍ, ㆎ/로 나타났고 이에 대응되는 合口韻은 정확하게 /ㅗ, ㅚ/로 나타났다. 후기 중고음의 'uV'가 '[w]+ㆍ'가 아닌 하나의 단모음 /ㅗ/로 반영된 것은 /ㅗ/가 /ㆍ/의 원순성 대립 짝임을 암시해 준다.

/ㅡ/와 /ㅜ/도 똑같은 원순성 대립 짝으로 파악된다. 眞B, 脂B, 欣, 微, 登(일부), 痕(일부), 支B의 開口韻 모음이 /ㅡ/ 혹은 /ㅢ/로 반영되었는데 그 合口韻 모음은 /ㅜ/ 혹은 /ㅟ/로 나타났다. 마찬가지로 후기 중고음의 'uV'가 '[w]+ㅡ'가 아닌 하나의 단모음 /ㅜ/로 반영되었는데 이는 차용 당시에 /ㅜ/는 /ㅡ/의 원순성 대립 짝임을 보여 준다.

/ㆍ/와 /ㅗ/, /ㅡ/와 /ㅜ/가 원순성에 의한 대립 짝이라는 사실을 통하여 고대 한국어 단계의 비전설 고모음과 비전설 중모음의 배치를 아래의 〈그림 14〉처럼 할 수 있다.

$$\text{ㅡ} \quad\text{——}\quad \text{ㅜ}$$
$$\cdot \quad\text{——}\quad \text{ㅗ}$$

〈그림 14〉 /·, ㅗ, ㅡ, ㅜ/의 대립 관계

앞에서 우리가 고저 대립을 검토한 결과, /ㅓ/와 /ㅗ/는 [-low] 모음이
고, 전후 대립을 검토한 결과, /ㅣ/와 /ㅓ/는 [+front] 자질을 가진 모음이
라는 것을 알게 되었다. 그러므로 〈그림 11, 12〉에서 /ㅣ/를 [+front,
+high], /ㅓ/를 [+front, -low, -high]로 보는 것은 타당하다. /ㅏ/는 저모음
으로 볼 수밖에 없다. 〈그림 14〉의 원순성 대립을 고려해도 고대 한국
어의 모음 체계는 〈그림 11, 12〉의 그것과 달라지지 않는다. 결론적으
로 음운 대응뿐만 아니라 대립 관계를 고려했을 때 〈그림 11, 12〉에서
재구된 고대 한국어 모음 체계는 합리적이라 할 수 있다.

이제는 모음 조화를 고려해야 할 차례이다. 〈그림 14〉에서 /·, ㅗ/
와 /ㅡ, ㅜ/는 고저 대립을 이루는데 모음 조화를 고려해서 /ㅏ/와 /ㅓ/
도 고저 대립을 이룬다고 할 수 있을까?

$$\text{ㅣ} \qquad \text{ㅡ} \qquad \text{ㅜ}$$
$$\text{ㅓ} \qquad \cdot \qquad \text{ㅗ}$$
$$\text{ㅏ}$$

〈그림 15〉

〈그림 15〉에서 /ㅏ/를 전설 저모음으로 설정하게 되면 양모음과 음모음의 대
립은 고저 대립이 된다. 하지만 /ㅏ/가 전설 모음이었다는 증거는 발견되지 않고
〈그림 15〉처럼 모음 조화를 고저 대립으로 보더라도 /ㅣ/ 때문에 균형이 맞지
않는다.

주목할 것은 후기 중세 한국어 단계에 'ㅸ〉w'의 변화가 일어난 동시
에 'ㅂㅡ〉우', 'ㅂ〉오'의 변화가 일어났고 근대 한국어 단계에 일어난 원순

모음화 현상에서도 /ㅡ/〉/ㅜ/, /ㆍ/〉/ㅗ/(방언)와 같은 변화 양상을 찾을 수 있어서(郭忠求 1990: 85) 후기 중세 한국어 단계까지만 해도 /ㆍ, ㅗ, ㅡ, ㅜ/의 위치는 〈그림 14〉와 같이 변화하지 않은 것 같다. 기존에 후기 중세 한국어 모음 체계를 대표적으로 아래의 〈그림 16〉과 〈그림 17〉로 달리 재구하였다.

<table>
<tr><td>ㅣ</td><td>ㅡ</td><td>ㅜ</td><td></td><td>ㅣ</td><td></td><td>ㅡ(ㅜ)</td></tr>
<tr><td></td><td>ㅓ</td><td>ㅗ</td><td></td><td></td><td>ㅓ</td><td>ㆍ(ㅗ)</td></tr>
<tr><td></td><td>ㅏ</td><td>ㆍ</td><td></td><td></td><td>ㅏ</td><td></td></tr>
<tr><td colspan="3" align="center">〈그림 16〉</td><td></td><td colspan="3" align="center">〈그림 17〉</td></tr>
</table>

〈그림 16〉은 李基文(1972), 〈그림 17〉은 金完鎭(1978)에서 재구한 15세기 한국어의 모음 체계이다. 위에서 말한 원순 모음화뿐만 아니라 16세기에 일어난 'ㆍ'의 1차 변화인 'ㆍ〉ㅡ'의 변화도 〈그림 16〉의 모음 체계로 설명하기 어렵다. 따라서 필자는 〈그림 17〉에서 재구된 15세기의 모음 체계가 더 타당할 것 같다고 생각한다. 〈그림 17〉의 모음 체계에서 모음 조화를 사선적인 대립 관계로 보았다. 모음 조화는 X유형(구개적인 조화나 고저 대립의 조화)에서 Y유형(사선적인 조화)으로 변화하기 어렵다고 본다. 왜냐하면 모음 조화와 모음 체계의 合致가 깨진 뒤 일정 시기가 지나면 모음 조화는 지켜지지 않기 마련이다. 이때 모음 체계에서 모음 조화에 의한 대립 관계들은 사라지게 된다. 모음 조화와 모음 체계의 不合致가 다시 다른 유형의 合致로 변화하게 되는 과정은 일어나기 어렵다. 그러므로 〈그림 17〉대로 고대 한국어의 모음 체계도 사선적인 조화였을 가능성이 높다. 그렇다면 〈그림 11, 12〉의 모음 체계를 〈그림 18〉과 같이 변경시킬 수 있다.

〈그림 18〉

〈그림 18〉에서 /ㅏ/의 위치를 중설 위치의 저모음에 놓고, /ㅓ/의 위치를 /ㅣ/보다 약간 중설 쪽으로 설정하였다. 그리고 /ㅡ/와 /·/, /ㅜ/와 /ㅗ/는 단순한 고저 대립이 아닌 사선적 대립으로 설정하였다. 이렇게 되면 고대 한국어의 모음 체계는 사전적 조화인 것으로 볼 수 있다. 참고로 〈그림 18〉은 박창원(1986: 341)에서 재구한 15세기 모음 체계 및 박창원(2004: 129)에서 재구한 고대 한국어 모음 체계와 같다.[230]

金完鎭(1978: 131)에서 'w+ᄋᆞ→오, w+으→우'라는 내적 증거를 바탕으로 재음소화해서 〈그림 17〉처럼 'ㅗ'와 'ㅜ'를 음소 목록에서 제외하였다. 필자도 앞에서 開合口의 대응에서 후기 중고음의 'V'가 'ㅡ, ·'로 나타나게 되면 'uV'가 'ㅜ, ㅗ'로 나타난다는 점을 지적한 바 있다. 그렇다면 고대 한국어 단계에서도 'w+ᄋᆞ→오, w+으→우'의 공식이 성립되는 것으로 볼 수 있어 〈그림 18〉을 다시 〈그림 19〉와 같이 수정할 수 있다.

ㅣ   ㅡ(ㅜ)

ㅓ   ·(ㅗ)

ㅏ

〈그림 19〉

---

230) 그러나 본고에서의 재구 근거는 박창원(2004)와 다르다.

필자가 재구한 고대 한국어의 모음 체계 〈그림 19〉는 金完鎭(1978)에서 재구한 〈그림 17〉의 모음 체계와 사실상 같다. 〈그림 19〉는 〈그림 18〉과 같이 고대 한국어의 모음 조화를 사선적인 것으로 보았다. 필자는 8세기 후반-9세기 초의 모음 체계를 재구한 것인데 〈그림 19〉와 〈그림 17〉이 같다는 것은 곧 9세기 초부터 15세기 중엽까지 한국어의 모음 체계에 변화가 거의 없다고 주장하는 셈이다. 이는 15세기 이전에 모음 추이가 일어났다고 주장한 李基文(1972) 등 기존 학설과 충돌된다. 이 문제에 대해서 다음 소절에서 집중적으로 검토하겠다.

3.2.2.2 모음 추이

李基文(1972)에서 모음 추이 가설을 제기한 바가 있다. 앞의 〈그림 16〉과 아래의 〈그림 20〉과 〈그림 21〉은 각각 李基文(1972: 111, 114)에서 재구한 후기 중세 한국어(15세기) 모음 체계, 전기 중세 한국어 (12·13세기) 모음 체계, 고대 한국어 모음 체계이다.

ㅣ	ㅡ	ㅜ		ㅣ	ㅜ	ㅗ		ㅣ	ㅜ	ㅗ
ㅓ	ㅗ			ㅓ	ㅡ	·			ㅡ	·
ㅏ	·				ㅏ				ㅓ	ㅏ
	〈그림 16〉				〈그림 20〉				〈그림 21〉	

먼저 〈그림 16〉의 15세기 모음 체계를 재구할 때 의거한 자료는 주로 외국어를 한글로 표기한 ≪四聲通解≫(蒙古 八思巴 文字와 한글의 대응 자료, 근대 한음과 한글의 대응 자료)와 ≪伊路波≫(일본어를 한글로 전사한 자료)와 ≪東國正韻≫(한자음 자료), 그리고 중세 한국어를 외국어로 전사한 ≪朝鮮館譯語≫이다. 李基文(1972)에서는 이러한 한자음 및 외국어 寫音 자료들을 이용하여 15세기의 'ㅗ'와 'ㅜ'는 각각 [o]

와 [u], 'ㅡ'는 중설의 고모음 [ɨ], 'ㅓ'는 중설의 [ə]였다고 주장하였다. 'ㆍ'는 ≪朝鮮館譯語≫에서 'ㅓ'와 혼돈되었다고 보았고(李基文 1972: 110) 그 음가는 그 이전의 연구인 李崇寧(1948)을 참고하여 [ʌ]였다고 주장하였다.

〈그림 20〉의 12ㆍ13세기 모음 체계를 재구한 근거는 아래와 같다. 먼저, '銅' 등의 전승 한자음은 'ㅗ'로 나타났지만 ≪四聲通解≫에서 'ㅜ'로 표기되어 있어서 15세기 이전에 [u]〉[o]의 변화가 있었다고 보았다. 13세기에 차용된 몽골어 차용어를 살펴본 결과, 'ㅗ'는 몽골어의 'o, u'와 모두 대응되고 'ㅜ'는 몽골어의 'ü'와 대응된다. 따라서 이 시기에 'ㅗ'는 후설 원순 고모음 [u], 'ㅜ'는 중설 원순 고모음 [ʉ]에 가깝다고 하였다. 한편, ≪鷄林類事≫에서도 'ㅗ'와 'ㅜ'가 한결같이 宋音의 [u]로 적힌 예가 많다고 하였다. 그 다음에, 'ㅓ'는 몽골어의 [e]와 대응되어 있어 그 음가는 [e]에 가까웠다고 하였다. 마지막으로, 'ㅡ'와 'ㆍ'는 몽골어 차용어에서 뚜렷하게 나타나지 않았지만 제2 음절에 있어서는 'ㅜ'와 'ㅗ'의 원순성이 적은 변종이라고 보았다. 'ㆍ'는 ≪鷄林類事≫에서 宋音의 [o]와 [a]로 表寫되어서 [ɔ]에 가깝다고 하였다.

〈그림 21〉은 〈그림 20〉을 체계적인 관점에서 재구성한 것이다(李基文 1972: 114). 이 모음 체계는 알타이어의 구개적 모음 조화를 배려한 것이다. 고대 한국어의 'ㅓ'를 저모음으로 설정한 것에 대해서는 전승 한자음에서 'ㅓ'가 중고음의 'ä'에 대응된다는 점을 그 근거로 제시하였다.

李基文(1972)에서 재구된 〈그림 16〉과 같은 15세기의 모음 체계가 다른 기존의 논의와 비교했을 때, 가장 중요한 특징은 모음 조화가 반영되어 있지 않다는 점이다. 그 원인은 李基文(1972: 133)에서 고대 한국어 단계에 모음 조화와 모음 체계는 合致되었지만 고대 한국어 모음 체계부터 15세기의 모음 체계까지 모음 체계에 추이가 일어났고 모음 조화는 그대로 옛 틀을 유지한 것으로 보았기 때문이다. 하지만 〈그림

16)의 후기 중세 한국어 모음 체계로 16세기의 '·〉ㅡ'와 근대 한국어 단계의 원순 모음화를 설명할 때 설득력이 약하다는 문제점이 존재한다.

전기 중세 한국어 단계부터 후기 중세 한국어 단계까지 [u]〉[o]의 변화가 있었다는 견해도 재고할 필요가 있다. 김주원(1992)에서는 13세기의 몽골어 차용어는 '귀로 들은 자료'이고 八思巴 文字에 대한 한글 표기는 '눈으로 본 자료'라고 지적하고 두 가지 자료를 같은 방법으로 처리할 수 없다고 李基文(1972)의 방법론을 비판하였다. 김주원(1992: 60)에 따르면 ≪四聲通解≫에서 한자음을 표기한 八思巴 文字를 한글로 옮겨서 인용하고 있는데 1대 1의 轉字가 아니면 한글 표기는 무의미해진다. 그 당시의 몽골어는 'o, u, ö, ü' 네 개의 원순 모음을 갖고 있었지만 중세 한국어의 원순 모음은 'ㅗ, ㅜ'밖에 없었다. 'o'를 'ㅗ', 'u'를 'ㅜ'로 표기하였다고 하였다. 'ö, ü'의 八思巴 文字는 'o, u'의 八思巴 文字 위에다 'ㄷ' 모양의 字素를 추가한 것이다. 'ö'를 'ㅚ'로 표기하였지만 'ü'를 'ㅟ'로 표기하면 原音과 거리가 멀어서 'ㅠ'를 사용한 것이라고 해석하였다. 반면에 실제 소리를 들은 13세기의 몽골어 차용어에서 몽골어의 'u'는 'ㅗ'로 나타났다. 김주원(1992: 66)에서 현대 몽골어 방언의 'u'를 현대 한국인들이 'ㅗ'로, 현대 몽골어 방언의 'ü'를 현대 한국인들이 'ㅜ'로 청취하는 것은 13세기의 몽골어 차용의 양상과 조금도 다르지 않다고 하였다. 이상과 같이, 몽골어 차용어와 八思巴 文字 轉寫를 근거로 13-15세기 사이에 [u]〉[o]의 변화가 있었다고 주장하기에는 어려움이 있어 보인다.

李基文(1972)에서 15세기 이전에 [u]〉[o]의 변화가 있었다고 한 나머지 주장은 '銅' 등의 전승 한자음은 '동'(≪東國正韻≫은 '똥')인데 ≪四聲通解≫에서는 '뚱'으로 나온다는 것이다. 그 근거는 ≪切韻≫ 이래 '銅'의 모음은 [u]였다는 것이다. 하지만 이 주장에도 문제가 있다. '銅'은 東韻 1等字인데 그 ≪切韻≫ 音은 /uŋ/가 맞지만 후기 중고음 단계, 정확히 말해서 中唐-五代의 長安 방언에 東韻 1等은 冬韻(/uoŋ/)에 합류되었다(河野六郎 1968/1979: 469-470, 488-489; 黃笑山 1995: 201; 權仁瀚 2006: 67).[231] 冬韻은 모두 전승 한자음에서 'ㅇ/ㅗㄱ'으로 반영되었다. ≪四聲通解≫에서 東韻 1等이 'ㅇ'으로 나타나는 것은 宋音 이후에 東韻 1等의 음이 /uŋ/(/uk/)로 나타났기 때문이다(李新魁 1988: 52-53, 周傲生 2008: 158).

東韻 1等이 '/uŋ/(≪切韻≫)〉/uoŋ/(中唐-五代)〉/uŋ/(宋 이후)'와 같은 'A〉B〉A'의 변화를 겪었다는 것은 특이해 보이지만 이러한 변화 과정이 있었다기보다 방언차로 설명해야 된다. 즉, ≪切韻≫ 시기의 雅音은 洛陽音이었는데 中原 방언에 東韻 1等은 李基文(1972)의 지적대로 ≪切韻≫ 이래 /uŋ/로 되어 있지만, 長安 방언이 중심인 서북 방언에서는 中唐부터 東韻 1等이 /uoŋ/로 변화되었다는 것이다. 唐이 멸망한 다음에 雅音의 기초 방언은 정치 중심이 中原으로 회복됨에 따라 다시 長安 방언에서 中原 방언으로 바뀌었다. 그러므로 宋 이후에 東韻 1等의 雅音은 中原 방언의 /uŋ/가 된다. 현대 한어 방언을 보면 다른 北方 官話에서 東韻 1等의 음은 [uŋ]로 나타나지만 西安(구 長安) 방언에 東韻 1等의 음은 아직도 [uoŋ]로 나타난다(北京大學中國語言文學系語言學敎硏室 編 1989: 354-360). 그러므로 /uoŋ/는 長安 방언이라고 봐야 되고 전승 한자음은 長安音을 차용한 것이기 때문에 'ㅇ'으로 나타나게 된 것이다. ≪四聲通解≫는 근대 한음을 표기한 것이다. 그 당시의 표준어(北京 방언 혹은 中原 방언)에 東韻 1等은 /uŋ/였으므로 ≪四聲通解≫에서 'ㅇ'으로 표기한 것이다.

음운 변화로 설명하든 방언차로 설명하든 분명히 실제 자료에서 中唐-五代의 長安音에서 東韻 1等이 冬韻(/uoŋ/)에 합류하였고, 宋 이후에 東韻 1等은 /uŋ/였다. 결론은 전승 한자음에서 東韻 1等이 'ㅇ'으로, ≪四聲通解≫에서 東韻 1等이 'ㅇ'으로 나타나는 것은 한국어 내부에서

---

231) 2.2.3.3을 참고하기 바란다.

[ul]〉[o]의 변화가 일어났기 때문이 아니라 東韻 1等의 한어 原音이 바뀌었기 때문이다.

위와 같이 [ul]〉[o]의 변화가 있었다고 주장한 증거는 설득력이 약해서 12·13세기의 모음 체계에 'ㅗ'는 /u/, 'ㅜ'는 /ᆏ/였다고 보기 어렵다. 李基文(1972: 113)에서도 13세기에 차용된 몽골어 차용어는 '오뇌, 오닉'(onu, 括)와 '터물, 터믈'(temür, 鐵)이 공존하는 것은 'ㆍ', 'ㅡ'는 제2음절에 있어서의 'ㅗ, ㅜ'의 변종으로 나타나는 것이라고 보았다. 그리고 前二者는 後二者와 매우 가까우면서 원순성이 적은 것이라고 보았다. 그러나 〈그림 20〉에서 'ㅡ'와 'ㅜ', 'ㆍ'와 'ㅗ'는 고저 대립이므로 이러한 원순성의 차이를 반영하지 못한다. 오히려 'ㅡ~ㅜ', 'ㆍ~ㅗ'에 대한 처리는 金完鎭(1978)에서 재구된 15세기 모음 체계가 더 13세기의 모음 체계에 가까워 보인다. 몽골어 차용어에서 'ㅓ'는 몽골어의 전설 모음과 대응되고 'ㅣ'와 'ㅏ'의 위치는 비교적 고정되어 있으므로 13세기의 모음 체계도 金完鎭(1978)에서 재구된 〈그림 17〉의 모음 체계와 크게 다르지 않았다고 할 수 있다.

여기서는 전승 한자음이 차용된 뒤로부터 15세기 한글 창제까지 한국어의 각 모음들의 변화 여부를 확인해 보고자 한다. 다룰 자료들은 전기 중세 한국어 자료인 《鷄林類事》, 《朝鮮館譯語》와 후기 중세 한국어 자료인 《洪武正韻譯訓》·《四聲通解》(이하는 譯訓通攷通解라고 한다)[232]의 正俗音과 《飜譯老乞大朴通事》의 우측음 자료이다.[233] 전기 중세 한국어 자료들은 한어로 한국어를 표기한 자료이며

---

232) 《洪武正韻譯訓》은 《洪武正韻》의 번역본이고, 《四聲通攷》는 《洪武正韻譯訓》의 字釋을 빼고 收錄字만 따로 모아 韻別로 나누고 같은 韻內에서는 字母順으로 같은 字母에 속한 수록자들을 平上去入順으로 배열한 것이었다. 《四聲通解》는 《四聲通攷》의 增修本이다(姜信沆 1973: 34).

233) 《飜譯老乞大朴通事》의 좌측음은 《洪武正韻譯訓》·《四聲通攷》·《四聲通解》식 음이고 우측음은 16세기 당시 한어 북방 현실음을 표기한 것이다. 그러나 《四聲通解》 뒤에 실려 있는 〈飜譯老乞大朴通事凡例〉에서 오히려 '今之反譯 書正音於右 書俗音於左'

후기 중세 한국어 자료들은 한글로 한자음 또는 한어를 표기한 자료이다.

먼저, 범언어적으로 가장 조음하기 쉬운 모음인 / ㅣ, ㅏ/는 변화하지 않은 것으로 파악된다. 실제 자료에서 師思韻 [ㄴ, ㄴ]에 속한 한자들을 제외하면 위의 자료에서 宋·明 시기 한어의 /i/와 /a, ɑ/는 각각 전·후기 중세 한국어의 / ㅣ/와 / ㅏ/가 대응되는 것이었다. 비교적 분명한 것이므로 자료 제시는 생략하겠다.

그 다음에 / ㆍ, ㅡ/의 변화 여부를 살펴보자. 전승 한자음에서 / ㆍ/는 후기 중고음의 /ə/뿐만 아니라 師思韻 [ㄴ, ㄴ]와도 대응된다는 것을 앞서 이미 확인하였다. 우선, 전기 중세 한국어 자료인 ≪鷄林類事≫에서 齒音을 제외한 나머지 자음 뒤의 / ㆍ/는 / ㅏ/와 구별되지 않고 宋音의 /a, ɑ/로 표기되었다. 이 현상은 李基文(1972), 姜信沆(1980)에서 보고된 바가 있었고[234] 자료의 양이 많아 제시하지 않겠다. 李基文(1972)에서 전기 중세 한국어의 'ㆍ'를 [ɔ], 姜信沆(1980)에서 전기 중세 한국어의 'ㆍ'를 [ʌ]로 재구하였다.[235] [ʌ] 재구는 / ㆍ/와 / ㅏ/가 ≪鷄林類事≫에서 구별되지 않고 표기된 것을 쉽게 설명할 수 있다. 그러나 아래와 같이,

---

라고 하였다. 金完鎭(1976: 18)의 지적대로 실제로는 正音은 왼쪽에 俗音은 오른쪽에 위치하고 있고 〈飜譯老乞大朴通事凡例〉의 내용은 단순한 誤記였을 것이다. 한편, 金完鎭(1976)에서는 凡例의 기술은 원래 飜譯의 기준이었는데 실제 著述 과정에서 그것이 너무 繁雜하여 지금 우리가 보는 양상으로 전환시켰을 가능성이 있다고 하였다. 하지만 이 가능성보다 단순한 誤記였을 가능성이 더 크다고 하였다. 한편, 金武林(1999: 304-306)에서 金完鎭(1976)과 같이 〈飜譯老乞大朴通事凡例〉의 '左'와 '右'를 誤刻의 결과로 보았다. 金完鎭(1976)에서 말한 실제 著述 과정에서 기술 방식이 바뀌었다는 가능성은 金武林(1999)에서 더 자세히 제시되었다. 즉, 〈飜譯老乞大朴通事〉의 실제 작업에 이르러서는 ≪四聲通攷≫의 正音이 현실적으로 너무 迂遠한 음이므로 오히려 漢語 會話 學習에 도움이 되지 않는다고 생각하여 正音을 배제하여 단지 ≪四聲通攷≫의 俗音과 당시의 현실음을 左右에 적는 것이라고 보았다. 어쨌든 ≪飜譯老乞大朴通事≫의 좌측음은 ≪洪武正韻譯訓≫·≪四聲通攷≫·≪四聲通解≫식 음이고 우측음은 16세기 한어 북방 현실음인 것은 분명하다.

234) 필자가 따르는 宋音 체계는 姜信沆(1980)과 다르기 때문에 확인되는 대응 양상은 姜信沆(1980)과 같지는 않지만 근본적인 차이는 없다.

235) 姜信沆(1980: 164)에서는 'ㆍ'가 'ㅏ'와 같이 開封音의 'a'로 표기되었으면서도 開封音의 'i'나 'uə'도 대응될 수 있어 'ㆍ'가 'ㅏ(a)'보다 개구도가 작은 모음인 'ʌ'로 본 바가 있었다.

孫穆이 師思韻字들로 전기 중세 한국어의 'ㅅ, ㅈ, ㅊ'를 표기한 것이 주목된다.

[표 87] ≪鷄林類事≫에서 師思韻字들의 표기 양상236)

236) 본고에서의 ≪鷄林類事≫ 어형 재구는 姜信沆(1980)을 따른다. 그리고 宋音에 대한 재구는 李新魁(1988)을 따른다. 李新魁(1988)에서 재구된 韻母 체계에서 /i, u, ə, ɔ, o, ɛ, a, ɑ/와 같은 8모음 체계를 추출할 수 있다. /ɔ/는 1等 /ɑ/ 韻들의 合口韻과 江韻에만 보인다. 1等韻의 /ɔ/를 /uɑ/로 조정할 수 있고 江韻은 'aŋ'로 재구하는 것이 더 일반적이다. 그러므로 李新魁(1988)의 8모음 체계에서 /ɔ/를 없앨 수 있다. 이렇게 해서 宋音의 7모음 체계는 아래와 같이 나타낼 수 있다.

i		u
ɛ	ə	o
a		ɑ

이 宋代 한어 모음 체계는 앞서 언급한 麥耘(1995) 그리고 黃笑山(2002)의 중모음 7모음 체계와 거의 같다. 차이가 나는 것은 후기 중고음 단계에서 /ɒ/〉/ɑ/의 변화 과정이 있었다는 점이다. 모음 체계의 변화는 미미하지만 韻의 합류는 이미 많이 일어났다. 中唐-五代의 후기 중고음보다 宋音에서 韻끼리의 합류는 부분적으로 진일보하여 일어났고, 또한 雅言의 기초 방언은 정치 중심이 中原으로 되돌아가 다시 中原 방언으로 바뀌면서 후기 중고음 단계의 長安 방언을 중심으로 한 한어 서북 방언의 일부 특징도 없어졌다. 각 모음이 韻에 분포된 양상은 아래의 표와 같다.

모음	陰陽聲	韻
/i/	陰	/i/(止攝 開口, 精組: [ʅ], 照組: [ʅ]), /ui/(止攝 合口)
	陽	/in/(眞臻欣), /im/(侵)
/u/	陰	/u/(模), /iu/(魚虞)
	陽	/uŋ/(東1冬), /iuŋ/(東3鍾), /un/(魂), /iun/(文諄)
/ə/	陰	-
	陽	/əŋ/(登), /uəŋ/(登 合口), /iəŋ/(庚3蒸淸靑), /iuəŋ/(庚3蒸淸靑 合口), /ən/(痕)
/o/	陰	/ou/(侯), /iou/(尤幽)
	陽	-
/ɛ/	陰	/iɛi/(祭齊), /iuɛi/(祭齊 合口), /iɛ/(麻3 齒音)
	陽	/ɛŋ/(庚2耕), /uɛŋ/(庚2耕 合口), /iɛn/(仙元先), /iuɛn/(仙元先 合口), /iɛm/(嚴凡鹽添)
/a/	陰	/a/(麻2), /ua/(麻2 合口), /ai/(皆佳夬), /uai/(皆佳夬 合口), /au/(肴), /ia/(麻3, 齒音 제외), /iau/(宵蕭)
	陽	/aŋ/(江), /an/(删山), /uan/(删山 合口), /am/(咸銜)
/ɑ/	陰	/ɑ/(歌), /uɑ/(戈), /ɑi/(哈泰), /uɑi/(灰), /ɑu/(豪)

항목	재구형	대응 양상
盜曰婆兒(止攝 照組 ㄴ)	버서, 바ᅀ	[ㄴ]: ·
叔伯母皆曰了(→ㄚ)子(止攝 精組 ㄴ)彌	아ᄌᆞ미	[ㄴ]: ·
弟曰了(→ㄚ)兒(止攝 照組 ㄴ)	아ᅀᆞ	[ㄴ]: ·
妹曰了(→ㄚ)慈(止攝 精組 ㄴ)	아ᅀᆞ	[ㄴ]: ·
勸客飮盡食曰打馬此(止攝 精組 ㄴ)	다ᄆᆞᄎᆞ	[ㄴ]: ·
秤曰雌(止攝 精組 ㄴ)孛	˙저블〉저울	[ㄴ]: ㅓ
斧曰烏子(止攝 精組 ㄴ)蓋	오지개	[ㄴ]: ㅣ

[표 87]의 예 중에 '斧曰烏子蓋(오지개)'만 예외이다. '秤曰雌孛(˙저블)'
에서 /ㅓ/를 [ㄴ]로 표기한 까닭은 宋音에 'Cɛ#'('Cə#'도 포함)와 같은 개음
절을 가진 한자가 없기 때문이라고 해석된다. 나머지 예들에서 師思韻
[ㄴ, ㄴ]는 규칙적으로 /·/와 대응된다. 이는 송나라 사람인 孫穆의 귀에
전기 중세 한국어의 'ㅅ, ㅈ, ㅊ'가 宋音의 師思韻字의 음과 가깝게 들렸
다는 것을 보여 준다.

만약에 우리가 전기 중세 한국어의 '·'를 후설 모음으로 재구한다면
≪鷄林類事≫에서 師思韻의 전설 모음 [ㄴ, ㄴ]가 '·'를 표기한 것을 설명
하지 못할 것이다. 師思韻과 /·/의 대응은 전승 한자음에서 師思韻이
/·/로 반영된 사실과 같기 때문에 전기 중세 한국어의 /·/도 중설의
/ə/였다고 보는 것이 더 타당해 보인다. 문제는 宋音에 /ə/가 있음에도
불구하고 왜 /·/는 宋音의 /ə/로 표기되지 않았는가? 이는 宋音에서

		/aŋ/(唐), /uɑŋ/(唐 合口), /iɑŋ/(陽), /ɑn/(寒), /uɑn/(桓), /am/
	陽	(覃談)

위 표에 '(仙元先)'와 같이 '( )' 안에 적은 韻들은 이미 합류되었다. 표 안에는 入聲이
탈락되기 시작했기 때문에 따로 표시하지 않았고 陽聲과 陰聲만 표시하였다. 3等 A류와
B류의 구별은 이 시기에는 소멸 과정에 있지만 부분적으로 그 구별이 남아 있을 가능성
이 있다. 2等 介音 新說에 따르면 宋音에 2等 介音의 'ㄴ' j' 변화는 계속 진행되어 거의
완료되어 가는 단계에 있었다. 개별 한자에서 'ㄴ' j'의 변화가 아직 일어나지 않았을 가능
성이 있고 'ㄴ' j'는 오직 牙喉音字에서만 일어났기 때문에 표 속에서 2等韻의 介音을 표
기하기 어렵다. 이 문제는 ≪鷄林類事≫에서 宋音과 전기 중세 한국어의 모음 대응을
확인하는 데에 크게 관여하지 않아 2等 介音을 추가적으로 표기하지 않고 李新魁(1988)
대로 표시하겠다. 또한 李新魁(1988)에서는 黃笑山(1995)와 달리 合口韻 介音을 3等 介
音 뒤에다 표기하였는데 여기서는 李新魁(1988)의 표기를 따랐다.

/ə/의 제한적 분포 때문일 것이다. 앞서 제시한 李新魁(1988)에서 재구된 宋音 韻母 체계를 보면 宋音의 /ə/는 오직 뒤에 -n(t/ʔ), -ŋ(k/ʔ) 운미가 있을 때만 나타날 수 있고 개음절에는 나타나지 못했던 것이다. 즉, 전기 중세 한국어의 'ᄫ, ᄀ'와 같은 개음절을 宋音으로 표기할 수 없었던 것이었다. 따라서 대부분의 /ㆍ/는 宋音의 저모음으로 표기되었다고 본다. ≪鷄林類事≫에서 /ə/를 가진 한자가 적은데다가 아래의 [표 88]과 같이 宋音의 /ə/와 전기 중세 한국어 모음의 대응은 매우 혼란스럽고 대응 규칙을 찾을 수 없다.

[표 88] ≪鷄林類事≫에서의 宋音 /ə/의 대응 양상[237]

항목	재구형	대응 양상
蛋曰批勒(登入 ək)	벼록	/ə/: ㅗ
客曰孫命(庚3 iəŋ)	손님	/iə/: ㅣ
熟水曰泥根(痕 ən)沒	니근 믈	/ə/: ㅡ
冷水曰時根(痕 ən)沒	시근 믈	/ə/: ㅡ
鞋曰盛(庚3 iəŋ)	신	/iə/: ㅣ
襪曰背成(庚3 iəŋ)	보션	/iə/: ㅕ
席曰蟶(音登(登 əŋ))	듬미	/ə/: ㅡ
坐曰阿則(登入 ək)家囉	안즈거라	/ə/: ㆍ
去曰匿(庚3入 iək)家入囉	니거(지라)	/iə/: ㅣ
問物多少曰密翅易成(庚3 iəŋ)	며치이셔	/iə/: ㅕ
凡事之畢皆曰得(登入 ək)	다	/ə/: ㅏ
小曰胡根(痕 ən)	효근, 효근	/ə/: ㅡ/ㆍ
低曰捺則(登入 ək)	느즉	/ə/: ㆍ

그러므로 宋音의 /ə/의 제한적 분포 때문에 그것이 /ㆍ/와 대응을 이루지 못했다고 보아야 할 것이다. /ㆍ/가 전설의 師思韻 [ɿ, ʅ]로 표기되었기 때문에 여기서는 12세기의 /ㆍ/를 /ə/로 재구하고자 한다.

---

237) 宋音에서 韻部의 합류가 많이 일어났기 때문에 표에서는 합류된 후의 韻名을 표시한 것이다. 합류된 후의 韻名은 앞에서 제시한 李新魁(1988)의 韻母 體系 표에서 합류된 각 韻들 가운데 가장 앞에다 나열된 韻의 이름으로 하였다. 표에서 표기한 각 한자의 韻名은 韻書의 韻名과 같지 않다는 것을 강조하고자 한다. 또한 入聲字의 경우, 入聲 韻尾 '-p, t, k'가 사라졌을 가능성이 있지만 그대로 入聲 韻尾를 표기하였고, 편의상 開口韻과 獨韻은 따로 표기하지 않고 合口韻일 때 合口로 표기하였다.

權仁瀚(1995: 309-312)에 따르면 ≪朝鮮館譯語≫에서도 /·/는 한어의 /ə/로 표기되었을 뿐만 아니라 師思韻字로도 표기되었다. ≪朝鮮館譯語≫에서 /·/와 師思韻字의 대응이 주목된다. ≪朝鮮館譯語≫의 제2단 표기의 예로 '弟 阿自(아ᅀᆞ), 秋 格自(ᄀᆞ줄), 擺齊 格自吉白列(ᄀᆞ즈기 버려)'가 있고 제3단 표기의 예로 '賞賜 上思(샹ᄉᆞ), 獅子 世自(ᄉᆞ즈)' 등이 있다. 한글 창제 바로 직전 시기에 /·/는 한어의 전설 모음 師思韻 [ï, ɿ]로 표기되었다. /·/가 후설 모음이었다면 그것과 전설 모음과의 음상 차이를 설명하기 어렵다. 그러므로 한글 창제의 바로 직전 시기에도 /·/가 /ə/였다고 보는 것이 가장 합리적이다.

후기 중세 한국어 단계에서도 /·/와 師思韻 [ï, ɿ]는 대응되었다. ≪飜譯老乞大朴通事≫의 우측음 표기를 보면 근대 한어의 師思韻字의 음은 'ᄉᆞ, ᄌᆞ, ᄎᆞ'로 표기되었다.[238] 〈飜譯老乞大朴通事凡例〉 마지막 부분에 師思韻에 대해서 '今見漢俗於齒音着一諸字 皆長用·爲聲 故今之反譯 亦用·作字 然亦要參用一·之間讀之 庶合時音矣'라는 설명이 있다. 그 당시 漢音의 현실음에서 師思韻 [ï, ɿ]는 '·'를 길게 발음하는 것이라고 하였고 우측음 표기에 나온 '·'도 역시 (≪四聲通攷≫ 凡例대로) '一'와 '·'의 사이의 음으로 발음해야 그 당시의 漢音에 부합한다고 한 것이다. '一'가 '·'보다 개구도가 작다는 사실은 〈그림 16〉(李基文 1972)이나 〈그림 17〉(金完鎭 1978)의 모음 체계에서 공통적으로 볼 수 있다. 위의 凡例의 설명대로라면 16세기 초에 '一'는 漢音의 [ï, ɿ]보다 개구도가 약간 작고 '·'는 漢音의 [ï, ɿ]보다 개구도가 약간 크다고 할 수 있다. ≪飜譯老乞大朴通事≫의 우측음 표기에서 師思韻字를 제외하고 '甚(ᄊᆞᆷ), 生(ᄉᆞᆼ), 怎(ᄌᆞᆷ)' 등의 표기에도 '·'가 보인다. '甚(ᄊᆞᆷ), 生(ᄉᆞᆼ), 怎(ᄌᆞᆷ)' 등의 특징은 근대 한어 단계에 핵모음이 모두 [ə]였다.[239] 師思韻이 '·'로 표

---

238) 漢語 北方音에서 후기 중고음 단계에 師思韻이 새로 생긴 다음에 그 음가는 현대 한어까지 바뀌지 않았다.

239) 寧繼福(1985)의 재구이다.

기된 것과 함께 고려하면 후기 중세 한국어 단계에도 'ㆍ'의 음가가 [ə]였다고 보는 것이 가장 무난하다. 한편, 후술할 바와 같이 ≪飜譯老乞大朴通事≫에서 師思韻 [ꭥ, ꭠ]의 좌측음을 ≪四聲通解≫대로 'ᅀᆞ'으로 표기하였다. 같은 소리를 좌측에서 'ᅀᆞ'으로, 우측에서 'ㆍ'로 표기한 것은 'ㆍ〉ㅡ'의 변화가 일어나기 전에 'ㆍ'와 'ㅡ'의 실제 발음이 상당히 가까웠을 것임을 암시한다. 후기 중세 한국어의 모음 체계 안에 /ㅡ/와 /ㆍ/는 인접하였던 것으로 보인다. /ㆍ/가 소실된 18세기에 만들어진 ≪朴通事新釋諺解≫(1765)와 ≪重刊老乞大諺解≫(1795)의 우측음을 살펴보면 /ㆍ/가 소실됨에 따라, 師思韻 [ꭥ, ꭠ]를 더 이상 'ᄉᆞ, ᄌᆞ, ᄎᆞ'로 표기하지 않고 대부분은 '스, 즈, 츠'로 표기하고 일부분은 '시, 지, 치'로 표기하게 되었다. 앞서 말한 ≪飜譯老乞大朴通事≫의 '甚(ᄊᆞᆷ), 生(ᄉᆞᆼ), 怎(ᄌᆞᆷ)' 등의 음도 ≪朴通事新釋諺解≫(1765)와 ≪重刊老乞大諺解≫(1795)에서 '甚(셔), 生(승), 怎(즘)' 등으로 표기되었다.

후기 중세 한국어 단계에 근대 한어의 師思韻 [ꭥ, ꭠ]는 /ㆍ/뿐만 아니라 /ㅡ/와도 대응되었다. 譯訓通攷通解의 正音 표기에서는 師思韻 [ꭥ, ꭠ]를 'ㅡ'로 표기하였고 俗音 표기에서는 師思韻을 'ᅀᆞ'(소수는 'ᅀᅵ')으로 표기하였다. ≪四聲通解≫ 上卷에 '支240)紙寘 三韻內齒音諸字 初呼口舌不變 而以 ㅿ 爲終聲然後可盡其妙 如貨字呼爲즈…'라는 설명이 있다. 'ㅿ' 종성을 발음해야 師思韻 [ꭥ, ꭠ]의 음을 잘 낼 수 있다고 한 것인데 이 설명에서 그 당시에 한어의 師思韻 [ꭥ, ꭠ]와 'ㅡ'는 완벽하게 대응된 것이 아니었다는 것을 추출할 수 있다. 그럼에도 불구하고 [ꭥ, ꭠ]는 후기 중세 한국어 단계에 /ㆍ/뿐만 아니라 /ㅡ/와 대응되기도 한다는 것은 부인할 수 없다. 하지만 반대의 양상도 발견된다. 金完鎭(1971: 13-14, 24-25)에 따르면 琉球語의 [ɯ]는 원래 /ㅡ/와 대응되는 것이 기대되지만

---

240) ≪四聲通解≫의 목록에서 '支'를 '支'로 표기했지만 본문에서는 '支'를 '支'으로 표기하였다. 향가에서 '支'를 '支'으로 표기하기도 한 양상과 같다.

≪海東諸國記≫에서는 오히려 琉球語의 [ɯ]를 / · /로 표기하였다.[241] 후기 중세 한국어 단계에 / · , ㅡ/와 외국어 음의 대응 양상이 뒤섞여서 제법 혼잡한 양상이다. 이는 / · /〉/ㅡ/가 일어나기 직전 시기에 / · /와 /ㅡ/의 음역이 부분적으로 겹친 것을 보여 준다. 하지만 / · /〉/ㅡ/의 과정이 일어나기 전에 음역이 부분적으로 겹쳤다는 것은 음성적인 차원에서 말하는 것이다. 음운론적으로 / · /와 /ㅡ/ 사이, 그리고 / · , ㅡ/와 다른 모음 사이의 대립 관계는 바뀌지 않았다. 그러므로 후기 중세 한국어 단계의 / · /는 그대로 /ə/, /ㅡ/는 그대로 /ɨ/였다고 본다. 특히 ≪飜譯老乞大朴通事≫에서 師思韻字들의 근대 한어 현실음을 '亽, 즈, 츠'로 표기한 것은 전승 한자음이 차용된 후에 16세기까지 ' · '의 위치가 크게 변화하지 않았음을 암시해 준다.[242]

다음은 /ㅗ, ㅜ/의 음가 변화 여부를 검토할 차례이다. ≪鷄林類事≫에서 'ㅗ, ㅜ'가 구별되지 않고 宋音의 /u/로 표기되었다는 사실은 李基文(1972), 姜信沆(1980)에서 이미 지적한 바 있다. 姜信沆(1980: 155-161)에서 'ㅜ'는 'ㅗ'와 달리 宋音의 '-iuə'와도 대응되고, 'ㅗ'가 宋音의 'iu'로 표기된 예는 2예에 지나지 않아서 'ㅜ'는 'ㅗ'보다 개구도가 작다고 해석하였다.

≪鷄林類事≫에서 'ㅗ, ㅜ'가 宋音의 /u/로 표기되었다고 해서 전기 중세 한국어 단계에 '/ㅗ/ : /ㅜ/'의 대립이 존재하지 않았다고 주장할 수는 없다. 필자는 'ㅗ'와 宋音 /o/ 사이의 대응이 이루어지지 못한 것도

---

241) 金完鎭(1971: 13-14)에서 琉球語의 [ɯ]를 현대 일본어의 [ɯ]와 비슷한 것으로 보고 [ɯ] 로 표기하였지만, 여기서는 田中健夫 訳注(1991: 280-296)을 참고하여 琉球語의 이 소리를 [ɯ]로 표기한다.

242) 앞서 姜信沆(1978)에서는 12세기부터 / · /가 모음 체계에서 사라질 때까지 한국어의 모음 체계는 변화가 없었다고 한 바가 있다. / · /가 ≪鷄林類事≫에서 師思韻의 한자로 표기된 것은 전승 한자음에서 師思韻이 ' · '로 나타난 것과 같은 양상이기 때문에 필자는 / · /만큼은 12세기부터가 아니라, 12세기 이전에 전승 한자음이 차용된 8세기 후반-9세기 초부터 근대 한국어 단계의 ' · '의 비음운화 시기까지 / · /의 위치가 변화하지 않았다고 본다.

宋音에서 /o/의 제한적 분포 때문이라고 본다. 앞서 제시한 李新魁 (1988)의 宋音 韻母 체계를 보면 /o/는 오직 /ou/(侯), /iou/(尤幽)에만 분포하고 /o/ 뒤에는 자음성 韻尾, /i/ 韻尾 그리고 휴지가 모두 나타날 수 없었다. 宋音에서는 /o/의 음운론적 지위 자체가 위태로웠기 때문에 전기 중세 한국어의 'ㅗ'와 대응되기 어려웠던 것으로 추측된다. ≪鷄林 類事≫에서 /o/ 韻을 가진 한자의 표기 예는 아래 [표 89]와 같이 4개밖 에 없다.

[표 89] ≪鷄林類事≫에서의 宋音 /o/의 대응 양상

항목	재구형	대응 양상
後日日母(侯 ou)魯	모뢰	/ou/: ㅗ
約明日至日轄烏受(尤 iou)勢	-오쇼셔	/iou/: ㅛ
語話日替里受(尤 iou)勢	드러쇼셔	/iou/: ㅛ
乞物日念受(尤 iou)勢	?-쇼셔	/iou/: ㅛ

[표 89]에서 보듯이 ≪鷄林類事≫에서 쓰인 /o/를 가진 한자는 겨우 '母, 受' 두 자밖에 없다. 宋音에서는 /o/의 분포가 매우 제한적이었기 때문에 그것이 적극적으로 전기 중세 한국어의 'ㅗ'를 제대로 표기하지 못한 것으로 보인다. /o/로 표기된 모음들은 모두 'ㅗ'라는 점도 무시할 수 없다.[243] 예가 4개밖에 되지 않지만 이를 통해 전기 중세 한국어 단 계의 'ㅗ'의 음가는 [u]보다 [o]에 가까운 것이었음을 확인할 수 있다.

'ㅗ'는 宋音의 /o, u/뿐만 아니라, 宋音의 /iau/, /ɑu/로 표기되기도 한 다. 자료는 아래의 [표 90]과 같다.

[표 90] ≪鷄林類事≫에서 宵(蕭)·豪韻字들의 표기 양상

항목	재구형	대응 양상
佳日笑(宵 iau)利象饑	소로기	/iau/: ㅗ
牛日燒(宵 iau)	쇼	/iau/: ㅛ

---

243) /(i)ou/의 /u/는 韻腹이 아닌 韻尾이다.

面美曰捺翅朝(宵 iau)勳	ᄂ치됴ᄒᆞᆫ	/iau/: ㅛ
面醜曰捺翅沒朝(宵 iau)勳	ᄂ치 몯됴ᄒᆞᆫ	/iau/: ㅛ
相別曰羅戲少(宵 iau)時	여희쇼셔	/iau/: ㅛ
九曰鴉好(豪 ɑu)	아홉	/ɑu/: ㅗ
艻曰毛(豪 ɑu)施	모시	/ɑu/: ㅗ

宋音의 '저모음+u' 韻이 'ㅗ, ㅛ'를 표기한 예는 [표 90]과 같은데 'ㅜ'를 표기한 예는 찾을 수 없다. 이는 전기 중세 한국어 단계에도 'ㅗ'는 'ㅜ' 보다 개구도가 큰 원순 모음이었다는 사실을 보여 주는 증거가 된다. 따라서 전기 중세 한국어 단계의 'ㅗ'는 /o/, 'ㅜ'는 /u/였다고 본다.

후기 중세 한국어 단계의 'ㅗ'와 'ㅜ'가 각각 /o/와 /u/였다는 점에 대해서는 이렇다 할 의견 차이가 없기 때문에 더 논의하지 않겠다.

마지막으로, /ㅓ/가 음운 변화를 겪었는지 그 여부를 확인해 보자. ≪鷄林類事≫에서 'ㅓ'는 전반적으로 宋音의 /ɛ/로 표기되었다. 'ㅓ曰嚊 (仙入 iɛt), 열', '洗手曰遜時蛇(麻3 齒音 iɜ), 손시서', '瘦曰安里鹽(嚴 iɛm) 骨眞, 아니염글(진)' 등이 그 대표적인 예들이다. 전기 중세 한국어 단계에 'ㅓ'는 宋音의 전설 非고모음으로 표기되었기 때문에 그것을 /ɛ/ 또는 /e/로 재구할 수 있다.

후기 중세 한국어 단계의 'ㅓ'의 음가는 어떠하였는가? 李基文(1972: 104-105, 109-110)에서 외국어와 正音 문자의 對音을 고찰한 결과, 후기 중세 한국어의 'ㅓ'는 [ə]였고 그 음역이 [ɔ]까지 미쳤다고 하였다. 그 근거는 네 가지로 요약할 수 있다.

첫 번째, ≪四聲通解≫에서 八思巴 문자 'e, ė'와 'ㅓ'가 대응된 것을 'ㅓ'가 전설적인 [e]가 아니었고 중설적인 [ə]였기 때문에 'ㅓ[jə]'로써 [e] 에 접근시키려고 한 것이라고 하였다. 두 번째, 歌韻의 ≪中原音韻≫의 추정음은 'ɔ'이고 ≪蒙古字韻≫에도 'ɔ'로 되어 있는데 ≪四聲通解≫에는 'ㅓ'로 되어 있다. ≪四聲通解≫에서 '諸字中聲 蒙韻皆讀如ㅗ 今俗呼 ㅗ或ㅓ 故今乃逐字各著時音'이라는 주석이 있고 많은 歌韻字가 'ㅗ'로

도 발음된다고 注音하였다. 따라서 15세기의 'ㅓ'는 [o](ㅗ)와 매우 가깝고 주로 중설의 [ə]로, 때로는 後舌의 [ɔ]의 음역에까지 걸쳐 실현되었다고 보았다. 세 번째, ≪四聲通解≫의 '額' 다음에 '俗音읭 蒙韻애 今俗音엉或영'이라는 주석 중에 '今俗音엉'이라는 것은 현대 한어의 음을 想起시킨다는 점이다.[244] 네 번째, ≪飜譯朴通事≫에 '黑'[245], '色'의 左右音이 '허', '서'로 나타나니 15세기에 'ㅓ'의 음은 [ə] 정도였다는 것이다.

여기서 李基文(1972)에서 든 위의 네 가지 근거에 대해 재검토하고자 한다.

먼저, 첫 번째 근거에 대해, 李基文(1972)에서는 八思巴 문자 'e, ė'의 음가를 로마자 그대로 [e]로 간주한 것은 문제가 있다. 李新魁(1984: 473-474)에 따르면 八思巴 문자 'e, ė'의 음가는 각각 [iɛ], [ia]이다. 근대 한어 음을 연구할 때 ≪蒙古字韻≫의 2等字들이 八思巴 문자 'e, ė'로 표기된 것을 元代에 牙喉音의 2等 介音이 이미 'i'였다는 증거로 들고 있다. 따라서 'ㅓ'와 八思巴 문자 'e, ė'의 대응은 오히려 'ㅓ'가 15세기까지만 해도 전설 모음 [ɛ] 심지어 [a]에 가까웠다는 점을 보여 준다.

두 번째 근거는 歌韻이 ≪四聲通解≫에서 'ㅓ'로 표기된 것이다. 이에 대해, 姜信沆(1985)에서는 漢音 표기를 바로 고유어의 음으로 볼 수 없다고 지적하였다. ≪洪武正韻譯訓≫의 歌韻에 'ㅓ…讀如ㅓㅡ之間 故其聲近於ㅗ'라는 註記가 있는데 그것은 'ㅓ' 자체의 음가가 '近於ㅗ'라는 뜻이 아니라, 'ㅓ'로 表音된 歌韻 소속자들의 음가가 '近於ㅗ'라는 뜻이라고 하였다. 필자는 ≪四聲通攷≫ 凡例에서 漢音의 'ㅓ'를 'ㅓ則ㅓㅡ之間'이라 한 점에 주목하고자 한다. 漢音의 'ㅓ'는 고유어의 'ㅓ'와 'ㅡ' 사이라고 한 것이다. 李基文(1972)의 〈그림 16〉과 金完鎭(1978)의 〈그림 17〉의 음운 체계에서 모두 'ㅡ'를 고모음, 'ㅓ'를 중모음으로 재구하였는

---

244) 현대 한어 '額'의 음은 /ə/[ɤ]이다.
245) 李基文(1972: 110)에 '黑'은 '墨'으로 되어 있는데 誤植으로 보인다.

데 漢音의 'ㅓ'는 고유어의 'ㅓ'보다 높고 고유어의 'ㅡ'보다 낮은 것이었다. 이때 漢音의 'ㅓ'는 고유어의 'ㅓ'보다 조음 위치가 고모음 내지 후설 쪽으로 당겨진 것이다. 그러므로 후기 중세 한국어 단계에서 고유어의 /ㅓ/의 음역이 [ə]까지 갈 수 있었다고 하기는 어려울 것이다.

셋 번째 근거는 '額의 슈俗音이 '엉'이라 한 것과 현대 한어의 '額의 음인 /ə/[ɤ]와 관련을 지은 것이다. 하지만 17세기 후반 이전에 '額의 음은 [(i)ɛ(ʔ)]였다. 蔣紹愚(2005: 93)에 따르면 명나라 시기에 들어서서 북방 한어의 운모 체계는 이미 현대 북경 방언의 운모 체계와 거의 비슷해졌다. 유일하게 차이가 나는 것은 바로 현대 북경 방언의 'ə'가 명나라 시기에 아직 나타나지 않았다는 점이다. 현대 북경 방언의 'ə'는 17세기 후반 이후에 생긴 것이다. 竺家寧(1994) 및 蔣紹愚(2005)에 따르면 'ə'가 처음 생긴 것을 확인할 수 있는 자료는 17세기 후반의 ≪拙庵音悟≫(1674)인데 'ə'로 변화한 것들이 모두 中古音 단계의 -k 入聲字들이었다.[246] 李新魁(1984: 478)에서도 근대 한어의 'ɛ)ə'는 ≪五方元音≫(1654-1673) 이후에 일어났다고 보고 있다. 16세기 전반에 '額은 아직 [(i)ɛ(ʔ)]였다. 李新魁(1984: 479)에서 'iɛ)ɛ'의 변화는 ≪西儒耳目資≫(1626) 이전에 완료되었다고 하였는데[247] ≪四聲通解≫에서 '슈俗音엉 或엉'이라는 것은 16세기 전반에 'iɛ)ɛ'의 변화가 진행 중이었던 것을 보여 준다. 결론은 '額의 슈俗音이 '엉' 혹은 '엉'이라는 기록도 오히려 'ㅓ'가 전설 모음이었다는 것을 보여 주는 예이다.

네 번째 근거는 -k 入聲字 '黑'과 '色'의 ≪飜譯朴通事≫ 음이 '허, 서'

---

246) 竺家寧(1994) 및 蔣紹愚(2005)에 따르면 非入聲字가 'ə'가 된 것은 ≪李氏音監≫(1805)에서야 확인된다. ≪李氏音監≫에서 歌韻을 牙喉音 뒤에는 '眞婀切(ə)'류, 舌齒音 뒤에는 '珠窩切(uo)'류의 두 갈래로 나누었다. 현대 북경 방언과 양상이 비슷하지만 '遮, 車' 등 ≪中原音韻≫의 車遮韻, ≪等韻圖經≫의 拙攝에 속한 한자들은 여전히 ≪李氏音監≫에서 'ie(iɛ)'로 되어 있다.

247) ≪西儒耳目資≫(1626)에서는 車遮韻의 한자들을 로마자 'e'로 표기하였는데 'e'의 음가는 [ɛ]이다(李新魁 1984: 478).

로 되어 있다는 것이다. 17세기 초의 ≪等韻圖經≫에는 '黑'과 '色'이 拙攝(핵모음: [ɛ])에 속해 있다.248) 'ɛ(ɜ,ə'의 변화는 17세기 후반 이후에 일어났으므로 '黑'과 '色'의 모음이 'ㅓ'로 표기된 것은 오히려 'ㅓ'의 음가가 [ə]가 아닌 [ɛ]의 가깝다는 증거가 된다.249)

그러므로 李基文(1972)에서 'ㅓ'의 음가를 考證한 부분에는 문제점이 있다고 본다. 위에서 李基文(1972)에서 든 근거들을 재검토할 때 이미 부분적으로 'ㅓ'가 근대 한어의 전설 모음 [ɛ] 내지 [e, a]와 대응된 것을 포착하였다. 15세기의 'ㅓ'의 음가를 알기 위해서 여기서 李基文(1972)에서 외국어 對音을 고찰한 방법론을 그대로 사용하고, 譯訓通攷通解

---

248) 후술하겠지만 '黑'과 '色'은 文白異讀을 가진 -k 入聲字이다. 'ㅓ'로 표기된 것은 '-ei, ai'의 白讀音과 관련이 없어 보인다. 'ㅓ'는 이들의 文讀音 [-ɛ]를 표기한 것이었다.

249) 權仁瀚(1998: 55-56)에서 15세기의 車遮韻(≪等韻圖經≫의 拙攝에 해당)이 확대되고 韻基가 /e/에서 /ə/로 변화했을 것이라고 추정한 바가 있다. 하지만 權仁瀚(1998)의 재구는 추상적인 음운론적 재구이다. 權仁瀚(1998: 49, 57)에서도 /ə/가 실제로 [ɛ]로 실현된다고 하였다. ≪四聲通解≫의 今俗音이나 ≪飜譯老乞大朴通事≫의 우측음은 근대 한어의 실제 발음을 표기한 것이다. 따라서 근대 한어의 음을 표기한 'ㅓ'의 음가를 고찰할 때 필자는 실제 음성을 재구한 선행 연구를 참고하였다. 위에서 말했듯이 車遮韻(≪等韻圖經≫의 拙攝)의 음가가 [ɛ]에서 [ɤ]로 변화한 시기는 17세기 후반이었으므로 16세기에 그 핵모음은 여전히 [ɛ]였다. 한편, 權仁瀚(1998: 56)에서 15세기에 車遮韻의 韻基가 /ə/로 변화한 사실을 입증하기 위하여 車遮韻에 합류된 齊微韻과 皆來韻의 한자들이 ≪四聲通攷≫ 속음에서 'ㅢ'로 표기되었다는 것을 보충 증거로 들었다. 'ㅢ'는 ≪四聲通攷≫에서 庚韻 舒聲韻 開口의 正音, 入聲字 開合口의 正俗音에만 사용되었는데 '庚'의 漢音은 /kəŋ/임이 분명하기 때문에 나머지 'ㅢ'로 표기된 한자들(즉, 車遮韻에 합류된 齊微韻와 皆來韻의 한자들)의 漢音의 韻基도 /ə/였다고 봐야 한다는 것이다. 그러나 '庚'의 북방 현실음은 /kəŋ/인 것은 맞지만, '궁'은 正音 표기이고(즉, ≪洪武正韻≫의 韻書音) 북방 현실음은 아니다. 실제로 ≪洪武正韻譯訓≫ 卷6 1쪽과 ≪四聲通解≫ 下卷 57쪽을 보면 '庚'의 주석에 '俗音궁 又音깅'이라고 하였다. '궁'은 북경 방언의 [kəŋ]를 표기한 것으로 보이고 '깅'은 다른 방언의 음을 표기한 것으로 보인다('庚'은 원래 음운 변화를 겪어서 현대 한어에 ([kiŋ])[tɕiŋ]로 나타나야 할 텐데 특이하게 북경 방언에서 [kəŋ]로 나타난다). 따라서 漢音의 'ə'와 대응되는 것은 'ㅢ'가 아닌 'ㅡ'로 봐야 할 것이고 權仁瀚(1998)에서 든 위의 보충 증거에 문제가 있다고 본다. 실제로 ≪四聲通解≫ 下卷 57-62쪽을 보면 正音에 'ㅢ'로 표기된 각 한자 밑에 있는 주석에 이들의 俗音과 今俗音은 'ㅡ, ㅣ, ㅒ, ㅓ, ㅕ' 등으로 다양하게 표기되었다. 이 중에 文白異讀 때문에 正音과 달리 표기된 것도 있지만 다양하게 표기된 양상을 보아서 그 당시에 이들의 한어 原音은 아직 'ə'에 합류되지 않았다고 본다.

正俗音, ≪飜譯老乞大朴通事≫ 우측음 표기에 쓰인 'ㅓ'에 대응되는 근대 漢音은 무엇인지, ≪朝鮮館譯語≫에서 'ㅓ'를 표기한 한자들의 근대 漢音은 무엇인지 다시 살펴보겠다.

먼저, 譯訓通攷通解의 正音에 'ㅓ'는 齊(ᅨ), 寒(ㅓ, ᅯ), 先(ㅕ, ᅨ), 蕭(ᅧ), 歌(ㅓ, ᅯ), 遮(ㅕ, ᅨ), 鹽(ㅓ)韻을[250] 표기할 때 사용되었다. 正音에서 한글이 표기한 漢音이 무엇인지 알기 위해서는 먼저 그 原作인 ≪洪武正韻≫의 음을 알아야 한다. 그러나 ≪洪武正韻≫은 현실음을 반영하지 못하고 한어 남북 방언이 섞여 있었다는 이유로 혹평을 받아 연구가 적은데다 재구음도 합의되지 않았다.[251] 여기서 필자는 寧繼福(1985), 王力(1987), 蔣紹愚(2005)에서 재구된 元明 시기의 현실음을 참고하고 ≪洪武正韻≫의 보수성까지 고려해서 위의 7개 韻의 음가를 각각 [iɛi, (u)ɔn, iɛn, iɛu, ɔ, iɛ, iɐm](入聲 미포함)로 재구한다.[252] 歌韻과

---

250) 편의상 韻尾의 반영 양상을 표기하지 않는다.
251) ≪洪武正韻≫의 韻 母 체계에 대한 연구사는 俞曉紅(2011: 44-46)을 참고하기 바란다.
252) 앞서 崔玲愛(1975)에서 ≪洪武正韻≫의 韻腹을 /i, a, ə/ 3모음 체계로 재구한 바가 있었는데 설정이 지나치게 추상적인 것이 문제점이다. 金武林(1999)에서는 ≪洪武正韻≫의 韻腹을 /i, a, ɐ, ə, u/와 같은 5모음 체계로 재구하였다. 필자가 여기서 재구한 [ɐ]는 金武林(1999)의 /ɐ/에 해당되고, 寒韻은 金武林(1999)에서 [ɐn](/ʊɐn/)로 재구되었다. 金武林(1999)의 /ɐ/ 설정의 근거에 문제가 있다. 金武林(1999: 186-187)에서는, 현대 한어에서 구별되지 않는 寒韻 [an]와 刪韻 [an]가 ≪洪武正韻≫에서는 구별되기 때문에 ≪洪武正韻≫의 寒韻과 刪韻을 각각 [ɐn]와 [an]로 재구하였고 따라서 基底 모음 체계에도 /ɐ/를 설정하였는데 타당하지 않은 주장이다. 金武林(1999)는 ≪洪武正韻≫의 寒韻을 ≪廣韻≫의 寒韻 내지 ≪中原音韻≫의 寒山韻에 해당된 것으로 보았으나 韻名은 모두 寒韻이지만 수록된 한자는 다르다. ≪洪武正韻≫의 寒韻(平上去聲 모두 포함)을 살펴보면 대부분의 한자들은 ≪中原音韻≫의 寒山韻(董同龢(1968) 재구음: [an, ian, uan])에 수록된 한자가 아니라 ≪中原音韻≫의 桓歡韻(董同龢(1968) 재구음: [ɔn])에 수록된 한자들이다. 董同龢(1968: 73-74)에 따르면 ≪洪武正韻≫의 寒韻은 ≪中原音韻≫의 桓歡韻에다가 ≪中原音韻≫의 寒山韻의 일부 牙喉音字 '干看寒安' 등을 추가한 것이다. ≪中原音韻≫의 寒山韻 한자에서 '干看寒安' 등을 제외하면 ≪洪武正韻≫의 刪韻이 된다. ≪中原音韻≫의 寒山韻의 일부 牙喉音字 '干看寒安' 등이 ≪洪武正韻≫에서 桓歡韻과 같이 같은 韻 아래에 배열된 까닭은 방언(南方 官話)의 영향이라고 하였다. 실제로 대부분 ≪洪武正韻譯訓≫ 및 ≪四聲通解≫에 대한 선행 연구들은 ≪洪武正韻≫에 한어 남부 방언이 섞여 있다는 것을 알고도 세부적인 연구에서는 오히려 한어 남부 방언에 대한 고찰이 없고 通用語(한어 북부 방언)의 재구만 참고하였는데 이는 문제점이라

寒韻을 제외하면 나머지 韻들의 핵모음은 [ɛ]이다. 그러므로 15세기까지만 해도 'ㅓ'는 한어의 전설 모음 [ɛ]에 대당되는 모음이었다는 것을 알 수 있다. 歌韻의 [ɔ]와 'ㅓ'의 대응은 李基文(1972), 姜信沆(1985)에서 다루어 왔고 필자는 이미 위에서 필자의 견해를 제시하였다. 'ㅓ'가 근대 한어의 [ɔ]와도 대응될 수 있는 것은 15세기에 'ㅓ'가 이미 단순한 전설 모음이 아니었다는 것을 암시한다.253)

譯訓通攷通解의 俗音은 그 당시 한어의 실제음을 반영한 것이다. ≪洪武正韻譯訓≫의 俗音에 寒韻의 일부(주로 脣音字), 歌韻의 일부(불규칙적), 鹽韻의 모음은 'ㅓ'나 'ㅕ'로 표기되었다. ≪洪武正韻≫의 寒韻 開口韻은 [ɔn], 合口韻은 [uɔn]인데 脣音字의 正音이 '붠, 뫈' 따위로, 俗音이 '번, 먼' 따위로 표기된 것은 그 당시 한어 실제음에 合口 介音이 脣子音 뒤에서 조음되지 않은 것이 반영된 것이다. 俗音에도 'ㅓ'는 寒韻의 [ɔ]

고 본다. 한어 방언 자료를 확인해보면 ≪洪武正韻≫의 寒韻에 수록된 ≪中原音韻≫의 寒山韻의 牙喉音 한자들은 현대 한어의 북부 방언에 [an]나 [æ]로 나타나고 남부 방언에는 [ɔn]로 나타난다(北京大學中國語言文學系語言學敎硏室 編 1989: 236-240). 그러므로 ≪洪武正韻≫의 寒韻은 董同龢(1968)에서 재구된 [on]가 자못 타당하다고 봐야 한다. 여기서는 寧繼福(1985), 王力(1987)에서 재구한 ≪中原音韻≫의 桓歡韻의 음가 [uɔn]와 한어 남부 방언 음을 참고하여 董同龢(1968)에서 재구된 [on]를 [(u)ɔn]로 조정한다. [uɔn]를 [(u)ɔn]로 표기한 원인은 ≪中原音韻≫의 桓歡韻은 모두 合口字이고 開合口의 대립이 없지만, ≪洪武正韻≫의 寒韻에는 일부 ≪中原音韻≫의 開口 寒山韻 牙喉音字가 섞여 있어서 牙喉音 뒤에 開合口의 대립이 있기 때문이다.

253) 한편, ≪洪武正韻譯訓≫에서 寒韻 밑에 별다른 註解를 달지 않았고, ≪洪武正韻≫의 寒韻(≪中原音韻≫의 桓歡韻에 해당)에 수록되었지만 ≪中原音韻≫의 寒山韻에 해당된 牙喉音字들 아래에 俗音은 'ㅏ'라고 하였는데 그 俗音은 그 당시 북방 한어의 실제음을 표기한 것이다. ≪四聲通解≫ 寒韻 아래에 '平上去三聲內 中聲ㅓ音諸字 俗音及蒙韻皆從ㅏ … 入聲則否'라는 註解가 있다. 즉, 寒韻의 平上去聲의 俗音은 'ㅏ'이고 入聲은 그렇지 않고 俗音도 正音과 똑같은 'ㅓ'였다는 것이다. ≪洪武正韻≫의 寒韻 入聲은 曷韻이다. 실제로 수록된 曷韻字를 보면 모두 현대 한어에서 /-ə/([-ɤ])로 발음되는 것들이다. 元代 이후에 入聲이 사라졌는데 中古音의 曷韻은 歌韻에 합류되었다(王力 1987: 442). 歌韻은 元明 시기에는 [ɔ]였고 ≪洪武正韻譯訓≫과 ≪四聲通解≫에서 'ㅓ'로 표기되었기 때문에 歌韻에 합류된 寒韻 入聲 曷韻의 正俗音이 모두 'ㅓ'로 표기된 것은 당연한 것이다. 또한, 寒韻 入聲 曷韻이 歌韻([ɔ])에 합류되었고 ≪洪武正韻≫에서 曷韻을 寒韻의 入聲으로 분류한 것은 다시 ≪洪武正韻≫에 寒韻의 平上去聲의 韻腹도 入聲 曷韻과 같이 [ɔ]였던 것을 입증해 준다.

와 대응된 것이다. 歌韻의 俗音이 'ㅓ'로 표기된 것도 寒韻과 다르지 않은데 'ㅓ'와 대응되는 漢音은 [ɔ]로 보인다. 鹽韻의 正音과 俗音의 차이는 -m 韻尾가 -n 韻尾로 변화한 것에서 비롯된 것일 뿐, 한어 실제음에서 鹽韻의 핵모음은 [ɛ]이고 이 漢音의 [ɛ]는 'ㅓ'와 대응된 것으로 보인다. 《四聲通解》의 先韻과 蕭韻의 일부 한자의 今俗音, 鹽韻의 일부한자의 俗音과 今俗音에서 'ㅓ'를 사용하였다. 先・蕭・鹽韻의 핵모음은 [ɛ]이기 때문에 'ㅓ'와 [ɛ]가 대응되는 양상이다. 따라서 譯訓通攷通解의 俗音 표기에서도 'ㅓ'는 漢音의 [ɛ], [ɔ]와 모두 대응될 수 있었다고 보아야 한다.

이상과 같이 譯訓通攷通解 正俗音을 고찰한 결과, 'ㅓ'는 正音과 俗音에 상관없이 근대 한어의 [ɛ] 및 [ɔ]와 대응될 수 있었다. 선행 환경을보면 [ɛ]와 대응된 것은 한어 原音 [ɛ] 앞에 /i/ 介音이 있는 경우이다.반면에 [ɔ]와 대응된 것은 한어 原音에 /i/ 介音이 없는 경우이다.

그 다음은 《飜譯老乞大朴通事》의 우측음 표기에서 'ㅓ'가 어떤 한어 음과 대응되는지 확인할 차례이다. 필자가 확인한 바에 따르면 《飜譯老乞大朴通事》의 우측음 표기에서 'ㅓ'는 주로 《中原音韻》의 寒山韻(예: 견 揀, 현 閑), 先天韻(예: 텬 天, 변 便, 권 眷, 쳔 船), 監咸韻(예: 견 減, 현 鹹), 廉纖韻(예: 뎐 店, 쳔 簽), 桓歡韻(예: 권 官, 훤 喚), 歌戈韻(예: 거 箇, 허 何), 車遮韻(예: 여 爺, 져 折, 쉬 說, 워 月)의 한자들을표기하였다.

이 중에 寒山韻, 先天韻, 監咸韻, 廉纖韻은 明淸 시기에 합류하게 되었고 그 음가는 [iɛn]였다(李新魁 1984: 480). '뎐'은 근대 한어의 [iɛn]를표기한 것이다. 桓歡韻은 17세기의 《等韻圖經》에서 山攝에 합류하게되었는데 그 음가는 [uan]이다. 《飜譯老乞大朴通事》에서 그것을 '권'으로 표기한 것은 16세기에 桓歡韻이 아직 변화하기 전인 [uɔn]를 표기했기 때문일 것이다. 실제로 18세기에 桓歡韻이 [uan]가 되었을 때 《重刊老乞大諺解》와 《朴通事新釋諺解》에서 《飜譯老乞大朴通事》에서 '눤'으로 표기된 일부 桓歡韻 한자의 음을 '난'으로 표기하였다.[254] 앞에서 이미 언급했듯이 歌戈韻과 車遮韻이 /ə/([ɤ])에 합류한 것은 17세기 후반 이후의 일이라 16세기 당시에 歌戈韻과 車遮韻은 [(u)ɔ]와 [i(u)ɛ]였다.

《飜譯老乞大朴通事》에서 위의 7개의 韻 이외에 'ㅓ'가 다른 韻의 한자를 표기한 소수의 예도 발견된다. 皆來韻([(i)ai]의 '街(계)', '隔(겨)', '百(버)', 齊微韻 合口([uil]의 '北(버)', 蕭豪韻 開口呼([au]의 '各(거)' 등이 그것이다.[255] '街'가 '계'로 표기된 것은 근대 한어의 [iai]가 18세기 초에 [iɛi]로 변화되기 전에 수의적으로 [iɛi]로 실현된 것을(李新魁 1984: 478) 표기한 것으로 보인다. 나머지 한자들인 '隔, 百, 北, 各' 등은 모두 중고음 단계에 -k 入聲字였다. 이들이 'ㅓ/ㅕ'로 표기된 것은 白讀音(《中原音韻》系)이 아닌 文讀音(《等韻圖經》系)을 표기했기 때문이다.[256] 앞에서 언급했듯이 《等韻圖經》의 拙攝이 /ə/([ɤ])로 변화한 것은 후세의 일이다. 16세기 당시에 그 음은 [iɜl](合口는 [iuɜl])였다. 따라서 《飜譯老乞大朴通事》 우측음에서 '隔, 百, 北, 各' 등의 모음을 'ㅓ' 혹은 'ㅕ'로

---

254) 예를 들어, '官'은 《飜譯老乞大朴通事》의 우측음에 '권'으로 표기되었는데 《重刊老乞大諺解》와 《朴通事新釋諺解》의 우측음에 '관'으로 표기되었다. 그러나 이러한 '눤'에서 '난'으로 바꿔서 표기한 예는 소수였다. 《重刊老乞大諺解》와 《朴通事新釋諺解》의 편찬 과정에서 舊譯本을 참고해서 桓歡韻을 계속 '눤'으로 표기한 것으로 보인다. 대부분의 桓歡韻을 보수적으로 '눤'으로 표기한 것에 집착하기보다 '官'과 같이 '권'에서 '관'으로 새로 표기한 것에 주목해야 한다고 본다.

255) 괄호 안은 《中原音韻》의 재구음이다. 재구음은 寧繼福(1985), 王力(1987), 蔣紹愚(2005)의 재구음을 종합적으로 검토해서 조정한 것이다.

256) 현대 북경 방언의 入聲字들은 文白異讀 현상을 갖고 있다. 白讀은 [-ai, au, ei, ou] 등으로 나타나고 文讀은 [-ɤ](脣子音 뒤에는 [-o])로 나타난다(袁家驊 1960: 37). 《中原音韻》의 [-(i)ai, ui, au] 등은 현대 북경 방언의 白讀音으로 계승된 것으로 보인다. '隔, 百, 北, 各' 등의 모음이 'ㅓ'로 나타난 것은 文讀音을 표기했기 때문이라고 해석해야 한다. 17세기 초의 《等韻圖經》에 이러한 -k 入聲字들은 拙攝(《中原音韻》의 車遮韻 [i(u)ɜl]에 해당)으로 분류되었다. 《等韻圖經》의 拙攝 開口는 현대 북경 방언에 [-ɤ]로 변화하였다(蔣紹愚 2005: 93). 현대 북경 방언 文讀音의 [-ɤ](脣子音 뒤에는 [-o])는 《等韻圖經》의 拙攝에서 온 것으로 보인다.

표기한 것은 [ɛ]를 표기한 것이다. 'ㅑ'형은 [iɛ]를 표기한 것으로 보이고 'ㅓ'형은 [iɛ]〉[ɛ]의 변화가(李新魁 1984: 479) 16세기에 이미 부분적으로 일어난 것이 반영된 것으로 보인다.[257]

이상과 같이, ≪飜譯老乞大朴通事≫의 우측음을 확인한 결과, 'ㅓ'는 근대 한어의 [ɛ]와 [ɔ]를 표기하였다. 근대 한어 原音에 선행 介音 [i]가 있을 때 근대 한어의 [ɛ]와 대응되고, 선행 介音 [i]가 없을 때 대부분은 근대 한어의 [ɔ], 일부분은 근대 한어의 [ɛ]와 대응된다.

마지막으로 ≪朝鮮館譯語≫에서는 'ㅓ'가 어떠한 한자로 표기되었는지 살펴보자. ≪朝鮮館譯語≫는 漢人이 15세기 한국어를 표기한 것이라 성질상 한국어로 漢音을 표기하는 譯訓通攷通解 正俗音과 ≪飜譯老乞大朴通事≫의 우측음과 조금 다르다. ≪朝鮮館譯語≫의 語釋은 權仁瀚(1998)을 따르겠다.

우선 단모음 'ㅓ'를 표기한 한자들은 '格(예: 走 格嫩大 걷ᄂ다), 得(예: 袍 德盖 덥게), 勒(예: 雁 吉勒吉 기러기), 墨(예: 頭 墨立 머리), 迫(예: 盆 迫尺 버치), 白(예: 法度 白朶大 법도다), 色(예: 霜 色立 서리), 額(예: 母 額密 어미), 黑(예: 腰 黑立 허리)'이 있고 '那(예: 海闊 把剌那大 바를넙다), 半(예: 虎 半門 범), 我(예: 氷凍 我稜額勒大 어름얼다)'도 있다.[258] 전자의 핵모음은 權仁瀚(1998)에서 /ə/로, 후자의 핵모음은 權仁瀚(1998)에서 /o/로 재구되었다. 근대 한어의 모음에 대한 음운론적 재구는 연구자에 따라 차이가 나타날 수 있는데 필자는 權仁瀚(1998)과 달리 음성적인 재구를 참고한다. 위의 例字 중에 앞에 나열한 한자들은 앞서 필자가 말한 ≪飜譯老乞大朴通事≫의 우측음에 'ㅓ'로 표기된 -k 入聲字와 같은 부류에 속해 있다. 15세기에 이들의 文讀音은 앞서 말한 [-ɛ]였다. 뒤에 나열한 '那我'는 ≪中原音韻≫의 歌戈韻([ɔ])에 속하고 '半'

---

257) 李新魁(1984: 479)에서는 근대 한어의 'iɛ]〉[ɛ] 변화 과정에 대해 구체적으로 언급하지 않았지만 17세기 초 이전에 [iɛ]〉[ɛ]의 변화가 완전히 끝났다고 하였다.

258) 더 많은 예는 權仁瀚(1998: 289-292)을 참고하기를 바란다.

은 《中原音韻》의 桓歡韻([uɔn])에 속한다. 앞에서 이미 언급했듯이 15
세기에 이들의 핵모음은 [ɔ]였다.

이중 모음 'ㅕ'는 權仁瀚(1998: 326-331)을 보면 모두 주로 車遮韻 齊
齒呼, 庚靑韻 齊齒呼, 先天韻 齊齒呼(先天韻에 합류된 廉纖韻 포함)의
한자들이었다.259) 15세기 漢音에 이 韻들의 음가는 [iɛ], [iəŋ], [iɛn]였다.
'ㅝ'는 權仁瀚(1998: 323)에 따르면 桓歡韻([uɔn])의 '完', 歌戈韻 合口呼
([uɔ])의 '臥火', 眞文韻 合口呼([uən])의 '嫩'으로 표기되었다. 따라서 'ㅝ'
는 근대 한어의 [uɔ, uə]를 표기한 것임을 알 수 있다. 'ㅖ'는 權仁瀚
(1998: 339)에 따르면 off-glide [j]는 '以, 一'로 補充 寫音되었는데 앞의
핵모음 'ㅓ'는 '格餄色'으로 표기되었다. '格色'의 핵모음은 [ɛ](文讀音)였
고 '餄'는 齊微韻 合口呼([uei])의 한자인데 그 合口 介音은 元代 이후에
탈락되기 시작하였다(李新魁 1984: 481). 따라서 'ㅖ'의 'ㅓ'는 [ɛ, ei로 표
기된 것이다. 한편, 이중 모음 'ㅐ' 전체가 皆來韻 開口呼([ai])의 '盖賴册'
로 표기되기도 하였는데 [ai]는 韻尾 [i] 때문에 수의적으로 [ɛi](혹은 [æi])
로 실현될 수 있어 역시 'ㅓ'와 한어의 [ɛ]의 대응이다.

삼중 모음 'ㅖ'는 權仁瀚(1995: 348-349)을 보면 주로 齊微韻 齊齒呼
([ii])의 '底立尺', 皆來韻 齊齒呼([iai])의 '解', 車遮韻 齊齒呼([iɛ])의 '結呆迭
舍'로 표기되었는데 규칙적이지 않다. 앞에서 언급한 바와 같이 [iai]는
[iɛ]로 변화되기 전에 수의적으로 [iɛi]로 실현될 수 있으니 규칙적이지는
않지만 핵모음 'ㅓ'는 [ɛ]와 대응된 것으로 파악된다.

이상 살펴본 결과를 정리해 보자. 譯訓通攷通解의 正俗音과 《飜譯
老乞大朴通事》의 우측음 표기 양상을 확인한 결과, 한어 原音에 [i] 介
音이 있을 때 'ㅓ'는 한어의 [ɛ]와 대응된다. 한어 原音에 [i] 介音이 없을
때 'ㅓ'는 대부분은 한어의 [ɔ]를 표기한 것이었지만 [ɛ]를 표기한 예도
보인다. 반면에 《朝鮮館譯語》의 표기 양상을 보면 선행 환경에 介音

---

259) 예가 많아서 여기서 모두 제시하기 어렵다. 權仁瀚(1998)을 참고하기를 바란다.

[i]의 유무에 따른 차이가 없어 보인다. 대부분의 'ㅓ'(이중 모음, 삼중 모음의 핵모음이 'ㅓ'일 때 포함)는 근대 한어의 [ɛ]로, 일부분은 근대 한어의 [ɔ]로, 소수는 근대 한어의 [ə, e]로 표기된 것이었다. 표기 양상의 차이는 자료의 성질이 다른 때문이다. 한 쪽은 중세 한국어로 근대 한어를 표기한 것이고, 다른 한 쪽은 반대로 근대 한어로 중세 한국어를 표기한 것이다. 양쪽이 상대 언어의 음성을 본국어의 음소로 인식하는 데에 차이가 생긴 것으로 보인다. 어쨌거나 표기의 반영 양상이 다르다고 해도 추출할 수 있는 것은 'ㅓ'는 근대 한어의 전설 모음 [ɛ]와 후설 모음 [ɔ]에 모두 대응된 양상이다. 하지만 이는 서로 다른 두 언어 사이의 모음의 대응 양상일 뿐, 곧바로 'ㅓ'의 음가가 [ɛ~ɔ]였다고 하기 어렵다.

≪四聲通攷≫ 凡例에서 漢音의 'ㅓ'를 'ㅓ則ㅓㅡ之間'이라 하였는데 이는 漢音 표기의 'ㅓ'를 고유어의 'ㅓ'와 'ㅡ' 사이로 발음하라는 것이다. 앞에서 이미 지적했듯이 李基文(1972)의 〈그림 16〉과 金完鎭(1978)의 〈그림 17〉의 음운 체계에서는 모두 'ㅡ'는 고모음이고, 'ㅓ'는 중모음이다. 따라서 漢音의 'ㅓ'는 고유어의 'ㅓ'보다 높고 고유어의 'ㅡ'보다 낮았다고 할 수 있다. 漢音의 'ㅓ'는 고유어의 'ㅓ'보다 조음 위치가 고모음 내지 후설 쪽으로 당겨진 것이다. 그러므로 후기 중세 한국어 단계에서 고유어 /ㅓ/의 음역이 [ɔ]까지 미쳤는지 의심해 볼 수 있다. 그리고 姜信沆(1985)에서 지적했듯이, ≪洪武正韻譯訓≫의 歌韻 아래의 'ㅓ…讀如 ㅓㅡ之間 故其聲近於ㅗ'라는 註記의 뜻은 'ㅓ' 자체의 음가가 '近於ㅗ'라는 뜻이 아니라, 'ㅓ'로 表音된 歌韻 소속자들의 음가가 '近於ㅗ'라는 뜻이다. 고유어의 'ㅓ'는 漢音의 'ㅓ'와 같은 것으로 볼 수 없어 근대 한어의 [ɔ]를 표기한 'ㅓ'의 고유어의 음가는 [ə]였다고 보는 것이 가장 무난하다. 그러나 다른 대부분의 대응 양상에서 'ㅓ'는 [ɛ]와도 대응될 수 있었다.[260] 그러므로 'ㅓ'의 음가는 전설의 [e]까지[261] 걸쳤다고 할 수 있다. 여러 대응 양상을 종합해 보았을 때 15세기에 'ㅓ'의 음가는 [e~ə]

였다고 결론지을 수 있다.

전기 중세 한국어 단계에 'ㅓ'의 음가와 비교했을 때, 12-15세기 사이에 'ㅓ'의 음가는 전설에서 중설로 中舌化한 것으로 보인다. 'ㅓ'의 변화만큼은 李基文(1972)에서 설정한 변화 과정과 같다.

위에서 논의한 내용을 요약해 보건대, 필자는 고대 한국어 단계부터 후기 중세 한국어 단계까지 'ㅓ'의 음가가 [e]에서 중설의 [ə]로 변화한 것을 제외하면 모음 체계에 거의 변화가 없었다고 본다. 15세기까지만 해도 'ㅓ'는 한어의 전설 모음과 대응되었다. 조음 위치가 바뀌었지만 전설 모음의 대응 역할을 하고 있었기 때문에 음운론적으로 /e/로 재구해야 한다.

다른 모음의 경우, 'ㅣ, ㅏ'와 같은 가장 기본적인 모음은 변화하기 어렵다. 또한 자료를 검토한 결과, 고대 한국어로부터 후기 중세 한국어에 이르기까지 'ㅣ, ㅏ'는 /i/와 /a/였다. 'ㆍ'는 고대 한국어 단계부터, 전기 중세 한국어 단계를 걸쳐 후기 중세 한국어 단계까지 한어의 師思韻과 대응되었다. 이러한 대응 양상은 'ㆍ'가 비음운화를 겪기 전에 큰 변화가 없었다는 것을 의미한다. 'ㅜ'는 전승 한자음과 ≪鷄林類事≫에서 한어의 /u/와 대응되고 후기 중세 한국어 단계에도 /u/였다. 'ㅗ'는 전승 한자음에서 중고음의 /o/와 대응되고, ≪鷄林類事≫에서는 'ㅜ'보다 개구도가 큰 원순 모음이었으며 후기 중세 한국어 단계에서 /o/였다. 한편, 'ㅗ'와 'ㅜ'는 각각 고대 한국어 단계에서 'ㆍ'와 'ㅡ' 開口韻의 合口 반영형이었고, 후기 중세 한국어 단계에서는 '브〉우', '병〉오'와 같이 'ㅡ'와 'ㆍ'의 원순성 대립 짝이었던 것이 분명하다. 근대 한국어 단계에 '블〉불', '될〉몰(馬, 방언)'로 원순 모음화가 일어났다. 따라서 'ㆍ~ㅗ',

260) 특히 선행 환경에 [i]([j])가 있을 때 그 대응은 규칙적이었다.
261) 앞의 내용을 참고하여 한국어 모음을 재구할 때 漢音의 [i]를 [e]로 조정한다.

'ㅡ~ㅜ'의 관계도 고대 한국어 단계부터 근대 한국어 단계까지 비원순과 원순의 대립으로 존재하였고 거의 변화하지 않았다고 본다.

이상으로, 한자음 자료를 바탕으로 보았을 때 고대 한국어부터 후기 중세 한국어 단계까지 모음 추이는 일어나지 않았다고 본다. 더 확대시켜서 근대 한국어의 원순 모음화 등 일련의 음운 현상은 /ㆍ/의 비음운화에 의해 일어난 것이므로 고대 한국어 단계부터 근대 한국어 단계에서 /ㆍ/가 소실한 시기까지 한국어의 모음 체계는 변화 없이 〈그림 19〉의 모습으로 존속해 왔다고 본다.

/ㆍ/의 비음운화가 일어난 원인은 아직까지 해명하기 어렵지만 /ㅓ/의 中舌化와 관련되어 있는 듯하다. 12세기 이후, 한글 창제 이전 시기에 /ㅓ/의 음가는 [e]에서 /ㆍ/가 차지했던 [ə]로 변화하기 시작한 것이었다. /ㅓ/의 中舌化가 일어나 /ㆍ/는 /ㅓ/에 밀려 결국 비음운화 과정을 겪게 된 것이다. 처음에 비어두 음절 위치에서 /ㆍ/는 고모음 쪽의 /ㅡ/로 밀려나 /ㅡ/에 합류하였으며 나중에는 어두 음절 위치에 남아 있던 /ㆍ/가 저모음 쪽으로 밀려남으로써 /ㅏ/에 합류하게 된 것이다.

/ㅓ/의 中舌化 원인에 대하여 추가적으로 설명하겠다. 상관속에 속해 있는 음소들은 더 안정되어 있지만 상관속에 속해 있지 않는 음소들은 비교적 쉽게 변화를 겪는다(Martinet 1960, 金芳漢 譯 1978: 209). 필자가 재구한 고대 한국어의 모음 체계에서 /ㆍ/~/ㅗ/, /ㅡ/~/ㅜ/는 원순성 자질에 의한 대립 짝들이었고 상관속에 속해 있다. 나머지 세 개의 모음은 /ㅣ, ㅏ, ㅓ/인데 /ㅣ (i), ㅏ (a)/는 범언어적으로 존재하는 기본 모음이다. 그러므로 고대 한국어 모음 체계에서 /ㆍ, ㅗ, ㅡ, ㅜ, ㅣ, ㅏ/는 변화하기가 쉽지 않은 모음들이라고 할 수 있다. 반면에 /ㅓ/는 원순성 대립 짝이 없어 모음 체계 안에서 제일 불안정하다. /ㅓ/는 /ㅏ/와의 사선적 조화를 이루어야 하기 때문에 위아래로 위치를 이동할 수 없고, 그 자체가 원래 전설 모음이기 때문에 전설 쪽으로 더 이동할 수

없다. 결국 /ㅓ/는 후설 쪽으로 이동할 수밖에 없었던 것이다. 이러한 관점에 서게 되면 〈그림 19〉의 모음 체계에서 /ㅓ/의 中舌化는 비교적 일어나기 쉬운 변화의 하나가 된다.

3.2.3 이중 모음과 삼중 모음

전승 한자음으로 고대 한국어 단계의 이중 모음과 삼중 모음을 추측하는 것은 한계가 있다. 왜냐하면 전승 한자음은 후기 중세 한국어 단계에 존재한 이중 모음과 삼중 모음으로 표기되었기 때문이다. 그러나 전승 한자음으로 고대 한국어에 특정한 이중 모음 혹은 삼중 모음의 존재 여부를 확인할 수가 있는 경우도 있다.

먼저 후기 중세 한국어 단계에는 j계 상승 이중 모음, j계 하강 이중 모음, w계 상승 이중 모음, j계 삼중 모음, w계 삼중 모음이 존재한다. 여기서는 편의상 〈그림 12〉의 모음 체계로 이론적으로 존재할 만한 모든 이중 모음과 삼중 모음을 나열하겠다. 〈그림 12〉대로 'ㆍ'는 'ə', 'ㅓ'는 'e'로 표기한다.

ji	*jɨ*	ju		*ij*	ɨj	uj		*wi*	*wɨ*	wɯ		*jij*	*jɨj*	juj		*wij*	*wɨj*	*wɯj*
je	*jə*	jo		ej	əj	oj		we	*wə*	*wo*		jej	*jəj*	*joj*		wej	*wəj*	*woj*
ja				aj				wa				jaj				waj	

〈그림 22〉 이중 모음과 삼중 모음 목록

〈그림 22〉에서 삭제 부호 '-'를 표시한 것은 존재하지 않는다는 뜻이다.[262] 이탤릭체로 표시한 이중 모음과 삼중 모음은 존재하였는지 확

---

262) 'wɨ, wə'는 음성적으로 단모음 'u, o'로 실현된다. 후술하겠다.

실하지 않은 것들이다. 이탤릭체나 삭제 표시를 하지 않은 것들은 후기 중세 한국어에도 존재한 이중 모음과 삼중 모음들이다. 모두 고유어는 물론 전승 한자음에서 그 존재를 찾을 수 있다. 이들은 고대 한국어에도 존재했던 것으로 추정된다. 다른 모음에서 변화하였다는 증거는 찾을 수 없다.

'ㅜ(u), ㅗ(o)'의 w계 상승 이중 모음은 후세에는 물론 고대 한국어 단계에도 존재하지 않았던 것으로 파악된다. 전승 한자음 자료에서 'ㅜ'와 'ㅗ'는 각각 'ㅡ'와 'ㆍ'의 원순 모음으로 나타난다. 반모음 [w]와 핵모음이 결합될 때 [w]의 변별 자질은 [+rounded]인데 [+rounded]의 'ㅜ'와 'ㅗ'와의 결합은 전혀 불가능한 것은 아니지만 실제로 실현될 때도 단모음의 'ㅜ, ㅗ'로 실현되기 때문에 존재하지 않는다고 본다. 'wu, wo'가 존재하지 않으므로 w계 삼중 모음 'wuj, woj'도 물론 존재하지 않는다. 'ㅡ (i)'와 'ㆍ(ə)'의 w계 이중 모음은 후기 중세 한국어 단계에 음성적으로 각각 'ㅜ'와 'ㅗ'로 실현된다. 'β(ㅸ))w'의 변화 과정을 걸쳐 '브'와 '봉'가 'ㅜ'와 'ㅗ'로 변화한 것은 그 증거가 된다. 고대 한국어 단계에 開合口 대립이 존재한 韻에 開口韻이 'ㅡ, ㆍ'로 合口韻이 'ㅜ, ㅗ'로 나타난 현상이 보여서 'w+i→u', 'w+ə→o'의 공식이 고대 한국어에도 성립된다. 그러므로 고대 한국어 단계에 'ㅡ, ㆍ'의 w계 상승 이중 모음도 음성적으로 단모음 'ㅜ, ㅗ'로 실현되었다고 본다. 이리하여 'wi, wə'는 이중 모음 목록에서, 'wij, wəi'는 삼중 모음 목록에서 삭제할 수 있다.

여기서 논의를 이탤릭체로 표시한 이중 모음과 삼중 모음이 고대 한국어 단계에 존재했는가 하는 것에 집중적으로 전개하고자 한다.

李基文(1972: 128-129)에서 'ij'가 후기 중세 한국어 단계에 존재했을 가능성이 있다고 주장하였다.[263] 'ij'를 인정한다면 'ji'도 존재할 수 있다.

---

263) 李基文(1972: 128-129)에서 그 근거를 두 가지로 들었다. 첫째, '디(L)-'(落)+-ㅣ(H)-'가 '디(R)-'로 나타났는데 '디(R)-'는 단음절이다. '디(L)-+-고'는 '디고'로 나타났지만 '디 (R)-+-고'는 '디오'로 나타난다. 어미 '-고'는 보통 'r'과 'j' 뒤에만 '-오'로 약화된다. 둘째,

고대 한국어 단계에 이중 모음 'ji, ij'가 존재했는가 하는 문제는 전승 한자음으로 검토하기 어렵다. 왜냐하면 한어 중고음 연구에서 3等 A류 介音 /i/((j))와 韻腹 /i/의 결합, 그리고 韻腹 /i/와 /i/ 韻尾의 결합을 모두 /i/로 간주하기 때문이다. 더구나 介音 [j]와 핵모음 [i]는 비변별적인 존재로 최근의 중고음 연구에서는 이들은 음운론적으로 모두 /i/로 취급되고 있다. 'ij, ji' 내지 삼중 모음 'jij, wij'는 전승 한자음뿐만 아니라 다른 자료로도 확인하기 어렵기 때문에 고대 한국어 단계에 이들의 존재 여부는 미지수로 남길 수밖에 없다.

'ji, jə' 즉 'ㅢ'와 'ㆎ'는 앞에서 이미 언급했듯이 《訓民正音》 合字解에서 '於國語無用 兒童之言 邊野之語 或有之'라는 기록에서 그 존재를 확인할 수 있다. 특히 'ㆎ'는 제주도 방언에서 찾을 수 있고 'ㆎ'로 재구할 수 있는 단어들은 중부 방언에서 'ㅕ'형으로 나타났고 남부 방언과 동북 방언에서 'ㅑ'형으로 나타나므로 15세기 이전에 'ㆎ'는 분명히 존재하였다. 이제 전승 한자음으로 'ㅢ, ㆎ'의 흔적을 찾아볼 차례이다.

2.2.3에서 살펴본 대응 양상을 바탕으로 'ㅢ'가 고대 한국어 단계에 존재하였다면 그것으로 반영될 만한 후기 중고음의 韻은 /ii/를 갖고 있어야 한다. 하지만 유감스럽게도 후기 중고음에 이러한 음을 가진 韻은 존재하지 않는다. 따라서 전승 한자음으로 'ㅢ'의 존재를 확인할 수 없다. 'ㆎ'가 존재하였다면 'ㆎ'로 반영되어야 하는 韻은 후기 중고음 단계에 /iə/를 가진 것이어야 한다. 후기 중고음 단계에 유일하게 /iə/를 가진 韻은 魚韻 /(r)iə/이다. 2.2.3.5의 [표 64]에서 볼 수 있듯이 魚韻은 牙喉音 뒤에 'ㅓ', 舌齒音(莊組 제외) 뒤에 'ㅕ', 莊組 뒤에는 'ㅢ'로 나타난다. 魚韻의 /(r)iə/가 'ㆍ, ㆎ'로 반영되지 않고 'ㅓ, ㅕ'로 반영되는 현상에[264] 대해서 필자가 2.2.3.5에서 魚韻의 /(r)iə/의 핵모음은 앞의 3등 介

계사 'ㅣ' 뒤에도 '-고'가 '-오'로 나타났으므로 'ij'로 해석할 수 있다. 다만 계사 '-이' 뒤에 어미 '-다가 '-라'로 실현되는 것은 다른 'j'로 끝난 동사 어간에서 찾을 수 없는 현상이라고 하였다.

音의 영향으로 [e]로 실현되었을 가능성이 크다고 해석한 바가 있다. 魚韻이 처음에 '·, ㅣ'로 반영되었다가 나중에 한국어 내부에서 'ㅓ, ㅕ'로 변화했을 가능성도 배제되지 않는다. 그러나 'ㅣ〉ㅕ'의 변화는 인정할 수 있지만 '·〉ㅓ'의 변화가 대규모로 일어났다고 하기 어렵다. 따라서 魚韻의 'ㅓ, ㅕ'는 후세의 변화 결과가 아니라 처음부터 이렇게 차용된 것으로 보는 것이 더 타당할 듯하다. 그러므로 전승 한자음에서 'ㅣ'가 존재하지 않았다고 해야 된다. 존재하지 않은 원인은 한국어 내부적 원인이라기보다 후기 중고음에 'ㅣ'와 비슷한 음이 없었기 때문이라고 본다.[265]

w계 상승 이중 모음은 후기 중세 한국어 단계에 문증되는 것이 'ㅘ, ㅝ'밖에 없다. 'β(ㅸ)〉w'가 일어난 뒤에 'ᄫᅳ'와 'ᄫᅩ'는 '우'와 '오'로 변화했지만 'ᄫᅵ'는 대부분 '수ᄫᅵ〉수이(易)', '더러ᄫᅵ-〉더러이-(使汚)'와 같이 '이'로 변화하였다. 'ᄫᅵ'가 'wi'로 변화한 예는 李基文(1972: 45-46)에 따르면 '치ᄫᅵ〉치위(寒)', '더ᄫᅵ〉더위(暑)', '-디ᄫᅵ〉-디위'[266] 세 개밖에 없다. 李基文(1972)에서 βi〉i는 一般 公式이요, βi〉wi는 선행 모음이 'i'인 경우에 한해서 일어난 것으로 볼 수 있다고 하였다. 하지만 郭忠求(1996: 49)에 따르면 '치위, 더위'는 '치ᄀᆔ, 더ᄀᆔ(釋譜詳節 9:9)'에서 온 것이다. 그리고

---

264) 莊組 뒤에 魚韻이 'ㅗ'로 나타나는 것은 2.2.2에서 이미 설명하였다.

265) 李基文(1977: 189-190)에서는 제주도 방언에 '廉, 葉, 占, 楪'의 음이 'yʌm, yʌp, čʌm, čʌp'로 나타나는 것을 보고하였다. '廉, 葉, 占, 楪'은 모두 咸攝 3等 鹽A韻(/iɛm/)과 咸攝 4等 添韻(/em/〉/iɛm/)에 속한 한자들이다. 제주도 방언의 'ㅣ'가 중부 방언의 'ㅕ'보다 고형으로 보이지만 이들의 전승 한자음 모음이 원래 'ㅕ'가 아닌 'ㅣ'라고 주장하기는 어렵다. 왜냐하면 아직까지 한어의 전설 모음 /ɛ/와 '·'가 대응되는 다른 예가 보이지 않기 때문이다. 2.2.3.6에서 확인한 바와 같이 한어의 /ɛ/는 원칙적으로 'ㅓ'와 대응된다. 한편, 이 네 개의 한자의 핵모음은 한어 상고음부터 근대음까지 변화를 거의 겪지 않았다. 따라서 이들의 핵모음이 제주도 방언에서 '·'로 나타나는 것은 基層의 차이로 볼 수도 없다. 이 네 개의 한자의 모음이 왜 제주도 방언에서 '·'로 남아 있는지 아직까지 설명할 수 없다.

266) 李基文(1972)에 따르면 '-디ᄀᆔ'가 '-디외, -디웨'로 표기되기도 한 것은 'wi'에 대한 표기 방법이 없기 때문이다.

20세기 초에 간행된 Kazan 자료에는 '누이(妹)'가 '느븨'로 전사되어 있어 중세 한국어 단계의 '누위'가 '누븨〉누위[nuwil]'가 아닌, '누븨〉누위 [nuujl]'에서 발전한 것이라고 하였다. 따라서 중세 한국어 단계에 상승 이중 모음 [wi]가 꼭 존재하였다고 보기는 어렵다.

후기 중세 한국어 단계에 'wi'의 존재가 불투명하므로 고대 한국어 단계에 'wi'가 존재하지 않았을 가능성이 크다. 'wi'가 고대 한국어로 존재하였다면 전승 한자음에서 'wi'로 반영해야 되는 韻은 2장에서 살펴본 대응 규칙을 바탕으로 역으로 추출해 보면 止攝 諸韻의 A류 合口 /ui/([wi]), 眞A 合口 /uin/([win]), /uit/([wit])가 된다. [표 53, 54]에서 볼 수 있는 것처럼 이 韻들의 모음은 대부분이 'ㅠ'로, 소수가 'ㅟ'로 반영되었다.[267] 후기 중고음의 [wi]는 고대 한국어의 [wi] 말고 [uj]로도 반영될 수 있어 'ㅟ'형은 해결된다. 하지만 후기 중고음의 [wi]가 'ㅠ(ju)'로 반영된 것은 특이하다.[268] 전승 한자음이 차용된 당시에 'wi'가 존재하지 않아서 이러한 대응이 나타난 것으로 보인다. 'ㅠ'는 [wi]에서 왔다고 주장할 수 없기 때문이다. 전승 한자음에서 전혀 'wi'의 흔적을 찾을 수 없어서 고대 한국어에도 'wi'가 없었을 가능성이 크다.[269]

한편, 한어의 [wi]가 대부분은 'ㅠ'로, 소수만 'ㅟ'로 반영되었다는 것은 후기 중세 한국어의 'ㅟ'의 음가는 원래 고대 한국어에도 [uj]였고 [ui]는 아니었다는 것을 암시해 준다. 왜냐하면 'ㅟ'의 음가가 [ui]였다면 후기 중고음의 [wi]는 원칙적으로 'ㅟ[ui]'로 반영되었어야 한다. 'ㅟ'의 음가를 [uj]로 봐야 전승 한자음의 대응 양상을 설명할 수 있다. 상승 이중

---

267) 止攝의 合口의 몇몇 齒音字의 韻母가 'ㅖ, ㅔ, ㅒ'로 반영된 예외도 보인다. 'wi'와 관련되지 않는 반영 양상이므로 후술하겠다.
268) 河野六郎(1968/1979: 483)에서는 아마도 止攝 合口의 平聲字는 [-yi]로, 仄聲字는 [-yei]로 실현되었을 것이라고 해석하여 'ㅠ'는 [y]에 대한 반영이라고 보았다. 3.1.2.3에서는 이미 河野六郎(1968)의 견해를 받아들일 수 없는 이유를 설명하였다.
269) 다만 /i/와 반모음 [w]가 결합되지 않는 체계적인 원인과 조음하기 어려운 음성적 원인을 찾을 수 없다.

모음 [wi]와 하강 이중 모음 [uj] 사이의 음성적인 차이가 있기 때문이다. 체계적으로 'ᅱ'가 [uj]였다면 나머지 'ᆞᆝ, ᅴ, ㅐ, ㅔ, ㅚ'의 실제 음가도 [Vi]가 아닌 [Vj]로 봐야 될 것이다.

j계 삼중 모음 중에 먼저 'jij, jəj'도 확인이 불가능한 것들이다. 내적 재구로 이들의 흔적을 포착한 선행 연구는 아직까지 보이지 않는다. 중고음의 /i/를 인정한다고 해도 분포가 매우 제한적이라서 /ii/는 물론 /iii/를 가진 한자가 존재하지 않았다. /(u)riəi/를 가진 韻은 微韻의 開口韻이다. 하지만 微韻이 후기 중고음에는 脂韻 /(r)i/에 합류되었다. 거의 모든 微韻의 開口韻의 牙喉音字의 韻母가 'ᅴ', 脣音字의 韻母가 'ㅣ'로 반영되어 있기 때문에[270] 고대 한국어에 'jəj'가 존재했는지 확인할 수 없다.

'juj, joj'는 후기 중세 한국어 문헌에도 등장되었다. 'juj'는 고유어의 '여쉰(六十)'에서 찾을 수 있다. 전승 한자음에도 'ᆔ'가 보이는데 모두 'ㅊ'이나 'ㅅ' 뒤에만 나타난다. 'ᆔ'를 가진 전승 한자음의 수가 매우 적어서 2장에서 다루지 않았다. 여기서는 먼저 'ᆔ'로 나타난 전승 한자음을 아래의 [표 91]에서 세 가지 유형으로 분류하고자 한다.

[표 91] 'ᆔ'를 가진 전승 한자음

유형	변화 과정	한자
가	ㅠ~ᆔ〉ᅱ	吹炊(支合), 翠(脂合), 取(虞), 就(尤)
나	ᆔ〉ᅱ	醉(脂合), 娶聚趣(虞), 臭(尤)
다	ᆔ〉ㅠ	隨(支合), 儵醜(尤)

---

270) 微韻은 舌齒音과 결합되지 않는다. 한편, 후기 중세 한국어 문헌에 微韻 開口字 '緋'의 전승 한자음은 '비'로 나타난다. 'ᆡ'는 微韻의 전기 중고음 /iəi/를 반영한다기보다 '排(비)'의 음에 유추된 것으로 설명하는 것이 더 자연스럽다. '緋'의 현대 한국 한자음은 '비'이다. '븨〉븨〉비'의 과정을 걸쳤다고 하기보다 '非'의 음에 유추된 것으로 보는 것이 더 자연스럽다. 전승 한자음의 'ᆞ'는 고유어의 어두 음절처럼 'ᆞ〉ㅏ'로 변화하는 것이 일반적이기 때문이다.

[표 91]의 'ㅠㅣ'는 앞서 말한 河野六郎(1968/1979: 483)에서 止攝 合口의 平聲字가 [-yi]로 추정하고 [y]가 'ㅠ'로 반영된다고 한 예들이다. 河野六郎(1968/1979: 483)의 견해는 순환 이론이라는 것을 앞에서 지적하였다. 여기서 더 자세히 이 견해의 문제점을 지적해 본다면, [표 91]에서 볼 수 있듯이 止攝 合口 말고 虞韻과 尤韻도 'ㅠㅣ'로 반영되었다. 그리고 'ㅠㅣ'로 반영된 止攝字 중에 '吹炊隨'만 平聲字이고 '翠醉'는 仄聲字이다. 성조에 따른 차이는 없어 보인다. 그리고 合口 介音과 3等 介音이 축약되어 전설 원순의 [y]로 실현된다는 추정도 성립되는지 의심스럽다.[271] 필자는 (가) 유형에 'ㅠㅣ'뿐만 아니라 'ㅠ'도 나타난 현상에 주목한다. 止攝 合口는 일부분 'ㅟ'로 반영되었지만 대부분은 'ㅠ'로 반영되었다. 虞韻과 尤韻의 齒音도 'ㅠ'로 반영되는 것이 정상적이다. 'ㅠ'와 'ㅠㅣ'의 공존은 이들 한자음은 처음에 'ㅠ'로 차용되었다가 'ㅣ'가 나중에 첨가된 과정이 있었던 것을 보여 준다. 'ㅠㅣ'가 현대 한국어 단계까지 (가, 나) 유형은 'ㅟ'로, (다) 유형은 'ㅜ'로 변화하였다. 'juj'의 앞 'j'는 근대 한국어 단계에 구개음화가 일어나서 탈락되어 (가, 나) 유형처럼 현대 한국어 단계에 'ㅟ'로 전승되었다. (다) 유형은 어말의 'j' 탈락 과정을 더 거쳐 'ㅜ'로 전승된 것이다. 전승 한자음의 'ㅠㅣ'는 'ㅠ' 뒤에 'j'가 첨가된 것이니 'juj'는

---

271) 한어의 [y]는 李新魁(1984: 475-476, 482)의 考證으로, ≪拙菴韻悟≫(1674)에서야 그 [y]의 존재를 확인할 수 있다. 孫强(2004)에 따르면 한어의 [y]는 처음에 元代의 口語를 반영한 雜劇 用韻에 몇몇 한자의 음에만 나타났고 明代 詩人의 押韻에서 부분적으로 포착된다고 하였다. 그리고 孫强(2004)에서 李新魁(1984)의 考證대로 [y]가 확립된 것은 ≪拙菴韻悟≫(1674)에서 확인할 수 있다고 하였다. 세부적인 견해 차이가 있지만 [y]가 元代 이전에 나타나지 않았다고 보는 것은 합의된 것이다. 河野六郎(1968)의 해석도 그렇고 중고음의 3等 合口 介音 'iu, Iu'(舊 介音 학설에 따른 것임)를 'y, ɣ로 본 伊藤智ゆき(2007)도 문제가 있다고 본다. 伊藤智ゆき(2007)의 중고음 체계는 平山久雄(1967)을 따른 것인데 平山久雄(1967, 李準煥 譯 2013b: 220)에서 3等 合口 A, B류의 介音은 y, ɣ로 보고 y, ɣ를 iu나 Iu로 분석해도 전혀 지장이 없다고 하였다. 平山久雄(1967)의 y, ɣ 설정은 有坂秀世와 河野六郎 등의 초기 연구를 따른 것이다. 하지만 전설 원순 고모음 [y]는 元代 이전에 실현되었다고 보기 어려우므로 舊 介音 학설에 따르더라도 3等 合口 介音의 음성적인 실현은 [-iu-]나 [-Iu-]라고 봐야 한다.

고대 한국어 단계까지 소급될 수 있을지 의문스럽다. 그러나 고유어에 '여쉰' 한 예로나마 나타나고 전승 한자음에도 'ㅠ' 뒤에 'j'가 첨가되는 것이 허용되고 있어 고대 한국어 단계에 존재했을 가능성은 충분히 있다. 다만 'juj'는 'ㅅ, ㅊ'과 같은 치음 뒤에만 나타난 것으로 한정해야 한다.

'ㅚ'를 가진 전승 한자음이 없다. 고유어에는 '염괴(염교(韭)+ㅣ)〈두시 7:40a〉', '쇠(쇼(牛)+ㅣ)〈석상 3:40a〉' 등에서 쉽게 찾을 수 있지만 형태소 내부에서는 'ㅚ'를 찾을 수 없다. 중고음에 /ioi/ 韻이 존재하지 않았기 때문에 고대 한국어 단계에 'ㅚ'가 있었는지 확인할 수 없다.

w계 삼중 모음 중에 'wij'는 'ij'가 확인이 불가능하므로 존재한다고 하기 어렵다. 'wɨi, wəi'와 'wui, woi'도 위에서 다루었으니 더 이상 언급하지 않겠다.

〈그림 22〉는 이론적으로 존재할 수 있는 이중 모음과 삼중 모음의 목록이다. 이 외에 ≪訓民正音≫ 中聲解에 다른 다중 모음도 존재한다. '二字合用者 ㅗ與ㅏ同出於· 故合而爲ㅘ ㅛ與ㅑ又同出於ㅣ 故合而爲ㅑ ㅜ與ㅓ同出於一 故合而爲ㅓ ㅠ與ㅕ又同出於ㅣ 故合而爲ㅖ 以其同出而爲類 故相合而不悖也 一字中聲之與ㅣ相合者十 ·ㅣㅢㅚㅐㅟㅔㅚㅒ ㅖㅖ是也 二字中聲之與ㅣ相合字四 ㅙㅞㅙㅖ是也'에서 사중 모음 'ㅑ, ㅖ'와 오중 모음 'ㅙ, ㅞ'도 나타난다.

'ㅑ, ㅖ'는 고유어는 물론, 전승 한자음에도 없다. 'ㅖ'는 그나마 ≪東國正韻≫식 한자음, 譯訓通攷通解의 正俗音 그리고 ≪飜譯老乞大朴通事≫의 우측음에 사용되었지만 'ㅑ'는 아예 실제로 사용되지 않았다. 위의 ≪訓民正音≫ 中聲解의 설명을 보면 '同出於'라고 한 것을 'ㅘ, ㅓ'와 같은 w계 상승 이중모음을 표기할 때 반모음 [w]는 핵모음이 양모음일 때 'ㅗ'로, 핵모음이 음모음일 때 'ㅜ'로 표기해야 된다는 것으로 이해할 수 있다. 'ㅑ, ㅖ'는 이 점을 강조하기 위해서 만들어진 것이고 'ㅑ'는 아예 실제 언어에 없고 'ㅖ'는 漢音 표기에만 사용된 것이다. 그러므로

'퍄, 펴'는 후기 중세 한국어 이후는 물론 고대 한국어에도 없다고 할 수 있다.

'퍠, 폐'는 고유어에 나타나지 않는다. '퍠'는 전승 한자음에도 나타나지 않지만 '폐'는 '吠' 등의 전승 한자음[272] '毳'에서 찾을 수 있다. '쯰'는 '隨'를 빼고 'ㅊ' 뒤에만 나타나는데 '쮀'는 예외 없이 모두 'ㅊ' 뒤에만 나타난다. 총 8개의 한자의 전승 한자음이 '毳'로 나타났다. '垂捶嘴揣(支合), 悴萃(脂合), 贅毳(祭合)'가 그것이다. 이 밖에 '觜(支合)'는 ≪新增類合≫ 上卷 13쪽(羅孫 金東旭博士 所藏本)에 '毳'로 나타났고 탈획으로 보이지는 않는데[273] 유일한 예로 다루지 않겠다. 앞에 음이 '毳'로 나타난 한자 8개 중에 '嘴毳'의 현대 한국 한자음은 '취', '捶'의 현대 한국 한자음은 '추', '揣悴萃贅'의 현대 한국 한자음은 '췌'로 나타난다. 특히 현대 한국 한자음이 '췌'로 나타난 예들이 보여서 '毳'는 그저 漢音을 寫音한 표기가 아니라 실제로 발음된 전승 한자음을 표기한 것으로 봐야 된다. '垂'의 현대 한국 한자음이 '수'로 바뀐 것은 '毳'에서 변화한 것이 아니라 현대 한국어 이전 단계에 '睡'의 음에 유추된 것이다.

'쮀'는 어떻게 나타난 것일까? 앞서 몇 번 언급했지만 河野六郎(1968/1979: 483)에서는 止攝 合口의 仄聲字는 [-yei]로 실현되었을 것이라고 추측하여 '폐'의 출현을 해명하려고 하였다. '쮀'도 河野六郎(1968)의 설

---

272) 앞서 河野六郎(1968)에서는 이들의 전승 한자음이 '毳'로 나타난 것을 d층에 대한 반영이라고 보았지만, 姜信沆(2008a/2012)에서는 '毳'는 전승해 온 전통 한자음이 아니라 近世 漢音이라고 보고 河野六郎(1968)의 분류는 재고되어야 한다고 하였다. 필자도 '毳'의 차용 시기를 근대로 보고 있다. 여기서 필자가 '毳'가 전승 한자음이라고 하는 것은 '毳'라는 음이 현대까지 '毳'로 전승되어 왔다는 뜻이다. 필자가 사용하는 '전승 한자음'이라는 술어는 차용된 시기부터 현대에 이르기까지 전승되어 온 현실 한자음을 가리킨다. 근대 한음을 단순히 寫音한 것이 아니고 현실에 사용되었고 현대까지 전승되어 온 것이라면 근대 한음을 차용한 것이라도 필자는 그것을 전승 한자음으로 취급하겠다는 것이다. 따라서 본고에서 사용하는 '전승 한자음'이라는 술어는 姜信沆(2008a)에서 사용한 전승된 전통 한자음이라는 술어와 약간의 차이가 있다.

273) '悴'도 ≪新增類合≫ 下卷 14쪽에 '毳'로 표기되었는데 이는 탈획으로 보인다. 참고로, ≪訓蒙字會≫ 叡山本에서 '悴'는 '毳'로 나타난다.

명으로 해결할 수 없다. 순환 이론이라는 문제점은 앞에서 지적했다. 8개의 한자 중에 止攝 合口字뿐만 아니라 祭韻 合口字도 나타난다. 그 중에 '垂揰'는 仄聲字가 아닌 平聲字이다. [표 91]에서 전승 한자음이 'ㅞ'로 나타난 한자 중에 일부의 모음은 근대 한어 단계에 撮口呼([y]혹 은 [yV])로 변화되었으나 'ㅞ'로 나타난 8개의 한자는 현대 한어에서도 撮口呼로 변화되지 않았다. 그러므로 河野六郎(1968) 및 河野六郎 (1968)을 그대로 따른 伊藤智ゆき(2007)의 설명은 타당하지 않다.

주목할 점은 'ㅞ'로 나타난 8개의 한자 중에 '揣'만 제외하면 나머지는 모두 현대 한어에서 'ui'([-uei])로 발음된다는 사실이다. '揣'는 현대 한어 에 'uai'[-uai]로 발음하지만 [i] 韻尾 때문에 [-uəi]나 [-uæi]로 수의적으로 실현될 수 있다. 명나라 시기의 한어 북방 방언의 韻母 체계는 현대 북 경 방언의 韻母 체계는 '車遮韻(ə)'만 다른 것을 빼고 나머지는 거의 차 이가 없으므로(蔣紹愚 2005: 93) 이 8개의 한자의 근대 한어음은 모두 [-uei]나 [-uɛi]에 가깝다고 할 수 있다. '揣'를 제외하고 'ㅞ'의 음을 가진 한자들은 李新魁(1984)의 齊微韻 合口에 해당된다. 李新魁(1984)에 따 르면 齊微韻 合口는 元代부터 현대까지 음가가 계속 [uei]였고 脣音字만 [u] 介音이 탈락되었다. 'ㅞ'의 음을 가진 한자들은 모두 齒音字였기 때 문에 元代 이후에 이들의 음은 [uei]였다.[274] 따라서 'ㅞ'는 분명히 근대 한어의 [-uei]나 [-uɛi]를 반영한 것이다. 문제가 되는 것은 [-uei]나 [-uɛi]는 'ㅞ'로 표기되는 것이 더 원음에 가까워 보인다는 것이다. 하지만 중세 한국어 화자의 입장에서 그 당시에 'ㅓ'의 음가는 이미 [e]에서 中舌化가 일어나 [ə]로 옮기기 시작하였다. 근대 한어의 [e]나 [ɛ]를 나타내려면

---

274) 李新魁(1984)의 齊微韻은 王力(1987: 490, 522)의 灰堆韻에 해당된다. 王力(1987: 490) 에서 灰堆韻 合口의 明清 시기 음을 [uəi]로 재구하였다. 하지만 王力(1987: 522)에서 현대 한어의 灰堆韻 合口(실제 음가: [uei])도 [uəi]로 표기하였다. 대저 王力(1987)의 근 대음 체계를 따른 蔣紹愚(2005: 92)에서는 王力(1987)에서 표기된 [uəi]를 [uei]로 표기 하였다. 王力(1987)에서 明清 시기부터 현대까지 灰堆韻 合口의 음가 변화가 없었다고 보았다. 현대 한어에 이 한자들은 [-uei]로 발음되니 근대 한어에도 [-uei]였다.

'ㅓ'보다 'ㅕ'가 더 원음에 가까운 표기로 여겨져 'ㅕ'가 선택된 것으로 보인다. 그러므로 [uei]나 [uɛi]의 [ei]나 [ɛi]는 'ㅖ'로 반영되는 것이 더 자연스럽다. 또 하나의 문제는 [ei]나 [ɛi]는 'ㅖ'이므로 [uei]나 [uɛi]는 'ㅞ'로 표기되어야 한다는 점이다. 그럼에도 불구하고 'ㆊ'로 표기된 까닭은 무엇인가? 8개의 한자의 [u] 앞에 /i/ 介音은 없는데 'ㆊ'의 'ㅠ' 부분의 [j]는 어디서 생긴 것일까? 'ㆊ'로 표기되는 것은 ≪訓民正音≫ 中聲解의 'ㅠ 與ㅛ又同出於ㅣ 故合而爲ㆊ', '一字中聲之與ㅣ相合者十 ·ㅣㅓㅣㅚㅐㅟㅔ ㅚㅒㆊㅖ是也 二字中聲之與ㅣ相合字四 ㅙㅞㅙㆊ是也'의 설명을 참고해야 된다. 즉, ≪訓民正音≫ 中聲解의 설명을 보면 中聲을 합용할 때 'ㅣ'계끼리여야 결합할 수 있다는 것이다. [ei]나 [ɛi]는 'ㅖ'로 표기해야 되므로 [u]는 'ㅖ'와 같은 'ㅣ'계의 'ㅠ'를 선택한 것이다. 바꿔서 말하면 'ㅞ'는 그 당시에 허용되지 않은 표기이다. 그러므로 근대 한어의 [uei]나 [uɛi]를 'ㆊ'로 표기한 것은 그 당시의 표기 체계에 부합하는 것으로 볼 수 있다. 실제로 'ㆊ'의 표기는 /iuiei/가 아닌 /uei/인 것이다('ㅓ'를 /e/로 표기). /uei/(ㆊ)는 음성적으로 삼중 모음 [uəi]나 [uei]로 실현되었을 것이라고 본다. 'ㆊ'도 역시 'ㅊ' 뒤에만 가능한 것으로 보인다. 'ㆊ'는 근대 한어의 음을 차용한 것이므로 고대 한국어 단계에 'ㅙ'와 같이 존재하지 않았다고 본다.

이상 고찰한 바와 같이, 고대 한국어 단계에 나타날 수 있는 이중 모음과 삼중 모음은 자료의 부족으로 존재 여부를 확인할 수 없는 것들이 많다. 전승 한자음을 바탕 자료로 추측했을 때 고대 한국어 단계의 이중 모음과 삼중 모음은 후기 중세 한국어와는 크게 차이가 나지 않는 것으로 본다.

4. 결론

본고는 고대 한국어의 음운 체계를 전승 한자음을 바탕으로 삼아서 재구하였다. 고대 한국어의 음운 체계를 재구할 때 이용할 수 있는 현존 자료는 전승 한자음 자료 이외에 차자표기 자료도 있다. 지금까지 이루어진 대부분의 연구들은 차자표기 자료를 대상으로 하고 있지만 차자표기 자료는 그 양이 턱없이 부족하고 그 표기의 조잡성으로 말미암아 많은 문제점을 지니고 있을 뿐만 아니라, 그 기층도 다양하여 상고 및 중고 한어가 반영된 예도 있다. 더구나 차자표기 자료의 표기 시기가 불명확하고 기층이 복잡해서 고대 한국어의 음운 체계를 정밀하게 재구하기가 어렵다고 판단하였다. 때문에 필자는 차자표기 자료를 주 대상 자료로 삼지 않고 대신 전승 한자음을 기본 자료로 하여 고대 한국어의 음운 체계를 재구하였다.

하지만 전승 한자음 자료도 기존에 그 기층이 복합적이라는 주장이 기왕에 제기된 바 있다. 전승 한자음을 주 자료로 삼아 고대 한국어 음운 체계를 재구하고자 할 때는 이 문제점을 먼저 해결해야 한다. 河野六郎(1968)에서 전승 한자음의 주 기층을 b 기층인 ≪慧琳音義≫의 長安音으로 귀결시켰지만 상당히 많은 전승 한자음들을 다른 기층이 반영된 것으로 보았다. 河野六郎(1968)의 견해는 伊藤智ゆき(2007)에서 부분적으로 비판을 받았다. 伊藤智ゆき(2007)에서는 전승 한자음은 대체로 唐末(내지 宋初)의 한어를 균일하게 반영한 것이라고 하였지만 여전히 이러한 주 기층을 벗어난 예들이 존재한다. 그리고 주 기층에 대한 반영으로 보이지만 설명하지 못했거나 설명 부분에 문제가 될 만한 부분이 보인다. 필자는 먼저 전승 한자음은 한어의 음을 차용한 것이기 때문에 '音類에 따라 基層이 다르다'는 기존의 주장이 이론적으로 성립되기 어렵다고 보았다. 개별 한자의 음은 차용 시기가 다를 수 있지만, 전반적으로 전승 한자음의 기층은 단일하다고 보는 것이 원칙이다. 필

자는 2장에서 최근 한어 성운학의 연구 결과를 참고하여 기존에 주 기층으로 설명하지 못한 일부 전승 한자음도 모두 주 기층에 해당한다는 사실을 입증하였다. 2장에서 필자가 전승 한자음의 聲母, 介音, 韻腹(韻尾 포함), 聲調의 양상을 살펴본 결과, 거의 모든 전승 한자음은 8세기 후반-9세기 초의 長安 雅言을 차용한 것으로 드러났다. 그 핵심적인 주장을 요약하면 아래와 같다.

聲母의 반영 양상에서 云母의 음이 반영되지 않은 것은 ≪慧琳音義≫ 시기 이후에 차용된 것으로 보인다. 대부분 知組字들의 전승 한자음에 반모음 [j]가 보이는 것은 知組 뒤의 重紐 介音이 A류 介音으로 변화한 후기 중고음을 차용했기 때문으로 해석된다. 崇母의 절반, 船·禪母의 절대 다수가 'ㅅ'으로 반영되었다. 이러한 반영 양상을 단순히 ≪慧琳音義≫ 체계에 대한 반영으로 볼 수는 없다. 이는 濁音淸化 과정에서 세 聲母가(崇母는 일부만) [ɕ]로 변화한 후기 중고음의 양상과 부합한다. 日母가 'ㅿ'으로 반영된 것도 후기 중고음 단계에 日母가 'ɲ)nʑ'의 변화를 겪은 뒤에 차용된 것이라고 보아야 한다. 微母가 'ㅁ'으로 나타난 것은 ≪慧琳音義≫ 및 그 이전에 微母의 輕脣音化가 아직 일어나지 않은 단계를 반영한 것이다.

介音의 반영 양상을 살펴보면 우선 일부 2等 牙喉音字의 전승 한자음에 반모음 [j]가 보인다. 이는 후기 중고음 단계에 2等 介音이 牙喉音 뒤에서 'ɹ)j'의 변화를 겪은 사실이 반영된 것이다. 전승 한자음에서 3等 A류 介音과 B류 介音의 구별이 대저 유지되고 있으나 脣音 뒤에는 유지되지 않는다. 이는 후기 중고음 단계에 B류 介音이 A류 介音에 부분적으로 합류하기 시작한 것이 반영된 것이다. 4等韻이 'jV'로 나타나는 것은 후기 중고음 단계에서 일어난 'ɛ)iɛ' 변화가 반영된 것이다. 후기 중고음 단계에 魚韻의 핵모음이 선행 3等 介音의 동화로 인해 /o/에서 /ə/로 변화하였다. 하지만 3等 介音은 莊組 聲母에 흡수되어 莊組 魚韻字들의 핵모음이 그대로 /o/로 남아 있었다. 魚韻이 莊組 뒤에 'ㅗ'

로, 다른 聲母 뒤에 'ㅓ, ㅕ'로 나타난 것도 후기 중고음 단계의 介音 변화 양상을 보여 주는 것이다.

韻腹과 韻尾의 반영 양상도 후기 중고음을 차용했기 때문이라고 해석해야 한다. 侵B(/rim, rip/), 精莊組 뒤 止攝이 'ㆍ'로 나타난 것은 후기 중고음 단계의 음이 차용되었음을 보여준다. 精莊組 뒤 止攝 'i)ㅣ, ㅣ'의 변화는 최근 연구를 참고하면 晩唐-五代 시기에는 분명히 일어났고 ≪慧琳音義≫에도 일어났을 가능성이 크다. 眞A韻 合口가 'ㅡㄴ, ㅜㄹ'로, 諄韻이 'ㅣㄴ, ㅠㄹ'로 달리 나타난 것은 諄韻이 후기 중고음 단계에 眞韻에서 분화된 양상이 반영된 것이다. 東韻 1等과 冬韻이 'ㅎ, ㅜㆁ'으로, 登韻이 'ㅎ, ㅜㆁ'으로, 痕韻이 'ㅣㄴ, ㅡㄹ'로 나타난 것은 후기 중고음 단계의 한어 서북 방언이 반영되었기 때문이다. 元韻 開口의 일부가 'ㅏㄴ, ㅏㄹ'로 나타난 것은 古層이 반영된 것이 아니라 ≪慧琳音義≫에서 元韻의 일부만 仙B韻에 합류된 양상이 반영된 것이다.

전승 한자음에서 거성과 상성의 대부분이 R조로 반영되었다. 이는 8세기 후반-9세기 초의 長安音에서 거성과 상성이 음장을 가졌던 양상과 부합한다. 한편, 唐末-五代 시기에는 入聲 韻尾의 변화가 일어나기 시작하였는바, 전승 한자음에서 入聲 韻尾가 규칙적으로 '-ㄱ, ㄹ, ㅂ'으로 나타나는 것은 전승 한자음이 唐末-五代 이전에 차용되었음을 시사하는 것이다.

이상과 같이, 절대 다수의 전승 한자음은 8세기 후반-9세기 초에 차용된 것으로 보이기 때문에 전승 한자음을 바탕으로 8세기 후반-9세기 초의 고대 한국어를 공시적으로 재구할 수 있다고 보았다.

3장에서는 2장에서 확인한 후기 중고음과 전승 한자음의 대응 양상을 바탕으로 고대 한국어의 자음 체계와 모음 체계를 재구하였다.

3.1에서는 고대 한국어의 자음 체계에 경음 계열이 존재하지 않았다고 주장하였다. 현존 자료를 충실히 고려할 때 유성 파열음도 역시 존재하지 않았다고 하였다. 전승 한자음이 차용된 시기에 유기음은 발달

도중에 있었다고 보았다. 고대 한국어 'ㆆ'의 변이음은 [h]만 갖고 있었던 것이 아니라 [x]도 갖고 있었던 것이다. 유성 마찰음 계열은 고유어에 존재하지 않았다고 보았다. 日母字의 전승 한자음 초성에 'ㅿ'이 나타났다. 日母字의 전승 한자음은 다른 聲母들의 한자와 똑같이 주 기층에 해당되기 때문에 /z/는 전승 한자음이 차용될 당시에 존재하였음을 확인하였다. 다만 이 /z/는 그 당시에 오직 한자어에만 존재하였고 고유어에는 존재하지 않았다고 하였다. 그리고 비록 차자표기 자료에서 고대 한국어 치음의 마찰음과 파찰음의 혼란이 보이기는 하였지만 전승 한자음에서 그러한 혼란은 소수의 예외에 불과하였다. 따라서 치음의 마찰음과 파찰음은 고대 한국어 단계에서 구별되었다는 결론을 내렸다.

3.2에서는 먼저 전승 한자음의 모음 반영 양상을 근거로 기본적인 모음 체계를 재구하였다. 약간의 음가 수정 과정을 거치고 후기 중고음 모음들의 대립 관계들이 어떻게 전승 한자음에 반영되었는지를 살펴보았다. 고대 한국어 단계에 각 모음 사이의 대립 관계도 파악하였다. 그 후 모음 조화를 고려해서 고대 한국어의 모음 체계를 재구하였다. 본고에서 재구한 고대 한국어의 모음 체계는 金完鎮(1978)에서 재구한 후기 중세 한국어 모음 체계와 거의 차이가 없다. 이 재구 결과는 李基文(1972)에서 수립한 모음 추이 가설과 충돌된다. 김주원(1992)에서는, 李基文(1972)에서 모음 추이의 한 근거로 몽골어 차용어를 언급한 부분에 문제가 있음을 지적한 바가 있다. 필자도 그 모음 추이 가설에서 한어 음 대응을 근거로 삼은 부분에 문제가 있는 것을 발견하였다. 고대 한국어 단계부터 후기 중세 한국어 단계까지 모음 추이의 발생 여부를 알아보기 위해 ≪鷄林類事≫, ≪朝鮮館譯語≫, 譯訓通攷通解 正俗音, ≪飜譯老乞大朴通事≫ 우측음 등 자료에서 전·후기 중세 한국어의 각 모음들과 대응된 한어 음을 확인하였다. 우선 'ㅣ, ㅏ'는 범언어적으로 존재하는 기본 모음이고 자료에서도 변화한 흔적을 찾을 수 없었다.

'·'는 고대 한국어 단계뿐만 아니라 위에서 나열한 전·후기 중세 한국어 자료들에서도 한어의 師思韻과 대응된다. 이는 '·'가 고대 한국어 단계부터 후기 중세 한국어 단계까지 거의 변화를 겪지 않았다는 증거가 된다. 'ㅗ'와 'ㅜ'는 고대 한국어 단계에서 /o/와 /u/로 존재하였다. 《鷄林類事》에서도 'ㅜ'는 /u/로 존재하였던 것으로 보이며 'ㅗ'는 'ㅜ'보다 개구도가 큰 원순 모음으로 보인다. 후기 중세 한국어 단계에 'ㅗ'와 'ㅜ'가 각각 /o/와 /u/였다는 것에 대해서는 이렇다 할 의견의 차이가 없다. 한편, 'ㅡ~ㅜ', '·~ㅗ'는 전승 한자음에서 원순성 자질에 의한 대립 짝들이었고, 이러한 대립 양상은 전기 중세 한국어의 몽골어 차용어에도 발견된다. 후기 중세 한국어 단계에 '브〉우, 봉〉오'의 변화가 일어났고 근대 한국어 단계에 원순모음화가 일어나서 '블〉불(火)', '믈〉몰(馬, 방언)'과 같이 'ㅡ, ·'는 순음 뒤에서 'ㅜ, ㅗ'로 변화하였다. 여러 음운 현상을 종합하면 'ㅡ~ㅜ', '·~ㅗ' 사이의 원순성 대립 관계는 고대 한국어부터 근대 한국어 단계에 '·'가 사라질 때까지 계속 유지되고 있었다고 볼 수밖에 없다. 'ㅓ'는 다른 모음들과 달리 12-15세기 사이에 中舌化 과정이 일어나기 시작한 것으로 포착된다. 'ㅓ'는 전승 한자음, 《鷄林類事》에서 한어의 전설 非고모음과 규칙적으로 대응되었다. 그러나 후기 중세 한국어 단계의 자료에서 'ㅓ'는 한어의 [ə]뿐만 아니라 [ɔ]와도 대응할 수 있었다. 漢音 표기와 고유어 표기가 같다고 볼 수 없는데 漢音 [ɔ] 표기에 해당된 고유어 'ㅓ'의 음은 [ʌ]였던 것으로 추정된다. 따라서 필자는 고대 한국어 단계부터 후기 중세 한국어 단계까지 'ㅓ'의 中舌化 과정을 제외하면 모음 체계는 거의 변화하지 않았다고 본다. 필자가 모음 추이가 일어나지 않았다고 한 주장은, 고유어 자료가 부족한 탓으로 오로지 한자음 자료에만 의지하여 내린 것이다. 한편, 자료가 부족하기 때문에 고대 한국어의 이중 모음과 삼중 모음 중에 그 존재 여부를 확인할 수 없는 것들이 있지만, 대략 후기 중세 한국어와 비슷한 것으로 볼 수는 있다.

이상과 같이, 본고에서 고대 한국어의 음운 체계를 재구하였다. 재구의 기반 자료는 후기 중세 한국어 단계의 전승 한자음이다. 전승 한자음은 원래 외래어의 보수성을 가지고 있기는 하지만 규칙적인 고유어의 음운 변화 과정에 참여하기도 하였다. 따라서 후기 중세 한국어 단계의 전승 한자음을 바탕 자료로 고대 한국어의 음운 체계를 재구할 때 한계를 벗어나기 어려운 부분도 없지 않다. 특히 한글 창제 이전에 전혀 흔적을 남기지 않고 없어진 未知의 음소가 존재했을 가능성이 있다. 이러한 음소는 전승 한자음으로 재구하기 어렵다. 하지만 이 문제는 현재 다른 방법으로도 해결할 수 없기 때문에 그대로 남겨둘 수밖에 없다. 한편, 전승 한자음의 성조 양상은 확인할 수 있기는 하나 고대 한국어의 고유어 자료가 희박한 관계로, 고대 한국어의 성조를 다루지 못하였다. 이는 앞으로의 연구 과제가 된다.

참고 문헌

姜信沆(1973), ≪四聲通解硏究≫, 新雅社.

姜信沆(1974), ≪「朝鮮館譯語」 硏究≫, 光文社.

姜信沆(1978), 中國字音과의 對音으로 본 國語母音體系, ≪國語學≫ 7, 國語學會, 1-21.

姜信沆(1980), ≪鷄林類事「高麗方言」硏究≫, 成均館大學校出版部.

姜信沆(1985), 洪武正韻 譯訓 「歌韻」의 한글 表音字에 대하여, ≪羨烏堂 金炯基 先生 八耋紀念國語學論叢≫, 創學社, 47-60.

姜信沆(1987), 韓國漢字音內 舌音系字音의 變化에 대하여, ≪東方學志≫ 54·55 ·56, 延世大學校 東方學硏究所, 1-29.

姜信沆(1997), 韓國漢字音(高麗譯音)의 舌內入聲韻尾 -t〉-l에 대하여, ≪梧堂 趙恒 瑾 先生 華甲紀念論叢≫, 梧堂 趙恒瑾 先生 華甲紀念論叢 刊行委 員會.[재수록: 姜信沆(2003), ≪韓漢音韻史 硏究≫, 태학사, 53- 73.]

姜信沆(2001), 韓國漢字音(高麗譯音)의 한 모습, ≪國語學≫ 38, 國語學會, 3-25.

姜信沆(2003), ≪훈민정음연구(수정증보7판)≫, 성균관대학교 출판부.

姜信沆(2004), 『五大眞言』안의 漢字에 대한 한글 注音 고찰, ≪韓國語硏究≫ 2, 韓國語硏究會, 31-56.

姜信沆(2008a), 「贅 체 tsʰiuiəi」의 漢音 可能性, ≪韓國語硏究≫ 5, 韓國語硏究 會.[재수록: 姜信沆(2012), ≪韓漢音韻史硏究 補遺篇≫, 월인, 19-48.]

姜信沆(2008b), 韓國漢字音에 끼친 漢譯佛經의 영향, ≪대한민국학술원 논문집≫ (인문·사회과학편) 47-2, 193-228.

姜信沆(2011a), 韓國漢字音(15·16世紀 現實音)과 魏晉南北朝時代音의 比較, ≪震 檀學報≫ 112, 震檀學會, 61-102.

姜信沆(2011b), 南·北系 漢語와 韓國漢字音, ≪韓國語硏究≫ 8, 韓國語硏究會. [재수록: 姜信沆(2012), ≪韓漢音韻史硏究 補遺篇≫, 월인, 307- 327.]

郭忠求(1990), 圓脣母音化 및 非圓脣母音化, ≪國語研究 어디까지 왔나≫, 東亞出版社, 84-94.

郭忠求(1994), ≪咸北 六鎭方言의 音韻論: 20世紀 初 러시아의 Kazan에서 刊行된 文獻資料에 依한≫, 太學社.

郭忠求(1996), 國語史 研究와 國語 方言, ≪李基文敎授 停年退任紀念論叢≫, 신구문화사, 45-71.

곽충구(2004), 함북방언의 피·사동사, ≪語文學≫ 85, 韓國語文學會, 1-36.

곽충구(2005), 비교방언론, ≪방언학≫ 1, 한국방언학회, 73-102.

구본관(1998), ≪15세기 국어 파생법에 대한 연구≫, 태학사.

權仁瀚(1997a), 한자음의 변화, ≪國語史研究≫, 태학사, 283-344.

權仁瀚(1997b), 고려시대 한국한자음에 대한 일고찰: ≪三國遺事≫ 所載 讚詩의 押韻 分析을 중심으로, ≪冠嶽語文研究≫ 22, 서울大學校 國語國文學科, 289-316.

權仁瀚(1998), ≪朝鮮館譯語의 音韻論的 研究≫, 太學社.

권인한(1999), 고대국어의 치음계열에 대한 연구, ≪애산학보≫ 23, 애산학회, 73-107.

권인한(2002), 俗地名과 국어음운사의 한 과제: '大丘'와 '達句火'의 관계를 중심으로, ≪國語學≫ 40, 國語學會, 21-41.

權仁瀚(2003), 고대 한국한자음에 관한 몇 가지 생각: 「斯」의 고대 한국한자음 문제를 중심으로, ≪제28회 구결학회 전국학술대회 발표 논문집≫, 19-26.

權仁瀚(2005), 岩崎本『日本書紀』의 聲點에 대한 一考察: 韓國系 固有名詞 資料를 中心으로, ≪大東文化研究≫ 52, 成均館大學校 大東文化研究院, 317-345.

權仁瀚(2006), 중세국어 한자음, ≪國語史와 漢字音≫, 박이정, 57-94.

權仁瀚(2009), ≪中世 韓國漢字音의 分析的 研究: 資料篇≫, 박문사.

權仁瀚(2011), 『三國志』·魏書·東夷傳의 固有名詞 表記字 分析, ≪口訣研究≫ 27, 口訣學會, 217-242.

權仁瀚(2014a), "향가의 어휘"에 대한 토론, ≪2013년 겨울 구결학회·국어사학회 공동 전국학술대회 발표집≫, 별쇄.

權仁瀚(2014b), 東大寺圖書館藏 華嚴經의 각필로 본 신라한자음, ≪口訣研究≫ 33, 133-159.

권혁준(2009), 한국 한자음 通攝에 반영된 漢語 음운 시기 층위, ≪中國言語研究≫ 30, 중국언어연구회, 1-32.

권혁준(2010), 漢語의 遇攝과 流攝의 음운 변화와 한국 한자음에 반영된 시기 층위, ≪中國學論叢≫ 27, 고려대학교 중국학연구소, 1-22.

김동소(1998), ≪한국어 변천사≫, 형설출판사.

김무림(1998), 고대 국어 음운, ≪국어의 시대별 변천 연구≫ 3, 국립국어연구원, 7-39.

金武林(1999), ≪洪武正韻譯訓研究≫, 月印.

김무림(2006), 한국 한자음의 근대성(1): 반영 양상의 종합, ≪한국어학≫ 30, 한국어학회, 89-132.

김무림(2007), 국어 한자음의 체계적 근대성, ≪한국어학≫ 34, 한국어학회, 113-139.

김무림(2009), 古代國語 音韻論, ≪국어사 연구≫ 9, 국어사학회, 7-39.

김무림(2012), 고대국어의 음운: 박병채(1971)의 연구에 대한 검토를 중심으로, ≪한국어학≫ 55, 한국어학회, 21-39.

김성규(1996a), '드틀'과 '듣글'의 공존, ≪李基文敎授 停年退任紀念論叢≫, 신구문화사, 84-96.

김성규(1996b), 중세 국어 음운, ≪국어의 시대별 변천·실태 연구≫ 1, 국립국어연구원, 7-55.

김성규(2006), 'ㅿ' 변화의 예외에 대한 해석, ≪우리말 음운 연구의 실제≫, 경진문화사, 185-201.

金永鎭(2000), 國語 未破化의 通時的 考察, 서울大學校 博士學位論文.

김완진(1958), 原始國語의 子音体系에 對한 研究, 서울大學校 碩士學位論文.

金完鎭(1971), ≪國語音韻體系의 研究≫, 一潮閣.

金完鎭(1976), ≪老乞大의 諺解에 대한 比較研究≫, 韓國研究院.

金完鎭(1977), ≪中世國語聲調의 研究≫, 塔出版社.

金完鎭(1978), 母音體系와 母音調和에 대한 反省, ≪語學研究≫ 14-2, 서울大學校 語學研究所, 127-139.

金完鎮(1980), ≪鄕歌解讀法研究≫, 서울大學校出版部.

金完鎮(1985), 母音調和의 例外에 대한 研究, ≪韓國文化≫ 6, 서울大學校 韓國文化研究所, 1-22.

김주원(1992), 14세기 모음추이가설에 대한 검토, ≪언어학≫ 14, 한국언어학회, 53-73.

金周弼(1988), 十五世紀 被動接尾辭의 異形態와 그 分化過程에 대하여, ≪冠嶽語文研究≫ 13, 서울大學校 國語國文學科, 45-71.

김진우(1971), 所謂 變格用言의 非變格性에 關하여, ≪韓國言語文學≫ 8·9, 韓國言語文學會, 1-11.

김차균(1997), ≪나랏말과 겨레의 슬기에 바탕을 둔 음운학강의≫, 태학사.

金泰慶(2013), 效梗攝 二等字의 한국한자음과 二等韻 介音, ≪中國語文學論集≫ 82, 中國語文學研究會, 45-62.

南廣祐(1966), ≪東國正韻式漢字音研究≫, 韓國研究院.

南豊鉉(1981), ≪借字表記法研究≫, 檀大出版部.

南豊鉉(2003), 新羅僧 順憬과 憬興의 法華經 註釋書에 대하여, ≪口訣研究≫ 10, 口訣學會, 31-46.

南豊鉉(2009), ≪古代韓國語研究≫, 시간의 물레.

都守熙(2008), ≪三韓語 研究≫, 제이앤씨.

리득춘(1985), 조선한자음의 원류, ≪民族語文≫(1985年第5期).[재수록: 리득춘(1994), ≪조선어 한자어음 연구≫, 박이정, 54-72.]

리득춘(1989), 지섭 치두자의 조선 고대음, ≪조선학 연구≫ 1.[재수록: 리득춘(1994), ≪조선어 한자어음 연구≫, 박이정, 36-53.]

박동규(1995), ≪고대국어 음운연구 I ≫, 전주대학교출판부.

朴炳采(1966), 鄕歌 表記의 源流的 考察, ≪국어국문학≫ 32, 국어국문학회, 1-11.

朴炳采(1971), ≪古代國語의 研究: 音韻篇≫, 高麗大學校 出版部.

박병채(1989), ≪국어발달사≫, 세영사.

朴炳采(1990), ≪古代國語의 音韻比較研究≫, 高麗大學校 出版部.

박창원(1985), 국어 유성장애음의 재구와 그 변화, ≪국어국문학≫ 93, 국어국문학회, 57-85.

박창원(1986), 국어 모음체계에 대한 한 가설, ≪국어국문학≫ 95, 국어국문학회,

313-343.

박창원(1995), 고대국어(음운) 연구 방법론 서설: 전사의 대응을 중심으로, ≪國語 史와 借字表記≫, 太學社, 533-549.

박창원(1996a), '欲字初發聲' 재론, ≪李基文教授 停年退任紀念論叢≫, 신구문화 사, 287-312.

박창원(1996b), 고대국어의 치음, ≪國語學≫ 27, 國語學會, 99-132.

박창원(1996c), ≪중세국어 자음 연구≫, 한국문화사.

박창원(2000), 고대국어 모음체계(1), ≪21세기 국어학의 과제≫, 月印, 339-368.

박창원(2002), ≪고대국어 음운(1)≫, 태학사.

박창원(2004), 고대국어의 모음체계(2), ≪우리말연구≫ 14, 우리말학회, 107-132.

蘇信愛(2012), 국어의 △〉ㅈ 변화에 대하여, ≪震檀學報≫ 114, 震檀學會, 51-84.

蕭悦寧(2012), 『譯語類解』와『方言類釋』에 나타난 近代漢語系 借用語, ≪口訣研 究≫ 29, 口訣學會, 43-95.

손명기(1992), 高句麗 漢字音의 母音研究, ≪대전어문학≫ 9, 대전대학 국어국문 학회, 69-87.

宋基中(1995), 古代國語 漢字音에 관련된 몇 가지 관찰, ≪韓日語學論叢≫, 南鶴 李鍾徹先生 回甲紀念論叢 刊行委員會, 449-468.

沈在箕(1976), 漢字의 眞言音寫에 대하여, ≪金亨圭教授停年退任紀念論文集≫, 서울大學校 師範大學 國語教育科, 257-268.

安秉禧(1971), 15世紀의 漢字音 한글表記에 대하여, ≪金亨奎博士 頌壽紀念論 叢≫, 一潮閣, 371-380.

양정호(2008), 鄉歌 解讀과 子音體系, ≪國語學≫ 51, 國語學會, 339-364.

梁柱東(1965), ≪增訂 古歌研究≫, 一潮閣.

魏國峰(2011), 한국어 /ㅎ/의 통시음운론: /k/〉/h/의 변화 과정과 관련하여, 서강 대학교 석사학위논문.

위국봉(2012), 韓國漢字音 舌內入聲韻尾에 대한 考察, ≪國語學≫ 63, 國語學會, 221-246.

위국봉(2013), '只'와 '支'의 음독에 대하여, ≪國語學≫ 66, 國語學會, 165-196.

魏國峰(2014), '叱'의 음독 유래에 대하여, ≪口訣研究≫ 32, 口訣學會, 49-79.

兪昌均(1960), 古代 地名 表記의 母音 體系: 三國史記 地理志를 中心으로, ≪語文學≫ 6, 韓國語文學會, 11-54.

兪昌均(1971), 韓國 古代漢字音의 研究(其三), ≪語文學≫ 24, 韓國語文學會, 15-54.

兪昌均(1980), ≪韓國 古代漢字音의 研究 Ⅰ≫, 啓明大學校出版部.

兪昌均(1983), ≪韓國 古代漢字音의 研究 Ⅱ≫, 啓明大學校出版部.

兪昌均(1988), 新羅의 言語와 文字에 대하여, ≪신라문화제학술발표논문집≫ 9, 동국대학교 신라문화연구소, 185-208.

兪昌均(1991), ≪삼국시대의 漢字音≫, 民音社.

兪昌均(1994a), ≪鄉歌批解≫, 螢雪出版社.

兪昌均(1994b), 三國時代의 文字生活과 그 性格, ≪韓國學論集≫ 21, 啓明大學校 韓國學研究所, 5-33.

兪曉紅(2011), 訓民正音 文字의 轉換 方式에 대한 研究:『洪武正韻譯訓』의 表記를 중심으로, 韓國學中央研究院 博士學位論文.

李京哲(2002a), 河野六郎의 朝鮮漢字音唐代長安音說에 對한 反論: 声類를 中心으로, ≪日本語學研究≫ 5, 韓國日本語學會, 95-112.

李京哲(2002b), 河野六郎의 朝鮮漢字音唐代長安音說에 對한 反論: 韻類를 中心으로, ≪日本語文學≫ 13, 한국일본어문학회, 251-276.

이경철(2012), 한국한자음 양성·입성운의 개구 3등 갑을류 구별 양상: 일본한자음과의 비교를 중심으로, ≪日本文化研究≫ 44, 동아시아일본학회, 491-507.

李基文(1961/1998), ≪新訂版國語史概說≫, 塔出版社.

李基文(1968a), 鷄林類事의 再檢討: 주로 音韻史의 觀點에서, ≪東亞文化≫ 8, 서울大學校 文理科大學 東亞文化研究所, 205-248.

李基文(1968b), 朝鮮館譯語의 綜合的 檢討, ≪論文集: 人文·社會科學≫ 14, 서울大學校, 43-80.

李基文(1969), 中世國語 音韻論의 諸問題, ≪震檀學報≫ 32, 震檀學會, 131-150.

李基文(1971), 語源數題, ≪金亨奎 博士頌壽紀念論叢≫, 一潮閣, 429-439.

李基文(1972), ≪國語音韻史研究≫, 塔出版社.

李基文(1977), 濟州島 方言의 'ᄋ'에 관련된 몇 問題, ≪李崇寧先生古稀紀念 國語

336

國文學論叢≫, 塔出版社, 183-195.

李基文(1978), 十五世紀 表記法의 一考察, ≪언어학≫ 3, 한국언어학회, 201-209.

李基文(1979), 中世國語 母音論의 現狀과 課題, ≪東洋學≫ 9, 檀國大學校 東洋學 研究所, 23-36.

李基文(1981), 吏讀의 起源에 대한 一考察, ≪震檀學報≫ 52, 震檀學會, 65-78.

李敦柱(1975), 韓・中 兩國의 漢字音 比較 試論: "效"・"流"攝字를 對象으로, ≪論 文集≫ 2, 全北大學校 語學研究所, 119-124.

이돈주(1981), 지섭(止攝) 한자음과 /ㅇ/음의 반영, ≪한글≫ 173・174, 한글학 회, 247-265.

李敦柱(1990), 향가 용자 중의 '賜'자에 대하여, ≪國語學≫ 20, 國語學會, 72-89.

李敦柱(2003), ≪韓中漢字音研究≫, 태학사.

이돈주(2006), 한국의 속음한자 중 /k~h/음의 교체 문제, ≪國語史와 漢字音≫, 박이정, 335-372.

李炳銑(1982), ≪韓國古代國名地名研究≫, 螢雪出版社.

李崇寧(1948), ≪國語音韻論研究 第一集 〈・〉音攷≫, 乙酉文化社.

李崇寧(1954), 脣音攷: 特히 脣輕音『ㅸ』를 中心으로 하여, ≪論文集: 人文・社會 科學≫ 1, 서울大學校, 40-76.

李崇寧(1956), △音攷, ≪論文集: 人文・社會科學≫ 3, 서울大學校, 51-235.

이승재(1980), 求禮地域語의 音韻體系, 서울대학교 석사학위논문.

李丞宰(1983), 再構와 方言分化: 語中 '-ㅅㄱ-'類 단어를 중심으로, ≪國語學≫ 12, 國語學會, 213-234.

李丞宰(2008), 7世紀 末葉의 韓國語 資料: 璟興撰『無量壽經連義述文贊』의 註釋 을 중심으로, ≪口訣研究≫ 20, 口訣學會.[재수록: 이승재(2013), ≪漢字音으로 본 백제어 자음체계≫, 태학사, 335-392.]

이승재(2013), ≪漢字音으로 본 백제어 자음체계≫, 태학사.

이용현(2011), 목간(木簡)을 통해본 한국(韓國)의 문자(文字)와 언어(言語), ≪죽 간・목간에 담긴 고대 동아시아≫, 성균관대학교 출판부, 175-209.

李潤東(1997), ≪韓國漢字音의 理解≫, 螢雪出版社.

이장희(2001), 신라시대 漢字音 聲母體系의 통시적 연구, 경북대학교 박사학위 논문.

이장희(2003), 전승 한자음 원순모음의 반영 양상 분석, ≪제17회 한말연구학회 전국학술대회 발표집≫, 한말연구학회, 3-16.

이장희(2011), 고유명사 표기 한자음 연구의 회고와 전망, ≪口訣研究≫ 26, 口訣學會, 77-130.

이준환(2008), 漢字音 有氣音化의 濁音淸化와의 관련성 再考와 유형별 分類, ≪國語學≫ 53, 國語學會, 3-33.

이준환(2011a), 16세기 후반·17세기 國語 漢字音 韻母의 대응 양상 및 특징(1), ≪한국어학≫ 51, 한국어학회, 189-219.

이준환(2011b), 16세기 후반·17세기 國語 漢字音 韻母의 대응 양상 및 특징(2), ≪大東文化研究≫ 74, 成均館大學校 大東文化研究院, 255-286.

이준환(2011c), 日本漢字音과의 비교를 통한 /·/의 音價 考察, ≪國語學≫ 61, 國語學會, 323-358.

이준환(2013), 『訓蒙字會』 訓釋의 한자음, ≪제46회 구결학회 전국학술대회 발표논문집≫, 구결학회, 341-353.

李海雨(1996), 日母字를 통해 본 韓國 漢字音의 기원 문제, ≪中國學論叢≫ 5, 韓國中國文化學會, 229-250.

전광현(1997), 근대 국어 음운, ≪국어의 시대별 변천 연구≫ 2, 국립국어연구원, 7-54.

鄭光(2005), 朝鮮漢字音의 成立과 變遷, ≪인문언어≫ 7, 국제어문학회, 29-54.

鄭承喆(2007), 被動詞와 被動接尾辭, ≪震檀學報≫ 104, 震檀學會, 127-146.

鄭然粲(1999), '오, 으'에 관한 몇 가지 問題, ≪國語學≫ 33, 國語學會, 327-335.

鄭仁浩(2006), ≪平北方言과 全南方言의 音韻論的 對比 研究≫, 太學社.

조운성(1998), 한국 한자음 표기에 쓰인 「ㅿ」에 관한 연구, 연세대학교 석사학위논문.

崔玲愛(2000), ≪中國語音韻學≫, 통나무.

崔南熙(1985), 'ㅿ'[z] 생성 시기의 고찰, ≪建國語文學≫ 9·10, 건국대학교 국어국문학연구회, 943-960.

최남희(2005a), 고구려어의 홀소리 연구, ≪한말연구≫ 16, 한말연구학회, 215-246.

최남희(2005b), 고대국어 홀소리 「ᄋᆞ(ɐ)」의 존재에 관한 연구, ≪한말연구≫ 17,

한말연구학회, 253-290.

최명옥(1978), 「ᄫ, △」와 東南方言, ≪語學硏究≫ 14-2, 서울大學校 語學硏究所, 185-194.

崔明玉(1982), ≪月城地域語의 音韻論≫, 嶺南大學校 出版部.

최미현(2006), 『訓蒙字會』의 복수 한자음 유형에 대하여, ≪우리말연구≫ 19, 우리말학회, 237-260.

崔範勳(1976), 漢字借用 固有人名 表記體系硏究: 金石文·古文書를 中心으로, 東國大學校 博士學位 論文.

최중호(2006), 고구려말의 모음 /어/에 대해, ≪동남어문논집≫ 21, 동남어문학회, 207-223.

최현배(1942), ≪한글갈≫, 정음사.

최희수(1986), ≪조선한자음연구≫, 흑룡강조선민족출판사.

韓榮均(1985), 國語 音韻史에 대한 地理言語學的 硏究: 이른바 g:∅ 대응의 해석을 중심으로, 서울대학교 석사학위논문.

許雄(1965), ≪國語音韻學(改稿 新版)≫, 正音社.

허웅(1985), ≪국어음운학: 우리말 소리의 오늘·어제≫, 샘문화사.

현우종(1988), 제주도 방언 '·'음가의 음성학적 연구, ≪耽羅文化≫ 7, 濟州大學校 耽羅文化硏究所, 25-58.

황국정(2004a), 15세기 국어 음절말 'ㅅ'의 기원적인 음가에 관한 연구: -'音叱多(如)/ᅙᆮ ㅣ'의 독법을 중심으로, ≪국제어문≫ 32, 국제어문학회, 25-62.

황국정(2004b), 차자(借字) '叱'의 음가에 대한 재검토: -속격 'ㅅ'의 기원적인 음가 추정을 중심으로, ≪한말연구≫ 15, 한말연구학회, 319-349.

郭錫良(1982), ≪漢字古音手冊≫, 北京大學出版社.

郭錫良(2010), ≪漢字古音手冊(增訂本)≫, 商務印書館.

金德平(1988), 唐代長安話日母讀音考, ≪陝西師大學報(哲學社會科學版)≫(1988年第1期), 40-45.

金雪萊(2005), 慧琳≪一切經音義≫語音硏究, 浙江大學 博士學位論文.

寧繼福(1985), ≪中原音韻表稿≫, 文史出版社.

董同龢(1968/2004), ≪漢語音韻學≫, 中華書局.

羅常培(1933), ≪唐五代西北方言≫, 國立中央研究院歷史語言研究所.

羅常培(1999), ≪羅常培文集(第一卷)≫, 山東教育出版社.

馬德强(2008), 重韻研究, 復旦大學 博士學位論文.

麥耘(1995), ≪音韻與方言研究≫, 廣東人民出版社.

麥耘(2004), 漢語語音史上的ï韻母, ≪音韻論叢≫, 齊魯書社, 19-47.

朴慶松(1998), 韓國漢字音和漢語音韻史的研究, 北京大學 博士學位論文.

潘悟雲(2000), ≪漢語歷史音韻學≫, 上海教育出版社.

范淑玲(2009), 日本上代、中古音韻與漢語中古音的比較研究, 山東大學 博士學位
論文.

北京大學中國語言文學系語言學教研室 編(1989), ≪漢語方音字匯≫, 文字改革出
版社.

邵榮芬(1961), ≪切韻≫音系的性質和它在漢語語音史上的地位, ≪中國語文≫ 1961
年4月號, 26-32.

邵榮芬(1982), ≪切韻研究≫, 中國社會科學出版社.

孫强(2004), 論撮口呼的形成, ≪音韻論叢≫, 齊魯書社, 332-346.

施向東(2009), ≪音韻尋幽(施向東自選集)≫, 南開大學出版社.

申雅莎(2006), 韓漢音研究, 北京大學 博士學位論文.

嚴修鴻(1997), 連城方音研究, 復旦大學 博士學位論文.

吳世畯(2004), 從古代韓國漢字音看"上古漢語陰聲字具輔音韻尾說", ≪中國言語研
究≫ 19, 585-611.

吳宗濟(1992), ≪現代漢語語音概要≫, 華語教學出版社.

王力(1957/1980), ≪漢語史稿≫, 科學出版社.

王力(1963/2003), ≪漢語音韻≫, 中華書局.

王力(1986a), ≪王力文集·第4卷 漢語音韻學≫, 山東教育出版社.

王力(1986b), ≪王力文集·第5卷 漢語音韻·音韻學初步≫, 山東教育出版社.

王力(1987), ≪王力文集·第10卷 漢語語音史≫, 山東教育出版社.

王力(1991), ≪王力文集·第18卷 中古音·等韻及其他≫, 山東教育出版社.

王福堂(1999), ≪漢語方言語音的演變和層次≫, 語文出版社.

王新華(2008), 唐五代敦煌語音研究, 山東大學 博士學位論文.

王顯(1961), ≪切韻≫的命名和≪切韻≫的性質, ≪中國語文≫ 1961年4月號, 16-25.

姚永銘(2003), 慧琳≪一切經音義≫研究, 江蘇古籍出版社.

袁家驊(1960), ≪漢語方言概要(第二版)≫, 文字改革出版社.

劉廣和(2004), 南朝梁語聲母系統初探, ≪音韻論叢≫, 齊魯書社, 213-230.

俞敏(1984), 後漢三國梵漢對音譜, ≪中國語文學論文選≫, 光生館.[재수록: 俞敏 (1999), ≪俞敏語言學論文集≫, 商務印書館, 1-62.]

李方桂(1971), 上古音研究, ≪清華學報≫ Vol. 9, No. 1-2.[재수록: 李方桂(1980), ≪上古音研究≫, 商務印書館, 1-83.]

李方桂(1980), ≪上古音研究≫, 商務印書館.

李秀芹(2006), 中古重紐類型分析, 浙工大學 博士學位論文.

李新魁(1984), 近代漢語介音的發展, ≪音韻學研究≫ 1, 中國音韻學研究會, 471-484.

李新魁(1988), 宋代漢語韻母系統研究, ≪語言研究≫ 14, 51-65.

李榮(1956), ≪切韻音系≫, 科學出版社.

李珍華·周長楫 編(1993), ≪漢字古今音表≫, 中華書局.

林燾(1996), 日母音值考, ≪(新)燕京學報≫ 1.[재수록: 林燾(2001), ≪林燾語言學論文集≫, 商務印書館, 317-336.]

蔣紹愚(2005), ≪近代漢語研究概要≫, 北京大學出版社.

儲泰松(2005), ≪唐五代關中方音研究≫, 安徽大學出版社.

鄭仁甲(1994), 論三等韻的ī介音: 兼論重紐, ≪音韻學研究≫ 3, 中國音韻學研究會, 136-157.

鄭張尚芳(2003), ≪上古音系≫, 上海教育出版社.

趙杰(1989), ≪現代滿語研究≫, 民族出版社.

趙翠陽(2009), 慧琳≪一切經音義≫韻類研究, 中國社會科學院研究生院 博士學位論文.

周法高(1974), ≪漢字古今音彙≫, 香港中文大學出版社.

周法高(1983), ≪唐五代韻書集存≫, 中華書局.

周傲生(2008), ≪切韻≫的音韻格局, 浙工大學 博士學位論文.

周長楫(1994), 濁音和濁音淸化芻議, ≪音韻學研究≫ 3, 中國音韻學研究會, 305-

315.

周祖謨(1958), 關與唐代方言中的四聲讀法.[재수록: 周祖謨(1993), 《周祖謨學術論著自選集》, 北京師範學院出版社, 356-362.]

周祖謨(1966), 切韻的性質和它的音系基礎, 《問學集》, 中華書局, 434-473.[재수록: 周祖謨(1993), 《周祖謨學術論著自選集》, 北京師範學院出版社, 251-289.]

周祖謨(1984), 唐五代的北方語音, 《第十五屆漢藏語言學會議論文集》.[재수록: 周祖謨(1993), 《周祖謨學術論著自選集》, 北京師範學院出版社, 311- 327.]

陳保亞(1996), 《論語言接觸與語言聯盟》, 語文出版社.

崔玲愛(1975), 洪武正韻研究, 國立臺灣大學 博士學位論文.

竺家寧(1994), 《近代語論集》, 學生書局.

馮蒸(1994), 漢語中古音的日母可能是一個鼻擦音, 《漢字文化》(1994年第3期), 62.

項夢冰(2006), 客家話古日母字的今讀: 兼論切韻日母的音值及北方方言日母的音變歷程, 《廣西師範學院學報(哲學社會科學版)》 27-1, 83-91.

洪篤仁(1963), 萬葉仮名與廣韻對照, 《廈門大學學報》 1, 96-145.

黃笑山(1995), 《《切韻》和中唐五代音位系統》, 文津出版社.

黃笑山(1996), 《切韻》三等韻的分類問題, 《鄭州大學學報(哲學社會科學版)》 1996年第4期, 79-88.

黃笑山(2002), 中古二等韻介音和《切韻》元音數量, 《浙江大學學報(人文社會科學版)》 32-1, 30-38.

黃笑山(2006), 中古-r-介音消失所引起的連鎖變化, 《丁邦新先生七秩壽慶論文集》, 909-914.

黃淬伯(1931/2010), 《慧琳一切經音義反切攷》, 中華書局.

黃淬伯(1964), 《切韻》音系的本質特徵, 《南京大學學報(人文科學)》 第8卷第3-4期.[재수록: 黃淬伯(1998), 《唐代關中方言音系》, 江蘇古籍出版社, 152-198.]

黃淬伯(1998), 《唐代關中方言音系》, 江蘇古籍出版社.

黃典誠(1994), 《切韻綜合研究》, 廈門大學出版社.

藤堂明保(1957), ≪中國語音韻論≫, 江南書院.

昭本克明(1987), ≪日本漢字音の歷史≫, 東京堂.

有坂秀世(1957), ≪國語音韻史の研究≫, 三省堂.

伊藤智ゆき(2007), ≪朝鮮漢字音研究≫, 汲古書院.[이진호 역(2011), ≪한국 한
자음 연구≫, 역락.]

田中健夫 訳注(1991), ≪海東諸國記≫, 岩波文庫.

平山久雄(1967), 中古漢語の音韻, ≪言語≫(中國文化叢書 1), 大修館書店, 112-
166.[李準煥 역(2013a), 中古漢語의 音韻(1), ≪口訣研究≫ 30,
257-296; 李準煥 역(2013b), 中古漢語의 音韻(2), ≪口訣研究≫
31, 195-248.]

平山久雄(1991), 中古漢語における重紐韻介音の音価について, ≪東洋文化研究
所紀要≫ 114, 東京大學東洋文化研究所, 1-41.

平山久雄(1993), 邵雍『皇極經世聲音唱和圖』の音韻體系, ≪東洋文化研究所紀要≫
120, 東京大學東洋文化研究所, 49-107.

平山久雄(1998), 隋唐音系里的脣化舌根音韻尾和硬顎音韻尾, ≪言語學論叢≫ 20,
117-139.

河野六郎(1945), ≪朝鮮方言學試攷: 〈鋏〉語攷≫, 東都書籍.

河野六郎(1961), 古代朝鮮語に於ける母音間のヒの變化, ≪朝鮮學報≫ 21・22,
朝鮮學會.[재수록: ≪河野六郎著作集 1≫(1979), 平凡社, 385-390.]

河野六郎(1968), 朝鮮漢字音の研究, 天理時報社.[재수록: ≪河野六郎著作集 2≫
(1979), 平凡社, 295-512.]

Bloomfield, L.(1933), *Language*, Allen and Unwin.

Hashimoto, M.(1970), Internal Evidence for Ancient Chinese Palatal Endings,
Language 46-2, Linguistic Society of America, 336-365.

Hock, H. H.(1991), *Principles of Historical Linguistics(2nd rev. and updated
ed.)*, Mouton de Gruyter.

Jespersen, O.(1922), *Language*, George Allen&Unwin LTD.

Karlgren, B.(1915-1926), *Études sur la Phonologie Chinoise*, Leyde et
Stockholm.[趙元任・羅常培・李方桂 譯(1940), ≪中國音韻學研

究≫, 商務印書館.]

Martinet, A.(1960/1971), *Éléments de Linguistique Générale*, Armand Colin.
[金芳漢 譯(1978), ≪一般言語學槪要≫, 一潮閣.]

Maspéro(1920), Le dialecte de Tch'ang-ngan sous les T'ang, *BEFEO.*, XX, 2.
[聶鴻音 譯(2005), ≪唐代長安方言考≫, 中華書局.]

Poppe, N.(1965), *Introduction to Altaic linguistics*, Wiesbaden: Otto
Harrassowitz.

Ramsey, S. R.(1978), *Accent and Morphology in Korean Dialects: A
Descriptive and Historical Study*, The Society of Korean
Linguistics, 탑출판사.

Ramstedt, G. J.(1928), Remarks on the Korean Language, *Mémories de la
Société Finno-ougrienne* 58.[재수록: ≪歷代韓國文法大系≫ 2-5
(1979), 탑출판사, 441-453.]

Strarostin, S. A., A. V. Dybo and O. A. Mudrak(2003), *Etymological
Dictionary of Altaic Languages*, Brill Academic Publishers.

Ting, Pang-shin(1975), *Chinese Phonology of the Wei-Chin Period:
Reconstruction of the Finals as Reflected in Poetry(Institute of
History and Philology Academia Sinica Special Publication
No.65)*, Institute of History and Philology Academia Sinica.

Trask, R. L.(1996), *Historical Linguistics*, Edward Arnold.

Weinreinch, U.(1974), *Languages in Contact: Findings and Problems*,
Mouton.

魏國峰

· 中國 安徽省 淮北市 출생
· 中國 煙臺大學 한국어학과 졸업(2009)
· 목포대학교 국어국문학과 졸업(2009)
· 서강대학교 대학원 국어국문학과 문학석사(2011)
· 서강대학교 대학원 국어국문학과 문학박사(2015)
· 현 中國 北京外國語大學 亞非學院 한국어학과 조교수

주요 논문

· 한국어 /ㅎ/의 통시음운론(2011)
· 韓國漢字音 舌內入聲韻尾에 대한 考察(2012)
· '只'와 '支'의 음독에 대하여(2013)
· '叱'의 음독 유래에 대하여(2014)

國語學叢書 74

고대 한국어 음운 체계 연구
- 전승 한자음을 대상으로 -

초판 1쇄 인쇄 2017년 11월 24일
초판 1쇄 발행 2017년 11월 30일
지은이 위국봉
펴낸이 지현구 **펴낸곳** 태학사 **등록** 제406-2006-00008호
주소 경기도 파주시 광인사길 223
전화 마케팅부 (031) 955-7580~81 편집부 (031) 955-7584~91 **전송** (031) 955-0910
전자우편 thaehak4@chol.com **홈페이지** www.thaehaksa.com

ⓒ 위국봉, 2017

값은 뒤표지에 있습니다.

ISBN 978-89-5966-933-2 94710
ISBN 978-89-7626-147-2 (세트)

國語學 叢書 目錄

國語學 叢書 目錄